企业所得税业务知识应学应会习题集

本书编写组◎主编

中国商业出版社

图书在版编目(CIP)数据

企业所得税业务知识应学应会习题集 /《企业所得税业务知识应学应会习题集》编写组主编. --北京 : 中国商业出版社，2024.5
ISBN 978-7-5208-2921-2

Ⅰ. ①企… Ⅱ. ①企… Ⅲ. ①企业所得税-税收管理-中国-习题集 Ⅳ. ①F812.424-44

中国国家版本馆 CIP 数据核字(2024)第 099321 号

责任编辑:王　静

中国商业出版社出版发行
（www.zgsycb.com　100053　北京广安门内报国寺 1 号）
总编室:010-63180647　编辑室:010-83114579
发行部:010-83120835/8286
新华书店经销
涿州汇美亿浓印刷有限公司印刷

*

787 毫米×1092 毫米　16 开　24.5 印张　550 千字
2024 年 5 月第 1 版　2024 年 5 月第 1 次印刷
定价:98.00 元

* * * *

（如有印装质量问题可更换）

前　言

为了帮助广大税务人员全面、系统、深入地学习企业所得税基础知识，及时理解、掌握最新相关政策，把握最新征管改革动向，提升征管实务操作能力，我们编写了《企业所得税业务知识应学应会习题集》一书。本书具有以下主要特点。

（1）内容系统全面。涵盖企业所得税业务知识要点；同时注重税收政策的更新，强调掌握现行税收政策法规，包括2023年新出台的重要税费政策及法律法规、减税降费等最新税收政策及最新征收管理要求；系统归纳提炼知识点，注重知识的系统性、全面性和相关性。

（2）突出重点难点。以企业所得税知识点引领全书内容，突出重点、难点，同时结合进一步深化税收征管改革、税收大数据、发票电子化改革及“金税四期”等热点、重点内容。通过精选优质习题，辅之精练的解析注释，帮助税务人员深化理解相关业务的知识点，切实提高征收管理的业务能力，助力升级进阶。

（3）精准分类解析。对相关知识点及习题精准分类解析、演练，并进行了反复审核、验算核对，以确保每一个知识点及习题的精确性和知识体系的相关性、完整性。政策表述规范，内容把握准确，习题答案唯一，帮助税务人员把握学习重点，注重知识点的系统理解和重点掌握，真正做到举一反三，触类旁通。

由于编写时间有限，书中难免存在疏漏之处，欢迎各位读者批评指正。如有问题，可直接发送至邮箱（530607262@qq.com）与我们交流探讨。

本书编写组

2024年4月24日

目　　录

上篇　应试辅导

下篇　模拟试卷及答案解析

上篇

应试辅导

第一章　企业所得税概述

一、企业所得税的概念

企业所得税是对在中华人民共和国境内的企业和其他取得收入的组织（以下统称企业）所征收的一种税。其中，企业分为居民企业和非居民企业。居民企业，是指依法在中国境内成立，或者依照外国（地区）法律成立但实际管理机构在中国境内的企业；非居民企业，是指依照外国（地区）法律成立且实际管理机构不在中国境内，但在中国境内设立机构、场所的，或者在中国境内未设立机构、场所，但有来源于中国境内所得的企业。

二、企业所得税的计税原理

企业所得税的主要特点：第一，通常以净所得为征税对象；第二，通常以经过计算得出的应纳税所得额为计税依据；第三，纳税人和实际负担人通常是一致的，因而可以直接调节纳税人的所得。

由此可以看出，企业所得税的计税依据是应纳税所得额，而非收入。因此，计算企业所得税时，计税依据即应纳税所得额的计算，涉及纳税人的收入、成本、费用、税金、损失和其他支出等各个方面，使企业所得税计税依据的计算较为复杂。

三、各国征收企业所得税的一般性做法

企业所得税在一些国家被称为法人所得税或公司所得税，计税依据是以利润为基础的应纳税所得额，因此对企业所得税影响较大的几个因素是纳税义务人、税基、税率和税收优惠。可以从这几个因素分析各国征收企业所得税的一般做法。

（一）纳税义务人

各国对纳税义务人的规定大致是相同的，只对具有独立法人资格的公司等法人企

业和其他组织征收企业所得税。不具有独立法人资格的个人独资和合伙企业则不以企业名义缴纳企业所得税。就合伙企业而言，是以每个合伙人为纳税义务人，由自然人合伙人将其从合伙企业分得的利润连同来自其他方面的所得一起申报缴纳个人所得税，其法人合伙人则缴纳企业所得税。

(二)税基

各国企业所得税都是以利润即应纳税所得额为计税依据，其中利润包括生产经营利润和资本利得。应纳税所得额确定的基本点和关键点在于如何扣除赚取利润的成本，特别是对折旧和损失的处理方式等。因此，各国企业所得税在确定税基上的差异主要表现在资产的折旧方法及损失处理的不同。

(三)税率

各国企业所得税的税率结构分为两类：一是比例税率，如法国、澳大利亚、波兰、新西兰、新加坡等国；二是累进税率，实行累进税率的国家虽然在级距、税率档次的设计上不相一致，但绝大多数国家采用超额累进税率，如瑞士、美国。这类税率对小型企业比较公平，对大型企业发挥税收调节作用，相比于比例税率，累进税率的计算比较烦琐。

(四)税收优惠

各国普遍注重对税收优惠政策的应用，不仅采用直接减免税政策，更注意应用间接的优惠政策。间接优惠的主要方法有：税收抵免，主要包括投资抵免和国外税收抵免两种形式；税收豁免，包括豁免期和豁免税收项目；加速折旧。另外，各国企业所得税优惠的一个共同特点是淡化区域优惠，突出行业优惠和产业优惠。

四、企业所得税的作用

企业所得税是对所得征税，有所得者缴税，无所得者不缴税。就其计税原理而言，企业所得税的作用体现在以下三个方面。

(一)促进企业改善经营管理活动，提升企业的盈利能力

企业所得税是对应税所得征税，往往采用比例税率。在适用固定比例税率的情况下，企业盈利能力和成本控制能力越强，则税负承担能力越强，相比其他企业则税负也低。并且在征税过程中，对企业的收入、成本、费用等进行检查，对企业的经营管理活动和财务管理活动展开监督促，使企业改善经营管理，提高盈利能力。

(二)调节产业结构，促进经济发展

企业所得税的调节作用在于公平税负、量能负担。虽然各国的企业所得税往往采用比例税率在一定程度上削弱了所得税的调控功能，但在税制设计中，各国往往通过各项税收优惠政策的实施发挥其对纳税人投资、产业结构调整、环境治理等方面的调控作用。

(三)为国家建设筹集财政资金

税收的首要职能就是筹集财政收入。随着我国国民收入向企业和居民分配的倾斜

以及经济的发展和企业改革水平的提高，企业所得税收入占全部税收收入的比重越来越高，成为我国的主体税种之一。

★习题精练及答案解析

一、单项选择题

1. 下列选项中，属于划分居民企业和非居民企业标准的是（　　）。

A. 注册地、实际管理机构所在地　　B. 注册资金、从业人员人数

C. 注册地、注册资金　　D. 管理机构、从业人员人数

【参考答案】 A

【答案解析】 注册地、实际管理机构所在地是划分居民企业和非居民企业的标准。

2. 下列企业，属于企业所得税法所称居民企业的是（　　）。

A. 依照英国地区法律成立但实际管理机构在中国境内的企业

B. 依照英国地区法律成立且实际管理机构在英国，且有来源于我国境内所得的企业

C. 依照美国法律成立且实际管理机构在美国，但在中国境内设立机构、场所的企业

D. 依照美国法律成立且实际管理机构在美国，在中国境内未设立机构、场所，也没有来源于中国境内所得的企业

【参考答案】 A

【答案解析】 选项 BC，依据外国（地区）法律成立，实际管理机构不在我国境内，且有来源于我国境内所得的企业或在中国境内设立机构、场所的企业，为我国的非居民企业；选项 D，不属于我国企业所得税的纳税人。

3. 居民企业直接投资于其他居民企业取得的投资收益，在中国境内设立机构、场所的非居民企业从居民企业取得与该机构、场所有实际联系的股息、红利等权益性投资收益，免征企业所得税，但不包括连续持有居民企业公开发行并上市流通的股票不足（　　）个月取得的投资收益。

A. 6　　B. 12　　C. 24　　D. 60

【参考答案】 B

【答案解析】 根据《中华人民共和国企业所得税法》的规定，居民企业直接投资于其他居民企业取得的投资收益，在中国境内设立机构、场所的非居民企业从居民企业取得与该机构、场所有实际联系的股息、红利等权益性投资收益，免征企业所得税，但不包括连续持有居民企业公开发行并上市流通的股票不足 12 个月取得的投资收益。在中国境内未设机构、场所，或者虽然在中国境内设立机构、场所，但取得的所得与其所设机构、场所没有实际联系的非居民企业，直接投资于其他居民企业取得的投资收益不能享

受免征企业所得税的税收优惠。

4. 关于非居民税收协定待遇的适用，下列说法中错误的是（　　）。

A. 能够享受协定待遇的非居民纳税人，是指按国内税收法律规定不属于中国税收居民的纳税人

B. 非居民纳税人享受协定待遇，采取“自行判断、申报享受、相关资料留存备查”的方式办理

C. 在源泉扣缴和指定扣缴情况下，非居民纳税人自行判断符合享受协定待遇条件且需要享受协定待遇的，应当如实填写“非居民纳税人享受协定待遇信息报告表”，主动提交给扣缴义务人，并将相关资料留存备查

D. 非居民纳税人对“非居民纳税人享受协定待遇信息报告表”填报信息和留存备查资料的真实性、准确性、合法性承担法律责任

【参考答案】 A

【答案解析】 根据《国家税务总局关于发布〈非居民纳税人享受税收协定待遇管理办法〉的公告》，本办法所称非居民纳税人，是指按国内税收法律规定或税收协定不属于中国税收居民的纳税人（含非居民企业和非居民个人）。

5.（　　）是企业所得税纳税人。

A. 万中有限责任公司　　B. 万中独资公司（个人独资）

C. 万中有限合伙公司　　D. 万中经营部（个体工商户）

【参考答案】 A

【答案解析】 企业所得税的纳税人一般是在中华人民共和国境内的企业和其他取得收入的组织。个人独资企业、合伙企业不适用《中华人民共和国企业所得税法》。

二、多项选择题

1. 下列减半征收企业所得税的有（　　）。

A. 海水养殖

B. 蔬菜种植

C. 中药材的种植

D. 内陆养殖

【参考答案】 AD

【答案解析】 根据《中华人民共和国企业所得税法》和《中华人民共和国企业所得税法实施条例》的相关规定，蔬菜种植和中药材的种植免征企业所得税。

2. 非居民企业在中国境内设立两个或者两个以上机构、场所的，可以选择由其主要机构、场所汇总缴纳企业所得税。除国家税务总局另有规定外，（　　）在机构、场所所在地分季度预缴和年终汇算清缴企业所得税。

A. 主要机构、场所需要

B. 主要机构、场所不需要

C. 被汇总机构、场所需要

D. 被汇总机构、场所不需要

【参考答案】 AC

【答案解析】 非居民企业在中国境内设立两个或者两个以上机构、场所的，可以选择由其主要机构、场所汇总缴纳企业所得税。主要机构、场所和被汇总机构、场所，除国家税务总局另有规定外，都应在机构、场所所在地分季度预缴和年终汇算清缴企业所得税。

3. 对于在中国境内未设立机构、场所的，或者虽设立机构、场所但取得的所得与其所设机构、场所没有实际联系的非居民企业的所得，计算应纳税所得额的方法有(　　)。

A. 转让财产所得，以收入全额为应纳税所得额

B. 利息所得，以收入全额为应纳税所得额

C. 租金所得，以收入全额为应纳税所得额

D. 特许权使用费所得，以收入全额为应纳税所得额

E. 股息、红利等权益性投资收益，以收入全额为应纳税所得额

【参考答案】 BCDE

【答案解析】 对于在中国境内未设立机构、场所的，或者虽设立机构、场所但取得的所得与其所设机构、场所没有实际联系的非居民企业的所得，按照下列方法计算其应纳税所得额：(1)股息、红利等权益性投资收益和利息、租金、特许权使用费所得，以收入全额为应纳税所得额；(2)转让财产所得，以收入全额减除财产净值后的余额为应纳税所得额；(3)其他所得，参照前两项规定的方法计算应纳税所得额。

4. 各国普遍注重对税收优惠政策的应用，不仅采用直接减免税政策，更注意应用间接的优惠政策。间接优惠主要方法有(　　)。

A. 投资抵免

B. 国外税收抵免

C. 税收豁免

D. 加速折旧

【参考答案】 ABCD

【答案解析】 各国普遍注重对税收优惠政策的应用，不仅采用直接减免税政策，更注意应用间接的优惠政策。间接优惠主要方法有：(1)税收抵免，主要包括投资抵免和国外税收抵免两种形式；(2)税收豁免，包括豁免期和豁免税收项目；(3)加速折旧。另外，各国企业所得税优惠的一个共同特点是淡化区域优惠，突出行业优惠和产业优惠。

三、判断题

1. 企业所得税是对在中华人民共和国境内的企业和其他取得收入的组织(以下统称企业)所征收的一种税。 ( )

【参考答案】 正确

【答案解析】 企业所得税是对在中华人民共和国境内的企业和其他取得收入的组织(以下统称企业)所征收的一种税。

2. 非居民企业,是指依照我国或者外国(地区)法律成立且实际管理机构不在中国境内,但在我国境内设立机构、场所的,或者在中国境内未设立机构、场所,但有来源于中国境内所得的企业。 ( )

【参考答案】 错误

【答案解析】 企业分为居民企业和非居民企业。居民企业,是指依法在中国境内成立,或者依照外国(地区)法律成立但实际管理机构在中国境内的企业;非居民企业,是指依照外国(地区)法律成立且实际管理机构不在中国境内,但在中国境内设立机构、场所的,或者在中国境内未设立机构、场所,但有来源于中国境内所得的企业。

3. 企业所得税通常以收入为征税对象,通常以经过计算得出的应纳税所得额为计税依据。 ( )

【参考答案】 错误

【答案解析】 企业所得税的主要特点:第一,通常以净所得为征税对象;第二,通常以经过计算得出的应纳税所得额为计税依据;第三,纳税人和实际负担人通常是一致的,因而可以直接调节纳税人的所得。

4. 计算企业所得税时,计税依据即应纳税所得额的计算,涉及纳税人的收入、成本、费用、税金、损失和其他支出等各个方面,使企业所得税计税依据的计算较为复杂。 ( )

【参考答案】 正确

【答案解析】 企业所得税的计税依据是应纳税所得额,而非收入。因此,计算企业所得税时,计税依据即应纳税所得额的计算,涉及纳税人的收入、成本、费用、税金、损失和其他支出等各个方面,使企业所得税计税依据的计算较为复杂。

5. 合伙企业是以每个合伙人为纳税义务人,由自然人合伙人将其从合伙企业分得的利润连同来自其他方面的所得一起申报缴纳个人所得税,其法人合伙人则缴纳企业所得税。 ( )

【参考答案】 正确

【答案解析】 不具有独立法人资格的个人独资和合伙企业则不以企业名义缴纳企业所得税,就合伙企业而言,是以每个合伙人为纳税义务人,由自然人合伙人将其从合伙企业分得的利润连同来自其他方面的所得一起申报缴纳个人所得税,其法人合伙人则缴纳企业所得税。

6. 企业所得税是对应税所得征税，往往采用比例税率。在适用固定比例税率的情况下，企业盈利能力和成本控制能力越强，则税负承担能力越强，相比其他企业则税负也高。（　　）

【参考答案】 错误

【答案解析】 企业所得税是对应税所得征税，往往采用比例税率。在适用固定比例税率的情况下，企业盈利能力和成本控制能力越强，则税负承担能力越强，相比其他企业则税负也低。

7. 随着我国国民收入向企业和居民分配的倾斜以及经济的发展和企业改革水平的提高，企业所得税收入占全部税收收入的比重越来越高。（　　）

【参考答案】 正确

【答案解析】 税收的首要职能就是筹集财政收入。随着我国国民收入向企业和居民分配的倾斜以及经济的发展和企业改革水平的提高，企业所得税收入占全部税收收入的比重越来越高，成为我国的主体税种之一。

8. 企业以非货币形式取得的收入，应当按照公允价值确定企业所得税收入额。（　　）

【参考答案】 正确

【答案解析】 根据《中华人民共和国企业所得税法实施条例》的规定，企业以非货币形式取得的收入，应当按照公允价值确定企业所得税收入额。

9. 企业在一个纳税年度中间开业，使该纳税年度的实际经营期不足 12 个月的，以其实际经营期作为一个纳税年度计算缴纳企业所得税。（　　）

【参考答案】 正确

【答案解析】 根据《中华人民共和国企业所得税法》的规定，企业在一个纳税年度中间开业，或者终止经营活动，使该纳税年度的实际经营期不足 12 个月的，应当以其实际经营期作为一个纳税年度。

10. 如果交易合同或协议中规定租赁期限跨年度，且租金提前一次性支付的，出租人可以对上述已确认的收入，在租赁期内分期均匀计入相关年度收入。（　　）

【参考答案】 正确

【答案解析】 在租赁期内，分期均匀计入相关年度收入。

第二章　企业所得税纳税义务人、征税对象、税率、应纳税所得额及应纳税额

一、纳税义务人

企业所得税的纳税义务人，是指在中国境内的企业和其他取得收入的组织（以下统称企业）。《中华人民共和国企业所得税法》第一条规定，除个人独资企业、合伙企业不适用《中华人民共和国企业所得税法》外，中国境内的企业和其他取得收入的组织为企业所得税的纳税人，依照法律规定缴纳企业所得税。

企业所得税的纳税人分为居民企业和非居民企业，这是基于不同企业承担的纳税义务不同所进行的分类。把企业分为居民企业和非居民企业，是为了更好地保障我国税收管辖权的有效行使和避免双重课税。税收管辖权是一国政府在征税方面的主权，是国家主权的重要组成部分，根据国际上的通行做法，我国选择了地域管辖权和居民管辖权的双重管辖权标准，最大限度维护了我国的税收利益。

（一）居民企业

居民企业，是指依法在中国境内成立，或者依照外国（地区）法律成立但实际管理机构在中国境内的企业。这里的企业包括依照中国法律、行政法规在中国境内成立的企业，事业单位、社会团体以及其他取得收入的组织。由于我国的一些社会团体组织、事业单位在完成国家事业计划的过程中，开展多种经营和有偿服务活动，取得除财政部门各项拨款、财政部和国家物价部门批准的各项规费收入以外的经营收入，具有了经营的特点，应当视同企业纳入征税范围。其中实际管理机构是指对企业的生产经营、人员、账务、财产等实施实质性全面管理和控制的机构。

（二）非居民企业

非居民企业，是指依照外国（地区）法律成立且实际管理机构不在中国境内，但在中国境内设立机构、场所或者在中国境内未设立机构、场所，但有来源于中国境内所得的企业。

上述所称机构、场所，是指在中国境内从事生产经营活动的机构、场所，包括：

1. 管理机构、营业机构、办事机构。

2.工厂、农场、开采自然资源的场所。

3.提供劳务的场所。

4.从事建筑、安装、装配、修理、勘探等工程作业的场所。

5.其他从事生产经营活动的机构、场所。

非居民企业委托营业代理人在中国境内从事生产经营活动的，包括委托单位或者个人经常代其签订合同，或者储存、交付货物等，该营业代理人被视为非居民企业在中国境内设立的机构、场所。

二、征税对象

企业所得税的征税对象是指企业取得的生产经营所得、其他所得和清算所得。

（一）居民企业的征税对象

居民企业应将来源于中国境内、境外的所得作为征税对象。所得，包括销售货物所得、提供劳务所得、转让财产所得、股息红利等权益投资所得、利息所得、租金所得、特许权使用费所得、接受捐赠所得和其他所得。

（二）非居民企业的征税对象

非居民企业在中国境内设立机构、场所的，应当将其所设机构、场所取得的来源于中国境内的所得，以及发生在中国境外但与其所设机构、场所有实际联系的所得缴纳企业所得税。非居民企业在中国境内未设立机构、场所的或者虽设立机构、场所但取得的所得与其所设机构、场所没有实际联系的应当就其来源于中国境内的所得缴纳企业所得税。

上述所称实际联系，是指非居民企业在中国境内设立的机构，场所拥有据以取得所得的股权、债权，以及拥有、管理、控制据以取得所得的财产等。

（三）所得来源地的确定

依据《中华人民共和国企业所得税法》和《中华人民共和国企业所得税法实施条例》的规定，对于来源于中国境内、境外的所得，按照以下原则确定：

1.销售货物所得，按照交易活动发生地确定。

2.提供劳务所得，按照劳务发生地确定。

3.转让财产所得，不动产转让所得按照不动产所在地确定，动产转让所得按照转让动产的企业或者机构、场所所在地确定，权益性投资资产转让所得按照被投资企业所在地确定。

4.股息、红利等权益性投资所得，按照分配所得的企业所在地确定。

5.利息所得、租金所得、特许权使用费所得，按照负担、支付所得的企业或者机构、场所所在地确定，或者按照负担、支付所得的个人的住所地确定。

6.其他所得，由国务院财政、税务主管部门确定。

三、税率

我国企业所得税实行比例税率。比例税率简便易行、透明度高，不会因征税而改变企业间收入分配比例，有利于促进效率的提高。现行规定是：

1. 税率25%。

适用于居民企业和在中国境内设有机构，场所且所得与机构、场所有关联的非居民企业（认定为境内常设机构）。

2. 税率20%。

在中国境内未设立机构、场所或者虽设立机构、场所但取得的所得与其所设机构场所没有实际联系的非居民企业适用税率20%，但对这类企业实际征税时适用10%的税率。

根据《中华人民共和国企业所得税法》第二十八条规定，符合条件的小型微利企业，减按20%的税率征收企业所得税。

国家需要重点扶持的高新技术企业，减按15%的税率征收企业所得税。

现行企业所得税基本税率设定为25%。现行税率的确定，既考虑了我国财政承受能力，又考虑了企业负担水平。

四、应纳税所得额

应纳税所得额是企业所得税的计税依据，按照《中华人民共和国企业所得税法》的规定，应纳税所得额为企业每一个纳税年度的收入总额，减除不征税收入、免税收入、各项扣除以及允许弥补的以前年度亏损后的余额。

企业应纳税所得额的计算，除特殊规定外，以权责发生制为原则，即属于当期的收入和费用，不论款项是否收付，均作为当期的收入和费用；不属于当期的收入和费用，即使款项已经在当期收付，也不作为当期的收入和费用。应纳税所得额的正确计算直接关系到国家财政收入和企业的税收负担，并且同成本、费用核算关系密切。因此，《中华人民共和国企业所得税法》对应纳税所得额计算作了明确规定，主要内容包括收入总额、扣除范围和标准、资产的税务处理、亏损弥补等。

在实际操作过程中，应纳税所得额的计算一般有两种方法。

(一)直接计算法

在直接计算法下，企业每一纳税年度的收入总额减除不征税收入、免税收入、各项扣除以及允许弥补的以前年度亏损后的余额为应纳税所得额。计算公式为：

应纳税所得额＝收入总额－不征税收入－免税收入－各项扣除金额－弥补亏损

(二)间接计算法

在间接计算法下，在会计利润总额的基础上加或减按照税法规定调整的项目金额后即为应纳税所得额。现行企业所得税年度纳税申报表采取该方法。计算公式为：

应纳税所得额＝会计利润总额±纳税调整项目金额

纳税调整项目金额包括两个方面的内容：一是企业财务会计制度规定的项目范围与税收法规规定的项目范围不一致应予以调整的金额；二是企业财务会计制度规定的扣除标准与税法规定的扣除标准不一致的差异应予以调整的金额。

五、应纳税额

应纳税额等于应纳税所得额乘以适用税率，减除减免税额、抵免税额。计算公式：

应纳税额＝应纳税所得额×适用税率－减免税额－抵免税额

★习题精练及答案解析

一、单项选择题

1. 根据企业所得税法的相关规定，下列企业属于居民企业的是（　　）。

A. 依法在中国境内成立的个人独资企业

B. 依法在日本成立但实际管理机构在中国境内的企业

C. 依法在韩国成立且实际管理机构也在韩国，但在中国境内设立了机构的企业

D. 依法在泰国成立且实际管理机构也在泰国的企业，在中国境内未设立机构、场所，但有来源于中国境内的所得

【参考答案】 B

【答案解析】 选项A，个人独资企业属于个人所得税纳税人，不属于企业所得税的纳税人；选项C和选项D属于非居民企业。

2. 根据企业所得税法的相关规定，下列各项属于居民企业的是（　　）。

A. 依照中国法律在中国境内成立的合伙企业

B. 依照中国法律在中国境内成立的有限责任公司

C. 依照外国法律成立且实际管理机构在中国境外的企业

D. 依照中国法律在中国境内成立的个人独资企业

【参考答案】 B

【答案解析】 居民企业是指依法在中国境内成立，或者依照外国（地区）法律成立但实际管理机构在中国境内的企业。这里的企业包括国有企业、集体企业、私营企业、联营企业、股份制企业，外商投资企业、外国企业以及有生产、经营所得和其他所得的其他组织。

3. 根据《中华人民共和国企业所得税法》及其实施条例的规定，下列属于非居民企

业的是（　　）。

A. 在我国境内某省市场监督管理局登记注册的企业

B. 在美国注册但实际管理机构在我国境内某省的外商独资企业

C. 在美国注册的企业设在我国境内某省的办事处

D. 在我国境内某省注册但在中东地区开展工程承包的企业

【参考答案】 C

【答案解析】《中华人民共和国企业所得税法》及其实施条例所称非居民企业，是指依照外国（地区）法律成立且实际管理者不在中国境内，但在中国境内设立机构、场所的企业。

4. 下列符合企业所得税所得来源地确定原则的是（　　）。

A. 销售货物，按照交易活动发生地确定

B. 提供劳务，按照支付所得的企业所在地确定

C. 动产转让所得，按照购买方所在地确定

D. 股息、红利等权益性投资所得，按照投资方所在地确定

【参考答案】 A

【答案解析】 根据《中华人民共和国企业所得税法实施条例》的规定，来源于中国境内、境外的所得，按照以下原则确定：销售货物所得，按照交易活动发生地确定；提供劳务所得，按照劳务发生地确定；转让财产所得：不动产转让所得按照不动产所在地确定，动产转让所得按照转让动产的企业或者机构、场所所在地确定，权益性投资资产转让所得按照被投资企业所在地确定；股息、红利等权益性投资所得，按照分配所得的企业所在地确定；利息所得、租金所得、特许权使用费所得，按照负担、支付所得的企业或者机构、场所所在地确定，或者按照负担、支付所得的个人的住所地确定；其他所得，由国务院财政、税务主管部门确定。

5. 下列关于所得来源地的说法，符合《中华人民共和国企业所得税法》及其实施条例法相关规定的是（　　）。

A. 租金所得，按照收取租金的企业所在地确定

B. 股息所得，按照分配所得的企业所在地确定

C. 权益性投资资产转让所得，按照投资企业所在地确定

D. 特许权使用费所得，按照收取特许权使用费的企业所在地确定

【参考答案】 B

【答案解析】 选项 AD，利息所得、租金所得、特许权使用费所得，按照负担、支付所得的企业或者机构、场所所在地确定，或者按照负担、支付所得的个人的住所地确定；选项 C，权益性投资资产转让所得，按照被投资企业所在地确定。

6. 下列关于所得税来源地的确定，符合企业所得税法相关规定的是（　　）。

A. 销售货物所得，按照销售企业所在地确定

B. 股息、红利权益性投资所得，按照投资所得的企业所在地确定

C. 特许权使用费所得，按照支付、负担所得的企业或者机构所在地确定

D. 不动产转让所得，按照转让不动产的企业所在地确定

【参考答案】 C

【答案解析】 选项 A，销售货物所得，按照交易活动发生地确定；选项 B，股息、红利权益性投资所得，按照分配所得的企业所在地确定；选项 D，不动产转让所得，按照不动产所在地确定。

7. 下列企业在境内取得的所得，实际征税时减按 10% 的税率征收企业所得税的是(　　)。

A. 小型微利企业

B. 高新技术企业

C. 在境内未设立机构、场所的非居民企业

D. 在境内设立机构且取得的所得与其所设机构有实际联系的非居民企业

【参考答案】 C

【答案解析】 选项 A，小型微利企业减按 20% 的税率征收企业所得税；选项 B，国家需要重点扶持的高新技术企业减按 15% 的税率征收企业所得税；选项 C，在境内未设立机构、场所，或者虽设立机构、场所但取得的所得与其所设机构、场所没有实际联系的非居民企业实际征税时适用 10% 的税率征收企业所得税；选项 D，在境内设立机构、场所且取得的所得与机构、场所有实际联系的非居民企业，按 25% 的税率征收企业所得税。

二、多项选择题

1. 根据企业所得税法的相关规定，下列属于居民企业的有(　　)。

A. 依法在上海成立的个体工商户

B. 依法在深圳成立的外商投资企业

C. 境外企业在北京设立的办事机构

D. 依照日本法律成立，且实际管理机构在日本的企业

E. 依照美国法律成立，实际管理机构在我国境内的企业

【参考答案】 BE

【答案解析】 选项 A，企业所得税的纳税人分为居民企业和非居民企业，个体工商户不属于企业所得税纳税人，因此不属于居民企业；选项 BCDE，居民企业是指依法在中国境内成立，或者依照外国(地区)法律成立但实际管理机构在中国境内的企业。

2. 下列符合企业所得税法所得来源地确定原则的有(　　)。

A. 特许权使用费所得，按照交易活动发生地确定

B. 建筑劳务所得，按照劳务发生地确定

C. 利息所得，按照负担、支付所得的企业或者机构、场所所在地确定

D. 租金所得，按照取得租金所得的企业或者机构、场所所在地确定

【参考答案】 BC

【答案解析】 根据《中华人民共和国企业所得税法实施条例》的规定，来源于中国境内、境外的所得，按照以下原则确定：销售货物所得，按照交易活动发生地确定；提供劳务所得，按照劳务发生地确定；转让财产所得，不动产转让所得按照不动产所在地确定，动产转让所得按照转让动产的企业或者机构、场所所在地确定；权益性投资资产转让所得按照被投资企业所在地确定；股息、红利等权益性投资所得，按照分配所得的企业所在地确定；利息所得、租金所得、特许权使用费所得，按照负担、支付所得的企业或者机构、场所所在地确定，或者按照负担、支付所得的个人的住所地确定；其他所得，由国务院财政、税务主管部门确定。

3. 对来源于中国境内、境外的所得，下列判断原则正确的有（　　）。

A. 销售货物所得属于动产转让所得，按照销售货物的企业所在地确定

B. 提供劳务所得，按照劳务发生地确定

C. 不动产转让所得按照不动产所在地确定

D. 权益性投资资产转让所得按照被投资企业所在地确定

E. 不动产租金所得，按不动产所在地确定

【参考答案】 BCD

【答案解析】 根据《中华人民共和国企业所得税法》及其实施条例的规定，销售货物所得，按照交易活动发生地确定；提供劳务所得，按照劳务发生地确定；转让财产所得，不动产转让所得按照不动产所在地确定，动产转让所得按照转让动产的企业或者机构、场所所在地确定，权益性投资资产转让所得按照被投资企业所在地确定；股息、红利等权益性投资所得，按照分配所得的企业所在地确定；利息所得、租金所得、特许权使用费所得，按照负担、支付所得的企业或者机构、场所所在地确定，或者按照负担、支付所得的个人的住所地确定；其他所得，由国务院财政、税务主管部门确定。

4. 在判断所得是来源于中国境内还是境外时，下列说法正确的有（　　）。

A. 销售货物所得，按照交易活动发生地确定

B. 不动产转让所得按照不动产交易活动发生地确定

C. 动产转让所得按照转让动产的企业或者机构、场所所在地确定

D. 股息、红利等权益性投资所得，按照分配所得的企业所在地确定

E. 利息所得，按照负担、支付所得的企业或者机构场所所在地确定

【参考答案】 ACDE

【答案解析】 不动产转让所得按照不动产所在地确定所得来源地。

5. 居民企业是指依法在中国境内成立，或者依照外国（地区）法律成立但实际管理机构在中国境内的企业。其中，实际管理机构，应当对企业实施实质性全面管理和控制，管理和控制的方面包括（　　）。

A. 生产经营　　B. 人员　　C. 财务　　D. 负债

【参考答案】 ABC

【答案解析】 根据《中华人民共和国企业所得税法》及其实施条例的规定，实际管理机构，是指对企业的生产经营、人员、财务、财产等实施实质性全面管理和控制的机构。

三、判断题

1. 根据《中华人民共和国企业所得税法》的相关规定，销售货物所得，按货物生产地确定所得来源地。（　）

【参考答案】 错误

【答案解析】 销售货物所得，按照交易活动发生地确定所得来源地。

2. 非居民企业在中国境内未设立机构、场所的，从境内取得的所得，或者虽设立机构、场所，但从境内取得的与其所设机构、场所没有实际联系的所得，减按10%的税率征收企业所得税。（　）

【参考答案】 正确

【答案解析】 非居民企业在中国境内未设立机构、场所的，从境内取得的所得，或者虽设立机构、场所，但从境内取得的与其所设机构、场所没有实际联系的所得，减按10%的税率征收企业所得税。

3. 受托为非居民企业在境内提供场地的个人可视为非居民企业在中国境内设立的机构、场所。（　）

【参考答案】 错误

【答案解析】 非居民企业委托营业代理人在中国境内从事生产经营活动的，包括委托单位或者个人经常代其签订合同，或者储存、交付货物等，该营业代理人被视为非居民企业在中国境内设立的机构、场所。受托为非居民企业在境内提供场地的个人不视为非居民企业在中国境内设立的机构、场所。

4. 内地居民王某是香港某公司的实际控制人，经常代表该公司签订合同。2023年1月代表该公司与内地企业签订采购代理合同，不含税代理费900万元，分3年等额收取。香港公司取得来源于内地的收入，内地企业应代扣代缴企业所得税90万元。

（　）

【参考答案】 错误

【答案解析】 非居民企业委托营业代理人在中国境内从事生产经营活动的，包括委托单位或者个人经常代其签订合同，或者储存、交付货物等，该营业代理人被视为非居民企业在中国境内设立的机构、场所。故王某构成代理型常设机构，应自主申报缴纳企业所得税，应纳税额＝900÷3×25%＝75(万元)。

5. 在中国境内未设立机构、场所的非居民企业来源于中国境外的所得属于我国企业所得税征税范围。（　）

【参考答案】 错误

【答案解析】 居民企业承担全面纳税义务，就其来源于中国境内外的全部所得纳税；非居民企业承担有限纳税义务，一般只就其来源于中国境内的所得纳税。

6.居民企业来源于境外的所得实际适用10%的企业所得税税率。（　　）

【参考答案】 错误

【答案解析】 居民企业承担全面纳税义务，基本税率25%。

7.在中国境内(包括港、澳、台地区)注册的法人企业经认定的技术先进型服务企业(含服务贸易类)，减按15%的税率征收企业所得税。（　　）

【参考答案】 错误

【答案解析】 在中国境内(不包括港、澳、台地区)注册的法人企业经认定的技术先进型服务企业(含服务贸易类)，减按15%的税率征收企业所得税。

8.符合条件国家需要扶持的高新技术企业来源于境内的所得适用15%的优惠税率。（　　）

【参考答案】 正确

【答案解析】 符合条件国家需要扶持的高新技术企业来源于境内的所得适用15%的优惠税率。

9.在直接计算法下企业每一纳税年度的收入总额减除不征税收入、免税收入、各项扣除以及允许弥补的以前年度亏损后的余额为应纳税所得额。（　　）

【参考答案】 正确

【答案解析】 在直接计算法下企业每一纳税年度的收入总额减除不征税收入、免税收入、各项扣除以及允许弥补的以前年度亏损后的余额为应纳税所得额。

10.依照中国香港地区法律成立但实际管理机构在大陆的企业不属于我国企业所得税法所指的居民企业。（　　）

【参考答案】 错误

【答案解析】 依照外国(地区)法律成立但实际管理机构在中国境内的企业属于居民企业。

第三章　企业所得税收入类政策规定

一、收入总额

根据《中华人民共和国企业所得税法》及其实施条例，企业的收入总额包括以货币形式和非货币形式从各种来源取得的收入，具体有：销售货物收入，提供劳务收入，转让财产收入，股息、红利等权益性投资收益，利息收入，租金收入，特许权使用费收入，接受捐赠收入，其他收入。

企业取得收入的货币形式，包括现金、存款、应收账款、应收票据、准备持有至到期的债券投资以及债务的豁免等；纳税人以非货币形式取得的收入，包括固定资产、生物资产、无形资产、股权投资、存货、准备持有至到期的债券投资、劳务以及有关权益等，这些非货币资产应当按照公允价值确定收入额，公允价值是指按照市场价格确定的价值。

（一）一般收入的确认

1. 销售货物收入，是指企业销售商品、产品、原材料、包装物、低值易耗品以及其他存货取得的收入。

2. 提供劳务收入，是指企业从事建筑安装、修理修配、交通运输、仓储租赁、金融保险、邮电通信、咨询经纪、文化体育、科学研究、技术服务、教育培训、餐饮住宿、中介代理、卫生保健、社区服务、旅游、娱乐、加工以及其他劳务服务活动取得的收入。

3. 转让财产收入，是指企业转让固定资产、生物资产、无形资产、股权、债权等财产取得的收入。

企业转让股权收入，应于转让协议生效且完成股权变更手续时，确认收入的实现。转让股权收入扣除为取得该股权所发生的成本后，为股权转让所得。企业在计算股权转让所得时，不得扣除被投资企业未分配利润等股东留存收益中按该项股权所可能分配的金额。

4. 股息、红利等权益性投资收益，是指企业因权益性投资从被投资方取得的收入。股息、红利等权益性投资收益，除国务院财政、税务主管部门另有规定外，应以被投资企业股东会或股东大会作出利润分配或转股决定的日期，确认收入的实现。

被清算企业的股东分得的剩余资产的金额，其中相当于被清算企业累计未分配利润和累计盈余公积中按该股东所占股份比例计算的部分，应确认为股息所得；剩余资产减除股息所得后的余额，超过或低于股东投资成本的部分，应确认为股东的投资转让所得或损失。

被投资企业将股权(股票)溢价所形成的资本公积转为股本的，不作为投资方企业的股息、红利收入，投资方企业也不得增加该项长期投资的计税基础。

5. 利息收入，是指企业将资金提供他人使用但不构成权益性投资，或者因他人占用本企业资金取得的收入，包括存款利息、贷款利息、债券利息、欠款利息等收入。利息收入按照合同约定的债务人应付利息的日期确认收入的实现。

6. 租金收入，是指企业提供固定资产、包装物或者其他有形资产的使用权取得的收入。租金收入，按照合同约定的承租人应付租金的日期确认收入的实现。

如果交易合同或协议中规定租赁期限跨年度，且租金提前一次性支付的，根据《中华人民共和国企业所得税法实施条例》(以下简称《企业所得税法实施条例》)第九条规定的收入与费用配比原则，出租人可对上述已确认的收入，在租赁期内，分期均匀计入相关年度收入。

7. 特许权使用费收入，是指企业提供专利权、非专利技术、商标权、著作权，以及其他特许权的使用权取得的收入。特许权使用费收入，按照合同约定的特许权使用人应付特许权使用费的日期确认收入的实现。

8. 接受捐赠收入，是指企业接受的来自其他企业、组织或者个人无偿给予的货币性资产、非货币性资产。接受捐赠收入，按照实际收到捐赠资产的日期确认收入的实现。

9. 其他收入，是指企业取得的除上述收入外的其他收入，包括企业资产溢余收入、逾期未退包装物押金收入、确实无法偿付的应付款项、已作坏账损失处理后又收回的应收款项、债务重组收入、补贴收入、违约金收入、汇兑收益等。

(二)特殊收入的确认

1. 以分期收款方式销售货物的，按照合同约定的收款日期确认收入的实现。

2. 企业受托加工制造大型机械设备、船舶、飞机，以及从事建筑、安装、装配工程业务或者提供其他劳务等，持续时间超过 12 个月的，按照纳税年度内完工进度或者完成的工作量确认收入的事项。

3. 采取产品分成方式取得收入的，按照企业分得产品的日期确认收入的实现，其收入额按照产品的公允价值确定。

4. 企业发生非货币性资产交换，以及将货物、财产、劳务用于捐赠、偿债、赞助、集资、广告、样品、职工福利或者利润分配等用途的，应当视同销售货物、转让财产或者提供劳务，但国务院财政、税务主管部门另有规定的除外。

(三)内部处置资产的确认

企业发生下列情形的处置资产，除将资产转移至境外以外，由于资产所有权属在形式和实质上均不发生改变，可作为内部处置资产，不视同销售确认收入，相关资产的计税基础延续计算。

1.将资产用于生产、制造、加工另一产品。

2.改变资产形状、结构或性能。

3.改变资产用途(如自建商品房转为自用或经营)。

4.将资产在总机构及其分支机构之间转移。

5.上述两种或两种以上情形的混合。

6.其他不改变资产所有权属的用途。

(四)视同销售收入的确认

企业将资产移送他人的下列情形,因资产所有权属已发生改变而不属于内部处置资产,应按规定视同销售确定收入:

1.用于市场推广或销售。

2.用于交际应酬。

3.用于职工奖励或福利。

4.用于股息分配。

5.用于对外捐赠。

6.其他改变资产所有权属的用途。

企业发生上述情形的,除另有规定外,应按照被移送资产的公允价值确定销售收入。

(五)相关收入实现的确认

除《中华人民共和国企业所得税法》及其实施条例所述关于收入的规定外,企业销售收入的确认,必须遵循权责发生制原则和实质重于形式原则。

1.企业销售商品同时满足下列条件的,应确认收入的实现:

(1)商品销售合同一经签订,企业已将商品所有权相关的主要风险和报酬转移给购货方。

(2)企业对已售出的商品既没有保留通常与所有权相联系的继续管理权,也没有实施有效控制。

(3)收入的金额能够可靠地计量。

(4)已发生或将发生的销售方的成本能够可靠地核算。

2.符合上款收入确认条件,采取下列商品销售方式的,应按以下规定确认收入实现时间:

(1)销售商品采用托收承付方式的,在办妥托收手续时确认收入。

(2)销售商品采取预收款方式的,在发出商品时确认收入。

(3)销售商品需要安装和检验的,在购买方接受商品以及安装和检验完毕时确认收入。如果安装程序比较简单,可在发出商品时确认收入。

(4)销售商品采用支付手续费方式委托代销的,在收到代销清单时确认收入。

3.采用售后回购方式销售商品的,销售的商品按售价确认收入,回购的商品作为购进商品处理。有证据表明不符合销售收入确认条件的，如以销售商品方式进行融资，收到的款项应确认为负债，回购价格大于原售价的，差额应在回购期间确认为利息费用。

值得注意的是，上述有证据表明不符合销售收入确认条件的，如以销售商品方式进行融资，一般情况是指甲方以商品作抵押或质押向乙方进行借款，在此期间乙方接受的商品拥有所有权，但不能处置，在一定期间内甲方再以高于抵押或质押借款的金额将商品收回。

4.销售商品以旧换新的，销售商品应当按照销售商品收入确认条件确认收入，回收的商品作为购进商品处理。

5.企业为促进商品销售而在商品价格上给予的价格扣除属于商业折扣，商品销售涉及商业折扣的，应当按照扣除商业折扣后的金额确定销售商品收入金额。

债权人为鼓励债务人在规定的期限内付款而向债务人提供的债务扣除属于现金折扣，销售商品涉及现金折扣的，应当按扣除现金折扣前的金额确定销售商品收入金额，现金折扣在实际发生时作为财务费用扣除。

企业因售出商品的质量不合格等原因而在售价上给予的减让属于销售折让，企业因售出商品质量、品种不符合要点等原因而发生的退货属于销售退回企业已经确认销售收入的售出商品发生销售折让和销售退回，应当在发生当期冲减当期销售商品收入。

6.企业在各个纳税期末，提供劳务交易的结果能够可靠估计的应采用完工进度（完工百分比）法确认提供劳务收入。

（1）提供劳务交易的结果能够可靠估计，是指同时满足下列条件：

①收入的金额能够可靠地计量；

②交易的完工进度能够可靠地确定；

③交易中已发生或将发生的成本能够可靠地核算。

（2）企业提供劳务完工进度的确定，可选用下列方法：

①已完成工作的测量；

②已提供劳务占劳务总量的比例；

③发生成本占总成本的比例。

（3）企业应按照从接受劳务方已收或应收的合同或协议价款确定劳务收入总额，根据纳税期末提供劳务收入总额乘以完工进度扣除以前纳税年度累计已确认提供劳务收入后的金额，确认为当期劳务收入；同时，按照提供劳务估计总成本乘以完工进度扣除以前纳税期间累计已确认劳务成本后的金额，结转为当期劳务成本。

（4）下列提供劳务满足收入确认条件的应按规定确认收入：

①安装费。应根据安装完工进度确认收入。安装工作是商品销售附带条件的，安装费在确认商品销售实现时确认收入。

②宣传媒介的收费。应在相关的广告或商业行为出现于公众面前时确认收入广告的制作费，应根据制作广告的完工进度确认收入。

③软件费。为特定客户开发软件的收费应根据开发的完工进度确认收入。

④服务费。包含在商品售价内可区分的服务费，在提供服务的期间分期确认收入。

⑤艺术表演、招待宴会和其他特殊活动收费，在相关活动发生时确认收入。收费涉及几项活动的预收的款项应合理分配给每项活动，分别确认收入。

⑥会员费。申请入会或加入会员，只允许取得会籍，所有其他服务或商品都要另行收费的，在取得该会员费时确认收入。申请入会或加入会员后，会员在会员期内不再付费就可得到各种服务或商品，或者以低于非会员的价格销售商品或提供服务的，该会员费应在整个受益期内分期确认收入。

⑦特许权费。属于提供设备和其他有形资产的特许权费，在交付资产或转移资产所有权时确认收入；属于提供初始及后续服务的特许权费，在提供服务时确认收入。

⑧劳务费。长期为客户提供重复的劳务收取的劳务费，在相关劳务活动发生时确认收入。

企业以“买一赠一”等方式组合销售本企业商品的，不属于捐赠，应将总的销售金额按各项商品的公允价值的比例来分摊确认各项销售收入。

7. 企业取得财产（包括各类资产、股权、债权等）转让收入、债务重组收入、接受捐赠收入，无法偿付的应付款收入等，不论是以货币形式还是非货币形式体现，除另有规定外，均应一次性计入确认收入的年度计算缴纳企业所得税。

8. 企业按照市场价格销售货物、提供劳务服务等，凡由政府财政部门根据企业销售货物，提供劳务服务的数量、金额的一定比例给予全部或部分资金支付的，应当按照权责发生制原则确认收入，除上述情形外，企业取得的各种政府财政支付，如财政补贴、补助、补偿、退税等，应当按照实际取得收入的时间确认收入。

二、不征税收入和免税收入

国家为了扶持和鼓励某些特定的项目，对企业取得的某些收入予以不征税或免税的特殊政策，减轻了企业的负担，增加企业可用资金，促进经济的协调发展。

（一）不征税收入

1. 财政拨款，是指各级人民政府对纳入预算管理的事业单位、社会团体等组织拨付的财政资金，但国务院和国务院财政、税务主管部门另有规定的除外。

2. 依法收取并纳入财政管理的行政事业性收费、政府性基金。行政事业性收费，是指依照法律法规等有关规定按照国务院规定程序批准，在实施社会公共管理，以及在向公民、法人或者其他组织提供特定公共服务过程中，向特定对象收取并纳入财政管理的费用。政府性基金是指企业依照法律、行政法规等有关规定，代政府收取的具有专项用途的财政资金。具体规定如下：

（1）企业按照规定缴纳的、由国务院或财政部批准设立的政府性基金以及由国务院和省、自治区、直辖市人民政府及其财政价格主管部门批准设立的行政事业性收费，准予在计算应纳税所得额时扣除；企业缴纳的不符合上述审批管理权限设立的基金、收费，不得在计算应纳税所得额时扣除。

（2）企业收取的各种基金、收费、应计入企业当年收入总额。

（3）对企业依照法律法规及国务院有关规定收取并上缴财政的政府性基金和行政事业性收费，准予作为不征税收入，于上缴财政的当年在计算成纳税所得额时从收入总额中减除；未上缴财政的部分，不得从收入总额中减除。

3. 国务院规定的其他不征税收入，是指企业取得的由国务院财政、税务主管部门规定专项用途并经国务院批准的财政性资金。

财政性资金是指企业取得的来源于政府及其有关部门的财政补助补贴、贷款贴息以及其他各类财政专项资金，以及其他各类财政专项资金，包括直接减免的增值税和即征即退、先征后退、先征后返的各种税收但不包括企业按规定取得的出口退税款。

（1）企业取得的各类财政性资金除属于国家投资和资金使用后要求归还本金的以外均计入当年收入总额。国家投资是指国家以投资者身份投入企业并按有关规定相应增加企业实收资本（股本）的直接投资。

（2）由国务院财政、税务主管部门规定专项用途并经国务院批准的财政性资金，作为不征税收入计算应纳税所得额时从收入总额中减除。

企业取得的专项用途的财政性资金，在进行企业所得税处理时一般应按以下规定执行：

①企业从县级以上各级人民政府财政部门及其他部门取得的应计入收入总额的财政性资金，凡同时符合以下条件的，可以作为不征税收入，在计算应纳税所得额时从收入总额中减除。

A. 企业能够提供规定资金专项用途的资金拨付文件。

B. 财政部门或其他拨付资金的政府部门对该资金有专门的资金管理办法或具体管理要求。

C. 企业对该资金以及该资金发生的支出单独进行核算。

②企业将符合条件的财政性资金作不征税收入处理后在 5 年（60 个月）内未发生支出且未缴回财政部门或其他拨付资金的政府部门的部分，应计入取得该资金第 6 年的应税收入总额；计入应税收入总额的财政性资金发生的支出允许在计算应纳税所得额时扣除。

（3）纳入预算管理的事业单位、社会团体等组织按照核定的预算和经费报领关系收到的由财政部门或上级单位投入的财政补助收入，准予作为不征税收入，在计算应纳税所得额时从收入总额中减除，但国务院和国务院财政、税务主管部门另有规定的除外。

值得注意的是企业的不征税收入用于支出所形成的费用，不得在计算应纳税所得额时扣除；企业的不征税收入用于支出所形成的资产，其计算的折旧、摊销不得在计算应纳税所得额时扣除。

4. 企业取得的不征税收入，应按照《财政部 国家税务总局关于专项用途财政性资金企业所得税处理问题的通知》（财税〔2011〕70 号）的规定进行管理。凡未按照文件规定进行管理的，应作为企业应税收入计入应纳税所得额依法缴纳企业所得税。

5.对社保基金取得的直接股权投资收益，股权投资基金收益，作为企业所得税不征税收入。

6.自2012年3月13日起，对在中国境内未设立机构、场所的，或者虽设立机构、场所但取得的所得与其所设机构，场所没有实际联系的境外机构投资者(包括境外经纪机构)从事中国境内原油期货交易取得的所得(不含实物交割所得)，暂不征收企业所得税。

对境外经纪机构在境外为境外投资者提供中国境内原油期货经纪业务取得的佣金所得，不属于来源于中国境内的劳务所得，不征收企业所得税。

(二)免税收入

1.国债利息收入。为鼓励企业积极购买国债，支援国家建设，税法规定，企业因购买国债所得的利息收入免征企业所得税。

2.符合条件的居民企业之间的股息、红利等权益性收益。是指居民企业直接投资于其他居民企业取得的投资收益。

3.在中国境内设立机构、场所的非居民企业从居民企业取得与该机构、场所有实际联系的利息、红利等权益性投资收益。

居民企业和非居民企业取得的上述免税的投资收益，不包括连续持有居民企业公开发行并上市流通的股票不足12个月取得的投资收益。

根据《财政部 国家税务总局 证监会关于沪港股票市场交易互联互通机制试点有关税收政策的通知》(财税〔2014〕81号)及《财政部 国家税务总局 证监会关于深港股票市场交易互联互通机制试点有关税收政策的通知》(财税〔2016〕127号)的规定，分别自2014年11月17日及2016年12月5日起，对内地企业投资者通过沪港通，深港通投资香港联交所上市股票取得的股息红利所得，计入其收入总额，依法计征企业所得税。其中，内地居民企业连续持有H股满12个月取得的股息红利所得，依法免征企业所得税。

香港联交所上市H股公司应向中国结算提出申请，由中国结算向H股公司提供内地企业投资者名册，H股公司对内地企业投资者不代扣股息红利所得税款，应纳税款由企业自行申报缴纳。

内地企业投资者自行申报缴纳企业所得税时对香港联交所非H股上市公司已代扣代缴的股息红利所得税可依法申请税收抵免。

4.符合条件的非营利组织取得的免税收入。

(1)符合条件的非营利组织是指：

①依法履行非营利组织登记手续。

②从事公益性或者非营利性活动。

③取得的收入除用于与该组织有关的、合理的支出外，全部用于登记核定或者章程规定的公益性或者非营利性事业。

④财产及其孳息不用于分配。

⑤按照登记核定或者章程规定该组织注销后的剩余财产用于公益性或者非营利性目的或者由登记管理机关转赠给与该组织性质、宗旨相同的组织并向社会公告。

⑥投入人对投入该组织的财产不保留或者享有任何财产权利。

⑦工作人员工资福利开支控制在规定的比例内，不变相分配该组织的财产。

⑧国务院财政、税务主管部门规定的其他条件。

(2)《中华人民共和国企业所得税法》第二十六条第四项所称符合条件的非营利组织的收入，不包括非营利组织从事营利性活动取得的收入，但国务院财政、税务主管部门另有规定的除外。

(3)非营利组织的下列收入为免税收入。

①接受其他单位或者个人捐赠的收入。

②除《中华人民共和国企业所得税法》第七条规定的财政拨款以外的其他政府补助收入，但不包括因政府购买服务而取得的收入。

③按照省级以上民政、财政部门规定收取的会费。

④不征税收入和免税收入滋生的银行存款利息收入。

⑤财政部、国家税务总局规定的其他收入。

5. 对企业取得的2009年及以后年度发行的地方政府债券利息所得，免征企业所得税。地方政府债券是指经国务院批准，以省、自治区、直辖市和计划单列市政府为发行和偿还主体的债券。

6. 自2020年1月1日起，跨境电子商务综合试验区内实行核定征收的跨境电商企业，取得的收入属于《中华人民共和国企业所得税法》第二十六条规定的免税收入，可享受免税收入优惠政策。

7. 对企业投资者转让创新企业境内发行存托凭证(创新企业CDR)取得的差价所得和持有创新企业CDR取得的股息红利所得，按转让股票差价所得和持有股票的股息红利所得政策规定免征企业所得税。

8. 对公募证券投资基金(封闭式证券投资基金、开放式证券投资基金)转让创新企业CDR取得的差价所得和持有创新企业CDR取得的股息红利所得，按公募证券投资基金税收政策规定暂不征收企业所得税。

9. 对合格境外机构投资者(QFII)、人民币合格境外机构投资者(RQFII)转让创新企业CDR取得的差价所得和持有创新企业CDR取得的股息红利所得，视同转让或持有据以发行创新企业CDR的基础股票取得的权益性资产转让所得和股息红利所得免征企业所得税。

10. 自2021年11月7日起至2025年12月31日止，对境外机构投资境内债券市场取得的债券利息收入暂免征收企业所得税。

上述暂免征收企业所得税的范围不包括境外机构在境内设立的机构、场所取得的与该机构、场所有实际联系的债券利息。

11. 永续债的发行方和投资方均为居民企业的，投资方取得的永续债利息收入可以适用《中华人民共和国企业所得税法》规定的居民企业之间的股息、红利等权益性投资收益免征企业所得税的规定；同时发行方支付的永续债利息支出不得在企业所得税税前扣除。

12. 中国清洁发展机制基金取得的清洁发展机制（CDM）项目温室气体减排量转让收入上缴国家的部分；国际金融组织赠款收入；基金资金的存款利息收入、购买国债的利息收入；国内外机构、组织和个人的捐赠收入免征企业所得税。

13. 对投资者从证券投资基金分配中取得的收入，暂不征收企业所得税。

14. 自 2022 年 1 月 1 日起，对非营利性科学技术研究开发机构、高等学校接收企业、个人和其他组织机构基础研究资金收入，免征企业所得税。

15. 中国保险保障基金有限责任公司根据《保险保障基金管理办法》取得的境内保险公司依法缴纳的保险保障基金；依法从撤销或破产保险公司清算财产中获得的受偿收入和向有关责任方追偿所得，以及依法从保险公司风险处置中获得的财产转让所得；接受捐赠收入；银行存款利息收入；购买政府债券、中央银行、中央企业和中央级金融机构发行债券的利息收入；国务院批准的其他资金运用取得的收入免征企业所得税。

三、其他收入情形的企业所得税处理

（一）企业接收政府和股东划入资产的企业所得税处理

1. 企业接收政府划入资产的企业所得税处理。

（1）县级以上人民政府（包括政府有关部门，下同）将国有资产明确以股权投资方式投入企业，企业应作为国家资本金（包括资本公积）处理。该项资产如为非货币性资产，应按政府确定的接收价值确定计税基础。

（2）县级以上人民政府将国有资产无偿划入企业，凡指定专门用途并按财税〔2011〕70 号文件规定进行管理的，企业可作为不征税收入进行企业所得税处理。其中，该项资产属于非货币性资产的，应按政府确定的接收价值计算不征税收入。

（3）县级以上人民政府将国有资产无偿划入企业，属于上述第（1）项、第（2）项以外情形的，应按政府确定的接收价值计入当期收入总额计算缴纳企业所得税。政府没有确定接收价值的，按资产的公允价值计算确定应税收入。

2. 企业接收股东划入资产的企业所得税处理。

（1）企业接收股东划入资产（包括股东赠与资产、上市公司在股权分置改革过程中接收原非流通股股东和新非流通股股东赠与的资产、股东放弃本企业的股权，下同），凡合同、协议约定作为资本金（包括资本公积）且在会计上已作实际处理的，不计入企业的收入总额，企业应按公允价值确定该项资产的计税基础。

（2）企业接收股东划入资产，凡作为收入处理的，应按公允价值计入收入总额，计算缴纳企业所得税，同时按公允价值确定该项资产的计税基础。

(二)企业混合性投资业务的企业所得税处理

根据《国家税务总局关于企业混合性投资业务企业所得税处理问题的公告》(国家税务总局公告 2013 年第 41 号)的规定,企业混合性投资业务的企业所得税处理如下:

1. 企业混合性投资业务,是指兼具权益和债权双重特性的投资业务。同时符合下列条件的混合性投资业务,按下列规定进行企业所得税处理:

(1)被投资企业接受投资后,需要按投资合同或协议约定的利率定期支付利息(或定期支付保底利息、固定利润、固定股息,下同)。

(2)有明确的投资期限或特定的投资条件,并在投资期满或者满足特定投资条件后,被投资企业需要赎回投资或偿还本金。

(3)投资企业对被投资企业净资产不拥有所有权。

(4)投资企业不具有选举权和被选举权。

(5)投资企业不参与被投资企业日常生产经营活动。

2. 符合上述第 1 条规定的混合性投资业务,按下列规定进行企业所得税处理:

(1)对于被投资企业支付的利息,投资企业应于被投资企业应付利息的日期确认收入的实现,并计入当期应纳税所得额;被投资企业应于应付利息的日期,确认利息支出,并按税法和《国家税务总局关于企业所得税若干问题的公告》(国家税务总局公告 2011 年第 34 号)第一条的规定,即"非金融企业向非金融企业借款利息支出"的相关规定进行税前扣除。

(2)对于被投资企业赎回的投资,投资双方应于赎回时将赎价与投资成本之间的差额确认为债务重组损益,分别计入当期应纳税所得额。

3. 国家税务总局 2013 年第 41 号公告自 2013 年 9 月 1 日起执行。此前发生的已进行税务处理的混合性投资业务,不再进行纳税调整。

4. 境外投资者在境内从事混合性投资业务,满足上述第 1 条所列混合性投资业务条件的,可以按照上述第 2 条的规定进行企业所得税处理,但同时符合以下两种情形的除外:

(1)该境外投资者与境内被投资企业构成关联关系;

(2)境外投资者所在国家(地区)将该项投资收益认定为权益性投资收益,且不征收企业所得税。

同时符合上述第(1)项和第(2)项规定情形的,境内被投资企业向境外投资者支付的利息应视为股息,不得进行税前扣除。

(三)企业发行永续债的企业所得税处理

永续债是指经国家发展和改革委员会、中国人民银行、国家金融监督管理总局、中国证券监督管理委员会核准,或经中国银行间市场交易商协会注册、中国证券监督管理委员会授权的证券自律组织备案,依照法定程序发行、附赎回(续期)选择权或无明确到期日的债券,包括可续期企业债、可续期公司债、永续债务融资工具(含永续票据)、无固定期限资本债券等。根据《财政部 税务总局关于永续债企业所得税政策问题的公告》(财政部 税务总局公告 2019 年第 64 号),自 2019 年 1 月 1 日起,企业发行永续债的企业所得税处理按以下规定执行:

1. 企业发行的永续债,可以适用股息、红利企业所得税政策,即:投资方取得的永续债利息收入属于股息、红利性质,按照现行企业所得税政策相关规定进行处理,其中,发行方和投资方均为居民企业的,永续债利息收入可以适用企业所得税法规定的居民企业之间的股息、红利等权益性投资收益免征企业所得税规定;同时发行方支付的永续债利息支出不得在企业所得税税前扣除。

2. 企业发行符合规定条件的永续债,也可以按照债券利息适用企业所得税政策,即:发行方支付的永续债利息支出准予在其企业所得税税前扣除;投资方取得的永续债利息收入应当依法纳税。

3. 上述第 2 条所称符合规定条件的永续债,是指符合下列条件中 5 条(含)以上的永续债:

(1)被投资企业对该项投资具有还本义务;

(2)有明确约定的利率和付息频率;

(3)有一定的投资期限;

(4)投资方对被投资企业净资产不拥有所有权;

(5)投资方不参与被投资企业日常生产经营活动;

(6)被投资企业可以赎回,或满足特定条件后可以赎回;

(7)被投资企业将该项投资计入负债;

(8)该项投资不承担被投资企业股东同等的经营风险;

(9)该项投资的清偿顺序位于被投资企业股东持有的股份之前。

4. 企业发行永续债,应当将其适用的税收处理方法在证券交易所、银行间债券市场等发行市场的发行文件中向投资方予以披露。

5. 发行永续债的企业对每一永续债产品的税收处理方法一经确定,不得变更。企业对永续债采取的税收处理办法与会计核算方式不一致的,发行方、投资方在进行税收处理时须作出相应纳税调整。

(四)可转换债券转换为股权投资的企业所得税处理

根据《国家税务总局关于企业所得税若干政策征管口径问题的公告》(国家税务总局公告 2021 年第 17 号)的规定,可转换债券转换为股权投资的企业所得税处理按以下规定执行:

1. 购买方企业的税务处理。

(1)购买方企业购买可转换债券,在其持有期间按照约定利率取得的利息收入,应当依法申报缴纳企业所得税。

(2)购买方企业可转换债券转换为股票时,将应收未收利息一并转为股票的,该应收未收利息即使会计上未确认收入,税收上也应当作为当期利息收入申报纳税;转换后以该债券购买价、应收未收利息和支付的相关税费为该股票投资成本。

2. 发行方企业的税务处理。

(1)发行方企业发生的可转换债券的利息,按照规定在税前扣除。

(2)发行方企业按照约定将购买方持有的可转换债券和应付未付利息一并转为股票的,其应付未付利息视同已支付按照规定在税前扣除。

★习题精练及答案解析

一、单项选择题

1. 下列收入确认时间的说法,符合企业所得税法相关规定的是(　　)。

A. 包含在商品售价内可区分的服务费应在提供服务的期间分期确认收入

B. 长期为客户提供重复的劳务收取的劳务费应在收到费用时确认收入

C. 为特定客户开发软件的收费应于软件投入使用时确认收入

D. 广告的制作费应在相关广告出现于公众面前时确认收入

【参考答案】 A

【答案解析】 选项B,长期为客户提供重复的劳务收取的劳务费,在相关劳务活动发生时确认收入;选项C,为特定客户开发软件的收费,应根据开发的完工进度确认收入;选项D,广告的制作费,根据制作广告的完工进度确认收入。

2. 企业提供的下列劳务取得的收入中,按照完工进度确认企业所得税应税收入的是(　　)。

A. 长期为客户提供重复的劳务收取的劳务费

B. 包含在商品售价内可区分的服务费

C. 广告的制作费

D. 入会会员只允许取得会籍,所有其他服务或商品都要另行收费的会员费

【参考答案】 C

【答案解析】 选项A,长期为客户提供重复的劳务收取的劳务费,在相关劳务活动发生时确认收入;选项B,包含在商品售价内可区分的服务费,在提供服务的期间分期确认收入;选项D,入会会员只允许取得会籍,所有其他服务或商品都要另行收费的,在取得该会员费时确认收入。

3. 根据企业所得税法的规定,下列说法中正确的是(　　)。

A. 企业接受捐赠收入,按合同约定日期确认收入

B. 被投资企业将股权(股票)溢价所形成的资本公积转为股本的,作为投资方企业的股息、红利收入

C. 租赁合同规定的租赁期限跨年度的,且租金提前一次性支付的,出租人要一次性确认收入

D. 非营利组织接受其他单位或者个人捐赠的收入为免税收入

【参考答案】 D

【答案解析】 选项A，企业接受捐赠收入，按照实际收到捐赠资产的日期确认收入的实现；选项B，被投资企业将股权（股票）溢价所形成的资本公积转为股本的，不作为投资方企业的股息、红利收入，投资方企业也不得增加该项长期投资的计税基础；选项C，如果交易合同或协议中规定租赁期限跨年度，且租金提前一次性支付的，根据《中华人民共和国企业所得税法实施条例》第九条规定的收入与费用配比原则，出租人可对已确认的收入，在租赁期内，分期均匀计入相关年度收入。

4. 2023年年末，某造船厂拟对一艘在建远洋客轮按照完工进度法确认其提供劳务的收入。下列测算方法，不符合企业所得税法相关规定的是（　　）。

A. 已完成工作的测量　　B. 发生成本占总成本的比例

C. 已提供劳务占劳务总量的比例　　D. 已建造时间占合同约定时间的比例

【参考答案】 D

【答案解析】 企业提供劳务完工进度的确定，可选用下列方法：(1)已完成工作的测量；(2)已提供劳务占劳务总量的比例；(3)发生成本占总成本的比例。

5. 2023年甲公司销售一批产品，开具的增值税专用发票上注明价款40万元、金额栏注明折扣价款3万元。适用增值税税率为13%，甲公司应确认的产品销售收入为（　　）万元。

A. 37　　B. 40　　C. 43.29　　D. 46.8

【参考答案】 A

【答案解析】 企业为促进商品销售而在商品价格上给予的价格扣除，属于商业折扣，应当按照扣除商业折扣后的金额确定销售商品收入金额。

6. 某公司将设备租赁给他人使用，合同约定租期从2023年9月1日到2026年8月31日，每年不含税租金480万元，2023年8月15日一次性收取3年租金1 440万元。下列关于该租赁业务收入确认的说法，正确的是（　　）。

A. 2023年增值税应确认的计税收入为480万元

B. 2023年增值税应确认的计税收入为160万元

C. 2023年应确认企业所得税收入1 440万元

D. 2023年可确认企业所得税收入160万元

【参考答案】 D

【答案解析】 企业所得税和增值税的税务处理是不一样的。企业所得税中，租金收入，按照合同约定的承租人应付租金的日期确认收入的实现。如果交易合同或协议中规定租赁期限跨年度且租金提前一次性支付的，根据规定的收入与费用配比原则，出租人可对上述已确认的收入，在租赁期内，分期均匀计入相关年度收入，所以2023年可确认企业所得税收入160万元。增值税中，纳税人提供建筑服务、租赁服务采取预收款方式的，其纳税义务发生时间为收到预收款的当天，所以2023年增值税应确认的计税收入为 1 440 万元。

7. 某商贸公司采用“买一赠一”方式销售冰箱 20 台，开具增值税普通发票注明不含税金额 60 000 元，税额 10 200 元，同时赠送加湿器 20 台，每台加湿器成本 500 元，市场不含税销售价格 600 元。依据企业所得税法相关规定，该商贸公司就该业务确认冰箱的销售收入是(　　)元。

A. 50 000　　B. 70 000　　C. 72 000　　D. 60 000

【参考答案】 A

【答案解析】 根据《国家税务总局关于确认企业所得税收入若干问题的通知》(国税函〔2008〕875 号)的规定，企业以买一赠一等方式组合销售本企业商品的，不属于捐赠，应将总的销售金额按各项商品的公允价值的比例来分摊确认各项的销售收入。所以应确认冰箱的销售收入＝60 000÷(60 000＋600×20)×60 000＝50 000(元)，应确认加湿器收入＝60 000－50 000＝10 000(元)。

8. 下列关于企业商品销售收入确认的税务处理中，符合企业所得税法规定的是(　　)。

A. 为促进商品销售提供商业折扣的，按扣除商业折扣前的金额确认销售收入

B. 为鼓励债务人在规定期限内付款提供现金折扣的，按扣除现金折扣后的金额确认销售收入

C. 因售出商品品种不符合要求发生销售退回的，在发生销售退回的下一期冲减当期销售商品收入

D. 因售出商品质量原因提供销售折让并已确认销售收入的，在发生销售折让当期冲减当期销售商品收入

【参考答案】 D

【答案解析】 选项 A，商品销售涉及商业折扣的，应当按照扣除商业折扣后的金额确定销售商品收入金额；选项 B，商品销售涉及现金折扣的，应当按照扣除现金折扣前的金额确定销售商品收入金额；选项 C，企业已经确认销售收入的售出商品发生销售折让和销售退回，应当在发生当期冲减当期销售商品收入。

9. 根据企业所得税法的相关规定，企业外购资产用于下列情形的，应当视同销售确认收入的是(　　)。

A. 作为原材料投入生产　　B. 作为门市房对外出租

C. 移送至境外分公司用于继续加工　　D. 移送至境内分公司用于连续加工

【参考答案】 C

【答案解析】 选项 C，将资产移送至境外分公司的，应视同销售确认收入。

10. 企业发生下列情形的处置资产，作为内部处置资产，不视同销售确认收入的是(　　)。

A. 将自产烟丝继续加工卷烟　　B. 将自产饮料移送至境外分支机构

C. 将自产化妆品用于职工福利　　D. 将自产电脑用于股息分配

【参考答案】 A

【答案解析】 选项 BCD,因资产所有权属已发生改变而不属于内部处置资产,应按规定视同销售确定收入。

11. 2023 年 12 月,甲饮料厂给职工发放自制果汁和当月外购的取暖器作为福利。其中,果汁的成本为 20 万元,同期对外销售价格为 25 万元;取暖器的购进价格为 10 万元。根据企业所得税法相关规定,该厂发放上述福利应确认的企业所得税收入是(　　)万元。

A. 10　　B. 20　　C. 30　　D. 35

【参考答案】 D

【答案解析】 自产产品用作职工福利属于视同销售,按照公允价值确认企业所得税收入,外购产品用作职工福利作视同销售处理,金额为外购成本,取得发票的进项税额不得抵扣。因此,上述福利应确认的收入为 35 万元。

12. 采取产品分成方式取得收入的,按照企业分得产品的日期确认收入的实现,其收入额按照产品的(　　)确定。

A. 账面价值　　B. 公允价值　　C. 账面原值　　D. 账面净值

【参考答案】 B

【答案解析】 采取产品分成方式取得收入的,按照企业分得产品的日期确认收入的实现,其收入额按照产品的公允价值确定。

13. 甲公司 2023 年 3 月出资 500 万元与乙公司合作生产某新型产品,合同约定 12 月 20 日进行产品分配。由于生产延期,2024 年 2 月甲公司才分得该产品,甲公司分得产品生产成本 600 万元,市场公允价值 800 万元。下列关于该业务税务处理的说法,正确的是(　　)。

A. 甲公司应以 800 万元确认该批产品的收入

B. 甲公司应以 600 万元确认该批产品的收入

C. 乙公司应以 800 万元确认该项合作经营支出

D. 甲公司应于 2023 年 12 月 20 日确认收入实现

【参考答案】 A

【答案解析】 采取产品分成方式取得收入的,按照企业分得产品的日期确认收入的实现,其收入额按照产品的公允价值确定。

14. 2023 年 3 月,甲企业将持有乙企业 5%的股权以 1 000 万元的价格转让,转让价格中包含乙企业未分配利润中归属于该股权的 20 万元,股权的购置成本为 800 万元。甲企业应确认的股权转让所得为(　　)万元。

A. 50　　B. 180　　C. 200　　D. 220

【参考答案】 C

【答案解析】 企业在计算股权转让所得时,不得扣除被投资企业未分配利润等股东留存收益中按该项股权所能分配的金额。应确认的股权转让所得=1 000-800=200

(万元)。

15. 县级以上人民政府将国有非货币性资产无偿划入企业,凡指定专门用途,且企业已按政策规定进行专项用途管理的,应(　　)。

A. 作为国家资本金处理

B. 按照公允价值计算不征税收入

C. 按照政府确定的接收价值计算不征税收入

D. 按照公允价值计算应税收入

【参考答案】 C

【答案解析】 县级以上人民政府将国有资产无偿划入企业,凡指定专门用途并按规定进行管理的,企业可作为不征税收入进行企业所得税处理。其中,该项资产属于非货币性资产的,应按政府确定的接收价值计算不征税收入。

16. 下列关于企业从被投资单位撤回投资时取得资产的企业所得税税务处理的说法中,正确的是(　　)。

A. 相当于初始投资的部分应确认为股息所得

B. 取得的全部资产应确认为股息所得

C. 超过初始投资的部分应确认为投资资产转让所得

D. 相当于被投资企业累计未分配利润和累计盈余公积部分应确认为股息所得

【参考答案】 D

【答案解析】 企业撤回或减少投资,其取得的资产中,相当于初始出资的部分,应确认为投资收回;相当于被投资企业累计未分配利润和累计盈余公积按减少实收资本比例计算的部分,应确认为股息所得;其余部分确认为投资资产转让所得。要注意区分投资撤回和股权转让的异同点。

17. 2023 年 10 月,甲公司向乙公司投资 300 万元,期限 5 年,每年年末收取固定利息,甲公司符合混合型投资业务的其他条件。下列关于该投资业务的税务处理的说法,正确的是(　　)。

A. 甲公司收到的固定利息为免税收入

B. 乙公司应于应付固定利息的日期确认支出

C. 乙公司支付的固定利息可以据实在税前扣除

D. 甲公司应于实际收到固定利息的日期确认收入的实现

【参考答案】 B

【答案解析】 选项 AD,对于被投资企业支付的利息,投资企业应于被投资企业应付利息的日期,确认收入的实现并计入当期应纳税所得额计税;选项 BC,被投资企业应于应付利息的日期,确认利息支出,并按税法和“非金融企业向非金融企业借款利息支出”的规定进行税前扣除。

18. 根据企业所得税法的相关规定,下列各项中,说法不正确的是(　　)。

A. 企业在计算股权转让所得时,不得扣除被投资企业未分配利润等股东留存收益

中按该项股权所可能分配的金额

B. 被投资企业将股权溢价所形成的资本公积转为股本的，不作为投资方企业的股息、红利收入，但投资方企业可以增加该项长期投资的计税基础

C. 纳税人签订的租赁合同或协议中规定租赁期限跨年度，且租金提前一次性支付的，出租人可以在租赁期内，分期均匀计入相关年度收入

D. 企业已作坏账损失处理后又收回的应收款项要计入企业收入总额中，计算缴纳企业所得税

【参考答案】 B

【答案解析】 被投资企业将股权（股票）溢价所形成的资本公积转为股本的，不作为投资方企业的股息、红利收入，投资方企业也不得增加该项长期投资的计税基础。

19. 2023 年年初，我国 A 居民企业通过投资，拥有境内 B 上市公司 20％的股权。2023 年 10 月，B 公司增发普通股 1 000 万股，每股面值 1 元，发行价格 4 元，股款已全部收到并存入银行。2023 年 12 月，B 公司将股票溢价形成的资本公积全部转增股本。下列关于 A 居民企业相关投资业务的税务处理中，说法正确的是（　　）。

A. A 居民企业应确认股息收入 600 万元

B. A 居民企业应调增该项投资的计税基础 600 万元

C. A 居民企业在转让该项股权时，不得扣除转增股本增加的 600 万元

D. A 居民企业应确认营业外收入 600 万元

【参考答案】 C

【答案解析】 被投资企业将股权（股票）溢价所形成的资本公积转为股本的，不作为投资方企业的股息、红利收入，投资方企业也不得增加该项长期投资的计税基础。

20. A 企业为某上市公司股东，股权投资计税基础为 900 万元。2023 年 1 月，该上市公司股东大会作出决定，将股票溢价发行形成的资本公积转增股本，A 企业获得转增股本 600 万元。2023 年 9 月，A 企业将该项股权转让，获得收入 2 000 万元。根据企业所得税法的相关规定，A 企业转让股权应确认的股权转让所得为（　　）万元。

A. 500　　B. 600　　C. 2 000　　D. 1 100

【参考答案】 D

【答案解析】 被投资企业将股权（股票）溢价所形成的资本公积转为股本的，不作为投资方企业的股息、红利收入，投资方企业也不得增加该项长期投资的计税基础。因此，A 企业获得转增股本后，持有的股权计税基础仍为 900 万元，股权转让所得＝2 000－900＝1 100（万元）。

21. 甲公司 2020 年 8 月以 800 万元直接投资于乙公司，占有乙公司 30％的股权。2023 年 12 月将全部股权转让取得收入 1 200 万元，并完成股权变更手续。转让时乙公司账面累计未分配利润 200 万元。甲公司应确认股权转让的应纳税所得额是（　　）万元。

A. 200　　B. 340　　C. 400　　D. 900

【参考答案】 C

【答案解析】 甲公司在计算股权转让所得时，不得扣除被投资企业未分配利润等股东留存收益中按该项股权所可能分配的金额；甲公司应确认股权转让的应纳税所得额＝1 200－800＝400(万元)。

22. 下列收入中，属于企业所得税法规定的不征税收入的是(　　)。

A. 财政拨款

B. 因债权人缘故确实无法偿付的应付款项

C. 接受捐赠收入

D. 国债利息收入

【参考答案】 A

【答案解析】 企业所得税法规定的不征税收入包括：财政拨款，依法收取并纳入财政管理的行政事业性收费、政府性基金，国务院规定的其他不征税收入。

23. 2023 年，某居民企业实现商品销售收入 2025 万元，发生现金折扣 100 万元，后因商品质量问题，发生销货退回 25 万元，接受捐赠收入 120 万元，转让无形资产所有权取得收入 20 万元，国债利息收入 50 万元，确实无法偿付的应付款项 10 万元。2023 年该企业的企业所得税应税收入为(　　)万元。(以上收入均为不含增值税收入)

A. 2 140　　B. 2 150　　C. 2 000　　D. 2 200

【参考答案】 B

【答案解析】 销售商品涉及现金折扣的，应当按扣除现金折扣前的金额确定销售商品收入金额；企业已经确认销售收入的售出商品发生销售折让和销售退回，应当在发生当期冲减当期销售商品收入；国债利息收入免税。所以，该企业的企业所得税应税收入＝2 025－25＋120＋20＋10＝2 150(万元)。

二、多项选择题

1. 根据《中华人民共和国企业所得税法》的相关规定，下列符合收入确认的是(　　)。

A. 转让股权收入，应于转让协议生效且完成股权变更手续时确认收入

B. 利息收入，按照合同约定的债务人应付利息的日期确认收入

C. 租金收入，按照承租人实际支付租金的日期确认收入

D. 特许权使用费收入，按照合同约定的特许权使用人应付特许权使用费的日期确认收入

E. 接受捐赠收入，按照捐赠方作出捐赠承诺的日期确认收入

【参考答案】 ABD

【答案解析】 选项 C，租金收入，按照合同约定的承租人应付租金的日期确认收入的实现；选项 E，接受捐赠收入，应当在实际收到捐赠资产的日期确认收入的实现。

2. 根据企业所得税法的规定，下列关于收入确认的说法，正确的有（　　）。

A. 纳税人以非货币形式取得的收入，确定收入额的标准是历史成本

B. 企业从事建筑、安装、装配工程业务，持续时间超过 12 个月的，可以按照纳税年度内完成的工作量确认收入的实现

C. 以分期收款方式销售货物的，按照合同约定的收款日期确认收入的实现

D. 采取产品分成方式取得收入的，其收入额按照产品的成本确定

E. 受托加工制造大型机械设备，持续时间超过 12 个月的，按照纳税年度内完工进度或者完成的工作量确认收入的实现

【参考答案】 BCE

【答案解析】 选项 A，非货币资产应当按照公允价值确定收入额，公允价值是指按照市场价格确定的价值；选项 D，采取产品分成方式取得收入的，按照企业分得产品的日期确认收入的实现，其收入额按照产品的公允价值确定，而不是产品的成本。产品分成方式主要指多家企业在合作进行生产经营的过程中，合作各方对合作生产出的产品按照约定进行分配，并以此作为生产经营收入的方式。

3. 下列关于企业所得税法规定的收入确认时间，不正确的有（　　）。

A. 转让股权应于取得股权转让收入时确认收入的实现

B. 采取产品分成方式取得收入的按照企业分得产品的日期确认收入的实现

C. 股息、红利等权益性投资收益按照被投资方实际分配利润的日期确认收入的实现

D. 接受捐赠收入按照捐赠人作出捐赠决定的当天确认收入的现实

E. 以分期收款方式销售货物的，按照合同约定的收款日期确认收入的实现

【参考答案】 ACD

【答案解析】 选项 A，企业转让股权，应于转让协议生效且完成股权变更手续时，确认收入的实现；选项 C，股息、红利等权益性投资收益，除国务院财政、税务主管部门另有规定外，按照被投资方作出利润分配或转股决定的日期确认收入的实现；选项 D，接受捐赠收入，按照实际收到捐赠资产的日期确认收入的实现。

4. 下列关于企业所得税法规定的收入确认的表述，正确的有（　　）。

A. 企业受托加工大型机械设备，持续时间超过 12 个月的，按照纳税年度内完工进度或者完成的工作量确认收入的实现

B. 广告的制作费，应在相关的广告出现于公众面前时确认收入

C. 销售货物采用托收承付方式的，在办妥托收手续时确认收入的实现

D. 包含在商品售价内可区分的服务费，在提供服务的期间分期确认收入

E. 销售商品需要安装和检验的，均在发出商品时确认收入的实现

【参考答案】 ACD

【答案解析】 选项 B，广告的制作费，应根据制作广告的完工进度确认收入；选项 E，销售商品需要安装和检验的，在购买方接受商品以及安装和检验完毕时确认收入的

实现。如果安装程序比较简单,可在发出商品时确认收入的实现。

5. 企业在各个纳税期末,提供劳务交易的结果能够可靠估计的,可以按照完工进度法确认提供劳务收入。下列各项属于企业所得税法规定的可选用的完工进度法有(　　)。

A. 发生成本占总成本的比例

B. 合同约定的完工进度

C. 已收到价款占总造价的比例

D. 已提供劳务占总劳务的比例

E. 已完成工作的测量

【参考答案】 ADE

【答案解析】 提供劳务完工进度的确定,可选用下列方法:已完工作的测量;已提供劳务占总劳务的比例;发生成本占总成本的比例。

6. 根据企业所得税法相关规定,提供劳务交易的结果能够可靠估计,必须同时满足的条件有(　　)。

A. 收入的金额能够可靠地计量

B. 已发生的成本能够可靠地核算

C. 将发生的成本能够可靠地核算

D. 交易的完工时间能够可靠地确定

E. 交易的完工进度能够可靠地确定

【参考答案】 ABCE

【答案解析】 根据企业所得税法的规定,提供劳务交易的结果能够可靠估计,是指同时满足下列条件:(1)收入的金额能够可靠地计量;(2)交易的完工进度能够可靠地确定;(3)交易中已发生和将发生的成本能够可靠地核算。

7. 企业提供的下列劳务中,按照完工进度确认企业所得税应税收入的有(　　)。

A. 广告的制作

B. 提供宴会招待

C. 提供艺术表演

D. 为特定客户开发软件

E. 作为商品销售附带条件的安装

【参考答案】 AD

【答案解析】 选项 BC,在相关活动发生时确认收入;选项 E,安装工作是商品销售附带条件的,安装费在确认商品销售实现时确认收入。

8. 下列取得的所得中,属于特许权使用费收入的有(　　)。

A. 甲公司提供专利权取得的所得 8 600 万元

B. 乙公司提供著作权取得的所得 420 万元

C. 丙公司提供商标权取得的所得 330 万元

D. 丁公司提供非专利技术取得的所得 240 万元

E. 戊公司提供厂房用于租赁取得的所得 50 万元

【参考答案】 ABCD

【答案解析】 特许权使用费收入，是指企业提供专利权、非专利技术、商标权、著作权以及其他特许权的使用权取得的收入。

9. 下列选项中属于企业所得税法规定的其他收入的有（　　）。

A. 企业资产溢余收入

B. 逾期未退包装物押金收入

C. 已作坏账损失处理后又收回的应收款项

D. 补贴收入

E. 捐赠收入

【参考答案】 ABCD

【答案解析】 企业所得税法规定的其他收入包括：企业资产溢余收入、逾期未退包装物押金收入、确实无法偿付的应付款项、已作坏账损失处理后又收回的应收款项、债务重组收入、补贴收入、违约金收入、汇兑收益。

10. 根据企业所得税法的有关规定，企业所得税纳税人发生下列业务应视同销售的有（　　）。

A. 管理部门领用自产产品

B. 将厂房用于对外投资

C. 将自产产品奖励给职工

D. 将外购设备转移至境外分支机构使用

【参考答案】 BCD

【答案解析】 企业发生非货币性资产交换，以及将货物、财产、劳务用于捐赠、偿债、赞助、集资、广告、样品、职工福利或者利润分配等用途的，应当视同销售货物、转让财产或者提供劳务，但国务院财政、税务主管部门另有规定的除外。在具体处理该类业务的时候，主要看资产的所有权属是否发生改变。如果资产的所有权属在形式和实质上均不发生改变，将资产转移至境外除外，应作为内部处置资产，不视同销售确认收入。如果将资产移送他人，因资产所有权属已发生改变而不属于内部处置资产，应按规定确定视同销售收入。

11. 根据企业所得税法的有关规定，下列行为应视同销售确认收入的有（　　）。

A. 将自产货物用于职工奖励

B. 将自建商品房转为固定资产

C. 将自产货物用于职工宿舍建设

D. 将外购货物用于交际应酬

E. 将自产货物移送到境外分支机构

【参考答案】 ADE

【答案解析】 选项BC，均属于内部处置资产，不属于视同销售。选项AD，将自产货物用于职工奖励和将外购货物用于交际应酬，应视同销售确认收入。选项E，境内和境外属于不同的税收管辖区域。因为移至境外，不是同一税收管辖区域了，不属于内部处置资产，而是应视同销售确认收入。

12. 下列关于企业接收政府和股东划入资产的企业所得税处理的表述，正确的有（ ）。

A. 县级以上人民政府将国有资产无偿划入企业，凡指定专门用途并按规定进行管理的，企业可作为不征税收入进行企业所得税处理

B. 企业接收政府划入资产，如果政府没有确定接收价值的，应按资产的公允价值计算确定应税收入

C. 企业接收股东划入资产，凡作为收入处理的，应按公允价值计入收入总额

D. 企业接收股东划入资产，凡作为收入处理的，不需要缴纳企业所得税

E. 县级以上人民政府将国有资产明确以股权投资方式投入企业，企业应作为国家资本金（包括资本公积）处理

【参考答案】 ABCE

【答案解析】 选项D，企业接收股东划入资产，凡作为收入处理的，应按公允价值计入收入总额，需要计算缴纳企业所得税。

13. 根据企业所得税法的相关规定，下列说法正确的有（ ）。

A. 县级以上人民政府将国有资产无偿划入企业，指定专门用途并按规定进行管理的，企业可作为不征税收入进行企业所得税处理

B. 企业接收股东划入资产，合同、协议约定作为资本金且在会计上已做实际处理的，不计入企业的收入总额

C. 企业固定资产会计折旧年限如果长于税法规定的最低折旧年限，其按会计折旧年限计提的折旧率低于按税法规定的最低折旧年限计提的折旧部分，应调增当期应纳税所得额

D. 企业固定资产会计折旧年限如果短于税法规定的最低年限，其折旧应按会计折旧年限扣除，税法另有规定的除外

E. 企业按会计规定提取的固定资产减值准备，不得税前扣除，其折旧仍按税法确定的固定资产计税基础计算扣除

【参考答案】 ABE

【答案解析】 选项C，企业固定资产会计折旧年限如果长于税法规定的最低年限，其折旧应按会计折旧年限扣除，税法另有规定的除外；选项D，企业固定资产会计折旧年限如果短于税法规定的最低折旧年限，其按会计折旧年限计提的折旧高于按税法规定的最低折旧年限计提的折旧部分，应调增当期应纳税所得额。

14. 企业从县级以上人民政府财政部门及其他部门取得的应计入收入总额的财政性资金，作为不征税收入，应同时符合的条件有（ ）。

A. 企业能够提供规定资金专项用途的资金拨付文件

B. 资金使用的具体情况每年必须报上级主管部门备案

C. 企业对该资金以及该资金发生的支出单独进行核算

D. 该资金不得用于资本性支出

E. 财政部门或其他拨付资金的政府部门对该资金有专门的资金管理办法或具体管理要求

【参考答案】 ACE

【答案解析】 企业从县级以上各级人民政府财政部门及其他部门取得的应计入收入总额的财政性资金，凡同时符合以下条件的，可以作为不征税收入：(1)企业能够提供规定资金专项用途的资金拨付文件；(2)财政部门或其他拨付资金的政府部门对该资金有专门的资金管理办法或具体管理要求；(3)企业对该资金以及该资金发生的支出单独进行核算。

三、判断题

1. 被清算企业的股东分得的剩余资产的金额，其中相当于被清算企业累计未分配利润和累计盈余公积中按该股东所占股份比例计算的部分，应确认为投资所得。（　　）

【参考答案】 错误

【答案解析】 被清算企业的股东分得的剩余资产的金额，其中相当于被清算企业累计未分配利润和累计盈余公积中按该股东所占股份比例计算的部分，应确认为股息所得；剩余资产减除股息所得后的余额，超过或低于股东投资成本的部分，应确认为股东的投资转让所得或损失。

2. 被投资企业将股权(股票)溢价所形成的资本公积转为股本的，不作为投资方企业的股息、红利收入，但投资方企业需要增加该项长期投资的计税基础。（　　）

【参考答案】 错误

【答案解析】 被投资企业将股权(股票)溢价所形成的资本公积转为股本的，不作为投资方企业的股息、红利收入，投资方企业也不得增加该项长期投资的计税基础。

3. 企业为促进商品销售而在商品价格上给予的价格扣除属于商业折扣，而债权人为鼓励债务人在规定的期限内付款而向债务人提供的债务扣除属于现金折扣。无论是商业折扣还是现金折扣，均应当按照扣除折扣后的金额确定销售商品收入金额。（　　）

【参考答案】 错误

【答案解析】 企业为促进商品销售而在商品价格上给予的价格扣除属于商业折扣，商品销售涉及商业折扣的，应当按照扣除商业折扣后的金额确定销售商品收入金额。债权人为鼓励债务人在规定的期限内付款而向债务人提供的债务扣除属于现金折扣，销售商品涉及现金折扣的，应当按扣除现金折扣前的金额确定销售商品收入金额，现金折扣在实际发生时作为财务费用扣除。

4. 企业将符合条件的财政性资金作不征税收入处理后在 3 年(36 个月)内未发生支出且未缴回财政部门或其他拨付资金的政府部门的部分，应计入取得该资金第 4 年的应税收入总额；计入应税收入总额的财政性资金发生的支出允许在计算应纳税所得额时扣除。（ ）

【参考答案】 错误

【答案解析】 企业将符合条件的财政性资金作不征税收入处理后在 5 年(60 个月)内未发生支出且未缴回财政部门或其他拨付资金的政府部门的部分，应计入取得该资金第 6 年的应税收入总额；计入应税收入总额的财政性资金发生的支出允许在计算应纳税所得额时扣除。

5. 非营利组织因政府购买服务而取得的收入也是免税收入。（ ）

【参考答案】 错误

【答案解析】 非营利组织的下列收入为免税收入：(1)接受其他单位或者个人捐赠的收入；(2)除《中华人民共和国企业所得税法》第七条规定的财政拨款以外的其他政府补助收入，但不包括因政府购买服务而取得的收入；(3)按照省级以上民政、财政部门规定收取的会费；(4)不征税收入和免税收入孳生的银行存款利息收入；(5)财政部、国家税务总局规定的其他收入。

6. 自 2022 年 1 月 1 日起，对非营利性科学技术研究开发机构、高等学校接收企业、个人和其他组织机构基础研究资金收入，减半征收企业所得税。（ ）

【参考答案】 错误

【答案解析】 自 2022 年 1 月 1 日起，对非营利性科学技术研究开发机构、高等学校接收企业、个人和其他组织机构基础研究资金收入，免征企业所得税。

7. 县级以上人民政府(包括政府有关部门)将国有资产明确以股权投资方式投入企业，企业应作为国家资本金(包括资本公积)处理。该项资产如为非货币性资产，应按公允价值确定计税基础。（ ）

【参考答案】 错误

【答案解析】 县级以上人民政府(包括政府有关部门)将国有资产明确以股权投资方式投入企业，企业应作为国家资本金(包括资本公积)处理。该项资产如为非货币性资产，应按政府确定的接收价值确定计税基础。

8. 企业发行的永续债，可以适用股息、红利企业所得税政策，即：投资方取得的永续债利息收入属于股息、红利性质，按照现行企业所得税政策相关规定进行处理，其中，发行方和投资方均为居民企业的，永续债利息收入可以适用企业所得税法规定的居民企业之间的股息、红利等权益性投资收益免征企业所得税规定，同时发行方支付的永续债利息支出也可以在企业所得税税前扣除。（ ）

【参考答案】 错误

【答案解析】 (1)企业发行的永续债,可以适用股息、红利企业所得税政策,即:投资方取得的永续债利息收入属于股息、红利性质,按照现行企业所得税政策相关规定进行处理,其中,发行方和投资方均为居民企业的,永续债利息收入可以适用企业所得税法规定的居民企业之间的股息、红利等权益性投资收益免征企业所得税规定;同时发行方支付的永续债利息支出不得在企业所得税税前扣除。(2)企业发行符合规定条件的永续债,也可以按照债券利息适用企业所得税政策,即:发行方支付的永续债利息支出准予在其企业所得税税前扣除;投资方取得的永续债利息收入应当依法纳税。

9.发行永续债的企业对每一永续债产品的税收处理方法一经确定,不得变更。企业对永续债采取的税收处理办法与会计核算方式不一致的,发行方、投资方在进行税收处理时须做出相应纳税调整。（　）

【参考答案】 正确

【答案解析】 发行永续债的企业对每一永续债产品的税收处理方法一经确定,不得变更。企业对永续债采取的税收处理办法与会计核算方式不一致的,发行方、投资方在进行税收处理时须做出相应纳税调整。

10.购买方企业可转换债券转换为股票时,将应收未收利息一并转为股票的,该应收未收利息会计上未确认收入时,税收上也可以不申报收入,但转换后应以该债券购买价、应收未收利息和支付的相关税费为该股票投资成本。（　）

【参考答案】 错误

【答案解析】 购买方企业可转换债券转换为股票时,将应收未收利息一并转为股票的,该应收未收利息即使会计上未确认收入,税收上也应当作为当期利息收入申报纳税;转换后以该债券购买价、应收未收利息和支付的相关税费为该股票投资成本。

第四章　企业所得税扣除类政策规定

一、扣除原则和范围

(一)税前扣除项目的原则

企业申报的扣除项目和金额要真实、合法。所谓真实，是指能提供证明有关支出确属已经实际发生。所谓合法，是指符合国家税法的规定，若其他法规规定与税收法律、法规规定不一致，应以税收法律、法规的规定为标准。除税收法律、法规另有规定外，税前扣除一般应遵循以下原则。

1. 权责发生制原则，是指企业费用应在发生的所属期扣除。除特殊规定外，企业发生的费用不得提前或滞后申报扣除。

2. 收益配比原则，是指企业发生的费用应当与收益配比扣除。

3. 合理性原则，是指符合生产经营活动常规，应当计入当期损益或者有关资产成本的必要和正常的支出。

(二)扣除项目的范围

《中华人民共和国企业所得税法》规定，企业实际发生的与取得收入有关的、合理的支出，包括成本、费用、税金、损失和其他支出，准予在计算应纳税所得额时扣除。

在实际业务中，计算应纳税所得额时还应注意三个方面的内容。一是，企业发生的支出应当区分收益性支出和资本性支出。收益性支出在发生当期直接扣除；资本性支出应当分期扣除或者计入有关资产成本，不得在发生当期直接扣除。二是，企业的不征税收入用于支出所形成的费用或者财产，不得扣除或者计算对应的折旧、摊销扣除。三是，除《中华人民共和国企业所得税法》及其实施条例另有规定外，企业实际发生的成本、费用、税金、损失和其他支出，不得重复扣除。

1. 成本，是指企业在生产经营活动中发生的销售成本、销货成本、业务支出以及其他耗费，即企业销售商品(产品、材料、下脚料、废料、废旧物资等)、提供劳务、转让固定资产、无形资产(包括技术转让)的成本。

企业必须将经营活动中发生的成本合理划分为直接成本和间接成本。直接成本是指可直接计入有关成本计算对象或劳务的经营成本中的直接材料、直接人工等。间接成本是指多个部门为同一成本对象提供服务的共同成本，或者同一种投入可以制造、提供两种或两种以上的产品或劳务的联合成本。

直接成本可根据有关会计凭证、记录直接计入有关成本计算对象或劳务的经营成本中。间接成本必须根据与成本计算对象之间的因果关系，成本计算对象的产量等，以合理的方法分配计入有关成本计算对象中。

2. 费用，是指企业每一个纳税年度为生产、经营商品和提供劳务等所发生的销售（经营）费用、管理费用和财务费用。已经计入成本的有关费用除外。

销售费用是指应由企业负担的为销售商品而发生的费用，包括广告费、运输费、装卸费、包装费、展览费、保险费、销售佣金（能直接认定的进口佣金调整商品进价成本）、代销手续费、经营性租赁费及销售部门发生的差旅费、工资、福利费等费用。

管理费用是指企业的行政管理部门为管理组织经营活动提供各项服务而发生的费用。

财务费用是指企业筹集经营性资金而发生的费用，包括利息净支出、汇兑净损失、金融机构手续费以及其他非资本化支出。

企业当年度实际发生的相关成本、费用，由于各种原因未能及时取得该成本、费用的有效凭证，企业在预缴季度所得税时，可暂按账面发生金额进行核算；但在汇算清缴时，应补充提供该成本、费用的有效凭证。

3. 税金，是指企业发生的除企业所得税和允许抵扣的增值税以外的企业缴纳的各项税金及其附加，即企业按规定缴纳的消费税、城市维护建设税、关税、资源税、土地增值税、房产税、车船税、城镇土地使用税、印花税、教育费附加、地方教育附加等税金及附加。这些已纳税金准予税前扣除。扣除的方式有两种：一是在发生当期扣除；二是在发生当期计入相关资产的成本，在以后各期分摊扣除。

4. 损失，是指企业在生产经营活动中发生的固定资产和存货的盘亏、毁损、报废损失、转让财产损失，呆账损失，坏账损失，自然灾害等不可抗力因素造成的损失以及其他损失。

企业发生的损失，减除责任人赔偿和保险赔款后的余额，依照国务院财政、税务主管部门的规定扣除。企业已经作为损失处理的资产，在以后纳税年度又全部收回或者部分收回时，应当计入当期收入。

5. 其他支出，是指除成本、费用、税金、损失外，企业在生产经营活动中发生的与生产经营活动有关的、合理的支出。

二、扣除项目及其标准

在计算应纳税所得额时，下列项目可按照实际发生额或规定的标准扣除。

（一）工资、薪金支出

企业发生的合理的工资、薪金支出准予据实扣除。工资、薪金，是指企业每一纳税年度支付给在本企业任职或者受雇员工的所有现金或非现金形式的劳动报酬，包括基本工资、奖金、津贴、补贴、年终加薪、加班工资，以及与员工任职或者受雇有关的其他支出。

1.“合理的工资、薪金”，是指企业按照股东大会、董事会、薪酬委员会或相关管理机构制定的工资、薪金制度规定实际发放给员工的工资、薪金。税务机关在对工资、薪金进行合理性确认时，可按以下原则掌握：

(1)企业制定了较为规范的员工工资、薪金制度。

(2)企业所制定的工资、薪金制度符合行业及地区水平。

(3)企业在一定时期发放的工资、薪金是相对固定的，工资、薪金的调整是有序进行的。

(4)企业对实际发放的工资、薪金，已依法履行了代扣代缴个人所得税义务。

(5)有关工资、薪金的安排，不以减少或逃避税款为目的。

2.属于国有性质的企业，其工资、薪金，不得超过政府有关部门给予的限定数额；超过部分，不得计入企业工资、薪金总额，也不得在计算企业应纳税所得额时扣除。

3.企业因雇用季节工、临时工、实习生、返聘离退休人员所实际发生的费用，应区分为工资、薪金支出和职工福利费支出，并按《中华人民共和国企业所得税法》规定在企业所得税税前扣除。其中属于工资、薪金支出的，准予计入企业工资、薪金总额的基数，作为计算其他各项相关费用扣除的依据。

4.企业接受外部劳务派遣用工所实际发生的费用，应分两种情况按规定在税前扣除：按照协议(合同)约定直接支付给劳务派遣公司的费用，应作为劳务费支出；直接支付给员工个人的费用，应作为工资、薪金支出和职工福利费支出。其中属于工资、薪金支出的费用，准予计入企业工资、薪金总额的基数，作为计算其他各项相关费用扣除的依据。

(二)职工福利费、工会经费、职工教育经费

企业发生的职工福利费、工会经费、职工教育经费按标准扣除，未超过标准的按实际数扣除，超过标准的当年只能按标准扣除，超出标准的部分不得扣除，除职工教育经费外，也不得在以后年度结转扣除。

1.企业发生的职工福利费支出，不超过工资、薪金总额14%的部分准予扣除。

企业职工福利费是指企业为职工提供的除职工工资、奖金、津贴、纳入工资总额管理的补贴、职工教育经费、社会保险费和补充养老保险费(年金)、补充医疗保险费及住房公积金以外的福利待遇支出，包括发放给职工或为职工支付的以下各项现金补贴和非货币性集体福利：

(1)为职工卫生保健、生活、住房、交通等所发放的各项补贴和非货币性福利，包括企业向职工发放的因公外地就医费用、未实行医疗统筹企业职工医疗费用、职工供养直系亲属医疗补贴、供暖费补贴、职工防暑降温费、职工困难补贴、救济费、职工食堂经费补贴、职工交通补贴等。

(2)企业尚未分离的内设集体福利部门所发生的设备、设施和人员费用,包括职工食堂、职工浴室、理发室、医务所、托儿所、疗养院、集体宿舍等集体福利部门设备、设施的折旧、维修保养费用以及集体福利部门工作人员的工资、薪金,社会保险费,住房公积金,劳务费等人工费用。

(3)职工困难补助,或者企业统筹建立和管理的专门用于帮助、救济困难职工的基金支出。

(4)按规定发生的其他职工福利费,包括丧葬补助费、抚恤费、职工异地安家费、独生子女费、探亲假路费,以及符合企业职工福利费定义但没有包括在上述各条款项目中的其他支出。

值得注意的是,企业发生的职工福利费,应该单独设置账册,进行准确核算。没有单独设置账册准确核算的,税务机关应责令企业在规定的期限内进行改正。逾期仍未改正的税务机关可对企业发生的职工福利费进行合理的核定。

2. 企业拨缴的职工工会经费,不超过工资、薪金总额2%的部分准予扣除。

企业拨缴的职工工会经费,不超过工资、薪金总额2%的部分,凭工会组织开具的《工会经费收入专用收据》在企业所得税税前扣除。

在委托税务机关代收工会经费的地区,企业拨缴的工会经费,也可凭合法、有效的工会经费代收凭据依法在税前扣除。

3. 企业发生的职工教育经费支出,不超过工资、薪金总额8%的部分,准予在计算企业所得税应纳税所得额时扣除;超过部分,准予在以后纳税年度结转扣除。

企业因接收学生实习所实际发生的与取得收入有关的合理支出,以及企业发生的职工教育经费支出,依法在计算应纳税所得额时扣除。

集成电路设计企业和符合条件软件企业的职工培训费用,单独进行核算并按实际发生额在计算应纳税所得额时扣除;集成电路设计企业和符合条件软件生产企业应准确划分职工教育经费中的职工培训费支出,对于不能准确划分的,以及准确划分后职工教育经费中扣除职工培训费用的余额,一律按照职工教育经费的规定比例扣除。

上述计算职工福利费、工会经费、职工教育经费的"工资、薪金总额",是指企业按照上述"(一)工资、薪金支出"规定实际发放的工资、薪金总和,不包括企业的职工福利费、职工教育经费、工会经费以及养老保险费、医疗保险费、失业保险费、工伤保险费、生育保险费等社会保险费和住房公积金。

(三)职工社会保险费及相关保险费

1. 企业依照国务院有关主管部门或者省级人民政府规定的范围和标准为职工缴纳的"五险一金",即基本养老保险费、基本医疗保险费、失业保险费、工伤保险费、生育保险费(与基本医疗保险合并后仍保留两个险种)等基本社会保险费和住房公积金,准予扣除。

安置残疾人的机关事业单位以及由机关事业单位改制后的企业,为残疾人缴纳的机关事业单位养老保险,属于基本养老保险范围。

2.企业为在本企业任职或受雇的全体员工支付的补充养老保险费、补充医疗保险费分别在不超过职工工资总额5%标准内的部分，在计算应纳税所得额时准予扣除。超过部分，不得扣除。

3.企业参加财产保险，按照规定缴纳的保险费，准予扣除。企业为投资者或者职工支付的商业保险费，不得扣除，国务院财政、税务主管部门另有规定的除外。

4.企业依照国家有关规定为特殊工种职工支付的人身安全保险费和符合国务院财政、税务主管部门规定可以扣除的商业保险费准予扣除。

5.自2016年度开始，企业职工因公出差乘坐交通工具发生的人身意外保险费支出准予企业在计算应纳税所得额时扣除。

6.自2018年度开始，企业参加雇主责任险、公众责任险等责任保险，按照规定缴纳的保险费，准予在企业所得税税前扣除。

(四)利息费用

企业在生产经营活动中发生的利息费用，按下列规定扣除。

1.非金融企业向金融企业借款的利息支出、金融企业的各项存款利息支出和同业拆借利息支出、企业经批准发行债券的利息支出可据实扣除。

其中，金融企业，是指除中国人民银行以外的各类银行、保险公司及经中国人民银行批准从事金融业务的非银行金融企业。如国家专业银行、区域性银行、股份制银行、外资银行、中外合资银行以及其他综合性银行；还包括全国性保险企业、区域性保险企业、股份制保险企业、中外合资保险企业以及其他专业性保险企业；城市、农村信用社、各类财务公司以及其他从事信托投资、租赁等业务的专业和综合性非银行金融企业。非金融企业，是指除上述金融企业以外的所有企业、事业单位以及社会团体等企业或组织。

2.非金融企业向非金融企业借款的利息支出，不超过按照金融企业同期同类贷款利率计算的数额的部分可据实扣除，超过部分不允许扣除。

企业在按照合同要求首次支付利息并进行税前扣除时，应提供“金融企业的同期同类贷款利率情况说明”，以证明其利息支出的合理性。

金融企业的同期同类贷款利率情况说明中，应包括在签订该借款合同当时任何一家金融企业提供同期同类贷款利率情况。该金融企业应为经政府有关部门批准的可以从事贷款业务的企业，包括银行、财务公司、信托公司等金融机构。同期同类贷款利率是指在贷款期限、贷款金额、贷款担保及企业信誉等条件基本相同时，金融企业提供贷款的利率。既可以是金融企业公布的同期同类平均利率，也可以是金融企业对某些企业提供的实际贷款利率。

3.关联企业利息费用的扣除。

企业从其关联方接受的债权性投资与权益性投资的比例超过规定标准而发生的利息支出，不得在计算应纳税所得额时扣除。

(1)在计算应纳税所得额时，企业实际支付给关联方的利息支出，不超过以下规定比例和《中华人民共和国企业所得税法》及其实施条例有关规定计算的部分，准予扣除，超过的部分不得在发生当期和以后年度扣除。

企业实际支付给关联方的利息支出，除符合下述(2)规定外，其接受关联方债权性投资与其权益性投资比例为：金融企业为5：1；其他企业为2：1。

(2)企业如果能够按照《中华人民共和国企业所得税法》及其实施条例的有关规定提供相关资料，并证明相关交易活动符合独立交易原则；或者该企业的实际税负不高于境内关联方的，其实际支付给境内关联方的利息支出，在计算应纳税所得额时准予扣除。

(3)企业同时从事金融业务和非金融业务，其实际支付给关联方的利息支出，应按照合理方法分开计算；没有按照合理方法分开计算的，一律按前述有关其他企业的比例计算准予税前扣除的利息支出。

(4)企业自关联方取得的不符合规定的利息收入应按照有关规定缴纳企业所得税。

4.企业向自然人借款的利息支出在企业所得税税前的扣除。

(1)企业向股东或其他与企业有关联关系的自然人借款的利息支出，应根据《中华人民共和国企业所得税法》第四十六条及《财政部 国家税务总局关于企业关联方利息支出税前扣除标准有关税收政策问题的通知》(财税〔2008〕121号)规定的条件，计算企业所得税扣除额。

(2)企业向除上述(1)规定以外的内部职工或其他人员借款的利息支出，其借款情况同时符合以下条件的，其利息支出在不超过按照金融企业同期同类贷款利率计算的数额的部分，准予扣除：企业与个人之间的借贷是真实、合法、有效的，并且不具有非法集资目的或其他违反法律法规的行为；企业与个人之间签订了借款合同。

5.企业的投资者投资未到位发生利息支出的扣除问题。根据《国家税务总局关于企业投资者投资未到位而发生的利息支出企业所得税前扣除问题的批复》(国税函〔2009〕312号)，凡企业投资者在规定期限内未缴足其应缴资本额的，该企业对外借款所发生的利息相当于投资者实缴资本额与在规定期限内应缴资本额的差额应计付的利息，其不属于企业合理的支出，应由企业的投资者负担，不得在计算企业应纳税所得额时扣除。

具体计算不得扣除的利息，应以企业一个年度内每一账面实收资本与借款余额保持不变的期间作为一个计算期，每一计算期内不得扣除的借款利息按该期间借款利息发生额乘以该期间企业未缴足的注册资本占借款总额的比例计算，公式为：

$$\text{企业每一计算期不得扣除的借款利息}=\text{该期间借款利息额}\times\frac{\text{该期间未缴足注册资本额}}{}\div\text{该期间借款额}$$

企业一个年度内不得扣除的借款利息总额为该年度内每一计算期不得扣除的借款利息额之和。

(五)借款费用

1.企业在生产经营活动中发生的合理的不需要资本化的借款费用，准予扣除。

2.企业为购置、建造固定资产、无形资产和经过12个月以上的建造才能达到预定可销售状态的存货发生借款的，在有关资产购置、建造期间发生的合理的借款费用，应予以资本化，作为资本性支出计入有关资产的成本；有关资产交付使用后发生的借款利息，可在发生当期扣除。

3.企业通过发行债券、取得贷款、吸收保户储金等方式融资而发生的合理的费用支出，符合资本化条件的，应计入相关资产成本；不符合资本化条件的，应作为财务费用，准予在企业所得税税前据实扣除。

4.企业以本企业为主体联合其他企业、单位、个人合作或合资开发房地产项目，且该项目未成立独立法人公司，凡开发合同或协议中约定分配项目利润的，企业应将该项目形成的营业利润额并入当期应纳税所得额统一申报缴纳企业所得税，不得在税前分配该项目的利润。同时不能因接受投资方投资额而在成本中摊销或在税前扣除相关利息支出。

（六）汇兑损失

企业在货币交易中；以及纳税年度终了时将人民币以外的货币性资产、负债按照期末即期人民币汇率中间价折算为人民币时产生的汇兑损失，除已经计入有关资产成本以及与向所有者进行利润分配相关的部分外，准予扣除。

（七）业务招待费

1.企业发生的与生产经营活动有关的业务招待费支出，按照发生额的60%扣除，但最高不得超过当年销售（营业）收入的5‰。当年销售（营业）收入包括《中华人民共和国企业所得税法实施条例》第二十五条规定的视同销售（营业）收入额。

2.对从事股权投资业务的企业（包括集团公司总部、创业投资企业等），其从被投资企业所分配的股息、红利以及股权转让收入，可以按规定的比例计算业务招待费扣除限额。

3.自2011年开始，企业在筹建期间，发生的与筹办活动有关的业务招待费支出，可按实际发生额的60%计入企业筹办费，并按有关规定在税前扣除。

（八）广告费和业务宣传费

1.企业每一纳税年度发生的符合条件的广告费和业务宣传费支出合并计算，除国务院财政、税务主管部门另有规定外，不超过当年销售（营业）收入15%的部分，准予扣除；超过部分，准予结转以后纳税年度扣除。当年销售（营业）收入包括企业所得税法实施条例第二十五条规定的视同销售（营业）收入额。

2.对签订广告费和业务宣传费分摊协议（以下简称分摊协议）的关联企业，其中一方发生的不超过当年销售（营业）收入税前扣除限额比例内的广告费和业务宣传费支出可在本企业扣除，也可以将其中的部分或全部按照分摊协议归集至另一方扣除。另一方在计算本企业广告费和业务宣传费支出企业所得税税前扣除限额时，可将按照上述办法归集本企业的广告费和业务宣传费不计算在内。

3.自2021年1月1日至2025年12月31日，对化妆品制造与销售、医药制造和饮料制造(不含酒类制造)企业发生的广告费业务宣传费支出,不超过当年销售(营业)收入30%的部分,准予扣除;超过部分,准予在以后纳税年度结转扣除。

4.企业在筹建期间,发生的广告费和业务宣传费,可按实际发生额计入开业筹办费,并按有关规定在税前扣除。

5.烟草企业的烟草广告费和业务宣传费支出,一律不得在计算应纳税所得额扣除。

(九)环境保护专项资金

企业依照法律、行政法规有关规定提取的用于环境保护、生态恢复等方面的专项资金准予扣除。上述专项资金提取后改变用途的,不得扣除。

(十)租赁费

企业根据生产经营活动的需要租入固定资产支付的租赁费,按照以下方法扣除。

1.以经营租赁方式租入固定资产发生的租赁费支出,按照租赁期限均匀扣除。经营性租赁是指所有权不转移的租赁。

2.以融资租赁方式租入固定资产发生的租赁费支出,按照规定构成融资租入固定资产价值的部分应当提取折旧费用,分期扣除。融资租赁是指在实质上转移与一项资产所有权有关的全部风险和报酬的一种租赁。

(十一)劳动保护费

企业发生的合理的劳动保护支出,准予扣除。

企业根据其工作性质和特点,由企业统一制作并要求员工工作时统一着装所发生的工作服饰费用,根据《中华人民共和国企业所得税法实施条例》第二十七条的规定,可以作为企业合理的支出给予税前扣除。

(十二)公益性捐赠支出

公益性捐赠,是指企业通过公益性社会组织、县级以上人民政府及其部门等国家机关用于符合法律规定的公益慈善事业捐赠支出。

企业当年发生以及以前年度结转的公益性捐赠支出,不超过年度利润总额12%的部分,准予扣除。自2017年1月1日起,超过年度利润总额12%的部分,准予以后3年内在计算应纳税所得额时结转扣除。年度利润总额,是指企业依照国家会计制度的规定计算的年度会计利润(大于零的数额)。

企业发生的公益性捐赠支出未在当年税前扣除的部分,准予向以后年度结转扣除,但结转年限自捐赠发生年度的次年起计算最长不得超过3年。企业在对公益性捐赠支出计算扣除时,应先扣除以前年度结转的捐赠支出,再扣除当年发生的捐赠支出。

1.公益慈善事业,应当符合《中华人民共和国公益事业捐赠法》第三条对公益事业范围的规定或者《中华人民共和国慈善法》第三条对慈善活动范围的规定。

2.公益性社会组织,包括依法设立或登记并按规定条件和程序取得公益性捐赠税前扣除资格的慈善组织、其他社会组织和群众团体。公益性群众团体的公益性捐赠税前扣除资格确认及管理按照现行规定执行。

3.在民政部门依法登记的慈善组织和其他社会组织(以下统称社会组织),取得公益性捐赠税前扣除资格应当同时符合以下规定：

(1)符合《中华人民共和国企业所得税法实施条例》第五十二条第一项到第八项规定的条件。

(2)每年应当在3月31日前按要求向登记管理机关报送经审计的上年度专项信息报告。报告应当包括财务收支和资产负债总体情况、开展募捐和接受捐赠情况、公益慈善事业支出及管理费用情况(包括下文第(3)项、第(4)项规定的比例情况)等内容。首次确认公益性捐赠税前扣除资格的，应当报送经审计的前两个年度的专项信息报告。

(3)具有公开募捐资格的社会组织，前两年度每年用于公益慈善事业的支出占上年总收入的比例均不得低于70%。计算该支出比例时，可以用前三年收入平均数代替上年总收入。不具有公开募捐资格的社会组织，前两年度每年用于公益慈善事业的支出占上年末净资产的比例均不得低于8%。计算该比例时，可以用前三年年末净资产平均数代替上年末净资产。

(4)具有公开募捐资格的社会组织，前两年度每年支出的管理费用占当年总支出的比例均不得高于10%。不具有公开募捐资格的社会组织，前两年每年支出的管理费用占当年总支出的比例均不得高于12%。

(5)具有非营利组织免税资格，且免税资格在有效期内。

(6)前两年度未受到登记管理机关行政处罚(警告除外)。

(7)前两年度未被登记管理机关列入严重违法失信名单。

(8)社会组织评估等级为3A以上(含3A)且该评估结果在确认公益性捐赠税前扣除资格时仍在有效期内。

公益慈善事业支出、管理费用和总收入的标准和范围，按照《民政部 财政部 国家税务总局关于印发〈关于慈善组织开展慈善活动年度支出和管理费用的规定〉的通知》(民发〔2016〕189号)关于慈善活动支出、管理费用和上年总收入的有关规定执行按照《中华人民共和国慈善法》新设立或新认定的慈善组织，在其取得非营利组织免税资格的当年，只需要符合上述第(1)项、第(6)项、第(7)项情况即可。

4.公益性捐赠税前扣除资格的确认按以下规定执行：

(1)在民政部登记注册的社会组织，由民政部结合社会组织公益活动情况和日常监督管理、评估等情况，对社会组织的公益性捐赠税前扣除资格进行核实，提出初步意见。根据财政部初步意见，财政部、税务总局和民政部对照相关规定，联合确定具有公益性捐赠税前扣除资格的社会组织名单，并发布公告。

(2)在省级和省级以下民政部门登记注册的社会组织，由省、自治区、直辖市和计划单列市财政、税务、民政部门参照第4项第(1)种规定执行。

(3)公益性捐赠税前扣除资格的确认对象包括：

①公益性捐赠税前扣除资格将于当年末到期的公益性社会组织；

②已被取消公益性捐赠税前扣除资格但又重新符合条件的社会组织；

③登记设立后尚未取得公益性捐赠税前扣除资格的社会组织。

(4)每年年底前，省级以上财政、税务、民政部门按权限完成公益性捐赠税前扣除资格的确认和名单发布工作，并按第4项第(3)种规定的不同审核对象，分别列示名单及其公益性捐赠税前扣除资格起始时间。

5.公益性捐赠税前扣除资格在全国范围内有效，有效期为3年。

符合第4项第(3)种规定的第①种情形，其公益性捐赠税前扣除资格自发布名单公告的次年1月1日起算。符合上述第4项第(3)种规定的②和③的情形，其公益性捐赠税前扣除资格自发布公告的当年1月1日起算。

6.公益性社会组织存在以下情形之一的，应当取消其公益性捐赠税前扣除资格：

(1)未按规定时间和要求向登记管理机关报送专项信息报告的。

(2)最近一个年度用于公益慈善事业的支出不符合上述第3项第(3)种规定的。

(3)最近一个年度支出的管理费用不符合上述第3项第(4)种规定的。

(4)非营利组织免税资格到期后超过6个月未重新获取免税资格的。

(5)受到登记管理机关行政处罚(警告除外)的。

(6)被登记管理机关列入严重违法失信名单的。

(7)社会组织评估等级低于3A或者无评估等级的。

7.公益性社会组织存在以下情形之一的，应当取消其公益性捐赠税前扣除资格，且取消资格的当年及之后3个年度内不得重新确认资格。

(1)违反规定接受捐赠的，包括附加对捐赠人构成利益回报的条件、以捐赠为名从事营利性活动、利用慈善捐赠宣传烟草制品或法律禁止宣传的产品和事项、接受不符合公益目的或违背社会公德的捐赠等情形。

(2)开展违反组织章程的活动，或者接受的捐赠款项用于组织章程规定用途之外的。

(3)在确定捐赠财产的用途和受益人时，指定特定受益人，且该受益人与捐赠人或公益性社会组织管理人员存在明显利益关系的。

8.公益性社会组织存在以下情形之一的，应当取消其公益性捐赠税前扣除资格且不得重新确认资格：

(1)从事非法政治活动的。

(2)从事、资助危害国家安全或者社会公共利益活动的。

9.对应当取消公益性捐赠税前扣除资格的公益性社会组织，由省级以上财政、税务、民政部门核实相关信息后，按权限及时向社会发布取消资格名单公告。自发布公告的次月起，相关公益性社会组织不再具有公益性捐赠税前扣除资格。

10.公益性社会组织、县级以上人民政府及其部门等国家机关在接受捐赠时，应当按照行政管理级次分别使用由财政部或省、自治区、直辖市财政部门监(印)制的公益事业捐赠票据，并加盖本单位的印章。企业将符合条件的公益性捐赠支出进行税前扣除，应当留存相关票据备查。

11.公益性社会组织登记成立时的注册资金捐赠人，在该公益性社会组织首次取得公益性捐赠税前扣除资格的当年进行所得税汇算清缴时，可按规定对其注册资金捐赠额进行税前扣除。

12. 除另有规定外，公益性社会组织、县级以上人民政府及其部门等国家机关在接受企业或个人捐赠时，按以下原则确认捐赠额。

（1）接受的货币性资产捐赠，以实际收到的金额确认捐赠额。

（2）接受的非货币性资产捐赠，以其公允价值确认捐赠额。捐赠方在向公益性社会组织、县级以上人民政府及其部门等国家机关捐赠时，应当提供注明捐赠非货币性资产公允价值的证明；不能提供证明的，接受捐赠方不得向其开具捐赠票据。

13. 企业在非货币性资产捐赠过程中发生的运费、保险费、人工费用等相关支出，凡纳入国家机关、公益性社会组织开具的公益捐赠票据记载的数额中的，作为公益性捐赠支出按照规定在税前扣除；上述费用未纳入公益性捐赠票据记载的数额中的，作为企业相关费用按照规定在税前扣除。

14. 为方便纳税主体查询，省级以上财政、税务、民政部门应当及时在官方网站上发布具备公益性捐赠税前扣除资格的公益性社会组织名单公告。

企业或个人可通过上述渠道查询社会组织公益性捐赠税前扣除资格及有效期。

15. 尚未完成2019年度及以前年度社会组织公益性捐赠税前扣除资格确认工作的各级财政、税务、民政部门按照2020年以前政策规定执行。2020年度及以后年度的公益性捐赠税前扣除资格的确认及管理按上述规定执行。

16. 企业向公益性社会团体实施的股权捐赠，应按规定视同转让股权，股权转让收入额以企业所捐赠股权取得时的历史成本确定。

企业实施股权捐赠后，以其股权历史成本为依据确定捐赠额，并依此按照《中华人民共和国企业所得税法》有关规定在企业所得税税前予以扣除。公益性社会团体接受股权捐赠后，应按照捐赠企业提供的股权历史成本开具捐赠票据。所称的股权，是指企业持有的其他企业的股权、上市公司股票等。

17. 根据《财政部 税务总局 国务院扶贫办关于企业扶贫捐赠所得税税前扣除政策的公告》（财政部 税务总局 国务院扶贫办公告2019年第49号）和《财政部 税务总局 人力资源社会保障部 国家乡村振兴局关于延长部分扶贫税收优惠政策执行期限的公告》（财政部 税务总局 人力资源社会保障部 国家乡村振兴局公告2021年第18号）的规定：

（1）自2019年1月1日至2025年12月31日，企业通过公益性社会组织或者县级（含）以上人民政府及其组成部门和直属机构，用于目标脱贫地区的扶贫捐赠支出，准予在计算企业所得税应纳税所得额时据实扣除。在政策执行期限内，目标脱贫地区实现脱贫的，可继续适用上述政策。目标脱贫地区包括832个国家扶贫开发工作重点县、集中连片特困地区县（新疆阿克苏地区6县1市享受片区政策）和建档立卡贫困村。

（2）企业同时发生扶贫捐赠支出和其他公益性捐赠支出，在计算公益性捐赠支出年度扣除限额时，符合条件的扶贫捐赠支出不计算在内。

(十三)总机构分摊的费用

居民企业在中国境内设立的机构、场所,就其中国境外总机构发生的与该机构、场所生产经营有关的费用,能够提供总机构出具的费用汇集范围、定额、分配依据和方法等证明条件并合理分摊的,准予扣除。

(十四)资产损失

企业当期发生的固定资产和流动资产盘亏、毁损净损失,由其提供清查盘存资料经申报后,准予扣除;企业因存货盘亏、毁损、报废等原因不得从销项税金中抵扣的进项税金,应视同企业财产损失,准予与存货损失一起在所得税税前按规定扣除。

(十五)依照有关法律、行政法规和国家有关税收政策规定准予扣除的其他项目

如会员费、合理的会议费、差旅费、违约金、诉讼费用等。

(十六)手续费及佣金支出

1.企业发生与生产经营有关的手续费及佣金支出,不超过以下规定计算限额以内的部分准予扣除;超过部分,不得扣除。

(1)《财政部 税务总局关于保险企业手续费及佣金支出税前扣除政策的公告》(财政部 税务总局公告2019年第72号)规定,自2019年1月1日起,保险企业发生与其经营活动有关的手续费及佣金支出,不超过当年全部保费收入扣除退保金等后余额的18%(含本数)的部分,在计算应纳税所得额时准予扣除;超过部分,允许结转以后年度扣除。

保险企业发生的手续费及佣金支出税前扣除的其他事项继续按照《财政部 国家税务总局关于企业手续费及佣金支出税前扣除政策的通知》(财税〔2009〕29号)中第二条至第五条相关规定处理。保险企业应建立健全手续费及佣金的相关管理制度,并加强手续费及佣金结转扣除的台账管理。

(2)电信企业在发展客户、拓展业务等过程中,需向经纪人、代办商支付手续费及佣金的,其实际发生的相关手续费及佣金支出,不超过企业当年收入总额5%的部分,准予在企业所得税税前据实扣除。

上述所称电信企业手续费及佣金支出,仅限于电信企业在发展客户、拓展业务等过程中因委托销售电话入网卡,电话充值卡等所发生的手续费及佣金支出。

其他企业按与具有合法经营资格的中介服务机构或个人(不含交易双方及其雇员、代理人和代表人等)所签订服务协议或合同确认的收入金额的5%计算限额。

2.企业应与具有合法经营资格的中介服务企业或个人签订代办协议或合同,并按国家有关规定支付手续费及佣金。除委托个人代理外,企业以现金等非转账方式支付的手续费及佣金不得在税前扣除。企业为发行权益性证券支付给有关证券承销机构的手续费及佣金不得在税前扣除。

3.企业不得将手续费及佣金支出计入回扣,业务提成、返利、进场费等费用。

4.企业已计入固定资产、无形资产等相关资产的手续费及佣金支出,应当通过折旧、摊销等方式分期扣除,不得在发生当期直接扣除。

5. 企业支付的手续费及佣金不得直接冲减服务协议或合同金额，并如实入账。

6. 从事代理服务、主营业务收入为手续费、佣金的企业（如证券、期货、保险代理等企业），其为取得该类收入而实际发生的营业成本（包括手续费及佣金支出），准予在企业所得税税前据实扣除。

（十七）航空企业空勤训练费，核电厂操纵员培训费

《国家税务总局关于企业所得税若干问题的公告》（国家税务总局公告 2011 年第 34 号）明确，航空企业实际发生的飞行员养成费、飞行训练费、乘务训练费，空中保卫员训练费等空勤训练费用，根据《中华人民共和国企业所得税法实施条例》第二十七条的规定，可以作为航空企业运输成本在税前扣除。

根据《国家税务总局关于企业所得税应纳税所得额若干问题的公告》（国家税务总局公告 2014 年第 29 号）第四条的规定，核力发电企业为培养核电厂操纵员发生的培养费用，可作为企业的发电成本在税前扣除。企业应将核电厂操纵员培养费与员工的职工教育经费区分，单独核算，员工实际发生的职工教育经费支出不得计入核电厂操纵员培养费直接扣除。

（十八）投资企业撤回或减少投资

投资企业从被投资企业撤回或减少投资，其取得的资产中，相当于初始出资的部分，应为投资收回；相当于被投资企业累计未分配利润和累计盈余公积按减少实收资本比例的部分，应确认为股息所得；其余部分确认为投资资产转让所得。

被投资企业发生的经营亏损，由被投资企业按规定结转弥补；投资企业不得调整减少其投资成本也不得将其确认为投资损失。

（十九）保险公司缴纳的保险保障基金

保险保障基金，是指按照《中华人民共和国保险法》和《保险保障基金管理办法》规定缴纳形成的，在规定情形下用于救助保单持有人、保单受让公司或者处置保险业风险的非政府性行业风险救助基金。

1. 保险公司按下列规定缴纳的保险保障基金，准予据实税前扣除。

(1)非投资型财产保险业务，不得超过保费收入的 0.8%；投资型财产保险业务有保证收益的，不得超过业务收入的 0.08%，无保证收益的，不得超过业务收入的 0.05%。

非投资型财产保险业务，是指仅具有保险保障功能而不具有投资理财功能的财产保险业务。

投资型财产保险业务，是指兼具有保险保障与投资理财功能的财产保险业务。

有保证收益，是指保险产品在投资收益方面提供固定收益或最低收益保障。

无保证收益，是指保险产品在投资收益方面不提供收益保证，投保人承担全部投资风险。

(2)有保证收益的人寿保险业务，不得超过业务收入的 0.15%；无保证收益的人寿保险，不得超过业务收入的 0.05%。

(3)短期健康保险业务，不得超过保费收入的 0.8%；长期健康保险业务，不得超过

保费的0.15%。

(4)非投资型意外伤害保险业务，不得超过保费收入的0.8%；投资型意外伤害保险业务有保证收益的，不得超过业务收入的0.08%，无保证收益的，不得超过业务收入的0.05%。

上述保费收入，是指投保人按照保险合同约定，向保险公司支付的保险费。上述业务收入，是指投保人按照保险合同约定，为购买相应的保险产品支付给保险公司的全部金额。

2.保险公司有下列情形之一的，其缴纳的保险保障基金不得在税前扣除。

(1)财产保险公司的保险保障基金余额达到公司总资产6%的。

(2)人身保险公司的保险保障基金余额达到公司总资产1%的。

3.保险公司按国务院财政部门的相关规定提取的未到期责任准备金，寿险责任准备金、长期健康险责任准备金、已发生已报案未决赔款准备金和已发生未报案未决赔款准备金，准予在税前扣除。

(1)未到期责任准备金，寿险责任准备金、长期健康险责任准备金依据经国家金融监督管理总局核准任职资格的精算师或出具专项审计报告的中介机构确定的金额提取。

未到期责任准备金，是指保险人为尚未终止的非寿险保险责任提取的准备金。寿险责任准备金是指保险人为尚未终止的人寿保险责任提取的准备金。长期健康保险责任准备金，是指保险人为尚未终止的长期健康保险责任提取的准备金。

(2)已发生已报案未决赔款准备金，按最高不超过当期已经提出的保险赔款或者给付金额的100%提取；已发生未报案未决赔款准备金按不超过当年实际赔款支出额的8%提取。

已发生已报案未决赔款准备金，是指保险人为非寿险保险事故已经发生并已向保险人提出索赔，尚未结案的赔款提取的准备金。

已发生未报案未决赔款准备金，是指保险人为非寿险保险事故已经发生、尚未向保险人提出索赔的赔案提取的准备金。

(3)保险企业在计算扣除上述各项准备金时，凡未执行财政部有关会计规定仍执行国家金融监督管理总局有关监管规定的，应将两者之间的差额调整为当期应纳税所得额。

4.保险公司实际发生的各种保险赔款、给付，应首先冲抵按规定提取的准备金，不足冲抵部分，准予在当年税前扣除。

(二十)关于居民企业实行股权激励计划有关企业所得税的税务处理

为推进我国资本市场改革，促进企业建立健全激励与约束机制，根据国务院证券管理委员会发布的《上市公司股权激励管理办法》(中国证券监督管理委员会令第126号)的规定，一些在我国境内上市的居民企业(以下简称上市公司)，为其职工建立了股权激励计划。

1. 股权激励，是指《上市公司股权激励管理办法》中规定的上市公司以本公司股票为标的，对其董事、监事、高级管理人员及其他员工（以下简称激励对象）进行的长期性激励。股权激励实行方式包括授予限制性股票、股票期权以及其他法律法规规定的方式。

限制性股票是指上市公司股权激励管理办法中规定的激励对象按照股权激励计划规定的条件，从上市公司获得的一定数量的本公司股票。

股票期权，是指《上市公司股权激励管理办法》中规定的上市公司按照股权激励计划授予激励对象在未来一定期限内，以预先确定的价格和条件购买本公司一定数量股票的权利。

2. 上市公司依照《上市公司股权激励管理办法》要求建立职工股权激励计划，并按我国企业会计准则的有关规定，在股权激励计划授予激励对象时，按照该股票的公允价格及数量，计算确定作为上市公司相关年度的成本或费用，作为换取激励对象提供服务的对价。上述企业建立的职工股权激励计划，其企业所得税的处理，按以下规定执行。

(1)对股权激励计划实行后立即可以行权的，上市公司可以根据实际行权时该股票的公允价格与激励对象实际行权支付价格的差额和数量，计算确定作为当年上市公司工资、薪金支出，依照税法规定进行税前扣除。

(2)对股权激励计划实行后，需待一定服务年限或者达到规定业绩条件（以下简称等待期）方可行权的。上市公司等待期内会计上计算确认的相关成本费用，不得在对应年度计算缴纳企业所得税时扣除。在股权激励计划可行权后，上市公司方可根据该股票实际行权时的公允价格与当年激励对象实际行权支付价格的差额及数量，计算确定作为当年上市公司工资、薪金支出，依照税法规定进行税前扣除。

(3)股票实际行权时的公允价格，以实际行权日该股票的收盘价格确定。

3. 在我国境外上市的居民企业和非上市公司，凡比照《上市公司股权激励管理办法》的规定建立职工股权激励计划，且在企业会计处理上，也按我国会计准则的有关规定处理的，其股权激励计划有关企业所得税处理，可以按照上述规定执行。

(二十一)企业参与政府统一组织的棚户区改造有关企业所得税政策

1. 企业参与政府统一组织的工矿（含中央下放煤矿）棚户区改造、林区棚户区改造，垦区危房改造并同时符合一定条件的棚户区改造支出，准予在企业所得税税前扣除。

2. 同时符合一定条件的棚户区改造支出，是指同时满足以下条件的棚户区改造支出。

(1)棚户区位于远离城镇、交通不便，市政公用、教育医疗等社会公共服务缺乏城镇依托的独立矿区、林区或垦区。

(2)该独立矿区、林区或垦区不具备商业性房地产开发条件。

(3)棚户区市政排水、给水、供电、供暖、供气、垃圾处理、绿化、消防等市政服务或公共配套设施不齐全。

(4)棚户区房屋集中连片户数不低于 50 户，其中，实际在该棚户区居住且在本地区无其他住房的职工(含离退休职工)户数占总户数的比例不低于75%。

(5)棚户区房屋按照《房屋完损等级评定标准》和《危险房屋鉴定标准》评定属于危险房屋、严重损坏房屋的套内面积不低于该片棚户区建筑面积的25%。

(6)棚户区改造已纳入地方政府保障性安居工程建设规划和年度计划,并由地方政府牵头按照保障性住房标准组织实施;异地建设的,原棚户区土地由地方政府统一规划使用或者按规定实行土地复垦、生态恢复。

3.在企业所得税年度纳税申报时,企业应向主管税务机关提供其棚户区改造支出同时符合上述第2项规定条件的书面说明材料。

(二十二)关于以前年度发生应扣未扣支出的税务处理

企业发现以前年度实际发生的、按照税收规定应在企业所得税税前扣除而未扣除或者少扣除的支出,企业作出专项申报及说明后,准予追补至该项目发生年度计算扣除,但追补确认期限不得超过5年。

企业由于上述原因多缴的企业所得税税款,可以在追补确认年度企业所得税应纳税款中抵扣,不足抵扣的,可以向以后年度递延抵扣或申请退税。

亏损企业追补确认以前年度未在企业所得税税前扣除的支出,或盈利企业经过追补确认后出现亏损的,应首先调整该项支出所属年度的亏损额,然后再按照弥补亏损的原则计算以后年度多缴的企业所得税税款,并按上述规定处理。

(二十三)关于税前扣除规定与企业实际会计处理之间的税务处理

根据《中华人民共和国企业所得税法》第二十一条的规定,对企业依据财务会计制度规定,并实际在财务会计处理上已确认的支出,凡没有超过《中华人民共和国企业所得税法》和有关税收法规规定的税前扣除范围和标准的,可按企业实际会计处理确认的支出,在企业所得税税前扣除,计算其应纳税所得额。国家税务总局对固定资产折旧税差异的企业所得税处理另有规定的,从其规定。

(二十四)金融企业涉农贷款和中小企业贷款损失准备金税前扣除政策

根据《财政部 税务总局关于金融企业涉农贷款和中小企业贷款损失准备金税前扣除有关政策的公告》(财政部 税务总局公告2019年第85号)的规定,自2019年1月1日起,金融企业涉农贷款和中小企业贷款损失准备金的企业所得税税前扣除政策如下:

1.金融企业根据《贷款风险分类指引》(银监发〔2007〕54号),对其涉农贷款和中小企业贷款进行风险分类后,按照以下比例计提的贷款损失准备金,准予在计算应纳税所得税时扣除:

(1)关注类贷款,计提比例为2%;

(2)次级类贷款,计提比例为25%;

(3)可疑类贷款,计提比例为50%;

(4)损失类贷款,计提比例为100%。

2.涉农贷款,是指《涉农贷款专项统计制度》(银发〔2007〕246号)统计的以下贷款:

(1)农户贷款;

(2)农村企业及各类组织贷款。

农户贷款,是指金融企业发放给农户的所有贷款。农户贷款的判定应以贷款发放时的承贷主体是否属于农户为准。农户,是指长期(1年以上)居住在乡镇(不包括城关镇)行政管理区域内的住户,还包括长期居住在城关镇所辖行政村范围内的住户和户口不在本地而在本地居住1年以上的住户,国有农场的职工和农村个体工商户。位于乡镇(不包括城关镇)行政管理区域内和在城关镇所辖行政村范围内的国有经济的机关、团体、学校、企事业单位的集体户;有本地户口,但举家外出谋生1年以上的住户,无论是否保留承包耕地均不属于农户。农户以户为统计单位,既可以从事农业生产经营,也可以从事非农业生产经营。

农村企业及各类组织贷款,是指金融企业发放给注册地位于农村区域的企业及各类组织的所有贷款。农村区域,是指除地级及以上城市的城市行政区及其市辖建制镇之外的区域。

3.中小企业贷款,是指金融企业对年销售额和资产总额均不超过2亿元的企业的贷款。

4.金融企业发生的符合条件的涉农贷款和中小企业贷款损失,应先冲减已在税前扣除的贷款损失准备金,不足冲减部分可据实在计算应纳税所得额时扣除。

(二十五)金融企业贷款损失准备金企业所得税税前扣除政策

根据《财政部 税务总局关于金融企业贷款损失准备金企业所得税税前扣除有关政策的公告》(财政部 税务总局公告2019年第86号)自2019年1月1日起,政策性银行、商业银行、财务公司、城乡信用社和金融租赁公司等金融企业提取的贷款损失准备金的企业所得税税前扣除政策如下。

1.准予税前提取贷款损失准备金的贷款资产范围包括:

(1)贷款(含抵押、质押、保证、信用等贷款)。

(2)银行卡透支、贴现、信用垫款(含银行承兑汇票垫款、信用证垫款、担保垫款等)、进出口押汇、同业拆出、应收融资租赁款等具有贷款特征的风险资产。

(3)由金融企业转贷并承担对外还款责任的国外贷款,包括国际金融组织贷款、外国买方信贷、外国政府贷款、日本国际协力银行不附条件贷款和外国政府混合贷款等资产。

2.金融企业准予当年税前扣除的贷款损失准备金计算公式如下:

$$\frac{\text{准予当年税前扣除的}}{\text{贷款损失准备金}} = \frac{\text{本年末准予提取贷款损失}}{\text{准备金的贷款资产余额}} \times 1\% - \frac{\text{截至上年末已在税前扣除的}}{\text{贷款损失准备金的余额}}$$

金融企业按上述公式计算的数额如为负数,应当相应调增当年应纳税所得额。

3.金融企业的委托贷款、代理贷款、国债投资、应收股利、上交央行准备金以及金融企业剥离的债权和股权、应收财政贴息、央行款项等不承担风险和损失的资产,以及除上述第(1)项列举资产之外的其他风险资产,不得提取贷款损失准备金在税前扣除。

4.金融企业发生的符合条件的贷款损失,应先冲减已在税前扣除的贷款损失准备金不足冲减部分可据实在计算当年应纳税所得额时扣除。

5.金融企业涉农贷款和中小企业贷款损失准备金的税前扣除政策,凡按照《财政部税务总局关于金融企业涉农贷款和中小企业贷款损失准备金税前扣除有关政策的公告》（财政部 税务总局公告2019年第85号）的规定执行的，不再适用第1至4项的规定。

三、税前扣除凭证

企业所得税税前扣除凭证，是指企业（居民企业和非居民企业）在计算企业所得税应纳税所得额时，证明与取得收入有关的、合理的支出实际发生，并据以税前扣除的各类凭证。根据《国家税务总局关于发布〈企业所得税税前扣除凭证管理办法〉的公告》（国家税务总局公告2018年第28号），自2018年7月1日起，按如下规定执行。

1.税前扣除凭证在管理中遵循真实性、合法性、关联性原则。真实性是指税前扣除凭证反映的经济业务真实，且支出已经实际发生；合法性是指税前扣除凭证的形式、来源符合国家法律法规等相关规定；关联性是指税前扣除凭证与其反映的支出相关联且有证明力。

2.企业发生支出，应取得税前扣除凭证，作为计算企业所得税应纳税所得额时扣除相关支出的依据。

3.企业应在当年度企业所得税法规定的汇算清缴期结束前取得税前扣除凭证。

4.企业应将与税前扣除凭证相关的资料，包括合同协议、支出依据、付款凭证等留存备查，以证实税前扣除凭证的真实性。

5.税前扣除凭证按照来源分为内部凭证和外部凭证。

内部凭证是指企业自制用于成本、费用、损失和其他支出核算的会计原始凭证。内部凭证的填制和使用应当符合国家会计法律法规等相关规定。

外部凭证是指企业发生经营活动和其他事项时，从其他单位、个人取得的用于证明其支出发生的凭证，包括但不限于发票（包括纸质发票和电子发票）、财政票据、完税凭证，收款凭证、分割单等。

6.企业在境内发生的支出项目属于增值税应税项目（以下简称“应税项目”）的，对方为已办理税务登记的增值税纳税人，其支出以发票（包括按照规定由税务机关代开的发票）作为税前扣除凭证；对方为依法无须办理税务登记的单位或者从事小额零星经营业务的个人其支出以税务机关代开的发票或者收款凭证及内部凭证作为税前扣除凭证，收款凭证应载明收款单位名称、个人姓名及身份证号、支出项目、收款金额等相关信息。

小额零星经营业务的判断标准是个人从事应税项目经营业务的销售额不超过增值税相关政策规定的起征点。

税务总局对应税项目开具发票另有规定的，以规定的发票或者票据作为税前扣除凭证。

7.企业在境内发生的支出项目不属于应税项目的，对方为单位的，以对方开具的发票以外的其他外部凭证作为税前扣除凭证；对方为个人的，以内部凭证作为税前扣除凭证。

企业在境内发生的支出项目虽不属于应税项目，但按国家税务总局规定可以开具发票的，可以发票作为税前扣除凭证。

8.企业从境外购进货物或者劳务发生的支出，以对方开具的发票或者具有发票性质的收款凭证、相关税费缴纳凭证作为税前扣除凭证。

9.企业取得私自印制、伪造、变造、作废、开票方非法取得、虚开、填写不规范等不符合规定的发票(以下简称不合规发票)，以及取得不符合国家法律法规等相关规定的其他外部凭证(以下简称不合规其他外部凭证)，不得作为税前扣除凭证。

10.企业应当取得而未取得发票、其他外部凭证或者取得不合规发票、不合规其他外部凭证的，若支出真实且已实际发生，应当在当年度汇算清缴期结束前，要求对方补开、换开发票、其他外部凭证。补开、换开后的发票、其他外部凭证符合规定的，可以作为税前扣除凭证。

11.企业在补开、换开发票、其他外部凭证过程中，因对方注销、撤销、依法被吊销营业执照、被税务机关认定为非正常户等特殊原因无法补开、换开发票、其他外部凭证的，可凭以下资料证实支出真实性后，其支出允许税前扣除：

(1)无法补开、换开发票、其他外部凭证原因的证明资料(包括工商注销、机构撤销、列入非正常经营户、破产公告等证明资料)；

(2)相关业务活动的合同或者协议；

(3)采用非现金方式支付的付款凭证；

(4)货物运输的证明资料；

(5)货物入库、出库内部凭证；

(6)企业会计核算记录以及其他资料。

其中，第(1)至(3)项为必备资料。

12.汇算清缴期结束后，税务机关发现企业应当取得而未取得发票、其他外部凭证或者取得不合规发票、不合规其他外部凭证并且告知企业的，企业应当自被告知之日起60日内补开、换开符合规定的发票、其他外部凭证。其中，因对方特殊原因无法补开、换开发票、其他外部凭证的，企业应当按照上述第10条的规定，自被告知之日起60日内提供可以证实其支出真实性的相关资料。

13.企业在规定的期限未能补开、换开符合规定的发票、其他外部凭证，并且未能按照上述第11条的规定提供相关资料证实其支出真实性的，相应支出不得在发生年度税前扣除。

14.除发生上述第12条规定的情形外，企业以前年度应当取得而未取得发票、其他外部凭证，且相应支出在该年度没有税前扣除的，在以后年度取得符合规定的发票、其他外部凭证或者按照上述第10条的规定提供可以证实其支出真实性的相关资料，相应支出可以追补至该支出发生年度税前扣除，但追补年限不得超过5年。

15.企业与其他企业(包括关联企业)、个人在境内共同接受应纳增值税劳务(以下简称应税劳务)发生的支出，采取分摊方式的，应当按照独立交易原则进行分摊，企业以发票和分割单作为税前扣除凭证，共同接受应税劳务的其他企业以企业开具的分割单作为税前扣除凭证。

企业与其他企业、个人在境内共同接受非应税劳务发生的支出，采取分摊方式的，企业以发票外的其他外部凭证和分割单作为税前扣除凭证，共同接受非应税劳务的其他企业以企业开具的分割单作为税前扣除凭证。

16.企业租用(包括企业作为单一承租方租用)办公、生产用房等资产发生的水、电、燃气、冷气、暖气、通讯线路、有线电视、网络等费用，出租方作为应税项目开具发票的，企业以发票作为税前扣除凭证；出租方采取分摊方式的，企业以出租方开具的其他外部凭证作为税前扣除凭证。

关于税前扣除凭证，《国家税务总局关于发布〈企业所得税税前扣除凭证管理办法〉的公告》(国家税务总局公告2018年第28号)提及的劳务是一个相对宽泛的概念，原则上包含了所有劳务服务活动。如《中华人民共和国增值税暂行条例》及其实施细则中规定的加工、修理修配劳务，销售服务等；《中华人民共和国企业所得税法》及其实施条例规定的建筑安装、修理修配、交通运输、仓储租赁、金融保险、邮电通信、咨询经纪、文化体育、科学研究、技术服务、教育培训、餐饮住宿、中介代理、卫生保健、社区服务、旅游、娱乐、加工以及其他劳务服务活动等。此外，《企业所得税税前扣除凭证管理办法》第十八条所称“应纳增值税劳务”中的“劳务”也应按上述原则理解，不能等同于增值税相关规定中的“加工、修理修配劳务，销售服务等”。

所称企业，是指《中华人民共和国企业所得税法》及其实施条例规定的居民企业和非居民企业。其他企业是指本企业以外的企业，不包含企业的二级分支机构。

根据《中华人民共和国企业所得税法》及其实施条例等相关政策规定，母公司的辅助生产车间为各下属子公司提供辅助生产服务不属于共同接受劳务。辅助生产服务属于增值税应税项目的，子公司应以母公司开具的发票(包括按照规定由税务机关代开的发票)作为税前扣除凭证；不属于增值税项目的，应以母公司开具的发票以外的其他外部凭证作为税前扣除凭证。

四、不得扣除的项目

在计算应纳税所得额时，下列支出不得扣除。

1.向投资者支付的股息、红利等权益性投资收益款项。

2.企业所得税税款。

3.税收滞纳金，指纳税人、扣缴义务人违反税收法律、法规，被税收征收管理机关加收的税收滞纳金。

4.罚金、罚款和被没收财物的损失，指纳税人违反国家有关法律法规规定，被有关部门处以的罚款、罚金和被没收的财物。

5.《中华人民共和国企业所得税法》第九条规定以外的捐赠支出。

6.赞助支出，指企业发生的与生产经营活动无关的各种非广告性质支出。

7.未经核定的准备金支出，指不符合国务院财政、税务主管部门规定的各项资产减值准备、风险准备等准备金支出。

根据《中华人民共和国企业所得税法实施条例》第五十五条的规定，除财政部和国家税务总局核准计提的准备金可以税前扣除外，其他行业、企业计提的各项资产减值准备、风险准备等准备金均不得税前扣除。

8. 企业之间支付的管理费、企业内营业机构之间支付的租金和特许权使用费，以及非银行企业内营业机构之间支付的利息，不得扣除。

9. 与取得收入无关的其他支出。

五、亏损弥补

亏损，是指企业依照《中华人民共和国企业所得税法》及其实施条例的规定，将每一纳税年度的收入总额减除不征税收入、免税收入和各项扣除后小于零的数额。企业所得税法规定，企业某一纳税年度发生的亏损可以用下一年度的所得弥补，下一年度的所得不足以弥补的，可以逐年延续弥补，但最长不得超过 5 年。而且，企业在汇总计算缴纳企业所得税时，其境外营业机构的亏损不得抵减境内营业机构的盈利。

1. 自 2018 年 1 月 1 日起，当年具备高新技术企业或科技型中小企业资格（以下简称资格）的企业，其具备资格年度之前 5 个年度发生的尚未弥补完的亏损，准予结转以后年度弥补，最长结转年限由 5 年延长至 10 年。

（1）高新技术企业，是指按照《科技部 财政部 国家税务总局关于修订印发〈高新技术企业认定管理办法〉的通知》（国科发火〔2016〕32 号）规定认定的高新技术企业。科技型中小企业，是指按照《科技部 财政部 国家税务总局关于印发〈科技型中小企业评价办法〉的通知》（国科发政〔2017〕115 号）规定取得科技型中小企业登记编号的企业。

（2）企业具备资格年度之前 5 个年度发生的尚未弥补完的亏损，是指当年具备资格的企业，其前 5 个年度无论是否具备资格，所发生的尚未弥补完的亏损。

（3）2018 年具备资格的企业，无论 2013 年至 2017 年是否具备资格，其 2013 年至 2017 年发生的尚未弥补完的亏损，均准予结转以后年度弥补，最长结转年限为 10 年。2018 年以后年度具备资格的企业，以此类推，进行亏损结转弥补税务处理。

（4）高新技术企业按照其取得的高新技术企业证书注明的有效期所属年度，确定其具备资格的年度。

科技型中小企业按照其取得的科技型中小企业入库登记编号注明的年度，确定其具备资格的年度。

（5）企业发生符合特殊性税务处理规定的合并或分立重组事项的，其尚未弥补完的亏损，按照《财政部 国家税务总局关于企业重组业务企业所得税处理若干问题的通知》（财税〔2009〕59 号）和《国家税务总局关于延长高新技术企业和科技型中小企业亏损结转弥补年限有关企业所得税处理问题的公告》（国家税务总局公告 2018 年第 45 号）有关规定进行税务处理：

①合并企业承继被合并企业尚未弥补完的亏损的结转年限，按照被合并企业的亏损结转年限确定；

②分立企业承继被分立企业尚未弥补完的亏损的结转年限，按照被分立企业的亏损结转年限确定；

③合并企业或分立企业具备资格的，其承继被合并企业或被分立企业尚未弥补完的亏损的结转年限，按照《财政部 税务总局关于延长高新技术企业和科技型中小企业亏损结转年限的通知》(财税〔2018〕76 号)第一条和国家税务总局 2018 年第 45 号公告第一条规定处理。

(6)符合财税〔2018〕76 号文件和国家税务总局 2018 年第 45 号公告规定延长亏损结转弥补年限条件的企业，在企业所得税预缴和汇算清缴时，自行计算亏损结转弥补年限，并填写相关纳税申报表。

2. 自 2020 年 1 月 1 日起，国家鼓励的线宽小于 130 纳米(含)的集成电路生产企业，属于国家鼓励的集成电路生产企业清单年度之前 5 个纳税年度发生的尚未弥补完的亏损，准予向以后年度结转，结转年限最长不得超过 10 年。国家鼓励的集成电路生产企业或项目清单由国家发展改革委、工业和信息化部会同财政部、税务总局等相关部门制定。

3. 受疫情影响较大的困难行业企业 2020 年度发生的亏损，最长结转年限由 5 年延长至 8 年。

所称的困难行业企业，包括交通运输、餐饮、住宿、旅游(指旅行社及相关服务、游览景区管理两类)四大类，具体判断标准按照现行《国民经济行业分类》执行。困难行业企业 2020 年度主营业务收入须占收入总额(剔除不征税收入和投资收益)的 50%以上。

受疫情影响较大的困难行业企业按照规定适用延长亏损结转年限政策的，应当在 2020 年度企业所得税汇算清缴时，通过电子税务局提交《适用延长亏损结转年限政策声明》。

4. 对电影行业企业 2020 年度发生的亏损，最长结转年限由 5 年延长至 8 年。

电影行业企业限于电影制作、发行和放映等企业，不包括通过互联网、电信网、广播电视网等信息网络传播电影的企业。

5. 根据《国家税务总局关于发布〈企业资产损失所得税税前扣除管理办法〉的公告》(国家税务总局公告 2011 年第 25 号)第六条规定，企业以前年度发生的资产损失未能在当年税前扣除的，可以按照《企业资产损失所得税税前扣除管理办法》的规定，向税务机关说明并进行专项申报扣除。其中，属于实际资产损失，准予追补至该项损失发生年度扣除，其追补确认期限一般不得超过 5 年但因计划经济体制转轨过程中遗留的资产损失、企业重组上市过程中因权属不清出现争议而未能及时扣除的资产损失、因承担国家政策性任务而形成的资产损失以及政策定性不明确而形成资产损失等特殊原因形成的资产损失，其追补确认期限经国家税务总局批准后可适当延长。属于法定资产损失，应在申报年度扣除。

企业因以前年度实际资产损失未在税前扣除而多缴的企业所得税税款，可在追补确认年度企业所得税应纳税款中予以抵扣，不足抵扣的，向以后年度递延抵扣。

企业实际资产损失发生年度扣除追补确认的损失后出现亏损的，应先调整资产损失发生年度的亏损额再按弥补亏损的原则计算以后年度多缴的企业所得税税款，并按上述办法进行税务处理。

6. 企业筹办期间不计算为亏损年度，企业开始生产经营的年度，为开始计算企业损益的年度。企业从事生产经营之前进行筹办活动期间发生筹办费用支出，不得计算为当期的亏损，企业可以在开始经营之日的当年一次性扣除，也可以按照税法有关长期待摊费用的处理规定处理，但一经选定，不得改变。

7. 税务机关对企业以前年度纳税情况进行检查时调增的应纳税所得额，凡企业以前年度发生亏损，且该亏损属于《中华人民共和国企业所得税法》规定允许弥补的，应允许调增的应纳税所得额弥补该亏损。弥补该亏损后仍有余额的，按照《中华人民共和国企业所得税法》规定计算缴纳企业所得税。对检查调增的应纳税所得额应根据其情节，依照《中华人民共和国税收征收管理法》有关规定进行处理或处罚。

★习题精练及答案解析

一、单项选择题

1. 国内某陶瓷制造企业，2023 年实际发生合理的工资支出 300 万元，另外直接支付给劳务派遣公司 20 万元，直接支付给劳务派遣人员的工资 10 万元，职工福利费支出 50 万元。2023 年该企业计算应纳税所得额时，应调整应纳税所得额（　　）万元。

A. 6. 6　　B. 2. 5　　C. 6　　D. 3. 5

【参考答案】 A

【答案解析】 直接支付给劳务派遣公司的属于劳务费用不计入工资薪金总额，不作为三项经费的扣除基数；直接支付给劳务派遣人员的费用属于工资支出，计入工资总额，作为三项经费的扣除基数。故应调增的应纳税所得额＝50－（300＋10）×14%＝6. 6（万元）。

2. 某公司 2023 年实际支出的工资、薪金总额为 200 万元（包括支付给季节工的工资 10 万元），实际扣除的三项经费合计 40 万元，其中福利费本期发生 32 万元（包括支付给季节工的福利费 1 万元），拨缴的工会经费 5 万元，已经取得工会拨缴款收据，实际发生职工教育经费 21 万元。该企业在计算 2023 年应纳税所得额时，应调整的应纳税所得额为（　　）万元。

A. 0　　B. 5　　C. 10　　D. 21

【参考答案】 C

【答案解析】 支付给季节工的工资可以作为基数。福利费扣除限额为200×14%=28(万元),实际发生32万元,准予扣除28万元;工会经费扣除限额=200×2%=4(万元),实际发生5万元,准予扣除4万元;职工教育经费扣除限额=200×8%=16(万元),实际发生21万元,准予扣除16万元;应调增应纳税所得额=(32-28)+(5-4)+(21-16)=10(万元)。

3.某公司2023年实际发生合理的工资支出200万元,实际扣除的三项经费合计40万元,其中职工福利费本期发生32万元,拨缴的工会经费4万元,已取得工会拨缴款收据,实际发生职工教育经费4万元。该公司在计算2023年应纳税所得额时,应调整的应纳税所得额为(　　)万元。

A.4　　B.0　　C.5　　D.6

【参考答案】 A

【答案解析】 职工福利费扣除限额=200×14%=28(万元),实际发生32万元,准予扣除28万元;工会经费扣除限额=200×2%=4(万元),实际发生4万元,可据实扣除;职工教育经费扣除限额=200×8%=16(万元),实际发生4万元,可据实扣除;应调整的应纳税所得额为=32-28=4(万元)。

4.2023年甲公司主营业务收入1 200万元,其他业务收入40万元,视同销售收入10万元,营业外收入20万元,当年发生广告费和业务宣传费200万元。甲公司计算企业所得税应纳税所得额时,广告费和业务宣传费的纳税调增数额是(　　)万元。

A.9.5　　B.12.5　　C.14　　D.20

【参考答案】 B

【答案解析】 企业发生的符合条件的广告费和业务宣传费支出,不超过当年销售(营业)收入15%的部分,准予扣除。营业外收入不计入基数,销售(营业)收入的15%=(1 200+40+10)×15%=187.5(万元),小于200万元,因此准予扣除187.5万元,调增12.5万元。

5.某创业投资企业2023年取得股权转让收入1 000万元,直接投资于居民企业取得股息、红利收入200万元,出租办公楼取得租金收入150万元,视同销售货物收入90万元,营业外收入30万元。当年实际发生业务招待费30万元。该企业在计算2023年企业所得税应纳税所得额时准予扣除的业务招待费为(　　)万元。

A.1.2　　B.6.2　　C.7.2　　D.18

【参考答案】 C

【答案解析】 对从事股权投资业务的企业(包括集团公司总部、创业投资企业等),其从被投资企业所分配的股息、红利以及股权转让收入,可以在计算企业所得税应纳税所得额时按规定的比例计算业务招待费扣除限额。业务招待费扣除限额A=30×60%=18(万元)>扣除限额B=(1 000+200+150+90)×5‰=7.2(万元),因此在计算企业所得税应纳税所得额时准予扣除的业务招待费为7.2万元。

6.某工业企业2022年销售(营业)收入为1 800万元(不含税,下同),当年实际发生广告费支出 350 万元；2023 年取得销售收入 1 900 万元，出租房屋取得收入 100 万元；转让商标所有权取得收入 240 万元；当年实际发生广告费支出 200 万元。则该企业在计算 2023 年企业所得税应纳税所得额时准予扣除的广告费为（　　）万元。

A. 120　　B. 200　　C. 280　　D. 300

【参考答案】 C

【答案解析】 2022 年广告费扣除限额＝1 800×15%＝270（万元），实际发生 350 万元，还有 80 万元（350－270）可以结转以后年度在企业所得税前扣除；2023 年广告费扣除限额＝（1 900＋100）×15%＝300（万元），实际发生 200 万元，可以据实扣除，另外，2022 年未扣除的超支广告费 80 万元可以在 2023 年度扣除。即 2023 年在企业所得税前准予扣除的广告费＝200＋80＝280（万元）。

7. 2023 年度，甲企业实现销售收入 3 000 万元，当年发生广告费 400 万元，上年度结转未扣除广告费 60 万元。已知广告费不超过当年销售收入 15%的部分，准予扣除。甲企业在计算 2023 年度企业所得税纳税所得额时，准予扣除的广告费金额为（　　）万元。

A. 340　　B. 510　　C. 450　　D. 460

【参考答案】 C

【答案解析】 扣除限额＝3 000×15%＝450（万元）；当年实际发生的 400 万元广告费可以全额扣除，另外，还可以扣除上年度结转未扣除的广告费 50 万元，合计 450 万元。

8. 某居民企业在筹建期间发生支出 1 180 万元，其中人员工资 200 万元，办公用品 300 万元，各项与筹建有关的注册、证照、咨询费用 20 万元，业务招待费 60 万元，购置生产设备 600 万元。进入经营期时，该企业选择一次性扣除筹建期间的筹办费用支出。该企业一次性扣除的筹建费为（　　）万元。

A. 520　　B. 556　　C. 560　　D. 580

【参考答案】 B

【答案解析】 企业在筹办期间，发生的与筹办活动有关的业务招待费支出，可按实际发生额的 60%计入企业筹办费，并按有关规定在税前扣除。购置生产设备 600 万元作为固定资产进行折旧。该企业一次性扣除的筹建费＝200＋300＋20＋60×60%＝556（万元）。

9. 2022 年 1 月 1 日起甲企业开始筹建，筹建期为 1 年，筹建期间发生开办费支出 300 万元，其中业务招待费支出 50 万元。2023 年年初开始生产经营，取得营业收入 1 000 万元，该企业选择将开办费一次性在税前扣除，2022 年企业可以扣除的开办费为（　　）万元。

A. 300　　B. 250　　C. 280　　D. 220

【参考答案】 C

【答案解析】 企业在筹建期间，发生的与筹办活动有关的业务招待费支出，可按实际发生额的60%计入企业筹办费，并按有关规定在税前扣除。可以扣除的开办费＝300－50＋50×60%＝280(万元)。

10. 某商贸企业2023年开始筹建，当年未取得收入，筹办期间发生业务招待费300万元、业务宣传费20万元、广告费用200万元。根据企业所得税法的相关规定，上述支出可计入企业筹办费并在税前扣除的金额是(　　)万元。

A. 200　　B. 220　　C. 400　　D. 520

【参考答案】 C

【答案解析】 企业筹办期发生的业务招待费直接按实际发生额的60%计入筹办费，在税前扣除；广告费和业务宣传费按实际发生额，计入筹办费。计入筹办费的金额＝300×60%＋20＋200＝400(万元)。

11. 孙某2022年11月开始筹划设立一家企业，2023年1月开业。开业前发生业务招待费25万元，2023年开业后发生业务招待费25万元。该业务招待费应计入开办费的金额为(　　)万元。

A. 15　　B. 30　　C. 50　　D. 40

【参考答案】 A

【答案解析】 企业自开业前所发生的业务招待费，按照实际发生额的60%计入企业的开办费，开业后发生业务招待费计入当年费用，不计入开办费。该业务招待费应计入开办费的金额＝25×60%＝15(万元)。

12. 某居民企业2023年度适用研发费用加计扣除比例为100%，该年度A项目共发生研发费用300万元，其中，其他相关费用为20万元，已全部计入了损益。根据规定，2023年度该企业研发费用可税前加计扣除的金额为(　　)万元。

A. 300　　B. 280　　C. 311.11　　D. 20

【参考答案】 A

【答案解析】 根据规定，其他相关费用总额不得超过可加计扣除研发费用总额10%。其他相关费用限额＝(研究开发费用总额－其他相关费用)×10%÷(1－10%)＝(300－20)×10%÷(1－10%)＝31.11(万元)＞20万元，其他相关费用按20万元享受100%加计扣除政策，研发费用共计加计扣除金额＝300×100%＝300(万元)。

13. 2021年1月某上市公司对本公司20名管理人员实施股票期权激励政策，约定如在公司连续服务2年，即可以4元/股的价格购买本公司股票1 000股。2023年1月，20名管理人员全部行权，行权日股票收盘价20元/股。根据企业所得税法的相关规定，行权时该公司所得税前应扣除的费用金额是(　　)元。

A. 300 000　　B. 320 000　　C. 380 000　　D. 400 000

【参考答案】 B

【答案解析】 对股权激励计划实行后，需待一定服务年限或者达到规定业绩条件(以下简称等待期)方可行权的，上市公司等待期内会计上计算确认的相关成本费用，不得在对应年度计算缴纳企业所得税时扣除。在股权激励计划可行权后，上市公司方可根据该股票实际行权时的公允价格与当年激励对象实际行权支付价格的差额及数量，计算确定作为当年上市公司工资薪金支出，依照税法规定进行税前扣除。应扣除的费用金额=(20－4)×20×1 000=320 000(元)。

14. 企业发生的公益性捐赠支出，在一定标准以内的部分，准予在计算应纳税所得额时扣除。超过这一标准的部分，准予结转以后三年内在计算应纳税所得额时扣除，该标准为(　　)。

A. 年度应纳税所得额 3%　　B. 年度利润总额 30%

C. 年度利润总额 12%　　D. 年度应纳税所得额 10%

【参考答案】 C

【答案解析】《中华人民共和国企业所得税法》第九条规定，企业发生的公益性捐赠支出，在年度利润总额 12%以内的部分，准予在计算应纳税所得额时扣除。超过年度利润总额 12%的部分，准予结转以后三年内在计算应纳税所得额时扣除。

15. 根据企业所得税法的规定，纳税人在我国境内向目标脱贫地区的公益性捐赠支出，(　　)。

A. 在税前全额扣除

B. 在年度应纳税所得额 12%以内的部分准予扣除

C. 在年度利润总额 12%以内的部分准予扣除

D. 在年度应纳税所得额 30%以内的部分准予扣除

【参考答案】 A

【答案解析】 向目标脱贫地区的捐赠可以据实扣除。

16. 下列符合企业所得税法的佣金扣除规定，可以在企业所得税税前全额扣除的佣金是(　　)。

A. 甲企业销售给乙企业 1 000 万元货物，签订合同并收取款项后，甲企业支付乙企业采购科长 40 万元

B. 甲生产企业委托丁中介公司介绍客户，成功与丁介绍客户交易 300 万元，甲企业以 18 万元转账支票支付丁公司佣金

C. 丙生产企业委托丁中介公司介绍客户，成功与丁介绍客户交易 500 万元，丙企业以 20 万元现金支付丁公司佣金

D. 乙企业支付某中介个人 0.5 万元佣金，以酬劳其介绍成功 10 万元的交易(签订合同)

【参考答案】 D

【答案解析】 选项 A，不属于佣金支出；选项 B，超过了 5%佣金支出的标准；选项 C，采用现金方式支付给非个人佣金，不符合佣金支付方式，不得在税前扣除；选项 D，符合税法扣除规定。

17. 下列关于我国居民企业实行股权激励计划有关企业所得税税务处理的表述中，不正确的是(　　)。

A. 对股权激励计划实行后立即可以行权的，上市公司可以根据实际行权时该股票的公允价格与激励对象实际行权支付价格的差额和数量，计算确定作为当年上市公司工资、薪金支出，依照规定在企业所得税前扣除

B. 对股权激励计划实行后，需待一定服务年限或者达到规定业绩条件方可行权的，上市公司在等待期内会计上计算确认的相关成本费用准予在企业所得税前扣除

C. 对股权激励计划实行后，需待一定服务年限或者达到规定业绩条件方可行权的，上市公司在等待期内会计上计算确认的相关成本费用，不得在对应年度计算缴纳企业所得税时扣除

D. 股票实际行权时的公允价格，以实际行权日该股票的收盘价格确定

【参考答案】 B

【答案解析】 对股权激励计划实行后，需待一定服务年限或者达到规定业绩条件方可行权的，上市公司等待期内会计上计算确认的相关成本费用，不得在对应年度计算缴纳企业所得税时扣除。在股权激励计划可行权后，上市公司方可根据该股票实际行权时的公允价格与当年激励对象实际行权支付价格的差额及数量，计算确定作为当年上市公司工资、薪金支出，依照税法规定进行税前扣除。

18. 某电子公司(企业所得税税率 15%)2022 年 1 月 1 日向母公司(企业所得税税率 25%)借入 2 年期贷款 5 000 万元用于购置原材料，约定年利率为 10%，银行同期同类贷款利率为 7%。2023 年电子公司企业所得税税前可扣除的该笔借款的利息费用为(　　)万元。

A. 1 000　　B. 500　　C. 350　　D. 0

【参考答案】 C

【答案解析】 电子公司的实际税负不高于境内关联方，不需要考虑债资比的限制，该笔借款税前可以扣除的金额为不超过金融机构同期同类贷款利率计算的数额。2023 年电子公司企业所得税税前可扣除的该笔借款的利息费用＝5 000×7%＝350(万元)。

19. 甲工业企业 2023 年 5 月 1 日向关联方乙企业借款 5 000 万元用于建造厂房，年利率为 8%，借款期限为 12 个月。该厂房于 2021 年开始建造，2023 年 10 月 31 日完工并办理竣工验收手续。已知银行同期同类贷款年利率为 6%，关联方对该企业权益性投资额为 2 000 万元，则甲工业企业在计算 2023 年企业所得税应纳税所得额时准予直接扣除的利息支出为(　　)万元。

A. 240　　B. 300　　C. 50　　D. 40

【参考答案】 D

【答案解析】 2023 年 5 月至 10 月的利息应作为资本性支出计入厂房的成本，不再发生当期直接扣除。企业实际支付给关联方准予税前扣除的利息支出，除另有规定外，需要满足两个条件：(1)不超过金融企业同期同类贷款利率；(2)债资比的要求，金融企业为 5∶1，其他企业为 2∶1。关联方对该企业的权益性投资额为 2 000 万元，接受关联方债权性投资不超过 2 000×2＝4 000(万元)的部分对应的利息准予扣除。甲工业企业

当年准予直接扣除的利息支出＝4 000×6%×2÷12＝40(万元)。

20. 某商业企业2023年度权益性投资额为200万元，当年1月1日为生产经营向关联方借入1年期经营性资金600万元，关联借款利息支出60万元，同期银行同类贷款利率为7%。则该企业在计算2023年企业所得税应纳税所得额时，准予扣除的利息支出为(　　)万元。

A. 28　　B. 40　　C. 42　　D. 60

【参考答案】 A

【答案解析】 向关联方借款的利息支出，税前扣除应满足两个条件：(1)不能超过同期银行同类贷款利率计算的利息支出；(2)非金融企业实际支付给关联方的利息支出，最多不能超过权益性投资的2倍计算的利息金额。准予扣除的利息支出＝200×2×7%＝28(万元)。

21. 某工业企业2023年4月1日向非金融企业借款300万元用于建造厂房，年利率为8%，借款期限为12个月。该厂房于2022年开始建造，2023年9月30日完工。已知同期银行同类贷款年利率为6%，则该企业在计算2023年企业所得税应纳税所得额时准予直接扣除的利息支出为(　　)万元。

A. 6　　B. 18　　C. 12　　D. 4.5

【参考答案】 D

【答案解析】 2023年4月至9月的利息应作为资本性支出计入厂房的成本，不再发生当期扣除。当年准予扣除的利息支出＝300×6%×3/12＝4.5(万元)。

22. 企业以前年度应当取得而未取得发票、其他外部凭证，且相关支出在该年度没有税前扣除的，在以后年度取得符合规定的发票、其他外部凭证等可以证实其支出真实性的相关资料，相应支出可以追补至该支出发生年度税前扣除，但追补年限不得超过(　　)年。

A. 3　　B. 5　　C. 6　　D. 8

【参考答案】 B

【答案解析】 根据《国家税务总局关于发布〈企业所得税税前扣除凭证管理办法〉的公告》(国家税务总局公告2018年第28号)第十七条的规定，除发生本办法第十五条规定的情形外，企业以前年度应当取得而未取得发票、其他外部凭证，且相应支出在该年度没有税前扣除的，在以后年度取得符合规定的发票、其他外部凭证或者按照本办法第十四条的规定提供可以证实其支出真实性的相关资料，相应支出可以追补至该支出发生年度税前扣除，但追补年限不得超过5年。

23. 汇算清缴期结束后，税务机关发现企业应当取得而未取得发票、其他外部凭证或者取得不合规发票、不合规其他外部凭证并且告知企业的，企业应当自被告知之日起(　　)日内补开、换开符合规定的发票、其他外部凭证。其中，因对方特殊原因无法补开、换开发票、其他外部凭证的，自被告知之日起(　　)日内提供可以证实其支出真实性的相关资料。

A. 30；30　　B. 30；60　　C. 60；60　　D. 60；30

【参考答案】 C

【答案解析】 根据《国家税务总局关于发布〈企业所得税税前扣除凭证管理办法〉的公告》(国家税务总局公告2018年第28号)第十五条的规定，汇算清缴期结束后，税务机关发现企业应当取得而未取得发票、其他外部凭证或者取得不合规发票、不合规其他外部凭证并且告知企业的，企业应当自被告知之日起60日内补开、换开符合规定的发票、其他外部凭证。其中，因对方特殊原因无法补开、换开发票、其他外部凭证的，企业应当按照本办法第十四条的规定，自被告知之日起60日内提供可以证实其支出真实性的相关资料。

二、多项选择题

1. 在企业所得税中，下列费用的支出如果超过当年费用扣除标准，可以结转在以后年度扣除的是（　　）。

A. 业务宣传费

B. 职工教育经费

C. 职工工会经费

D. 广告费

【参考答案】 ABD

【答案解析】 除国务院财政、税务主管部门另有规定外，企业发生的职工教育经费支出，不超过工资、薪金总额规定比例的部分准予扣除，超过部分准予结转以后纳税年度扣除；企业发生的符合条件的广告费和业务宣传费支出，除国务院财政、税务主管部门另有规定外，不超过当年销售（营业）收入15％或30％（特定企业）的部分，准予扣除；超过部分，准予结转以后纳税年度扣除。

2. 下列各项支出，不可在企业所得税税前扣除的是（　　）。

A. 企业之间支付的管理费用

B. 非银行企业内营业机构之间支付的利息

C. 企业依据法律规定提取的环境保护专项资金

D. 烟草企业的烟草广告费和烟草宣传费

【参考答案】 ABD

【答案解析】 企业之间支付的管理费、企业内营业机构之间支付的租金和特许权使用费，以及非银行企业内营业机构之间支付的利息，不得扣除。烟草企业的烟草广告费和业务宣传费支出，一律不得在计算应纳税所得额时扣除。

3. 下列选项中，允许在计算企业所得税应纳税所得额时扣除的是（　　）。

A. 航空企业实际发生的飞行员养成费

B. 企业依照规定提取的用于环境保护方面的专项资金

C. 以经营租赁方式租入固定资产发生的租赁费支出

D. 企业发生的所有劳动保护支出

【参考答案】 ABC

【答案解析】 选项D,企业发生的合理的劳动保护支出,才准予扣除。

4. 下列费用,不应作为职工教育经费在企业所得税税前全额扣除的是(　　)。

A. 核力发电企业发生的核电厂操纵员培养费用

B. 软件生产企业发生的职工培训费用

C. 航空企业发生的乘务训练费

D. 航空企业发生的飞行训练费

【参考答案】 ACD

【答案解析】 选项B,软件生产企业发生的职工培训费用可以扣除;选项ACD,并不作为职工教育经费全额扣除。核力发电企业为培养核电厂操纵员发生的培养费用,可作为企业的发电成本在税前扣除。航空企业实际发生的飞行员养成费、飞行训练费、乘务训练费、空中保卫员训练费等空勤训练费用,可以作为航空企业运输成本在税前扣除。

5. 根据企业所得税法的相关规定,下列各项中,适用按销售(营业)收入的30%计算广告费和业务宣传费扣除限额的行业有(　　)。

A. 化妆品制造业　　B. 医药制造业

C. 医药销售业　　D. 饮料制造业

E. 白酒制造业

【参考答案】 ABD

【答案解析】 对化妆品制造或销售、医药制造和饮料制造(不含酒类制造)企业发生的广告费和业务宣传费支出,不超过当年销售(营业)收入30%的部分,准予扣除;超过部分,准予在以后纳税年度结转扣除。

6. 根据企业所得税法的规定,在计算企业所得税应纳税所得额时,下列选项中不得在企业所得税税前扣除的有(　　)。

A. 计提的用于生态恢复方面的专项资金

B. 违反法律被司法部门处以的罚金

C. 非广告性质的赞助支出

D. 银行按规定加收的罚息

E. 外购货物管理不善发生的损失

【参考答案】 BC

【答案解析】 纳税人因违反法律、行政法规而交付的罚款、罚金、滞纳金,不得扣除;纳税人逾期归还银行贷款,银行按规定加收的罚息,不属于行政性罚款,允许在税前扣除。

7. 根据企业所得税法的相关规定,企业发生的下列保险费,在计算应纳税所得额时准予据实扣除的有(　　)。

A. 企业按照规定标准为职工缴纳的基本养老保险费

B. 企业为职工支付的全部补充医疗保险费

C. 企业以车间生产设备为标的办理财产保险，按照规定缴纳的保险费

D. 企业为投资者支付的家庭财产保险费

E. 企业按照规定为特殊工种职工支付的人身安全保险费

【参考答案】 ACE

【答案解析】 选项B，企业为在本企业任职或受雇的全体员工支付的补充养老保险费、补充医疗保险费，分别在不超过职工工资总额5%标准内的部分，准予扣除；超过部分，不得扣除。选项D，除另有规定外，企业为投资者或者职工支付的商业保险费，不得扣除。

8. 下列关于企业发生的与生产经营有关的手续费及佣金支出的规定，表述正确的有(　　)。

A. 电信企业在发展客户过程中，向经纪人、代办商支付手续费及佣金的，其实际发生的相关手续费及佣金支出，不超过当年收入总额10%的部分，准予在企业所得税税前据实扣除

B. 手续费、佣金的支付对象是具有合法经营资格的中介企业或中介个人

C. 企业不得将手续费及佣金支出计入回扣、业务提成、返利、进场费等费用

D. 企业已计入固定资产、无形资产等相关资产的手续费及佣金支出，应当通过折旧、摊销等方式分期扣除，不得在发生当期直接扣除

E. 从事代理服务、主营业务收入为手续费、佣金的企业，其为取得该类收入而实际发生的营业成本，准予在企业所得税税前据实扣除

【参考答案】 BCDE

【答案解析】 选项A，电信企业在发展客户、拓展业务等过程中(如委托销售电话入网卡、电话充值卡等)，需向经纪人、代办商支付手续费及佣金的，其实际发生的相关手续费及佣金支出，不超过企业当年收入总额5%的部分，准予在企业所得税前据实扣除。

9. 下列说法符合企业所得税法关于保险公司缴纳的保险保障基金规定的有(　　)。

A. 投资型财产保险业务，有保证收益，缴纳的保险保障基金不得超过业务收入的0.08%准予据实扣除

B. 财产保险公司的保障基金余额达到公司总资产的5%，其缴纳的保险保障基金不得在税前扣除

C. 保险公司按规定提取的未到期责任准备金，准予在税前扣除

D. 保险公司实际发生的各种保险赔偿，可以直接在所得税前扣除

E. 已发生已报案未决赔偿准备金，按最高不超过当期已经提出的保险赔偿款或者

给付金额的100%提取

【参考答案】 ACE

【答案解析】 财产保险公司的保障基金余额达到公司总资产的6%，其缴纳的保险保障基金不得在税前扣除；保险公司实际发生的各种保险赔偿、给付，应首先冲抵按规定提取的准备金，不足冲抵部分，准予在当年税前扣除。

10. 下列关于关联企业借款利息的说法中，正确的有(　　)。

A. 企业的实际税负不高于境内关联方的，其实际支付给境内关联方的利息支出，在计算应纳税所得额时准予扣除

B. 企业如果能够按规定提供相关资料，并证明相关交易活动符合独立交易原则的，不需要计算债资比例，其实际支付给境内关联方的利息支出，在计算应纳税所得额时均准予扣除

C. 企业向股东或其他与企业有关联关系的自然人借款的利息支出应视为股息分配，不能税前扣除

D. 企业自关联方取得的不符合规定的利息收入应并入应纳税所得额缴纳企业所得税

E. 企业同时从事金融业务和非金融业务，其实际支付给关联方的利息支出，一律按2∶1的比例计算准予税前扣除的利息支出

【参考答案】 ABD

【答案解析】 选项C，符合规定的条件，企业向股东或其他与企业有关联关系的自然人借款的利息支出可以所得税前扣除；选项E，企业同时从事金融业务和非金融业务，其实际支付给关联方的利息支出，应按照合理方法分开计算；没有按照合理方法分开计算的，一律按前述有关其他企业的比例计算准予税前扣除的利息支出，按2∶1的比例计算。

11. 下列关于企业筹建期间相关业务的税务处理，不正确的是(　　)。

A. 筹建期应确认为企业的亏损年度

B. 筹办费应作为长期待摊费用在不低于2年的时间内进行摊销

C. 筹建期发生的广告费和业务宣传费可按实际发生额计入筹办费

D. 筹建期发生的业务招待费可按实际发生额计入筹办费

【参考答案】 ABD

【答案解析】 选项A，企业筹办期间不计算为亏损年度；选项B，筹办费可以在开始经营之日的当年一次性扣除，也可以按照长期待摊费用在不低于3年的时间内进行摊销；选项D，企业在筹建期间发生的与筹办活动有关的业务招待费支出，可按实际发生额的60%计入企业筹办费。

12. 下列符合企业所得税法中加收利息的规定的有(　　)。

A. 对补征的企业所得税款加收的利息，应当按照税款所属纳税年度中国人民银行公布的与补征期间同期的人民币贷款基准利率计算

B. 企业与其关联方之间的业务往来，不符合独立交易原则，或者企业实施其他不具有合理商业目的安排的，税务机关有权在该业务发生的纳税年度起5年内，进行纳税调整

C. 税务机关依照规定进行特别纳税调整后，除了应当补征税款外，并按照国务院规定加收利息

D. 企业实施其他不具有合理商业目的的安排而减少的应纳税收入或者所得额的，不用调整

E. 加收利息不得在计算应纳税所得额时扣除

【参考答案】 CE

【答案解析】 选项A，对补征的企业所得税款加收的利息，应当按照税款所属纳税年度中国人民银行公布的与补税期间同期的人民币贷款基准利率加5个百分点计算；选项B，企业与其关联方之间的业务往来，不符合独立交易原则，或者企业实施其他不具有合理商业目的安排的，税务机关有权在该业务发生的纳税年度起10年内，进行纳税调整；选项D，企业实施其他不具有合理商业目的的安排而减少其应纳税收入或者所得额的，税务机关有权按照合理方法调整。

13. 企业所得税税前扣除凭证中的外部凭证，是指企业发生经营活动和其他事项时，从其他单位、个人取得的用于证明其支出发生的凭证，包括但不限于(　　)。

A. 电子发票

B. 财政票据

C. 完税凭证

D. 分割单

E. 收款凭证

【参考答案】 ABCDE

【答案解析】 根据《国家税务总局关于发布〈企业所得税税前扣除凭证管理办法〉的公告》(国家税务总局公告2018年第28号)规定，税前扣除凭证按照来源分为内部凭证和外部凭证。外部凭证是指企业发生经营活动和其他事项时，从其他单位、个人取得的用于证明其支出发生的凭证，包括但不限于发票(包括纸质发票和电子发票)、财政票据、完税凭证、收款凭证、分割单等。

14. 依照企业所得税法的相关规定，下列关于企业亏损弥补的说法正确的有(　　)。

A. 企业某一纳税年度发生的亏损可以用下一年度的所得弥补，下一年度的所得不足以弥补的，可以逐年延续弥补，但最长不得超过5年

B. 企业在汇总计算缴纳企业所得税时，其境外营业机构的亏损可以用境内营业机构的盈利来弥补

C. 企业因以前年度实际资产损失未在税前扣除而多缴纳的企业所得税税款，可在追补确认年度企业所得税应纳税款中抵扣，不足抵扣的，可以在以后年度递延抵扣

D. 企业筹办期间不计算为亏损年度，企业开始生产经营的年度，为开始计算企业损益的年度

E. 企业在筹办期间发生的筹办费用可以在开始经营之日的当年一次性扣除，也可以按照新税法有关长期待摊费用的处理规定处理，但一经选定，不得改变

【参考答案】 ACDE

【答案解析】 选项B，企业在汇总计算缴纳企业所得税时，其境外营业机构的亏损不得抵减境内营业机构的盈利。

15. 按照企业所得税法的规定，2023年度所得税汇算清缴时下列处理错误的有(　　)。

A. 企业将自产产品捐赠过程中发生的运费1万元(公益性社会组织开具了公益捐赠票据)作为公益性捐赠支出按照规定在税前做了扣除处理

B. 企业2018年度(核定征税)投入使用的设备，2021年度改为查账征税后，按照税法规定的折旧年限10年，就剩余年限继续计提折旧额并在税前扣除

C. 企业购买了价值100万元的文物收藏，并作为投资资产进行了税务处理，按税法规定条件计提的折旧费用在企业所得税前做了扣除处理

D. 企业按照市场价格销售货物，取得了由政府财政部门根据企业3年来销售货物金额的1%支付的资金，全部确认企业所得税收入

【参考答案】 CD

【答案解析】 《国家税务总局关于企业所得税若干政策征管口径问题的公告》(国家税务总局公告2021年第17号)规定，企业购买的文物、艺术品用于收藏、展示、保值增值的，作为投资资产进行税务处理。文物、艺术品资产在持有期间，计提的折旧、摊销费用，不得税前扣除。企业按照市场价格销售货物、提供劳务服务等，凡由政府财政部门根据企业销售货物、提供劳务服务的数量、金额的一定比例给予全部或部分资金支付的，应当按照权责发生制原则确认收入。

三、综合实务题

1. 某市一家冰箱生产企业2023年度取得主营业务收入7 520万元，其他业务收入270万元，投资收益320万元，营业外收入850万元，发生的主营业务成本5 260万元，其他业务成本180万元，营业税金及附加120万元，销售费用1 600万元，管理费用800万元，财务费用210万元，营业外支出360万元。该企业财务人员自行计算的会计利润为430万元，后经聘请的注册税务师对其2023年度自行计算的企业所得税进行审核，发现相关问题如下。

(1)4月20日，购入符合《安全生产专用设备企业所得税优惠目录》的专用设备，取得增值税专用发票注明价款90万元、增值税进项税额11.7万元，当月投入使用。该设备按税法规定最低折旧年限为10年，残值率为6%(该企业按5年计提折旧，残值率为

6%,已计入当年的成本、费用中)。

(2)销售费用中包含了当年发生的广告宣传费用1 150万元,上年度超过扣除限额结转的广告费30万元;管理费用中包含了当年发生的业务招待费用80万元,新产品研发费用120万元。

(3)投资收益中包含了向其他居民企业直接投资的股息红利收入38万元;从持股10%的被投资企业撤回投资,分回银行存款196万元,初始投资成本120万元,撤资时被投资企业累计未分配利润和累计盈余公积为100万元。

(4)营业外支出中包含了通过市人民政府对灾区的捐赠60万元以及直接向环保建设组织捐赠的15万元。

要求:根据上述资料,回答下列问题。

(1)该企业当年投入使用的安全生产专用设备计提的折旧费用,税法允许一次性扣除,税会差异为(　　)万元。

A. 83.655　　B. 90　　C. 78.96　　D. 84.36

【参考答案】 A

【答案解析】 税会差异=90－90×(1－6%)÷5×8÷12=83.655(万元)。

(2)该企业支出的广告宣传费、业务招待费,应调增应纳税所得额(　　)万元。

A. 11.5　　B. 41.05　　C. 43.5　　D. 52.55

【参考答案】 D

【答案解析】 该企业当年的销售(营业)收入=7 520+270=7 790(万元)。广宣费扣除限额=7 790×15%=1 168.5(万元)<1 180万元(1 150+30),应调增应纳税所得额=1 180－1 168.5=11.5(万元);业务招待费扣除限额1=7 790×5‰=38.95(万元),扣除限额2=80×60%=48(万元),则可以扣除的业务招待费为38.95万元,应调增应纳税所得额=80－38.95=41.05(万元)。共计应调增应纳税所得额=11.5+41.05=52.55(万元)。

(3)该企业新产品研发费用应调减应纳税所得额(　　)万元。

A. 0　　B. 60　　C. 80　　D. 120

【参考答案】 D

【答案解析】 企业发生的研究开发费用,未形成无形资产计入当期损益的,按照研究开发费用的100%加计扣除,所以应调减应纳税所得额=120×100%=120(万元)。

(4)计算该企业所得税应纳税所得额时,投资收益应调减应纳税所得额(　　)万元。

A. 38　　B. 48　　C. 66　　D. 114

【参考答案】 B

【答案解析】 向其他居民企业直接投资的股息红利收入38万元属于免税收入,应调减应纳税所得额;相当于被投资企业累计未分配利润和累计盈余公积按减少实收资本比例计算的部分，应确认为股息所得，也属于免税收入，应调减应纳税所得额＝100×10％＝10(万元)。共计应调减应纳税所得额＝38＋10＝48(万元)。

(5)该企业向灾区和环保建设组织捐款，应调增应纳税所得额(　　)万元。

A. 9.8　　B. 10.0　　C. 19.8　　D. 23.4

【参考答案】 D

【答案解析】 企业向灾区的捐赠属于公益性捐赠，税前扣除限额＝430×12％＝51.6(万元)＜60万元，应调增应纳税所得额＝60－51.6＝8.4(万元)；企业直接向环保建设组织的捐赠不属于公益性捐赠，不得税前扣除。共计应调增应纳税所得额＝8.4＋15＝23.4(万元)。

(6)该企业2023年度应缴纳企业所得税(　　)万元。

A. 60.40　　B. 63.40　　C. 100.90　　D. 54.57

【参考答案】 D

【答案解析】 企业的应纳税所得额＝430－83.655＋52.55－120－48＋23.4＝254.295(万元)；企业购置并实际使用符合规定的安全生产设备，设备投资的10％可以抵免当年的应纳税额。该企业2023年度应缴纳企业所得税＝254.295×25％－90×10％＝54.57(万元)。

2. 位于我国境内某市的一家电子产品生产企业，为增值税一般纳税人，拥有自己的核心自主知识产权，2020年至2024年经相关机构认定为高新技术企业。2023年度有关经营情况如下。

(1)全年取得销售电子产品的不含税收入7 000万元，取得2015年建造的房屋租金收入200万元(不含税)。

(2)全年购进与生产电子产品相关的原材料取得增值税专用发票，注明价款3 200万元、进项税额416万元并通过主管税务机关认证；购进安全生产专用设备(属于企业所得税优惠目录规定)并投入使用，取得增值税专用发票，注明价款50万元、进项税额6.5万元，并通过主管税务机关认证。

(3)全年与销售电子产品相关的销售成本4 150万元；全年发生销售费用1 400万元，其中含广告费1 100万元；全年发生管理费用600万元，其中含新技术研究开发费320万元、业务招待费75万元。

(4)计入成本、费用中的实发工资400万元、发生的工会经费支出9万元、职工福利费支出70万元、职工教育经费支出13万元。

(5)全年营业外支出300万元，其中支付合同违约金6万元。

(注：该企业适用增值税税率13％，城市维护建设税税率7％，教育费附加征收率3％，企业所得税税率15％，不考虑其他税费。)

要求：根据上述资料，回答下列问题。

(1)2023年度该企业应缴纳的增值税、城市维护建设税、教育费附加共计是(　　)万元。

A. 487.5　　B. 497.5　　C. 547.25　　D. 721.6

【参考答案】 C

【答案解析】 应缴纳的增值税＝7 000×13%－(416＋6.5)＋200×5%＝497.5(万元)，应缴纳的城市维护建设税和教育费附加＝497.5×(7%＋3%)＝49.75(万元)，该企业应缴纳的增值税、城市维护建设税、教育费附加＝497.5＋49.75＝547.25(万元)。

(2)2023 年度该企业实现的会计利润是(　　)万元。

A. 299.25　　B. 325.25　　C. 499.25　　D. 700.25

【参考答案】 D

【答案解析】 该企业实现的会计利润＝7 000＋200－4 150－1 400－600－300－49.75＝700.25(万元)。

(3)计算 2023 年企业所得税应纳税所得额时，下列各项支出可据实扣除的有(　　)。

A. 广告费　　B. 业务招待费

C. 合同违约金　　D. 教育费附加

E. 新技术研究开发费

【参考答案】 CD

【答案解析】 选项 A，企业发生的符合条件的广告费，除国务院财政、税务主管部门另有规定外，不超过当年销售(营业)收入 15%的部分，准予扣除；超过部分，准予结转以后纳税年度扣除。选项 B，企业发生的与生产经营活动有关的业务招待费支出，按照发生额的 60%扣除，但最高不得超过当年销售(营业)收入的 5‰。选项 E，企业为开发新技术、新产品、新工艺发生的研究开发费用，未形成无形资产计入当期损益的，在按照规定据实扣除的基础上，按照研究开发费用的 100%加计扣除。

(4)计算 2023 年度应纳税所得额时，职工福利费、职工工会经费、职工教育经费共计应调增应纳税所得额(　　)万元。

A. 14　　B. 15　　C. 18　　D. 30

【参考答案】 B

【答案解析】 税前允许扣除的职工福利费＝400×14%＝56(万元)＜实际发生额 70 万元，应调增应纳税所得额＝70－56＝14(万元)；税前允许扣除的职工工会经费＝400×2%＝8(万元)＜实际发生额 9 万元，应调增应纳税所得额＝9－8＝1(万元)；税前允许扣除的职工教育经费＝400×8%＝32(万元)＞实际发生额 13 万元；职工福利费、职工工会经费、职工教育经费共计应调增应纳税所得额＝14＋1＝15(万元)。

(5)2023 年度该企业应纳税所得额为(　　)万元。

A. 553.25　　B. 572.25　　C. 574.25　　D. 454.25

【参考答案】 D

【答案解析】 税前允许扣除的广告费＝(7 000＋200)×15%＝1 080(万元)＜实际发生额 1 100 万元，应调增应纳税所得额＝1 100－1 080＝20(万元)；业务招待费的扣除限额＝(7 000＋200)×5‰＝36(万元)＜实际发生额的 60%＝75×60%＝45(万元),应调增应纳税所得额＝75－36＝39(万元);新技术研究开发费用可以加计扣除 100%,所以应调减应纳税所得额＝320×100%＝320(万元);该企业应纳税所得额＝700.25＋15＋20＋39－320＝454.25(万元)。

(6)2023 年度该企业应缴纳企业所得税(　　)万元。

A. 77.99　　B. 68.14　　C. 63.14　　D. 83.84

【参考答案】 C

【答案解析】 该企业应缴纳企业所得税＝454.25×15%－50×10%＝63.14(万元)。

3. 某大型生物药品制造公司 2023 年度取得主营业务收入 56 000 万元、其他业务收入 3 000 万元、营业外收入 1 200 万元、投资收益 800 万元、资产处置收益 1 000 万元,发生主营业务成本 25 000 万元、其他业务成本 1 400 万元、营业外支出 1 300 万元、税金及附加 4 500 万元、管理费用 5 000 万元、销售费用 12 000 万元、财务费用 1 100 万元,实现年度利润总额 11 700 万元。当年发生的相关具体业务如下。

(1)广告费支出 9 500 万元。

(2)业务招待费支出 500 万元。

(3)实发工资 5 000 万元。其中,为本公司残疾职工所发放工资为 100 万元。

(4)拨缴职工工会经费 110 万元,发生职工福利费 750 万元、职工教育经费 140 万元。

(5)专门用于新产品研发的费用 1 200 万元,已独立核算管理(未形成无形资产)。

(6)12 月进口一台专门用于研发的设备,关税完税价格为人民币 800 万元。

(7)公司取得的投资收益中包括国债利息收入 150 万元、企业债券利息收入 150 万元。

(8)转让一项专利技术取得收入 900 万元,与之相关的成本和税费为 200 万元。

(其他相关资料:进口环节增值税税率为 13%;各扣除项目均已取得有效凭证,相关优惠已办理必要手续;进口设备的关税税率为 10%。)

要求:根据上述资料,回答下列问题,如有计算需计算出合计数。

(1)计算广告费支出应调整的应纳税所得额。

(2)计算业务招待费支出应调整的应纳税所得额。

(3)计算残疾职工工资应调整的应纳税所得额。

(4)计算工会经费、职工福利费和职工教育经费应调整的应纳税所得额。

(5)计算研发费用应调整的应纳税所得额。

(6)计算进口设备海关应代征的增值税。

(7)判断 12 月进口的专门用于研发的设备的成本能否一次性税前列支并说明理由。

(8)计算投资收益应调整的应纳税所得额。

(9)计算转让专利技术应调整的应纳税所得额。

(10)计算该公司2023年度应纳税所得额。

(11)计算该公司2023年度应缴纳企业所得税税额。

【参考答案及解析】

(1)对化妆品制造或销售、医药制造和饮料制造(不含酒类制造)企业发生的广告费和业务宣传费支出,不超过当年销售(营业)收入30%的部分,准予扣除;超过部分,准予在以后纳税年度结转扣除。广告费税前扣除限额=(56 000+3 000)×30%=17 700(万元)>实际发生额9 500万元,无须进行纳税调整。

(2)业务招待费税前扣除限额1=(56 000+3 000)×5‰=295(万元)<业务招待费税前扣除限额2=500×60%=300(万元)。可以在税前扣除的业务招待费金额为295万元,应调增应纳税所得额=500-295=205(万元)。

(3)企业安置残疾人员的,计算企业所得税时,在按照支付给残疾职工工资税前据实扣除的基础上,按照支付给残疾人员工资的100%加计扣除。残疾职工工资应调减应纳税所得额100万元。

(4)工会经费税前扣除限额=5 000×2%=100(万元)<实际发生额110万元,应调增应纳税所得额=110-100=10(万元)。职工福利费税前扣除限额=5 000×14%=700(万元)<实际发生额750万元,应调增应纳税所得额=750-700=50(万元)。职工教育经费税前扣除限额=5 000×8%=400(万元)>实际发生额140万元,无须纳税调整。合计应调增应纳税所得额=10+50=60(万元)。

(5)研发费用应调减应纳税所得额=1 200×100%=1200(万元)。

(6)进口设备海关应代征的增值税=800×(1+10%)×13%=114.4(万元)。

(7)12月进口的专门用于研发的设备的成本不能一次性税前列支。理由:根据企业所得税法的相关规定,企业在2018年1月1日至2023年12月31日期间新购进的设备、器具(除房屋、建筑物以外的固定资产),单位价值不超过500万元的,允许一次性计入当期成本费用在计算应纳税所得额时扣除,不再分年度计算折旧;固定资产在投入使用月份的次月所属年度一次性税前扣除。

(8)国债利息免征企业所得税。投资收益应调减应纳税所得额150万元。

(9)转让专利技术应调减应纳税所得额=500+(900-200-500)×50%=600(万元)。

(10)该公司2023年度应纳税所得额=11 700+205-100+60-1 200-150-600=9 915(万元)。

(11)该公司2023年度应缴纳企业所得税税额=9 915×25%=2 478.75(万元)。

4.位于某市的一家服装生产企业,2023年度会计自行核算取得主营业务收入68 000万元、其他业务收入6 000万元、资产处置收益2 500万元,营业外收入2 000万元、投资收益1 500万元,主营业务成本42 000万元、其他业务成本3 500万元、营业外支出3 200万元、税金及附加6 100万元、管理费用6 500万元、销售费用13 000万元、财务费用 3 100 万元，当年实现利润总额 2 600 万元，拟申报的企业所得税应纳税所得额与利润总额相等，全年已预缴企业所得税 240 万元。2024 年 4 月经聘请的会计师事务所进行审核，发现该企业 2023 年度自行核算存在以下问题。

(1)一栋闲置生产车间未申报缴纳房产税和城镇土地使用税，该生产车间占地面积 1 000m^2，原值 650 万元，已提取折旧 420 万元，车间余值为 230 万元。

(2)2023 年 12 月 8 日购置办公楼一栋，支付不含增值税的金额 2 200 万元、增值税 110 万元并办妥权属证明，当月已经提取折旧费用 20 万元，但未缴纳契税。

(3)营业外支出中包含通过公益性社会组织向贫困山区(非目标脱贫地区)捐款 360 万元。

(4)扣除的成本和费用中包含了实发工资总额 5 600 万元、职工福利费 920 万元、拨缴的工会经费 120 万元、职工教育经费 160 万元。

(5)销售费用和管理费用中包含全年发生的广告费 11 300 万元、业务招待费 660 万元。

(6)财务费用中含向非居民企业(非关联方)借款支付的 6 个月利息费用 130 万元，借款金额为 3 200 万元，当年同期同类银行贷款年利息率为 6%。

(7)管理费用中含新产品研究开发费用 345 万元。

(8)投资收益中含取得的国债利息收入 70 万元、直接投资非上市居民企业的股息收入 150 万元。

(9)发生技术转让收入 2 300 万元，与之对应的成本和税费共计 1 400 万元。

(其他相关资料：该企业计算房产余值的扣除比例为 20%，契税税率为 4%，城镇土地使用税适用年税额 30 元/m^2，各扣除项目均已取得有效凭证。)

要求：根据上述资料，回答下列问题。

(1)分别计算该企业 2023 年度应补缴的城镇土地使用税和房产税。

(2)计算该企业 12 月购置办公楼应缴纳的契税。

(3)计算该企业 2023 年度的利润总额、向贫困山区捐款应调整的应纳税所得额。

(4)计算职工福利费、工会经费和职工教育经费应调整的应纳税所得额。

(5)分别计算广告费用、业务招待费应调整的应纳税所得额。

(6)计算向非居民企业借款支付利息费用应调整的应纳税所得额。

(7)计算新产品研究开发费用应调整的应纳税所得额。

(8)说明国债利息收入、投资居民企业的股息收入应调整的应纳税所得额。

(9)计算该企业技术转让收入应缴纳的企业所得税。

(10)计算该企业 2023 年度应补缴的企业所得税。

【参考答案及解析】

(1)2023 年度应补缴的城镇土地使用税＝1 000×30÷10 000＝3(万元)。2023 年度应补缴的房产税＝650×(1－20%)×1.2%＝6.24(万元)。

(2)该企业 12 月购置办公楼应缴纳的契税＝2 200×4%＝88(万元)。契税要计入固定资产的入账价值，随着固定资产折旧在税前扣除。

(3)企业应当自固定资产投入使用月份的次月起计算折旧，所以 12 月不能计提折旧费用扣除。该企业 2023 年度的利润总额＝2 600－6.24－3＋20＝2 610.76(万元)。向贫困山区捐款扣除限额＝2 610.76×12%＝313.29(万元)，实际发生 360 万元，应调增应纳税所得额＝360－313.29＝46.71(万元)。

(4)职工福利费扣除限额＝5 600×14%＝784(万元)<实际发生额 920 万元，应调增应纳税所得额＝920－784＝136(万元)。工会经费扣除限额＝5 600×2%＝112(万元)<实际发生额 120 万元，应调增应纳税所得额＝120－112＝8(万元)。职工教育经费扣除限额＝5 600×8%＝448(万元)>实际发生额 160 万元，无须调整应纳税所得额。合计应调增的应纳税所得额＝136＋8＝144(万元)。

(5)广告费扣除限额＝(68 000＋6 000)×15%＝11 100(万元)<实际发生额 11 300 万元，应调增应纳税所得额＝11 300－11 100＝200(万元)。业务招待费扣除限额 1＝660×60%＝396(万元)>业务招待费扣除限额 2＝(68 000＋6 000)×5‰＝370(万元)，业务招待费税前扣除限额为 370 万元，应调增应纳税所得额＝660－370＝290(万元)。

(6)非金融企业向非金融企业借款的利息支出，不超过按照金融企业同期同类贷款利率计算的数额的部分可据实扣除，超过部分不得扣除。向非居民企业借款支付利息费用扣除限额＝3 200×6%/12×6＝96(万元)<实际发生额 130 万元，应调增应纳税所得额＝130－96＝34(万元)。

(7)制造业企业开展研发活动中实际发生的研发费用未形成无形资产的加计 100%税前扣除。应调减应纳税所得额＝345×100%＝345(万元)。

(8)国债利息收入和符合条件的居民企业之间的股息红利等权益性投资收益属于免税收入。应调减应纳税所得额＝70＋150＝220(万元)。

(9)一个纳税年度内，居民企业转让技术所得不超过 500 万元的部分，免征企业所得税；超过 500 万元的部分，减半征收企业所得税。技术转让所得＝2 300－1 400＝900(万元)。技术转让收入应缴纳的企业所得税＝(900－500)×50%×25%＝50(万元)。

(10)应纳税所得额＝2 610.76＋46.71＋144＋200＋290＋34－345－220－[500＋(900－500)×50%]＝2 060.47(万元)。

应缴纳企业所得税＝2 060.47×25%＝515.12(万元)。

应补缴企业所得税＝515.12－240＝275.12(万元)。

第五章　资产的企业所得税处理

资产是由于资本投资而形成的财产，对于资本性支出以及无形资产受让、开办、开发费用，不允许作为成本、费用从纳税人的收入总额中作一次性扣除，只能采取分次计提折旧或分次摊销的方式予以扣除，即纳税人经营活动中使用的固定资产的折旧费用、无形资产和长期待摊费用的摊销费用可以扣除。企业所得税法规定，纳入税务处理范围的资产形式主要有固定资产、生物资产、无形资产、长期待摊费用、投资资产、存货等，除盘盈固定资产外，均以历史成本为计税基础。历史成本是指企业取得该项资产时实际发生的支出。企业持有各项资产期间资产增值或者减值，除国务院财政、税务主管部门规定可以确认损益外，不得调整该资产的计税基础。

一、固定资产的税务处理

根据《中华人民共和国企业所得税》《中华人民共和国企业所得税法实施条例》，固定资产，是指企业为生产产品、提供劳务、出租或者经营管理而持有的、使用时间超过 12 个月的非货币性资产，包括房屋、建筑物、机器、机械、运输工具以及其他与生产经营活动有关的设备、器具、工具等。

(一)固定资产的计税基础

1. 外购的固定资产，以购买价款和支付的相关税费以及直接归属于使该资产达到预定用途发生的其他支出为计税基础。

2. 自行建造的固定资产，以竣工结算前发生的支出为计税基础。

3. 融资租入的固定资产，以租赁合同约定的付款总额和承租人在签订租赁合同过程中发生的相关费用为计税基础，租赁合同未约定付款总额的，以该资产的公允价值和承租人在签订租赁合同过程中发生的相关费用为计税基础。

4. 融资性售后回租业务中，承租人出售资产的行为，不确认为销售收入，对融资性租赁的资产，仍按承租人出售前原账面价值作为计税基础计提折旧。

5. 盘盈的固定资产，以同类固定资产的重置完全价值为计税基础。

6. 通过捐赠、投资、非货币性资产交换、债务重组等方式取得的固定资产，以该资产的公允价值和支付的相关税费为计税基础。

7. 改建的固定资产，除已足额提取折旧的固定资产和租入的固定资产以外的其他固定资产，以改建过程中发生的改建支出增加计税基础。

8. 企业固定资产投入使用后，由于工程款项尚未结清未取得全额发票的，可暂按合同规定的金额计入固定资产计税基础计提折旧，待发票取得后进行调整。但该项调整应在固定资产投入使用后12个月内进行。

9. 全民所有制企业改制为国有独资公司或者国有全资子公司，属于财税〔2009〕59号文件第四条规定的“企业发生其他法律形式简单改变”的情形，改制中资产评估增值不计入应纳税所得额；资产的计税基础按其原有计税基础确定；资产增值部分的折旧或者摊销不得在税前扣除。

(二)固定资产折旧的范围

在计算应纳税所得额时，企业按照规定计算的固定资产折旧，准予扣除。下列固定资产不得计算折旧扣除：

1. 房屋、建筑物以外未投入使用的固定资产。

2. 以经营租赁方式租入的固定资产。

3. 以融资租赁方式租出的固定资产。

4. 已足额提取折旧仍继续使用的固定资产。

5. 与经营活动无关的固定资产。

6. 单独估价作为固定资产入账的土地。

7. 其他不得计算折旧扣除的固定资产。

(三)固定资产折旧的计提方法

1. 企业应当自固定资产投入使用月份的次月起计算折旧；停止使用的固定资产，应当自停止使用月份的次月起停止计算折旧。

2. 企业应当根据固定资产的性质和使用情况，合理确定固定资产的预计净残值。固定资产的预计净残值一经确定，不得变更。

3. 固定资产按照直线法计算的折旧，准予扣除。

4. 企业的固定资产由于技术进步等原因，确需加速折旧的，可以缩短折旧年限或者采取加速折旧的方法(具体内容详见本章第八节“税收优惠”)。

5. 企业对房屋、建筑物固定资产在未足额提取折旧前进行改扩建的，如属于推倒重置该资产原值减除提取折旧后的净值，应并入重置后的固定资产计税成本，并在该固定资产投入使用后的次月起，按照税法规定的折旧年限并计提折旧；如属于提升功能，增加该固定资产的改扩建支出，并入该固定资产计税基础，并从改扩建完工投入使用后次月起，重新按税法规定的该固定资产折旧年限计提折旧，如该改扩建后的固定资产尚可使用的年限低于税法规定的最低年限，可以按尚可使用的年限计提折旧。

(四)固定资产折旧的计提年限

除国务院财政、税务主管部门另有规定外，固定资产计算折旧的最低年限如下：

1. 房屋、建筑物，为 20 年。

2. 飞机、火车、轮船、机器、机械和其他生产设备，为 10 年。

3. 与生产经营活动有关的器具、工具、家具等，为 5 年。

4. 飞机、火车、轮船以外的运输工具，为 4 年。

5. 电子设备，为 3 年。

从事开采石油、天然气等矿产资源的企业，在开始商业性生产前发生的费用和有关固定资产的折耗、折旧方法，由国务院财政、税务主管部门另行规定。

(五)固定资产折旧的企业所得税处理

1. 企业固定资产会计折旧年限如果短于税法规定的最低折旧年限，其按会计折旧年限计提的折旧高于按税法规定的最低折旧年限计提的折旧部分，应调增当期应纳税所得额；企业固定资产会计折旧年限已届满且会计折旧已提足，但税法规定的最低折旧年限尚未到期且税收折旧尚未足额扣除，其未足额扣除的部分准予在剩余的税收折旧年限继续按规定扣除。

2. 企业固定资产会计折旧年限如果长于税法规定的最低折旧年限，其折旧应按会计折旧年限计算扣除，税法另有规定除外。

3. 企业按会计规定提取的固定资产减值准备，不得税前扣除，其折旧仍按税法确定的固定资产计税基础计算扣除。

4. 企业按税法规定实行加速折旧的，其按加速折旧办法计算的折旧额可全额在税前扣除。

5. 石油天然气开采企业在计提油气资产折耗(折旧)时，由于会计与税法规定计算方法不同导致的折耗(折旧)差异，应按税法规定进行纳税调整。

6. 企业购买的文物、艺术品用于收藏、展示、保值增值的，作为投资资产进行税务处理：文物、艺术品资产在持有期间，计提的折旧、摊销费用，不得税前扣除。

7. 按规定转登记为小规模纳税人的，根据相关规定计入“应交税费——待抵扣进项税额”科目核算。截至 2022 年 3 月 31 日的余额，在 2022 年度可分别计入“固定资产”“无形资产”“投资资产”“存货”等相关科目，按规定在企业所得税税前扣除，对此前已税前扣除的折旧、摊销不再调整；对无法划分的部分，在 2022 年度可一次性在企业所得税税前扣除。

8. 对单价 500 万元以上，最低折旧年限为 4 年、5 年、10 年的设备、器具，适用按一定比例一次性税前扣除政策的中小微企业，单位价值的 50% 按规定在剩余年度计算折旧进行税前扣除。

二、生物资产的税务处理

根据《中华人民共和国企业所得税法》及其实施条例，生物资产，是指有生命的动物和植物。生物资产分为消耗性生物资产、生产性生物资产和公益性生物资产。消耗性生物资产，是指为出售而持有的，或在将来收获为农产品的生物资产，包括生长中的大田作物、蔬菜、用材林以及存栏待售的牲畜等。生产性生物资产，是指为产出农产品、提供劳务或出租等目的而持有的生物资产，包括经济林、薪炭林、产畜和役畜等。公益性生物资产，是指以防护、环境保护为主要目的的生物资产，包括防风固沙林、水土保持林和水源涵养林等。

（一）生物资产的计税基础

生产性生物资产按照以下方法确定计税基础：

1. 外购的生产性生物资产，以购买价款和支付的相关税费为计税基础。

2. 通过捐赠、投资、非货币性资产交换、债务重组等方式取得的生产性生物资产，以该资产的公允价值和支付的相关税费为计税基础。

（二）生物资产的折旧方法和折旧年限

生产性生物资产按照直线法计算的折旧，准予扣除。企业应当自生产性生物资产投资投入使用月份的次月起计算折旧；停止使用的生产性生物资产，应当自停止使用月份的次月起停止计算折旧。

企业应当根据生产性生物资产的性质和使用情况，合理确定生产性生物资产的预计净残值。生产性生物资产的预计净残值一经确定，不得变更。

生产性生物资产计算折旧的最低年限如下：

1. 林木类生产性生物资产，为 10 年。

2. 畜类生产性生物资产，为 3 年。

三、无形资产的税务处理

根据《中华人民共和国企业所得税法》及其实施条例，无形资产，是指企业长期使用但没有实物形态的资产，包括专利权、商标权、著作权、土地使用权、非专利技术、商誉等。

（一）无形资产的计税基础

无形资产按照以下方法确定计税基础：

1. 外购的无形资产，以购买价款和支付的相关税费以及直接归属于使该资产达到预定用途发生的其他支出为计税基础。

2. 自行开发的无形资产，以开发过程中该资产符合资本化条件后至达到预定用途前发生的支出为计税基础。

3. 通过捐赠，投资，非货币性资产交换，债务重组等方式取得的无形资产，以该资产的公允价值和支付的相关税费为计税基础。

（二）无形资产摊销的范围

在计算应纳税所得额时，企业按照规定计算的无形资产摊销费用，准予扣除。下列无形资产不得计算摊销费用扣除：

1. 自行开发的支出已在计算应纳税所得额时扣除的无形资产。

2. 自创商誉。

3. 与经营活动无关的无形资产。

4. 其他不得计算摊销费用扣除的无形资产。

(三)无形资产的摊销方法及年限

无形资产的摊销，采取直线法计算。无形资产的摊销年限不得低于10年。作为投资或者受让的无形资产，有关法律规定或者合同约定了使用年限的，可以按照规定或者约定的使用年限分期摊销。外购商誉的支出，在企业整体转让或者清算时，准予扣除。企业外购的软件，凡符合固定资产或无形资产确认条件的，可以按照固定资产或无形资产进行核算，其折旧或摊销年限可以适当缩短，最短可为2年(含)。

四、长期待摊费用的税务处理

根据《中华人民共和国企业所得税法》及其实施条例，长期待摊费用，是指企业发生的应在一个年度以上或几个年度进行摊销的费用。计算应纳税所得额时，企业发生的下列支出作为长期待摊费用，按照规定摊销的，准予扣除。

1. 已足额提取折旧的固定资产的购建支出。

2. 租入固定资产的改建支出。

3. 固定资产的大修理支出。

4. 其他应当作为长期待摊费用的支出。

企业的固定资产修理支出可在发生当期直接扣除。企业的固定资产改良支出，如果有关固定资产尚未提足折旧，可增加固定资产价值；如有关固定资产已提足折旧，可作为长期待摊费用，在规定的期间内平均摊销。

固定资产的改建支出，是指改变房屋或者建筑物结构、延长使用年限等发生的支出已足额提取折旧的固定资产的改建支出，按照固定资产预计尚可使用年限分期摊销；租入固定资产的改建支出，按照合同约定的剩余租赁期限分期摊销；改建的固定资产延长使用年限的，除已足额提取折旧的固定资产、租入固定资产的改建支出外，其他的固定资产发生改建支出，应当适当延长折旧年限。

大修理支出，按照固定资产尚可使用年限分期摊销。税法所指固定资产的大修理支出，是指同时符合下列条件的支出：(1)修理支出达到取得固定资产时的计税基础50%以上；(2)修理后固定资产的使用年限延长2年以上。

其他应当作为长期待摊费用的支出，自支出发生月份的次月起，分期摊销，摊销年限不得低于3年。

五、存货的税务处理

根据《中华人民共和国企业所得税法》及其实施条例，存货，是指企业持有以备出售的产品或者商品、处在生产过程中的在产品、在生产或者提供劳务过程中耗用的材料和物料等。

(一)存货的计税基础

存货按照以下方法确定成本：

1.通过支付现金方式取得的存货，以购买价款和支付的相关税费为成本。

2.通过支付现金以外的方式取得的存货，以该存货的公允价值和支付的相关税费为成本。

3.生产性生物资产收获的农产品，以产出或者采收过程中发生的材料费、人工费和分摊的间接费用等必要支出为成本。

(二)存货的成本计算方法

企业使用或者销售的存货的成本计算方法，可以在先进先出法、加权平均法、个别计价法中选用一种。计价方法一经选用，不得随意变更。

企业转让以上资产，在计算应纳税所得额时，资产的净值允许扣除。其中，资产的净值是指有关资产、财产的计税基础减除已经按照规定扣除的折旧、折耗、摊销、准备金等后的余额。

除国务院财政、税务主管部门另有规定外，企业在重组过程中，应当在交易发生时确认有关资产的转让所得或者损失，相关资产应当按照交易价格重新确定计税基础。

六、投资资产的税务处理

根据《中华人民共和国企业所得税法》及其实施条件，投资资产，是指企业对外进行权益性投资和债权性投资而形成的资产。自2021年起，企业购买的文物、艺术品用于收藏、展示、保值增值的，作为投资资产进行税务处理。

(一)投资资产的成本

根据《中华人民共和国企业所得税法》及其实施条例，投资资产按以下方法确定成本：

1.通过支付现金方式取得的投资资产，以购买价款为成本。

2.通过支付现金以外的方式取得的投资资产，以该资产的公允价值和支付的相关税费为成本。

(二)投资资产成本的扣除方法

企业对外投资期间，投资资产的成本在计算应纳税所得额时不得扣除。企业在转让或者处置投资资产时，投资资产的成本准予扣除。

(三)非货币性资产投资涉及的企业所得税处理规定

1.居民企业(以下简称企业)以非货币性资产对外投资确认的非货币性资产转让所得，可在不超过5年期限内，分期均匀计入相应年度的应纳税所得额，按规定计算缴纳企业所得税。

2.企业以非货币性资产对外投资，应对非货币性资产进行评估并按评估后的公允价值扣除计税基础后的余额，计算确认非货币性资产转让所得。

企业以非货币性资产对外投资，应于投资协议生效并办理股权登记手续时，确认非货币性资产转让收入的实现。

关联企业之间发生的非货币性资产投资行为，投资协议生效后12个月内尚未完成股权变更登记手续的，于投资协议生效时，确认非货币性资产转让收入的实现。

3.企业以非货币性资产对外投资而取得被投资企业的股权，应以非货币性资产的原计税成本为计税基础，加上每年确认的非货币性资产转让所得，逐年进行调整。

被投资企业取得非货币性资产的计税基础，应按非货币性资产的公允价值确定。

4.企业在对外投资5年内转让上述股权或投资收回的，应停止执行递延纳税政策，并就递延期内尚未确认的非货币性资产转让所得，在转让股权或投资收回当年的企业所得税年度汇算清缴时，一次性计算缴纳企业所得税；企业在计算股权转让所得时，可按上述第3条规定将股权的计税基础一次性调整到位。

企业在对外投资5年内注销的，应停止执行递延纳税政策，并就递延期内尚未确认的非货币性资产转让所得，在注销当年的企业所得税年度汇算清缴时，一次性计算缴纳企业所得税。

5.上述所称非货币性资产，是指现金、银行存款、应收账款、应收票据以及准备持有至到期的债券投资等货币性资产以外的资产。

上述所称非货币性资产投资，限于以非货币性资产出资设立新的居民企业，或将非货币性资产注入现存的居民企业。

6.企业发生非货币性资产投资，符合《财政部 国家税务总局关于企业重组业务企业所得税处理若干问题的通知》（财税〔2009〕59号）等文件规定的特殊性税务处理条件的，也可选择按特殊性税务处理规定执行。

7.上述第1条至第6条规定自2014年1月1日起执行。以前尚未处理的非货币性资产投资，符合上述规定的可按该规定执行。

七、税法规定与会计规定差异的处理

税法规定与会计规定差异的处理是指在计算应纳税所得额时，企业财务、会计处理办法与税收法律、行政法规的规定不一致的，应当依照税收法律、行政法规的规定计算，即企业在平时进行会计核算时，可以按国家统一会计制度的有关规定进行账务处理，但在计算应纳税所得额和申报纳税时，对税法规定和会计制度规定有差异的，要按税法规定进行纳税调整。

1.企业不能提供完整、准确的收入及成本、费用凭证，不能正确计算应纳税所得额的由税务机关核定其应纳税所得额。

2. 企业应纳税所得额是根据税收法规计算出来的，它在数额上与依据财务会计制度计算的利润总额往往不一致。税法规定：对企业按照有关财务会计规定计算的利润总额，要按照税法的规定进行必要调整后，才能作为应纳税所得额计算缴纳企业所得税。

★习题精练及答案解析

一、单项选择题

1. 根据企业所得税法的相关规定，下列资产中，在计算应纳税所得额时准予计提折旧或摊销费用在税前扣除的是（　　）。

A. 未投入使用的机器设备

B. 单独估价作为固定资产入账的土地

C. 自创商誉

D. 未投入使用的建筑物

【参考答案】 D

【答案解析】 选项 AB，不得计算折旧在税前扣除；选项 C，不得计算摊销费用在税前扣除。

2. 根据企业所得税法的规定，下列固定资产不得计提折旧在税前扣除的是（　　）。

A. 未投入使用的机器设备

B. 以融资租赁方式租入的固定资产

C. 未投入使用的房屋

D. 以经营租赁方式租出的固定资产

【参考答案】 A

【答案解析】 选项 A，未投入使用的机器设备不得计提折旧，未投入使用的房屋、建筑物可以计提折旧。

3. 根据《中华人民共和国企业所得税法》的相关规定，下列固定资产可以计提折旧在税前扣除的有（　　）。

A. 已足额提取折旧但仍在使用的旧设备

B. 以经营租赁方式租入的生产线

C. 以融资租赁方式租入的机床

D. 与经营活动无关的小汽车

【参考答案】 C

【答案解析】 根据《中华人民共和国企业所得税法》的规定，在计算应纳税所得额时，企业按照规定计算的固定资产折旧，准予扣除。下列固定资产不得计算折旧扣除：(1)房屋、建筑物以外未投入使用的固定资产；(2)以经营租赁方式租入的固定资产；(3)以融资租赁方式租出的固定资产；(4)已足额提取折旧仍继续使用的固定资产；(5)与经营活动无关的固定资产；(6)单独估价作为固定资产入账的土地；(7)其他不得计算折旧扣除的固定资产。

4. 下列选项中，不属于非货币资产的是(　　)。

A. 甲公司生产用的机器设备两台

B. 乙公司年底产生的应收款项 120 万元

C. 丙公司仓库存放的代销产品 50 吨

D. 丁公司新研发的专利权

【参考答案】 B

【答案解析】 选项 B，乙公司年底产生的应收款项 120 万元属于货币资产。

5. 关于非货币性资产投资企业所得税的处理，下列说法不正确的是(　　)。

A. 居民企业以非货币性资产对外投资确认的非货币性资产转让所得，可在不超过 5 年期限内，分期均匀计入相应年度的应纳税所得额，按规定计算缴纳企业所得税

B. 居民企业以非货币性资产对外投资，应对非货币性资产进行评估并按评估后的公允价值扣除计税基础后的余额，计算确认非货币性资产转让所得

C. 居民企业以非货币性资产对外投资而取得被投资企业的股权，应以非货币性资产的原计税成本为计税基础，加上每年确认的非货币性资产转让所得，逐年进行调整

D. 非货币性资产投资，限于非居民企业之间的非货币性资产投资

【参考答案】 D

【答案解析】 选项 D，非货币性资产投资，限于居民企业将非货币性资产出资设立新的居民企业，或将非货币性资产注入现存的居民企业。

6. 根据企业所得税法的规定，下列关于资产的税务处理的表述，不正确的是(　　)。

A. 企业的各项资产，包括固定资产、生物资产、无形资产、长期待摊费用、投资资产、存货等，以历史成本为计税基础

B. 固定资产，是指企业为生产产品、提供劳务、出租或者经营管理而持有的、使用时间超过 12 个月的非货币性资产

C. 停止使用的固定资产，应当自停止使用月份起停止计提折旧

D. 企业应当根据固定资产的性质和使用情况，合理确定固定资产的预计净残值，固定资产的预计净残值一经确定，不得变更

【参考答案】 C

【答案解析】 选项 C，停止使用的固定资产，应当自停止使用月份的次月起停止计

提折旧。

7. 根据企业所得税法的规定，下列关于固定资产计税基础的确定方法的表述中，不正确的是（　　）。

A. 盘盈的固定资产，以同类固定资产的重置完全价值为计税基础

B. 融资租入的固定资产，以租赁合同约定的付款总额和承租人在签订租赁合同过程中发生的相关费用为计税基础

C. 自行建造的固定资产，以达到预定可使用状态前发生的支出为计税基础

D. 外购的固定资产，以购买价款和支付的相关税费以及直接归属于使该资产达到预定用途发生的其他支出为计税基础

【参考答案】 C

【答案解析】 选项C，自行建造的固定资产，以竣工结算前发生的支出为计税基础。

8. 下列关于企业新购进的设备、器具的税务处理，不符合企业所得税政策的是（　　）。

A. 2023年8月31日，对企业新建交付的房屋固定资产500万元，可允许一次性计入当期成本费用在计算应纳税所得额时扣除

B. 2023年8月31日期间新购进的设备、器具600万元的，允许一次性计入当期成本费用在计算应纳税所得额时扣除

C. 2023年8月31日购进专门用于研发活动的仪器、设备，单位价值不超过500万元的，可以一次性在计算应纳税所得额时扣除

D. 2023年8月31日期间新购进的设备、器具不超过500万元的，不允许一次性计入当期成本费用在计算应纳税所得额时扣除

【参考答案】 D

【答案解析】 企业在2018年1月1日至2023年12月31日期间新购进的设备、器具，单位价值不超过500万元的，允许一次性计入当期成本费用在计算应纳税所得额时扣除，不再分年度计算折旧；单位价值超过500万元的，仍按《中华人民共和国企业所得税法实施条例》、《财政部 国家税务总局关于完善固定资产加速折旧企业所得税政策的通知》（财税〔2014〕75号）、《财政部 国家税务总局关于进一步完善固定资产加速折旧企业所得税政策的通知》（财税〔2015〕106号）等相关规定执行。所称设备、器具，是指除房屋、建筑物以外的固定资产。

9. 2023年年初A居民企业以实物资产500万元直接投资于B居民企业，取得B企业30%的股权。2023年11月，A企业将持有B企业的股权全部转让，取得收入600万元，转让时B企业在A企业投资期间形成的未分配利润为400万元。关于A企业该项投资业务的说法，正确的是（　　）。

A. A企业取得投资转让所得100万元

B. A企业应确认投资的股息所得400万元

C. A 企业应确认的应纳税所得额为－20 万元

D. A 企业投资转让所得应缴纳企业所得税 15 万元

【参考答案】 A

【答案解析】 转让股权收入扣除为取得该股权所发生的成本后，为股权转让所得。企业在计算股权转让所得时，不得扣除被投资企业未分配利润等股东留存收益中按该项股权所可能分配的金额。投资转让所得＝600－500＝100(万元)。

10. 下列不属于存货成本计算方法的是(　　)。

A. 先进先出法　　B. 加权平均法　　C. 个别计价法　　D. 实地盘点法

【参考答案】 D

【答案解析】 企业销售的存货的成本计算方法，可以在先进先出法、加权平均法、个别计价法中选用一种。一经选用，不得变更。

11. 2023 年 10 月某公司购进一套价值 60 万元的管理软件，符合无形资产确认条件，公司按照无形资产进行核算。根据企业所得税法的相关规定，2023 年该公司计算应纳税所得额时摊销无形资产费用的最高金额是(　　)万元。(不考虑净残值)

A. 6　　B. 10　　C. 30　　D. 60

【参考答案】 C

【答案解析】 企事业单位购进软件，符合无形资产条件确认条件的，其折旧或摊销年限可适当缩短，最短可为 2 年(含)，摊销无形资产最高金额＝60÷2＝30(万元)。

12. 境内居民企业甲 2021 年 5 月用 100 万元购买居民企业乙 20%的股权。2023 年 8 月乙企业因经营不善导致破产并依法进行清算，甲企业从乙企业的剩余资产中分得 150 万元。清算时乙企业累计未分配利润和盈余公积共计为 150 万元，则甲企业应确认的投资资产转让所得为(　　)万元。

A. 10　　B. 20　　C. 30　　D. 50

【参考答案】 B

【答案解析】 投资企业从被清算企业分得的剩余资产，其中相当于从被清算企业累计未分配利润和累计盈余公积中应当分得的部分，应确认为股息所得；剩余资产减除上述股息所得后的余额，超过或低于投资成本的部分，应当确认为投资资产转让所得或者损失。所以甲企业股息所得＝150×20%＝30(万元)，甲企业应确认的投资资产转让所得＝150－30－100＝20(万元)。

二、多项选择题

1. 下列各项中，在计算企业所得税应纳税所得额时不得扣除的有(　　)。

A. 企业之间支付的管理费

B. 企业内营业机构之间支付的租金

C. 企业向投资者支付的股息

D. 银行内营业机构之间支付的利息

E. 企业向客户支付的违约金

【参考答案】 ABC

【答案解析】 在计算企业所得税应纳税所得额时，以下项目不得扣除：(1)向投资者支付的股息、红利等权益性投资收益款项；(2)税收滞纳金；(3)罚金、罚款和被没收财物的损失；(4)未经核定的准备金支出；(5)企业之间支付的管理费、企业内营业机构之间支付的租金和特许权使用费，以及非银行企业内营业机构之间支付的利息；(6)与取得收入无关的其他支出。

2. 在计算应纳税所得额时，准予扣除企业按照规定计算的固定资产折旧。下列固定资产，不得计算折旧扣除的有(　　)。

A. 与经营活动无关的固定资产

B. 以经营租赁方式租出的固定资产

C. 以融资租赁方式租入的固定资产

D. 已足额提取折旧仍继续使用的固定资产

E. 房屋、建筑物以外未投入使用的固定资产

【参考答案】 ADE

【答案解析】 固定资产不得计算折旧扣除的情形：(1)房屋、建筑物以外未投入使用的固定资产；(2)以经营租赁方式租入的固定资产；(3)以融资租赁方式租出的固定资产；(4)已足额提取折旧仍继续使用的固定资产；(5)与经营活动无关的固定资产；(6)单独估价作为固定资产入账的土地；(7)其他不得计算折旧的固定资产。

3. 下列资产的入账计税基础符合税法规定的有(　　)。

A. 外购的固定资产，以购买价款为计税基础

B. 自行建造的固定资产，以交付使用前发生的支出为计税基础

C. 融资租入的固定资产，以最低租赁付款额为计税基础

D. 通过非货币性资产交换方式取得的固定资产，以该资产的公允价值和支付的相关税费为计税基础

E. 盘盈的固定资产，以同类固定资产的重置完全价值为计税基础

【参考答案】 DE

【答案解析】 选项A，外购的固定资产，以购买价款和支付的相关税费以及直接归属于使该资产达到预定用途发生的其他支出为计税基础；选项B，自行建造的固定资产，以竣工结算前发生的支出为计税基础；选项C，融资租入的固定资产，以租赁合同约定的付款总额和承租人在签订租赁合同过程中发生的相关费用为计税基础。

4. 下列关于固定资产的所得税处理相关政策的表述中，正确的有(　　)。

A. 固定资产按照直线法计算的折旧，准予扣除

B. 企业应当根据固定资产的性质和使用情况，合理确定固定资产的预计净残值

C. 推倒重置的固定资产，该资产原值减除提取折旧后的净值，应并入重置后的固定资产计税成本，并在该固定资产投入使用后的次月起，按照税法规定的折旧年限，一并计提折旧

D. 固定资产按照双倍余额递减法计算的折旧，准予扣除

E. 推倒重置的固定资产，该资产原值减除提取折旧后的净值，应并入重置后的固定资产计税成本，并在该固定资产投入使用后的当月起，按照税法规定的折旧年限，一并计提折旧

【参考答案】 ABC

【答案解析】 选项D，固定资产按照直线法计算的折旧，准予扣除；选项E，不是在当月起计提折旧，而是在次月起计提折旧。

5. 企业发生的下列借款费用中，可以作为资本性支出计入有关资产成本的有（ ）。

A. 存货建造、生产期间发生的合理的借款费用

B. 固定资产购置、建造期间发生的合理的借款费用

C. 无形资产购置、开发期间发生的合理的借款费用

D. 企业为对外投资而发生的合理的借款费用

E. 投资者投资未到位期间发生的合理的借款费用

【参考答案】 BC

【答案解析】 选项A，企业为购置、建造固定资产、无形资产和经过12个月以上的建造才能达到预定可销售状态的存货发生的借款的，在有关资产购置、建造期间发生的合理的借款费用，应予以资本化，作为资本性支出计入有关资产的成本；选项D，企业为对外投资而发生的合理的借款费用不作为资本性支出，在发生当期进行税前扣除；选项E，投资者投资未到位期间发生的合理的借款费用，应由投资者承担，不作为资本性支出。

6. 根据企业所得税法的相关规定，下列关于长期待摊费用的表述，正确的有（ ）。

A. 外购房屋发生的装修费用不得作为长期待摊费用计算摊销在税前扣除

B. 已足额提取折旧的固定资产的改建支出应作为长期待摊费用计算摊销在税前扣除

C. 租入固定资产的改建支出应作为长期待摊费用计算摊销在税前扣除

D. 固定资产的大修理支出应作为长期待摊费用计算摊销在税前扣除

E. 企业的筹办费用支出只能作为长期待摊费用计算摊销在税前扣除

【参考答案】 ABCD

【答案解析】 选项E，企业从事生产经营之前进行筹办活动期间发生筹办费用支出，不得计算为当期的亏损，企业可以在开始经营之日的当年一次性扣除，也可以按照新税法有关长期待摊费用的处理规定处理，但一经选定，不得改变。

7. 下列关于非货币性资产投资的被投资对象的表述中，正确的有(　　)。

A. 非货币性资产出资设立新的居民企业

B. 非货币性资产注入现存的居民企业

C. 非货币性资产注入现存的非居民企业

D. 非货币性资产出资设立新的非居民企业

E. 非货币性资产出资设立新的合伙企业

【参考答案】 AB

【答案解析】 非货币性资产投资，限于以非货币性资产出资设立新的居民企业，或将非货币性资产注入现存的居民企业。

8. 根据企业所得税法的相关规定，下列各项税金，在发生当期计入相关资产的成本，在以后各期分摊扣除的有(　　)。

A. 占用耕地缴纳的耕地占用税

B. 购置车辆使用缴纳的车辆购置税

C. 印花税

D. 转让房地产缴纳的土地增值税

E. 房产税

【参考答案】 AB

【答案解析】 进口关税、耕地占用税、车辆购置税、契税在发生当期计入相关资产的成本，在以后各期分摊扣除。

9. 根据企业所得税法的规定，固定资产的大修理支出，是指同时符合下列(　　)条件的支出。

A. 修理支出达到取得固定资产时的计税基础 50%以上

B. 修理支出达到取得固定资产时的计税基础 15%以上

C. 修理后固定资产的使用年限延长 2 年以上

D. 修理后固定资产的使用年限延长 1 年以上

E. 修理后固定资产的使用年限延长 3 年以上

【参考答案】 AC

【答案解析】 固定资产的大修理支出，是指同时符合下列条件的支出：(1)修理支出达到取得固定资产时的计税基础 50%以上；(2)修理后固定资产的使用年限延长 2 年以上。

10. 根据企业所得税法的规定，企业使用或者销售的存货的成本计算方法，可以在(　　)中选用一种。计价方法一经选用，不得随意变更。

A. 先进先出法

B. 后进先出法

C. 加权平均法

D. 个别计价法

E. 成本加成法

【参考答案】 ACD

【答案解析】 企业使用或者销售的存货的成本计算方法，可以在先进先出法、加权平均法、个别计价法中选用一种。计价方法一经选用，不得随意变更。

11. 下列无形资产中，不得在企业所得税税前直接扣除或计算摊销费用扣除的有(　　)。

A. 自行开发的支出已在计算应纳税所得额时扣除的无形资产

B. 为推广产品外购的商标权

C. 自创商誉

D. 与经营活动无关的无形资产

E. 企业整体转让时外购商誉的支出

【参考答案】 ACD

【答案解析】 下列无形资产不得在计算企业所得税时，计算摊销费用扣除：(1)自行开发的支出已在计算应纳税所得额时扣除的无形资产；(2)自创商誉；(3)与经营活动无关的无形资产；(4)其他不得计算摊销费用扣除的无形资产。外购商誉的支出，在企业整体转让或者清算时，准予扣除。

12. 中小微企业在2022年新购置的单位价值在500万元以上的下列与生产经营有关的固定资产，单位价值的50%可在当年一次性税前扣除的有(　　)。

A. 厂房

B. 汽车

C. 生产工具

D. 机器设备

E. 电子设备

【参考答案】 BCD

【答案解析】《财政部 税务总局关于中小微企业设备器具所得税税前扣除有关政策的公告》(财政部 税务总局公告2022年第12号)规定，中小微企业在2022年1月1日至2022年12月31日期间新购置的设备、器具，单位价值在500万元以上的，按照单位价值的一定比例自愿选择在企业所得税税前扣除。其中，《中华人民共和国企业所得税法实施条例》规定最低折旧年限为3年的设备器具，单位价值的100%可在当年一次性税前扣除；最低折旧年限为4年、5年、10年的，单位价值的50%可在当年一次性税前扣除，其余50%按规定在剩余年度计算折旧进行税前扣除。本公告所称设备、器具，是指除房屋、建筑物以外的固定资产。

三、综合实务题

1. 某居民企业是增值税一般纳税人，2023年取得销售收入600万元，投资收益50

万元，销售成本和税金 370 万元（不含缴纳的增值税），财务费用、管理费用、销售费用共计 100 万元，营业外支出 30 万元，在汇算清缴时发现以下事项未进行纳税调整。

(1)已计入成本费用的金额中，实际支付合理工资薪金 80 万元，计提并上缴工会经费 2.6 万元，实际发生职工福利费 15.2 万元，实际发生职工教育经费 8.4 万元。

(2)管理费用中，列支业务招待费 8 万元、合同违约金 10 万元。

(3)营业外支出中，列支企业通过公益性社会团体对地震灾区的捐款 20 万元。

(4)投资收益 50 万元，为国内非上市子公司分回的股息红利。

(5)2023 年 12 月，该企业购买并交付使用符合条件的环境保护专用设备一台，投资额为 30 万元（不含增值税），支付的增值税款作为当月的进项税额申报抵扣。

要求：根据上述资料，回答下列问题。

(1)该居民企业 2023 年工资及三项费用不得扣除金额为（　　）万元。

A. 11.4　　B. 7　　C. 6　　D. 8.4

【参考答案】 B

【答案解析】 业务(1)工会经费、职工福利费和职工教育经费分别在工资薪金实际发放数的 2%、14%和 8%的限额内据实扣除。工会经费 2.6 万元＞80×2%＝1.6（万元），纳税调增 1 万元。职工福利费 15.2 万元＞80×14%＝11.2（万元），纳税调增 4 万元。职工教育经费 8.4 万元＞80×8%＝6.4（万元），纳税调增 2 万元。工资及三项费用纳税调增共计 7 万元（1＋4＋2），即工资及三项费用中有 7 万元不得税前扣除。

(2)该居民企业 2023 年管理费用不得扣除金额为（　　）万元。

A. 5　　B. 6　　C. 15　　D. 4.8

【参考答案】 A

【答案解析】 业务(2)业务招待费按发生额的 60%扣除，且不超过营业收入的 5‰；合同违约金据实扣除。业务招待费扣除限额＝600×5‰＝3（万元）。业务招待费扣除＝8×60%＝4.8（万元）＞3 万元，按 3 万元扣除，纳税调增 5 万元（8－3）。合同违约金 10 万元，据实扣除。综上所述，管理费用纳税调增共计 5 万元，即管理费用中有 5 万元不得税前扣除。

(3)2023 年该居民企业应缴纳的企业所得税为（　　）万元。

A. 38　　B. 28.5　　C. 25.5　　D. 25

【参考答案】 C

【答案解析】 2023 年会计利润＝600＋50－370－100－30＝150（万元）。2023 年纳税调整如下：

业务(1)：工资及三项费用纳税调增共计 7 万元。

业务(2)：管理费用纳税调增共计 5 万元。

业务(3)：公益性捐赠支出以会计利润的 12%为限额据实扣除。公益性捐赠支出 20 万元＞150×12%＝18（万元），纳税调增 2 万元。

业务(4)：国内非上市子公司分回的股息红利，为免税收入。投资收益项目纳税调减50万元。

业务(5):企业购买并交付使用符合条件的环境保护专用设备一台,可按投资额的10%抵减应纳税额。应纳税额抵减额=30×10%=3(万元)。

2023年度企业所得税应纳税所得额=150+7+5+2-50=114(万元)。

2023年度企业所得税应纳税额=114×25%-3=25.5(万元)。

2. 中国A居民企业2023年境内发生应纳税所得额500万元,其在甲国非独立纳税的分支机构当年度应纳税所得额为-600万元。2023年A居民企业境内发生应纳税所得额800万元,其在甲国非独立纳税的分支机构当年度未弥补亏损前的应纳税所得额为1 000万元,已在甲国照章纳税。

(其他相关资料:甲国适用20%的企业所得税税率。)

要求:根据上述资料,回答下列问题。

(1)A企业2023年就境内境外所得应缴纳的企业所得税为(　　)万元。

A. 125　　B. 200　　C. 150　　D. 0

【参考答案】 A

【答案解析】 企业在境外设立不具有独立纳税地位的分支机构,按照税法规定计算的亏损,不得抵减境内的应纳税所得额。甲企业2023年应缴纳的企业所得税=500×25%=125(万元)。

(2)设在甲国非独立纳税的分支机构2023年可以无限期向后结转弥补的亏损额为(　　)万元。

A. 0　　B. 600　　C. 500　　D. 100

【参考答案】 C

【答案解析】 根据《财政部 国家税务总局关于企业境外所得税收抵免有关问题的通知》(财税〔2009〕125号)的规定,企业当期境内外所得盈利额与亏损额加总后和为负数(500-600=-100),则以境外分支机构的亏损额超过企业盈利额部分的实际亏损额(100万元),按规定的期限进行亏损弥补,未超过企业盈利额部分的非实际亏损额(500万元)可无限期向后结转弥补。

(3)A企业2023年来源于境外所得的抵免限额为(　　)万元。

A. 250　　B. 200　　C. 100　　D. 80

【参考答案】 C

【答案解析】 抵免限额=(1 000-600)×25%=100(万元)。

(4)A企业2023年在我国实际应缴纳的企业所得税为(　　)万元。

A. 0　　B. 450　　C. 200　　D. 220

【参考答案】 D

【答案解析】 境外实际缴纳税额=(1 000-600)×20%=80(万元),小于抵免限额100万元,所以需要在我国补税。A企业2023年在我国实际缴纳的企业所得税=800×25%+100-80=220(万元)。

3.我国某上市公司为生产节能环保设备的增值税一般纳税人。2024 年 3 月,公司聘请会计师事务所帮其办理 2023 年企业所得税汇算清缴时,会计师事务所得到该公司 2023 年的业务资料如下。

(1)全年取得产品销售收入 11 700 万元,发生的产品销售成本 2 114.25 万元,发生的税金及附加 386.14 万元,发生的销售费用 600 万元、管理费用 500 万元(含业务招待费 106.5 万元)、财务费用 400 万元。取得营业外收入 312 万元、投资收益 457 万元。

(2)全年成本费用中包含实际发生的工资薪金总额为 3 000 万元,含向本企业安置的 3 名残疾人员支付的工资薪金 10.5 万元。

(3)全年成本费用中包含实际发生的职工福利费 450 万元、职工教育经费 255 万元、拨缴的工会经费 40 万元。

(4)4 月 6 日,为总经理配备一辆轿车并投入使用,支出 52.8 万元(该公司确定折旧年限 4 年,残值率 5%)。会计师事务所发现此项业务尚未计提折旧。

(5)9 月 12 日,转让其代企业前三大自然人股东持有的因股权分置改革原因形成的限售股,取得收入 240 万元。但因历史原因,公司未能提供完整、真实的限售股原值凭证,且不能准确计算该部分限售股的原值,故已全额计入投资收益。

(6)公司按规定可以利用 2023 年所得弥补以前年度亏损。2016 年以前(含 2016)每年均实现盈利,2017 年至 2022 年未弥补以前年度亏损的应纳税所得额如下表所示:

年度	2017	2018	2019	2020	2021	2022
应纳税所得额(万元)	−90	−490	250	−340	170	300

(7)公司设在海外甲国的营业机构,当年取得应纳税所得额折合人民币 360 万元,该国适用的企业所得税税率为 27.5%,按规定已在该国缴纳了企业所得税。该国税法对应纳税所得额的确定与我国税法规定一致。

(8)公司 2023 年已实际预缴企业所得税 1 957.25 万元。

要求:根据上述资料,回答下列问题。

(1)该公司发生的业务招待费应调整的应纳税所得额为多少万元?

(2)该公司发生的职工福利费、工会经费、职工教育经费应调整的应纳税所得额合计为多少万元?

(3)业务资料(4)中的车辆购置业务对会计利润的影响数额为多少万元?

(4)业务资料(5)中转让个人持有的限售股应调整的应纳税所得额为多少万元?

(5)业务资料(6)中 2023 年允许弥补的以前年度亏损数额为多少万元?

(6)该公司 2023 年企业所得税汇算清缴时应补(退)的企业所得税额为多少万元?

【参考答案及解析】

(1)实际发生的业务招待费的 60%=106.5×60%=63.9(万元)>当年销售收入的 5‰=11 700×5‰=58.5(万元),所以税前允许扣除的业务招待费为 58.5 万元,因此业务招待费应调增的应纳税所得额=106.5−58.5=48(万元)。

(2)职工福利费应调增的应纳税所得额＝450－3 000×14％＝30(万元)。

职工教育经费应调增的应纳税所得额＝255－3 000×8％＝15(万元)。

实际拨缴的工会经费 40 万元＜允许扣除的限额＝3 000×2％＝60(万元),不用调整。

因此三项经费共应调增的应纳税所得额＝30＋15＝45(万元)。

(3)车辆属于固定资产,应于投入使用的下月起计提折旧在税前扣除。应调整会计利润＝52.8×(1－5％)÷4×(8÷12)＝8.36(万元)。

(4)转让个人持有的限售股应调减的应纳税所得额＝240×15％＝36(万元)。

(5)可弥补的亏损＝(90－250)－170＋490＋340－300＝200(万元)。

(6)业务资料(2)中残疾人工资应调减的应纳税所得额＝10.5×100％＝10.5(万元)。

2023 年的会计利润＝11 700－2 114.25－386.14－600－500－400＋312＋457－8.36＝8 460.25(万元),2023 年该公司境内的应纳税所得额＝8 460.25＋48－10.5＋45－36－200－360＝7 946.75(万元)。对甲国的营业机构已经在甲国缴纳的企业所得税,可以从当期应纳所得税额中抵免,抵免限额＝(7 946.75＋360)×25％×[360÷(7 946.75＋360)]＝90(万元),已在甲国缴纳企业所得税＝360×27.5％＝99(万元),超过抵免限额的 9 万元可以在以后 5 个纳税年度内,用每年抵免限额抵免当年应抵补税额后的余额进行抵补。

该公司 2023 年企业所得税汇算清缴时应实际补(退)的企业所得税＝(7 946.75＋360)×25％－90－1 957.25＝29.44(万元)。

第六章　资产损失税前扣除的企业所得税处理

一、资产及资产损失的概念

1. 资产，是指企业拥有或者控制的，用于经营管理活动相关的资产，包括现金、银行存款、应收及预付款项（包括应收票据、各类垫款、企业之间往来款项）等货币性资产，存货、固定资产、无形资产、在建工程、生产性生物资产等非货币性资产，以及债权性投资和股权（权益）性投资。

2. 准予在企业所得税税前扣除的资产损失，是指企业在实际处置，转让上述资产过程中发生的合理损失（以下简称实际资产损失），以及企业虽未实际处置、转让上述资产，但符合《财政部 国家税务总局关于企业资产损失税前扣除政策的通知》（财税〔2009〕57 号）和《国家税务总局关于发布〈企业资产损失所得税税前扣除管理办法〉的公告》（国家税务总局公告 2011 年第 25 号）规定条件计算确认的损失（以下简称法定资产损失）。

3. 企业以前年度发生的资产损失未能在当年税前扣除的，向税务机关说明并进行专项申报扣除。其中，属于实际资产损失的，准予追补至该项损失发生年度扣除，其追补确认期限一般不得超过 5 年，但因计划经济体制转轨过程中遗留的资产损失、企业重组上市过程中因权属不清出现争议而未能及时扣除的资产损失、因承担国家政策性任务而形成的资产损失以及政策定性不明确而形成资产损失等特殊原因形成的资产损失，其追补确认期限经国家税务总局批准后可适当延长。属于法定资产损失的，应在申报年度扣除。

4. 企业因以前年度实际资产损失未在税前扣除而多缴的企业所得税税款，可在追补确认年度企业所得税应纳税款中予以抵扣，不足抵扣的，向以后年度递延抵扣。

5. 企业实际资产损失发生年度扣除追补确认的损失后出现亏损的，应先调整资产损失发生年度的亏损额，再按弥补亏损的原则计算以后年度多缴的企业所得税税款，并按上述办法进行税务处理。

二、资产损失扣除政策

根据《财政部 国家税务总局关于企业资产损失税前扣除政策的通知》(财税〔2009〕57 号),企业资产损失税前扣除政策如下。

1. 企业清查出的现金短缺减除责任人赔偿后的余额,作为现金损失在计算应纳税所得额时扣除。

2. 企业将货币性资金存入法定具有吸收存款职能的机构,因该机构依法破产、清算,或者政府责令停业、关闭等原因,确实不能收回的部分,作为存款损失在计算应纳税所得额时扣除。

3. 企业除贷款类债权外的应收、预付账款符合下列条件之一的,减除可收回金额后确认的无法收回的应收、预付款项,可以作为坏账损失在计算应纳税所得额时扣除。

(1)债务人依法宣告破产、关闭、解散、被撤销,或者被依法注销、吊销营业执照,其清算财产不足清偿的。

(2)债务人死亡,或者依法被宣告失踪、死亡,其财产或者遗产不足清偿的。

(3)债务人逾期 3 年以上未清偿,且有确凿证据证明已无力清偿债务的。

(4)与债务人达成债务重组协议或法院批准破产重整计划后,无法追偿的。

(5)因自然灾害、战争等不可抗力导致无法收回的。

(6)国务院财政、税务主管部门规定的其他条件。

4. 企业经采取所有可能的措施和实施必要的程序之后,符合下列条件之一的贷款类债权,可以作为贷款损失在计算应纳税所得额时扣除。

(1)借款人和担保人依法宣告破产、关闭、解散,被撤销,并终止法人资格,或者已完全停止经营活动,被依法注销、吊销营业执照,对借款人和担保人进行追偿后,未能收回的债权。

(2)借款人死亡,或者依法被宣告失踪、死亡,依法对其财产或者遗产进行清偿,并对担保人进行追偿后,未能收回的债权。

(3)借款人遭受重大自然灾害或者意外事故,损失巨大且不能获得保险补偿,或者以保险赔偿后,确实无力偿还部分或者全部债务,对借款人财产进行清偿和对担保人进行追偿后,未能收回的债权。

(4)借款人触犯刑律,依法受到制裁,其财产不足归还所借债务,又无其他债务承担者经追偿后确实无法收回的债权。

(5)由于借款人和担保人不能偿还到期债务,企业诉诸法律,经法院对借款人和担保人强制执行,借款人和担保人均无财产可执行,法院裁定执行程序终结或终止(中止)后,仍无法收回的债权。

(6)由于借款人和担保人不能偿还到期债务,企业诉诸法律后,经法院调解或经债权人会议通过,与借款人和担保人达成和解协议或重整协议,在借款人和担保人履行完还款义务后，无法追偿的剩余债权。

(7)由于上述第(1)至(6)项原因借款人不能偿还到期债务，企业依法取得抵债资产抵债金额小于贷款本息的差额，经追偿后仍无法收回的债权。

(8)开立信用证、办理承兑汇票、开具保函等发生垫款时，凡开证申请人和保证人由于上述第(1)至(7)项原因，无法偿还垫款，金融企业经追偿后仍无法收回的垫款。

(9)银行卡持卡人和担保人由于上述第(1)至(7)项原因，未能还清透支款项，金融企业经追偿后仍无法收回的透支款项。

(10)助学贷款逾期后，在金融企业确定的有效追索期限内，依法处置助学贷款抵押物(质押物)，并向担保人追索连带责任后，仍无法收回的贷款。

(11)经国务院专案批准核销的贷款类债权。

(12)国务院财政、税务主管部门规定的其他条件。

5. 企业的股权投资符合下列条件之一的，减除可收回金额后确认的无法收回的股权投资，可以作为股权投资损失在计算应纳税所得额时扣除。

(1)被投资方依法宣告破产、关闭、解散、被撤销，或者被依法注销、吊销营业执照的。

(2)被投资方财务状况严重恶化，累计发生巨额亏损，已连续停止经营 3 年以上，且无重新恢复经营改组计划的。

(3)对被投资方不具有控制权，投资期限届满或者投资期限已超过 10 年，且被投资单位因连续 3 年经营亏损导致资不抵债的。

(4)被投资方财务状况严重恶化，累计发生巨额亏损，已完成清算或清算期超过 3 年的。

(5)国务院财政、税务主管部门规定的其他条件。

6. 对企业盘亏的固定资产或存货，以该固定资产的账面净值或存货的成本减除责任人赔偿后的余额，作为固定资产或存货盘亏损失在计算应纳税所得额时扣除。

7. 对企业毁损、报废的固定资产或存货，以该固定资产的账面净值或存货的成本减除残值、保险赔款和责任人赔偿后的余额，作为固定资产或存货毁损、报废损失在计算应纳税所得额时扣除。

8. 对企业被盗的固定资产或存货，以该固定资产的账面净值或存货的成本减除保险赔款和责任人赔偿后的余额，作为固定资产或存货被盗损失在计算应纳税所得额时扣除。

9. 企业因存货盘亏、毁损、报废、被盗等原因不得从增值税销项税额中抵扣的进项税额，可以与存货损失一起在计算应纳税所得额时扣除。

10. 企业在计算应纳税所得额时已经扣除的资产损失，在以后纳税年度全部或者部分收回时，其收回部分应当作为收入计入收回当期的应纳税所得额。

11. 企业境内、境外营业机构发生的资产损失应分开核算，对境外营业机构由于发生资产损失而产生的亏损，不得在计算境内应纳税所得额时扣除。

12. 企业对其扣除的各项资产损失，应当提供能够证明资产损失确属已实际发生的合法证据，包括具有法律效力的外部证据、具有法定资质的中介机构的经济鉴证证明、具有法定资质的专业机构的技术鉴定证明等。

三、资产损失税前扣除管理

企业发生的资产损失，应按规定的程序和要求向主管税务机关申报后方能在税前扣除。未经申报的损失，不得在税前扣除。企业向税务机关申报扣除资产损失，仅需填报企业所得税年度纳税申报表《资产损失税前扣除及纳税调整明细表》，不再报送资产损失相关资料，相关资料由企业留存备查。企业应当完整保存资产损失相关资料，保证资料的真实性、合法性。

根据《国家税务总局关于发布〈企业资产损失所得税税前扣除管理办法〉的公告》（国家税务总局公告 2011 年第 25 号）和《国家税务总局关于商业零售企业存货损失税前扣除问题的公告》（国家税务总局公告 2014 年第 3 号），企业资产损失税前扣除管理按以下规定执行。

（一）申报管理

1. 下列资产损失，应以清单申报的方式向税务机关申报扣除。

（1）企业在正常经营管理活动中，按照公允价格销售、转让、变卖非货币资产的损失。

（2）企业各项存货发生的正常损耗。

（3）企业固定资产达到或超过使用年限而正常报废清理的损失。

（4）企业生产性生物资产达到或超过使用年限而正常死亡发生的资产损失。

（5）企业按照市场公平交易原则，通过各种交易场所、市场等买卖债券、股票、期货、基金以及金融衍生产品等发生的损失。

2. 除第 1 条以外的资产损失，应以专项申报的方式向税务机关申报扣除。企业无法准确判别是否属于清单申报扣除的资产损失，可以采取专项申报的形式申报扣除。

3. 在中国境内跨地区经营的汇总纳税企业发生的资产损失，应按以下规定申报扣除：

（1）总机构及其分支机构发生的资产损失，除应按专项申报和清单申报的有关规定，各自向当地主管税务机关申报外，各分支机构同时还应上报总机构。

（2）总机构对各分支机构上报的资产损失，除税务机关另有规定外，应以清单申报的形式向当地主管税务机关进行申报。

（3）总机构将跨地区分支机构所属资产捆绑（打包）转让所发生的资产损失，由总机构向当地主管税务机关进行专项申报。

4. 企业应当建立健全资产损失内部核销管理制度，及时收集、整理、编制、审核、申报、保存资产损失税前扣除证据材料，方便税务机关检查。

5. 税务机关应按分项建档、分级管理的原则，建立企业资产损失税前扣除管理台账和纳税档案，及时进行评估。对资产损失金额较大或经评估后发现不符合资产损失税前扣除规定，或存有疑点、异常情况的资产损失，应及时进行核查。对有证据证明申报扣除的资产损失不真实、不合法的，应依法作出税收处理。

6. 商业零售企业存货损失税前扣除规定。

(1)商业零售企业存货因零星失窃、报废、废弃、过期、破损、腐败、鼠咬、顾客退换货等正常因素形成的损失，为存货正常损失，准予按会计科目进行归类、汇总，然后再将汇总数据以清单的形式进行企业所得税纳税申报，同时出具损失情况分析报告。

(2)商业零售企业存货因风、火、雷、震等自然灾害，仓储、运输失事，重大案件等非正常因素形成的损失，为存货非正常损失，应当以专项申报形式进行企业所得税纳税申报。

(3)存货单笔(单项)损失超过500万元的，无论何种因素形成的，均应以专项申报方式进行企业所得税纳税申报。

(二)资产损失确认证据

1. 企业资产损失相关的证据包括具有法律效力的外部证据和特定事项的企业内部证据。

2. 具有法律效力的外部证据，是指司法机关、行政机关、专业技术鉴定部门等依法出具的与本企业资产损失相关的具有法律效力的书面文件，主要包括：

(1)司法机关的判决或者裁定。

(2)公安机关的立案结案证明、回复。

(3)工商(现为市场监管)部门出具的注销、吊销及停业证明。

(4)企业的破产清算公告或清偿文件。

(5)行政机关的公文。

(6)专业技术部门的鉴定报告。

(7)具有法定资质的中介机构的经济鉴定证明。

(8)仲裁机构的仲裁文书。

(9)保险公司对投保资产出具的出险调查单、理赔计算单等保险单据。

(10)符合法律规定的其他证据。

3. 特定事项的企业内部证据，是指会计核算制度健全、内部控制制度完善的企业，对各项资产发生毁损、报废、盘亏、死亡、变质等内部证明或承担责任的声明，主要包括：

(1)有关会计核算资料和原始凭证。

(2)资产盘点表。

(3)相关经济行为的业务合同。

(4)企业内部技术鉴定部门的鉴定文件或资料。

(5)企业内部核批文件及有关情况说明。

(6)对责任人由于经营管理责任造成损失的责任认定及赔偿情况说明。

(7)法定代表人、企业负责人和企业财务负责人对特定事项真实性承担法律责任的声明。

(三)货币资产损失的确认

1.企业货币资产损失包括现金损失、银行存款损失和应收及预付款项损失等。

2.现金损失应依据以下证据材料确认。

(1)现金保管人确认的现金盘点表(包括倒推至基准日的记录)。

(2)现金保管人对于短缺的说明及相关核准文件。

(3)对责任人由于管理责任造成损失的责任认定及赔偿情况的说明。

(4)涉及刑事犯罪的,应有司法机关出具的相关材料。

(5)金融机构出具的假币收缴证明。

3.企业因金融机构清算而发生的存款类资产损失应依据以下证据材料确认。

(1)企业存款类资产的原始凭据。

(2)金融机构破产、清算的法律文件。

(3)金融机构清算后剩余资产分配情况资料。

金融机构应清算而未清算超过3年的,企业可将该款项确认为资产损失,但应有法院或破产清算管理人出具的未完成清算证明。

4.企业应收及预付款项坏账损失应依据以下相关证据材料确认。

(1)相关事项合同、协议或说明。

(2)属于债务人破产清算的,应有人民法院的破产、清算公告。

(3)属于诉讼案件的,应出具人民法院的判决书或裁决书或仲裁机构的仲裁书,或者被法院裁定终(中)止执行的法律文书。

(4)属于债务人停止营业的,应有工商(现为市场监管)部门注销、吊销营业执照证明。

(5)属于债务人死亡、失踪的,应有公安机关等有关部门对债务人个人的死亡、失踪证明。

(6)属于债务重组的,应有债务重组协议及其债务人重组收益纳税情况说明。

(7)属于自然灾害、战争等不可抗力而无法收回的,应有债务人受灾情况说明以及放弃债权申明。

5.企业逾期3年以上的应收款项在会计上已作为损失处理的,可以作为坏账损失,但应说明情况,并出具专项报告。

6.企业逾期1年以上,单笔数额不超过5万元或者不超过企业年度收入总额万分之一的应收款项,会计上已经作为损失处理的,可以作为坏账损失,但应说明情况,并出具专项报告。

(四)非货币资产损失的确认

1.企业非货币资产损失包括存货损失、固定资产损失、无形资产损失、在建工程损失、生产性生物资产损失等。

2.存货盘亏损失,为其盘亏金额扣除责任人赔偿后的余额,应依据以下证据材料确认。

(1)存货计税成本确定依据。

(2)企业内部有关责任认定、责任人赔偿说明和内部核批文件。

(3)存货盘点表。

(4)存货保管人对于盘亏的情况说明。

3. 存贷报废、毁损或变质损失，为其计税成本扣除残值及责任人赔偿后的余额，应依据以下证据材料确认。

(1)存货计税成本的确定依据。

(2)企业内部关于存货报废、毁损、变质、残值情况说明及核销资料。

(3)涉及责任人赔偿的，应当有赔偿情况说明。

(4)该项损失数额较大的(指占企业该类资产计税成本10%以上，或减少当年应纳税所得、增加亏损10%以上，下同)，纳税人留存备查自行出具的有法定代表人、主要负责人和财务负责人签章证实有关损失的书面申明。

4. 存货被盗损失，为其计税成本扣除保险理赔以及责任人赔偿后的余额，应依据以下证据材料确认：

(1)存货计税成本的确定依据。

(2)向公安机关的报案记录。

(3)涉及责任人和保险公司赔偿的，应有赔偿情况说明等。

5. 固定资产盘亏、丢失损失，为其账面净值扣除责任人赔偿后的余额，应依据以下证据材料确认：

(1)企业内部有关责任认定和核销资料。

(2)固定资产盘点表。

(3)固定资产的计税基础相关资料。

(4)固定资产盘亏、丢失情况说明。

(5)损失金额较大的，纳税人留存备查自行出具的有法定代表人、主要负责人和财务负责人签章证实有关损失的书面申明。

6. 固定资产报废、毁损损失，为其账面净值扣除残值和责任人赔偿后的余额，应依据以下证据材料确认：

(1)固定资产的计税基础相关资料。

(2)企业内部有关责任认定和核销资料。

(3)企业内部有关部门出具的鉴定材料。

(4)涉及责任赔偿的，应当有赔偿情况的说明。

(5)损失金额较大的或自然灾害等不可抗力原因造成固定资产毁损、报废的，纳税人留存备查自行出具的有法定代表人、主要负责人和财务负责人签章证实有关损失的书面申明。

7. 固定资产被盗损失，为其账面净值扣除责任人赔偿后的余额，应依据以下证据材料确认：

(1)固定资产计税基础相关资料。

(2)公安机关的报案记录，公安机关立案、破案和结案的证明材料。

(3)涉及责任赔偿的，应有赔偿责任的认定及赔偿情况的说明等。

8.在建工程停建、报废损失，为其工程项目投资账面价值扣除残值后的余额，应依据以下证据材料确认：

(1)工程项目投资账面价值确定依据。

(2)工程项目停建原因说明及相关材料。

(3)因质量原因停建、报废的工程项目和因自然灾害和意外事故停建、报废的工程项目，纳税人留存备查自行出具的有法定代表人、主要负责人和财务负责人签章证实有关损失的书面申明及责任认定、赔偿情况的说明等。

9.工程物资发生损失，可比照上述存货损失的规定确认。

10.生产性生物资产盘亏损失，为其账面净值扣除责任人赔偿后的余额，应依据以下证据材料确认：

(1)生产性生物资产盘点表。

(2)生产性生物资产盘亏情况说明。

(3)生产性生物资产损失金额较大的，企业应留存备查自行出具的有法定代表人、主要负责人和财务负责人签章证实有关损失的书面申明及责任认定、赔偿情况的说明等。

11.因森林病虫害、疫情、死亡而产生的生产性生物资产损失，为其账面净值扣除残值、保险赔偿和责任人赔偿后的余额，应依据以下证据材料确认：

(1)损失情况说明。

(2)责任认定及其赔偿情况的说明。

(3)损失金额较大的，纳税人留存备查自行出具的有法定代表人、主要负责人和财务负责人签章证实有关损失的书面申明。

12.对被盗伐、被盗、丢失而产生的生产性生物资产损失，为其账面净值扣除保险赔偿以及责任人赔偿后的余额，应依据以下证据材料确认：

(1)生产性生物资产被盗后，向公安机关的报案记录或公安机关立案、破案和结案的证明材料。

(2)责任认定及其赔偿情况的说明。

13.企业由于未能按期赎回抵押资产，使抵押资产被拍卖或变卖，其账面净值大于变卖价值的差额，可认定为资产损失，按以下证据材料确认：

(1)抵押合同或协议书。

(2)拍卖或变卖证明、清单。

(3)会计核算资料等其他相关证据材料。

14.被其他新技术所代替或已经超过法律保护期限，已经丧失使用价值和转让价值，尚未摊销完毕的无形资产损失，应提交以下证据备案：

(1)会计核算资料。

(2)企业内部核批文件及有关情况说明。

(3)技术鉴定意见和企业法定代表人、主要负责人和财务负责人签章证实无形资产已无使用价值或转让价值的书面申明。

(4)无形资产的法律保护期限文件。

(五)投资损失的确认

1.企业投资损失包括债权性投资损失和股权(权益)性投资损失。

2.企业债权投资损失应依据投资的原始凭证、合同或协议、会计核算资料等相关证据材料确认。有下列情况债权投资损失的，还应出具相关证据材料。

(1)债务人或担保人依法被宣告破产、关闭、被解散或撤销、被吊销营业执照、失踪或者死亡等，应出具资产清偿证明或者遗产清偿证明。无法出具资产清偿证明或者遗产清偿证明，且上述事项超过3年的，或债权投资(包括信用卡透支和助学贷款)余额在300万元以下的，应出具对应的债务人和担保人破产、关闭、解散证明、撤销文件、市场监督管理部门注销证明或查询证明以及追索记录等(包括司法追索、电话追索、信件追索和上门追索等原始记录)。

(2)债务人遭受重大自然灾害或意外事故，企业对其资产进行清偿和对担保人进行追偿后，未能收回的债权，应出具债务人遭受重大自然灾害或意外事故证明、保险赔偿证明、资产清偿证明等。

(3)债务人因承担法律责任，其资产不足归还所借债务，又无其他债务承担者的，应出具法院裁定证明和资产清偿证明。

(4)债务人和担保人不能偿还到期债务，企业提出诉讼或仲裁的，经人民法院对债务人和担保人强制执行，债务人和担保人均无资产可执行，人民法院裁定终结或终止(中止)执行的，应出具人民法院裁定文书。

(5)债务人和担保人不能偿还到期债务，企业提出诉讼后被驳回起诉的、人民法院不予受理或不予支持；或经仲裁机构裁决免除(或部分免除)债务人责任，经追偿后无法收回的债权，应提交法院驳回起诉的证明，或法院不予受理或不予支持证明，或仲裁机构裁决免除债务人责任的文书。

(6)经国务院专案批准核销的债权，应提供国务院批准文件或经国务院同意后由国务院有关部门批准的文件。

3.企业股权投资损失应依据以下相关证据材料确认：

(1)股权投资计税基础证明材料。

(2)被投资企业破产公告、破产清偿文件。

(3)市场监督管理部门注销、吊销被投资单位营业执照文件。

(4)政府有关部门对被投资单位的行政处理决定文件。

(5)被投资企业终止经营、停止交易的法律或其他证明文件。

(6)被投资企业资产处置方案、成交及入账材料。

(7)企业法定代表人、主要负责人和财务负责人签章证实有关投资(权益)性损失的书面申明。

(8)会计核算资料等其他相关证据材料。

4.被投资企业依法宣告破产、关闭、解散或撤销、吊销营业执照、停止生产经营活动、失踪等,应出具资产清偿证明或者遗产清偿证明。

上述事项超过3年且未能完成清算的,应出具被投资企业破产、关闭、解散或撤销、吊销等的证明以及不能清算的原因说明。

5.企业委托金融机构向其他单位贷款,或委托其他经营机构进行理财,到期不能收回贷款或理财款项,按照国家税务总局2011年第25号公告投资损失的确认的有关规定进行处理。

6.企业对外提供与本企业生产经营活动有关的担保,因被担保人不能按期偿还债务而承担连带责任,经追索,被担保人无偿还能力,对无法追回的金额,比照国家税务总局2011年第25号公告规定的应收款项损失进行处理。

与本企业生产经营活动有关的担保是指企业对外提供的与本企业应税收入、投资、材料采购、产品销售等生产经营活动相关的担保。

7.企业按独立交易原则向关联企业转让资产而发生的损失,或向关联企业提供借款担保而形成的债权损失,准予扣除,但企业应作专项说明,同时留存备查自行出具的有法定代表人、主要负责人和财务负责人签章证实有关损失的书面申明和相关材料。

8.下列股权和债权不得作为损失在税前扣除:

(1)债务人或者担保人有经济偿还能力,未按期偿还的企业债权。

(2)违反法律法规的规定,以各种形式、借口逃废或悬空的企业债权。

(3)行政干预逃废或悬空的企业债权。

(4)企业未向债务人和担保人追偿的债权。

(5)企业发生非经营活动的债权。

(6)其他不应当核销的企业债权和股权。

(六)其他资产损失的确认

1.企业将不同类别的资产捆绑(打包),以拍卖、询价,竞争性谈判,招标等市场方式出售,其出售价格低于计税成本的差额,可以作为资产损失并准予在税前申报扣除,但应出具资产处置方案、各类资产作价依据、出售过程的情况说明、出售合同或协议,成交及入账证明、资产计税基础等确定依据。

2.企业正常经营业务因内部控制制度不健全而出现操作不当、不规范或因业务创新但政策不明确、不配套等原因形成的资产损失,应由企业承担的金额,可以作为资产损失并准予在税前申报扣除,但应出具损失原因证明材料或业务监管部门定性证明、损失专项说明。

3.企业因刑事案件原因形成的损失,应由企业承担的金额,或经公安机关立案侦查两年以上仍未追回的金额，可以作为资产损失并准予在税前申报扣除，但应出具公安机关、人民检察院的立案侦查情况或人民法院的判决书等损失原因证明材料。

(七)其他规定

1. 上述各项规定没有涉及的资产损失事项，只要符合《中华人民共和国企业所得税法》及其实施条例等法律法规规定的，也可以向税务机关申报扣除。

2. 从2017年度企业所得税汇算清缴开始，企业向税务机关申报扣除资产损失，仅需填报企业所得税年度纳税申报表《资产损失税前扣除及纳税调整明细表》，不再报送资产损失相关资料。相关资料由企业留存备查，同时，企业应当完整保存资产损失相关资料，保证资料的真实性、合法性。

3. 自2018年12月28日起，企业向税务机关申报扣除特定损失时，“需留存备查专业技术鉴定意见(报告)或法定资质中介机构出具的专项报告”的证明事项予以取消，不再留存。改为：“纳税人留存备查自行出具的有法定代表人、主要负责人和财务负责人签章证实有关损失的书面申明。”

4. 自2018年12月28日起，企业向税务机关申报扣除按独立交易原则向关联企业转让资产而发生的损失，或向关联企业提供借款、担保而形成的债权损失时，“需留存备查中介机构出具的专项报告及其相关的证明材料”的证明事项予以取消，不再留存。改为：“纳税人留存备查自行出具的有法定代表人、主要负责人和财务负责人签章证实有关损失的书面申明和相关材料。”

5. 省、自治区、直辖市和计划单列市税务局可以制定具体实施办法。

★习题精练及答案解析

一、单项选择题

1. 下列关于资产损失税前扣除管理的规定，下列说法正确的是(　　)。

A. 企业以前年度发生的资产损失未能在当年税前扣除的，可以按照本办法的规定，向税务机关说明并进行专项申报扣除

B. 商业零售企业存货因零星失窃、报废、废弃、过期、破损、腐败、鼠咬、顾客退换货等正常因素形成的损失，为存货正常损失，准予按会计科目进行归类、汇总，然后再将汇总数据以清单的形式进行企业所得税纳税申报

C. 商业零售企业存货因风、火、雷、震等自然灾害，仓储、运输失事，重大案件等非正常因素形成的损失，为存货非正常损失，应当以专项申报形式进行企业所得税纳税申报

D. 企业因国务院决定事项形成的资产损失，应向国家税务总局提供有关资料。国家税务总局审核有关情况后，将损失情况通知相关税务机关

【参考答案】 A

【答案解析】 根据《国家税务总局关于企业所得税资产损失资料留存备查有关事项的公告》(国家税务总局公告2018年第15号),企业向税务机关申报扣除资产损失,仅需填报企业所得税年度纳税申报表《资产损失税前扣除及纳税调整明细表》,不再报送资产损失相关资料。相关资料由企业留存备查。企业应当完整保存资产损失相关资料,保证资料的真实性、合法性。

2. 实际资产损失,准予追补至该项损失发生年度扣除,其追补确认期限一般不得超过(　　)年。

A. 5　　B. 2　　C. 3　　D. 7

【参考答案】 A

【答案解析】 属于实际资产损失,准予追补至该项损失发生年度扣除,其追补确认期限一般不得超过五年。

3. 下列情形中,不能作为坏账损失在计算应纳税所得额时扣除的是(　　)。

A. 因自然灾害导致无法收回的应收账款

B. 债务人被依法注销,其清算财产不足清偿的应收账款

C. 债务人2年未清偿,且有确凿证据证明无力偿还的应收账款

D. 法院批准破产重组计划后无法追偿的应收账款

【参考答案】 C

【答案解析】 企业除贷款类债权外的应收、预付账款符合下列条件之一的,减除可收回金额后确认的无法收回的应收、预付款项,可以作为坏账损失在计算应纳税所得额时扣除:(1)债务人依法宣告破产、关闭、解散、被撤销,或者被依法注销、吊销营业执照,其清算财产不足清偿的;(2)债务人死亡,或者依法被宣告失踪、死亡,其财产或者遗产不足清偿的;(3)债务人逾期3年以上未清偿,且有确凿证据证明已无力清偿债务的;(4)与债务人达成债务重组协议或法院批准破产重整计划后,无法追偿的;(5)因自然灾害、战争等不可抗力导致无法收回的;(6)国务院财政、税务主管部门规定的其他条件。

4. 根据企业所得税法的相关规定,发生下列情形,导致应收账款无法收回的部分,可以作为坏账损失在所得税前扣除的是(　　)。

A. 债务人死亡,遗产继承人拒绝偿还的

B. 债务人解散,清算程序拖延达3年的

C. 与债务人达成债务重组协议,无法追偿的

D. 债务人4年未清偿,追偿成本超过应收账款的

【参考答案】 C

【答案解析】 选项A,债务人死亡,或者依法被宣告失踪、死亡,其财产或者遗产不足清偿的,可以作为坏账损失在计算应纳税所得额时扣除;选项B,债务人依法宣告破产、关闭、解散、被撤销,或者被依法注销、吊销营业执照,其清算财产不足清偿的,可以

作为坏账损失在计算应纳税所得额时扣除；选项D，债务人逾期3年以上未清偿，且有确凿证据证明已无力清偿债务的，可以作为坏账损失在计算应纳税所得额时扣除。

5. 某地板厂（增值税一般纳税人）2023年由于管理不善造成一批外购的原材料丢失（2022年购买，已抵扣过进项税），账面成本24.65万元（含运费4.65万元），取得直接负责人赔偿金额5万元，该企业的损失已经得到税务机关的审核和确认。该企业在计算企业所得税应纳税所得额时可以扣除的损失为（　　）万元。

A. 19.65　　B. 16.63　　C. 22.85　　D. 27.85

【参考答案】 B

【答案解析】 企业因管理不善造成原材料丢失，进项税额不能从增值税销项税额中抵扣，可以与存货损失一起在计算应纳税所得额时扣除；已经抵扣过进项税的，要作进项税额转出处理；企业发生的损失，应减除责任人赔偿和保险赔款后的余额，在计算应纳税所得额时进行扣除。该企业可在税前扣除的损失＝24.65＋(24.65－4.65)×13%＋4.65×9%－5＝16.63(万元)。

6. 下列各项中，准予金融企业提取贷款损失准备金在税前扣除的是（　　）。

A. 金融企业的委托贷款

B. 国债投资

C. 信用垫款

D. 上交央行准备金

【参考答案】 C

【答案解析】 金融企业的委托贷款、代理贷款、国债投资、应收股利、上交央行准备金以及金融企业剥离的债权和股权、应收财政贴息、央行款项等不承担风险和损失的资产不得提取贷款损失准备金在税前扣除。

7. 根据企业所得税法的规定，下列各项债权，准予作为损失在企业所得税税前扣除的是（　　）。

A. 行政部门干预逃废的企业债权

B. 担保人有经济偿还能力未按期偿还的企业债权

C. 企业未向债务人追偿的债权

D. 由国务院批准文件证明，经国务院专案批准核销的债权

【参考答案】 D

【答案解析】 企业所得税法规定，以下股权和债权不得作为损失在税前扣除：(1)债务人或者担保人有经济偿还能力，未按期偿还的企业债权；(2)违反法律法规的规定，以各种形式、借口逃废或悬空的企业债权；(3)行政干预逃废或悬空的企业债权；(4)企业未向债务人和担保人追偿的债权；(5)企业发生非经营活动的债权；(6)其他不应当核销的企业债权和股权。

二、多项选择题

1. 下列资产损失，应以清单申报的方式向税务机关申报扣除的有(　　)。

A. 企业被盗的固定资产或存货发生的净损失

B. 企业固定资产达到或超过使用年限而正常报废清理的损失

C. 企业生产性生物资产达到或超过使用年限而正常死亡发生的资产损失

D. 企业在正常经营管理活动中，按照公允价格销售、转让、变卖非货币资产的损失

E. 企业按照市场公平交易原则，通过各种交易场所、市场等买卖债券、股票、期货、基金以及金融衍生产品等发生的损失

【参考答案】 BCDE

【答案解析】 选项A，需要专项申报。《企业资产损失所得税税前扣除管理办法》第九条规定：下列资产损失，应以清单申报的方式向税务机关申报扣除：(一)企业在正常经营管理活动中，按照公允价格销售、转让、变卖非货币资产的损失；(二)企业各项存货发生的正常损耗；(三)企业固定资产达到或超过使用年限而正常报废清理的损失；(四)企业生产性生物资产达到或超过使用年限而正常死亡发生的资产损失；(五)企业按照市场公平交易原则，通过各种交易场所、市场等买卖债券、股票、期货、基金以及金融衍生产品等发生的损失。第十条规定：前条以外的资产损失，应以专项申报的方式向税务机关申报扣除。企业无法准确判别是否属于清单申报扣除的资产损失，可以采取专项申报的形式申报扣除。

2. 根据企业所得税法的相关规定，下列关于资产损失的表述中，不正确的有(　　)。

A. 企业发生的资产损失，未经申报的，不得在税前扣除

B. 企业以前年度发生的资产损失未能在当年税前扣除的，按照规定进行专项申报扣除后，均应追补至该项损失发生年度扣除

C. 企业因以前年度实际资产损失未在税前扣除而多缴的企业所得税税款，可在以后年度企业所得税应纳税款中予以抵扣

D. 企业以前年度发生的实际资产损失未能在当年税前扣除的，应按照规定向税务机关说明并进行专项申报扣除后，准予追补至该项损失发生年度扣除，其追补确认期限一般不得超过5年

E. 企业实际资产损失发生年度扣除追补确认的损失后出现亏损的，以后年度不得弥补该项亏损

【参考答案】 BCE

【答案解析】 选项B，企业以前年度发生的资产损失未能在当年税前扣除的，可以按照规定向税务机关说明并进行专项申报扣除。其中，属于实际资产损失的，准予追补至该项损失发生年度扣除，其追补确认期限一般不得超过5年。属于法定资产损失的，

应在申报年度扣除。选项 C,企业因以前年度实际资产损失未在税前扣除而多缴的企业所得税税款,可在“追补确认年度”企业所得税应纳税款中予以抵扣,不足抵扣的,向以后年度递延抵扣。选项 E,企业实际资产损失发生年度扣除追补确认的损失后出现亏损的,应先调整资产损失发生年度的亏损额,再按弥补亏损的原则计算以后年度多缴的企业所得税税款,并按规定进行税务处理。

3. 下列选项中属于可以作为损失在税前申报扣除的有(　　)。

A. 企业将不同类别的资产捆绑(打包),以拍卖、询价、竞争性谈判、招标等市场方式出售,其出售价格低于计税成本的差额

B. 企业正常经营业务因内部控制制度不健全而出现操作不当、不规范或因业务创新但政策不明确、不配套等原因形成的资产损失,应由企业承担的金额

C. 企业因刑事案件原因形成的损失,应由企业承担的金额,或经公安机关立案侦查两年以上仍未追回的金额

D. 企业因刑事案件原因形成的损失,应由企业承担的金额,或经公安机关立案侦查一年以上仍未追回的金额

E. 企业将不同类别的资产捆绑(打包),以拍卖、询价、竞争性谈判、招标等市场方式出售,其出售价格高于计税成本的差额

【参考答案】　ABC

【答案解析】　选项 D,应为“立案侦查两年以上”;选项 E,应为“出售价格低于计税成本的差额允许税前申报扣除”。

4. 下列在会计上已作损失处理的除贷款类债权外的应收账款损失中,可在计算企业所得税应纳税所得额时扣除的有(　　)。

A. 债务人死亡后其财产或遗产不足清偿的应收账款损失

B. 债务人逾期 1 年未清偿预计难以收回的应收账款损失

C. 与债务人达成债务重组协议后无法追偿的应收账款损失

D. 债务人被依法吊销营业执照其清算财产不足清偿的应收账款损失

【参考答案】　ACD

【答案解析】　选项 ACD,减除可收回金额后确认的无法收回的应收款项,可以作为坏账损失在计算应纳税所得额时扣除;选项 B,债务人逾期 3 年以上未清偿,且有确凿证据证明已无力清偿债务的,才可作为坏账损失在计算应纳税所得额时扣除。

5. 下列贷款资产,属于金融企业准予税前提取贷款损失准备金的有(　　)。

A. 信用贷款

B. 进出口押汇

C. 信用垫款

D. 国际金融组织贷款

【参考答案】　ABCD

【答案解析】　准予税前提取贷款损失准备金的贷款资产范围包括:(1)贷款(含抵

押、质押、保证、信用等贷款)；(2)银行卡透支、贴现、信用垫款(含银行承兑汇票垫款、信用证垫款、担保垫款等)、进出口押汇、同业拆出、应收融资租赁款等具有贷款特征的风险资产；(3)由金融企业转贷并承担对外还款责任的国外贷款，包括国际金融组织贷款、外国买方信贷、外国政府贷款、日本国际协力银行不附条件贷款和外国政府混合贷款等资产。

三、综合实务题

某家电制造企业为增值税一般纳税人，2023 年度企业资产总额 4 900 万元，实现营业收入 9 000 万元、投资收益 500 万元、其他收益 20 万元；发生营业成本 5 800 万元、税金及附加 160 万元、管理费用 1 400 万元、销售费用 1 000 元、财务费用 40 万元、营业外支出 190 万元。2023 年度该企业自行计算的会计利润为 930 万元，已预缴企业所得税 70 万元。2024 年 4 月该企业进行 2023 年企业所得税汇算清缴时，聘请了某会计师事务所进行审核，发现如下事项。

(1)1 月租入一间门面房，合同约定租期 6 年，按年支付每年不含增值税租金 10 万元，企业 2023 年就该合同计算缴纳印花税 0.01 万元。3 月支出 120 万元用于对该门面房的改建，企业已将其全额计入当年管理费用。

(2)4 月购入一套企业财务软件，取得增值税专用发票注明价款 1 万元，增值税 0.13 万元，企业将其计入无形资产。

(3)2023 年 5 月该企业以自产产品投资境内乙公司。该产品的不含增值税公允价值 200 万元，账面成本 140 万元，会计上已确认转让所得 60 万元。企业选择将对外投资确认的非货币性资产转让所得，分 5 年均匀计入相应年度的应纳税所得额。

(4)财务费用中含满足扣除条件的向与企业无关联的自然人以 8%利率支付的借款利息支出 20 万元，金融企业同期同类贷款利率为 6%。

(5)销售费用中含为股东报销与企业业务无关的个人消费 10 万元。

(6)投资收益含转回上年已计提资产减值准备 100 万元。

(7)企业当年职工人数为 290 人，全年成本费用中含实际发放的合理工资总额 3 000 万元、发生职工福利费 450 万元、职工教育经费 90 万元、拨缴的工会经费 40 万元。

(8)研发费用中含研发人员人工费用 200 万元、直接投入费用 500 万元、折旧费用 20 万元、其他相关费用 70 万元。

(其他相关资料：租赁合同印花税税率 1‰，各扣除项目均在汇算清缴期取得有效凭证。)

要求：根据上述资料，回答下列问题，如有计算需计算出合计数。

(1)计算业务(1)应补缴的印花税，并计算企业 2023 年度的会计利润。

(2)判断业务(2)企业购入无形资产是否享受加计扣除优惠并说明理由。

(3)回拨业务(3)企业取得乙公司股权计税基础的确定方法，并计算应调整的应纳税所得额。

(4)回答业务(4)向无关联自然人借款的利息支出准予在企业所得税前扣除的条件，并计算应调整的应纳税所得额。

(5)计算业务(5)企业应代扣代缴的个人所得税，并计算应调整的应纳税所得额。

(6)计算业务(6)应调整的应纳税所得额。

(7)计算业务(7)职工福利费、职工教育经费、工会经费应调整的应纳税所得额。

(8)计算业务(8)本年度研发费用中其他相关费用扣除限额及应调整的应纳税所得额。

(9)回答该企业2023年度是否满足小型微利企业条件，并计算应退(补)的企业所得税。

【参考答案及解析】

(1)应补缴的印花税＝6×10×1‰－0.01＝0.05(万元)，应调增会计利润＝120－120×9/(5×12＋9)＝104.35(万元)，会计利润＝930－0.05＋104.35＝1 034.3(万元)。

(2)不能享受加计扣除优惠。

外购财务软件不享受加计扣除的优惠。

(3)企业以非货币性资产对外投资而取得被投资企业的股权，应以非货币性资产的原计税成本为计税基础，加上每年确认的非货币性资产转让所得，逐年进行调整。

应纳税调增＝60÷5＝12(万元)。

(4)企业向无关联自然人借款的利息支出，其借款情况同时符合以下条件的，其利息支出在不超过按照金融企业同期同类贷款利率计算的数额的部分，准予扣除。条件一:企业与个人之间的借贷是真实、合法、有效的，并且不具有非法集资目的或其他违反法律法规的行为。条件二:企业与个人之间签订了借款合同。应纳税调增＝20－20÷8%×6%＝5(万元)。

(5)应代扣代缴个人所得税＝10×20%＝2(万元)。

应纳税调增10万元。

(6)应纳税调减100万元。

(7)职工福利费扣除限额＝3 000×14%＝420(万元)＜450万元，纳税调增＝450－420＝30(万元)。

职工教育经费扣除限额＝3 000×8%＝240(万元)＞90万元，无须纳税调整。

工会经费扣除限额＝3 000×2%＝60(万元)＞40万元，无须纳税调整。合计应纳税调增＝30(万元)。

(8)其他相关费用扣除限额＝(200＋500＋20)×10%÷(1－10%)＝80(万元)。

应纳税调减＝(200＋500＋20＋70)×100%＝790(万元)。

(9)应纳税所得额＝1 034.3＋12＋5＋10－100＋30－790＝201.3(万元)，该企业2023年度满足小型微利企业条件。

小型微利企业是指从事国家非限制和禁止行业，且同时符合年度应纳税所得额不超过 300 万元、从业人数不超过 300 人、资产总额不超过 5 000 万元三个条件的企业。

应退企业所得税＝70－[100×12.5%×20%＋(201.3－100)×25%×20%]＝62.44(万元)。

2023 年 1 月 1 日至 2024 年 12 月 31 日，对小型微利企业年应纳税所得额不超过 100 万元的部分，减按 25%计入应纳税所得额，按 20%的税率缴纳企业所得税。

第七章　企业重组的企业所得税处理

一、企业重组的相关概念

企业重组，是指企业在日常经营活动以外发生的法律结构或经济结构重大改变的交易，包括企业法律形式改变、债务重组、股权收购、资产收购、合并、分立等。

企业法律形式改变，是指企业注册名称、住所以及企业组织形式等的简单改变，但符合下列其他重组类型的除外。

债务重组，是指在债务人发生财务困难的情况下，债权人按照其与债务人达成的书面协议或者法院裁定书，就其债务人的债务作出让步的事项。

股权收购，是指一家企业（以下称为收购企业）购买另一家企业（以下称为被收购企业）的股权，以实现对被收购企业控制的交易。收购企业支付对价的形式包括股权支付、非股权支付或两者的组合。

资产收购，是指一家企业（以下称为受让企业）购买另一家企业（以下称为转让企业）实质经营性资产的交易。受让企业支付对价的形式包括股权支付、非股权支付或两者的组合。

合并，是指一家或多家企业（以下称为被合并企业）将其全部资产和负债转让给另一家现存或新设企业（以下称为合并企业），被合并企业股东换取合并企业的股权或非股权支付，实现两个或两个以上企业的依法合并。

分立，是指一家企业（以下称为被分立企业）将部分或全部资产分离转让给现存或新设的企业（以下称为分立企业），被分立企业股东换取分立企业的股权或非股权支付，实现企业的依法分立。

股权支付，是指企业重组中购买、换取资产的一方支付的对价中，以本企业或其控股企业的股权、股份作为支付的形式。

非股权支付，是指以本企业的现金、银行存款、应收款项、本企业或其控股企业股权和股份以外的有价证券、存货、固定资产、其他资产以及承担债务等作为支付的形式。

二、企业重组的一般性税务处理方法

1. 企业由法人转变为个人独资企业、合伙企业等非法人组织，或将登记注册地转移至中华人民共和国境外（包括港、澳、台地区），应视同企业进行清算、分配，股东重新投资成立新企业。企业的全部资产以及股东投资的计税基础均应以公允价值为基础确定。

企业发生其他法律形式简单改变的，可直接变更税务登记，除另有规定外，有关企业所得税纳税事项（包括亏损结转、税收优惠等权益和义务）由变更后企业承继，但因住所发生变化而不符合税收优惠条件的除外。

2. 企业债务重组，相关交易应按以下规定处理。

（1）以非货币资产清偿债务，应当分解为转让相关非货币性资产、按非货币性资产公允价值清偿债务两项业务，确认相关资产的所得或损失。

（2）发生债权转股权的，应当分解为债务清偿和股权投资两项业务，确认有关债务清偿所得或损失。

（3）债务人应当按照支付的债务清偿额低于债务计税基础的差额，确认债务重组所得；债权人应当按照收到的债务清偿额低于债权计税基础的差额，确认债务重组损失。

（4）债务人的相关所得税纳税事项原则上保持不变。

3. 企业股权收购、资产收购重组交易，相关交易应按以下规定处理。

（1）被收购方应确认股权、资产转让所得或损失。

（2）收购方取得股权或资产的计税基础应以公允价值为基础确定。

（3）被收购企业的相关所得税事项原则上保持不变。

4. 企业合并，当事各方应按下列规定处理。

（1）合并企业应按公允价值确定接受被合并企业各项资产和负债的计税基础。

（2）被合并企业及其股东都应按清算进行所得税处理。

（3）被合并企业的亏损不得在合并企业结转弥补。

5. 企业分立，当事各方应按下列规定处理。

（1）被分立企业对分立出去的资产应按公允价值确认资产转让所得或损失。

（2）分立企业应按公允价值确认接受资产的计税基础。

（3）被分立企业继续存在时，其股东取得的对价应视同被分立企业分配进行处理。

（4）被分立企业不再继续存在时，被分立企业及其股东都应按清算进行所得税处理。

（5）企业分立相关企业的亏损不得相互结转弥补。

三、企业重组的特殊性税务处理方法

1. 适用特殊性税务处理的条件。

企业重组同时符合下列条件的，适用特殊性税务处理规定：

(1)具有合理的商业目的，且不以减少、免除或者推迟缴纳税款为主要目的。

(2)被收购、合并或分立部分的资产或股权比例符合下文中相关条款规定的比例。

(3)企业重组后的连续 12 个月内不改变重组资产原来的实质性经营活动。

(4)重组交易对价中涉及股权支付金额符合下文中相关条款规定的比例。

(5)企业重组中取得股权支付的原主要股东，在重组后连续 12 个月内，不得转让所取得的股权。

2. 企业重组符合上述特殊性税务处理条件的，交易各方对其交易中的股权支付部分可以按以下规定进行特殊性税务处理。

(1)企业债务重组确认的应纳税所得额占该企业当年应纳税所得额 50%以上，可以在 5 个纳税年度的期间内，均匀计入各年度的应纳税所得额。

企业发生债权转股权业务，对债务清偿和股权投资两项业务暂不确认有关债务清偿所得或损失，股权投资的计税基础以原债权的计税基础确定。企业的其他相关所得税事项保持不变。

(2)股权收购，收购企业购买的股权不低于被收购企业全部股权的 50%，且收购企业在该股权收购发生时的股权支付金额不低于其交易支付总额的 85%，可以选择按以下规定处理。

①被收购企业的股东取得收购企业股权的计税基础，以被收购股权的原有计税基础确定。

②收购企业取得被收购企业股权的计税基础，以被收购股权的原有计税基础确定。

③收购企业、被收购企业的原有各项资产和负债的计税基础和其他相关所得税事项保持不变。

(3)资产收购，受让企业收购的资产不低于转让企业全部资产的 50%，且受让企业在资产收购发生时的股权支付金额不低于其交易支付总额的 85%可以选择按以下规定处理。

①转让企业取得受让企业股权的计税基础，以被转让资产的原有计税基础确定。

②受让企业取得转让企业资产的计税基础，以被转让资产的原有计税基础确定。

(4)企业合并，企业股东在该企业合并发生时取得的股权支付金额不低于其交易支付总额的 85%，以及同一控制下且不需要支付对价的企业合并，可以选择按以下规定处理。

①合并企业接受被合并企业资产和负债的计税基础，以被合并企业的原有计税基础确定。

②被合并企业合并前的相关所得税事项由合并企业承继。

③可由合并企业弥补的被合并企业亏损的限额＝被合并企业净资产公允价值×截至合并业务发生当年年末国家发行的最长期限的国债利率。

④被合并企业股东取得合并企业股权的计税基础，以其原持有的被合并企业股权的计税基础确定。

(5)企业分立，被分立企业所有股东按原持股比例取得分立企业的股权，分立企业和被分立企业均不改变原来的实质经营活动，且被分立企业股东在该企业分立发生时取得的股权支付金额不低于其交易支付总额的85%，可以选择按以下规定处理。

①分立企业接受被分立企业资产和负债的计税基础，以被分立企业的原有计税基础确定。

②被分立企业已分立出去资产相应的所得税事项由分立企业承继。

③被分立企业未超过法定弥补期限的亏损额可按分立资产占全部资产的比例进行分配，由分立企业继续弥补。

④被分立企业的股东取得分立企业的股权(以下简称“新股”)，如需部分或全部放弃原持有的被分立企业的股权(以下简称“旧股”)，“新股”的计税基础应以放弃“旧股”的计税基础确定。如不需放弃“旧股”，则其取得“新股”的计税基础可从以下两种方法中选择确定：直接将“新股”的计税基础确定为零；或者以被分立企业分立出去的净资产占被分立企业全部净资产的比例先调减原持有的“旧股”的计税基础，再将调减的计税基础平均分配到“新股”上。

(6)重组交易各方按上述第(1)至(5)项规定对交易中股权支付暂不确认有关资产的转让所得或损失的，其非股权支付仍应在交易当期确认相应的资产转让所得或损失，并调整相应资产的计税基础。

$$\begin{array}{c}\text{非股权支付对应的}\\\text{资产转让所得或损失}\end{array}=\left(\begin{array}{c}\text{被转让资产的}\\\text{公允价值}\end{array}-\begin{array}{c}\text{被转让资产的}\\\text{计税基础}\end{array}\right)\times\left(\begin{array}{c}\text{非股权}\\\text{支付金额}\end{array}\div\begin{array}{c}\text{被转让资产的}\\\text{公允价值}\end{array}\right)$$

3. 企业发生涉及中国境内与境外之间(包括港、澳、台地区)的股权和资产收购交易，除应符合上述“1. 适用特殊性税务处理的条件”外，还应同时符合下列条件，才可选择适用特殊性税务处理规定。

(1)非居民企业向其100%直接控股的另一非居民企业转让其拥有的居民企业股权，没有因此造成以后该项股权转让所得预提税负担变化，且转让方非居民企业向主管税务机关书面承诺在3年(含3年)内不转让其拥有受让方非居民企业的股权。

(2)非居民企业向与其具有100%直接控股关系的居民企业转让其拥有的另一居民企业股权。

(3)居民企业以其拥有的资产或股权向其100%直接控股的非居民企业进行投资。

(4)财政部、国家税务总局核准的其他情形。

上述第(3)项所指的居民企业以其拥有的资产或股权向其100%直接控股关系的非居民企业进行投资,其资产或股权转让收益如选择特殊性税务处理,可以在10个纳税年度内均匀计入各年度应纳税所得额。

4.在企业吸收合并中,合并后的存续企业性质及适用税收优惠的条件未发生改变的可以继续享受合并前该企业剩余期限的税收优惠,其优惠金额按存续企业合并前一年的应纳税所得额(亏损计为零)计算。

在企业存续分立中,分立后的存续企业性质及适用税收优惠的条件未发生改变的,可以继续享受分立前该企业剩余期限的税收优惠,其优惠金额按该企业分立前一年的应纳税所得额(亏损计为零)乘以分立后存续企业资产占分立前该企业全部资产的比例计算。

5.企业在重组发生前后连续12个月内分步对其资产、股权进行交易,应根据实质重于形式原则将上述交易作为一项企业重组交易进行处理。

6.企业发生符合《财政部 国家税务总局关于企业重组业务企业所得税处理若干问题的通知》(财税〔2009〕59号)规定的特殊性重组条件并选择特殊性税务处理的,当事各方应在该重组业务完成当年企业所得税年度申报时,向主管税务机关提交书面备案资料,证明其符合各类特殊性重组规定的条件。企业未按规定书面备案的,一律不得按特殊重组业务进行税务处理。

根据《国家税务总局关于发布〈企业重组业务企业所得税管理办法〉的公告》(国家税务总局公告2010年第4号)的规定,同一重组业务的当事各方应采取一致税务处理原则,即统一按一般性或特殊性税务处理。当事方的其中一方在规定时间内发生生产经营业务、公司性质、资产或股权结构等情况变化、致使重组业务不再符合特殊性税务处理条件的,发生变化的当事方应在情况发生变化的30日内书面通知其他所有当事方。主导方在接到通知后30日内将有关变化通知主管税务机关。

7.关于非居民企业股权转让适用特殊性税务处理有关规定。

根据《国家税务总局关于非居民企业股权转让适用特殊性税务处理有关问题的公告》(国家税务总局公告2013年第72号),对于非居民企业股权转让适用特殊性税务处理有关问题规定如下。

(1)股权转让是指非居民企业发生上述第3条中第(1)项、第(2)项规定的情形;其中第(1)项规定的情形包括因境外企业分立、合并导致中国居民企业股权被转让的情形。

(2)非居民企业股权转让选择特殊性税务处理的,应于股权转让合同或协议生效且完成工商变更登记手续30日内进行备案。属于上述第3条中第(1)项情形的,由转让方向被转让企业所在地所得税主管税务机关备案;属于上述第3条中第(2)项情形的,由受让方向其所在地所得税主管税务机关备案。

股权转让方或受让方可以委托代理人办理备案事项;代理人在代为办理备案事项时,应向主管税务机关出具备案人的书面授权委托书。

(3)股权转让方、受让方或其授权代理人(以下简称备案人)办理备案时应填报以下资料。

①《非居民企业股权转让适用特殊性税务处理备案表》。

②股权转让业务总体情况说明，应包括股权转让的商业目的、证明股权转让符合特殊性税务处理条件、股权转让前后的公司股权架构图等资料。

③股权转让业务合同或协议（外文文本的同时附送中文译本）。

④工商（现为市场监管）等相关部门核准企业股权变更事项证明资料。

⑤截至股权转让时，被转让企业历年的未分配利润资料。

⑥税务机关要求的其他材料。

以上资料已经向主管税务机关报送的，备案人可不再重复报送。其中以复印件向税务机关提交的资料，备案人应在复印件上注明本复印件与原件一致字样，并签字后加盖备案人印章；报送中文译本的，应在中文译本上注明本译文与原文表述内容一致字样并签字后加盖备案人印章。

(4)主管税务机关应当按规定受理备案，资料齐全的，应当场在《非居民企业股权转让适用特殊性税务处理备案表》上签字盖章，并退1份给备案人；资料不齐全的，不予受理，并告知备案人各应补正事项。

(5)非居民企业发生股权转让属于上述第3条中第(1)项情形的，主管税务机关应当自受理之日起30个工作日内就备案事项进行调查核实、提出处理意见，并将全部备案资料以及处理意见层报省（含自治区、直辖市和计划单列市，下同）税务机关。

税务机关在调查核实时，如发现此种股权转让情形造成以后该项股权转让所得预提税负担变化，包括转让方把股权由应征税的国家或地区转让到不征税或低税率的国家或地区，应不予适用特殊性税务处理。

(6)非居民企业发生股权转让属于上述第3条中第(2)项情形的，应区分以下两种情形予以处理。

①受让方和被转让企业在同一省的，按照上述第(5)项规定执行。

②受让方和被转让企业不在同一省的，受让方所在地省税务机关收到主管税务机关意见后30日内，应向被转让企业所在地省税务机关发出《非居民企业股权转让适用特殊性税务处理告知函》。

(7)自2015年6月1日起，非居民企业股权转让适用特殊性税务处理备案后经调查核实不符合条件的，应调整适用一般性税务处理，按照有关规定缴纳企业所得税。非居民企业股权转让适用特殊性税务处理未进行备案的，税务机关应告知其按照国家税务总局2013年第72号公告第二条、第三条的规定办理备案手续。

(8)非居民企业发生股权转让属于上述第3条中第(1)项情形且选择特殊性税务处理的，转让方和受让方不在同一国家（地区）的，若被转让企业股权转让前的未分配利润在转让后分配给受让方的，不享受受让方所在国家（地区）与中国签订的税收协定（含税收安排）的股息减税优惠待遇，并由被转让企业按税法相关规定代扣代缴企业所得税，到其所在地所得税主管税务机关申报缴纳。

四、股权、资产划转

1. 自 2014 年 1 月 1 日起，对 100%直接控制的居民企业之间，以及受同一或相同多家居民企业 100%直接控制的居民企业之间按账面净值划转股权或资产，凡具有合理商业目的、不以减少、免除或者推迟缴纳税款为主要目的，股权或资产划转后连续 12 个月内不改变被划转股权或资产原来实质性经营活动，且划出方企业和划入方企业均未在会计上确认损益的，可以选择按以下规定进行特殊性税务处理。

(1)划出方企业和划入方企业均不确认所得。

(2)划入方企业取得被划转股权或资产的计税基础，以被划转股权或资产的原账面净值确定。

(3)划入方企业取得的被划转资产，应按其原账面净值计算折旧扣除。

2. 上述“100%直接控制的居民企业之间，以及受同一或相同多家居民企业 100%直接控制的居民企业之间按账面净值划转股权或资产”，限于以下情形。

(1)100%直接控制的母子公司之间，母公司向子公司按账面净值划转其持有的股权或资产，母公司获得子公司 100%的股权支付。母公司按增加长期股权投资处理，子公司按接受投资(包括资本公积，下同)处理。母公司获得子公司股权的计税基础以划转股权或资产的原计税基础确定。

(2)100%直接控制的母子公司之间，母公司向子公司按账面净值划转其持有的股权或资产，母公司没有获得任何股权或非股权支付。母公司按冲减实收资本(包括资本公积，下同)处理，子公司按接受投资处理。

(3)100%直接控制的母子公司之间，子公司向母公司按账面净值划转其持有的股权或资产，子公司没有获得任何股权或非股权支付。母公司按收回投资处理，或按接受投资处理，子公司按冲减实收资本处理。母公司应按被划转股权或资产的原计税基础，相应调减持有子公司股权的计税基础。

(4)受同一或相同多家母公司 100%直接控制的子公司之间，在母公司主导下，一家子公司向另一家子公司按账面净值划转其持有的股权或资产，划出方没有获得任何股权或非股权支付。划出方按冲减所有者权益处理，划入方按接受投资处理。

3. 上述“股权或资产划转后连续 12 个月内不改变被划转股权或资产原来实质性经营活动”，是指自股权或资产划转完成日起连续 12 个月内不改变被划转股权或资产原来实质性经营活动。

股权或资产划转完成日，是指股权或资产划转合同(协议)或批复生效，且交易双方已进行会计处理的日期。

4. 上述进行特殊性税务处理的股权或资产划转，交易双方应在协商一致的基础上采取一致处理原则统一进行特殊性税务处理。

5. 上述“划入方企业取得被划转股权或资产的计税基础，以被划转股权或资产的原账面净值确定”，是指划入方企业取得被划转股权或资产的计税基础，以被划转股权或资产的原计税基础确定。

“划入方企业取得的被划转资产，应按其原账面净值计算折旧扣除”，是指划入方企业取得的被划转资产，应按被划转资产的原计税基础计算折旧扣除或摊销。

6.交易双方应在企业所得税年度汇算清缴时，分别向各自主管税务机关报送《居民企业资产(股权)划转特殊性税务处理申报表》[见《国家税务总局关于资产(股权)划转企业所得税征管问题的公告》(国家税务总局公告 2015 年第 40 号)]和相关资料(一式两份)。

相关资料包括：

(1)股权或资产划转总体情况说明，包括基本情况、划转方案等，并详细说明划转的商业目的。

(2)交易双方或多方签订的股权或资产划转合同(协议)，需有权部门(包括内部和外部)批准的，应提供批准文件。

(3)被划转股权或资产账面净值和计税基础说明。

(4)交易双方按账面净值划转股权或资产的说明(需附会计处理资料)。

(5)交易双方均未在会计上确认损益的说明(需附会计处理资料)。

(6)12 个月内不改变被划转股权或资产原来实质性经营活动的承诺书。

7.交易双方应在股权或资产划转完成后的下一年度的企业所得税年度申报时，各自向主管税务机关提交书面情况说明，以证明被划转股权或资产自划转完成日后连续 12 个月内，没有改变原来的实质性经营活动。

8.交易一方在股权或资产划转完成日后连续 12 个月内发生生产经营业务、公司性质、资产或股权结构等情况变化，致使股权或资产划转不再符合特殊性税务处理条件的，发生变化的交易一方应在情况发生变化的 30 日内报告其主管税务机关，同时书面通知另一方。另一方应在接到通知后 30 日内将有关变化报告其主管税务机关。

9.上述第 8 条所述情况发生变化后 60 日内，原交易双方应按以下规定进行税务处理。

(1)属于上述第 2 条第(1)项规定情形的，母公司应按原划转完成时股权或资产的公允价值视同销售处理，并按公允价值确认取得长期股权投资的计税基础；子公司按公允价值确认划入股权或资产的计税基础。

属于上述第 2 条第(2)项规定情形的，母公司应按原划转完成时股权或资产的公允价值视同销售处理；子公司按公允价值确认划入股权或资产的计税基础。

属于上述第 2 条第(3)项规定情形的，子公司应按原划转完成时股权或资产的公允价值视同销售处理；母公司应按撤回或减少投资进行处理。

属于上述第 2 条第(4)项规定情形的，划出方应按原划转完成时股权或资产的公允价值视同销售处理；母公司根据交易情形和会计处理对划出方按分回股息进行处理，或者按撤回或减少投资进行处理，对划入方按股权或资产的公允价值进行投资处理；划入方按接受母公司投资处理，以公允价值确认划入股权或资产的计税基础。

(2)交易双方应调整划转完成纳税年度的应纳税所得额及相应股权或资产的计税基础，向各自主管税务机关申请调整划转完成纳税年度的企业所得税年度申报表，依法计算缴纳企业所得税。

10.交易双方的主管税务机关应对企业申报适用特殊性税务处理的股权或资产划转加强后续管理。

五、基础设施 REITs 试点税收政策

基础设施领域不动产投资信托基金(以下简称基础设施 REITs)，是一种由基金管理人运营，通过发行基金份额获得资金的基金类金融产品，其投资标的为不动产，以不动产运营中产生的收益为回报，按投资者持有的份额回馈给投资者。《中国证监会 国家发展改革委关于推进基础设施领域不动产投资信托基金(REITs)试点相关工作的通知》(证监发〔2020〕40 号)明确，基础设施 REITs 是国际通行的配置资产，具有流动性较高、收益相对稳定、安全性较强等特点，能有效盘活存量资产，填补当前金融产品空白，拓宽社会资本投资渠道，提升直接融资比重，增强资本市场服务实体经济质效。为支持基础设施 REITs，财政部、税务总局决定自 2021 年 1 月 1 日起施行以下税收政策。

1.设立基础设施 REITs 前，原始权益人向项目公司划转基础设施资产相应取得项目公司股权，适用特殊性税务处理，即项目公司取得基础设施资产的计税基础，以基础设施资产的原计税基础确定；原始权益人取得项目公司股权的计税基础，以基础设施资产的原计税基础确定。原始权益人和项目公司不确认所得，不征收企业所得税。

2.基础设施 REITs 设立阶段，原始权益人向基础设施 REITs 转让项目公司股权实现的资产转让评估增值，当期可暂不缴纳企业所得税，允许递延至基础设施 REITs 完成募资并支付股权转让价款后缴纳。其中，对原始权益人按照战略配售要求自持的基础设施 REITs 份额对应的资产转让评估增值，允许递延至实际转让时缴纳企业所得税。

原始权益人通过二级市场认购(增持)该基础设施 REITs 份额，按照先进先出原则认定优先处置战略配售份额。

3.对基础设施 REITs 运营、分配等环节涉及的税收，按现行税收法律法规的规定执行。

4.适用范围为证监会、发展改革委根据有关规定组织开展的基础设施 REITs 试点项目。2021 年 1 月 1 日前发生的符合上述规定的事项，可按上述规定享受相关政策。

★习题精练及答案解析

一、单项选择题

1. 甲企业收购乙企业90%的实质经营性资产，该批资产公允价值为1 800万元，原有计税基础为1 000万元。甲企业支付的对价为本企业股权1 600万元和银行存款200万元。假设该项资产收购符合企业所得税特殊性税务处理的条件，则甲企业取得资产的计税基础应确定为（　　）万元。

A. 1 200　　B. 1 088.89　　C. 1 320　　D. 1 360

【参考答案】 B

【答案解析】 受让企业取得转让企业资产的计税基础，以被转让资产的原有计税基础确定，注意不是等于原资产的计税基础，是以这个原计税基础乘以股权支付部分所占的比例，然后加上支付的非股权支付额计算。题目中1 000×(1 600÷1 800)是股权支付部分的计税基础(按原计税基础确认)，200万元是非股权支付部分的公允价值。甲企业取得资产的计税基础=1 000×(1 600÷1 800)+200=1 088.89(万元)。

交易各方对其交易中的股权支付部分，可按以下规定进行特殊性税务处理：(1)企业债务重组确认的应纳税所得额占该企业当年应纳税所得额50%以上，可以在5个纳税年度的期间内，均匀计入各年度的应纳税所得额。(2)企业发生债权转股权业务，对债务清偿和股权投资两项业务暂不确认有关债务清偿所得或损失，股权投资的计税基础以原债权的计税基础确定。企业的其他相关所得税事项保持不变。重组交易各方按上述规定对交易中股权支付暂不确认有关资产的转让所得或损失的，其非股权支付仍应在交易当期确认相应的资产转让所得或损失，并调整相应资产的计税基础。非股权支付对应的资产转让所得或损失=(被转让资产的公允价值-被转让资产的计税基础)×(非股权支付金额÷被转让资产的公允价值)。(3)股权收购，收购企业购买的股权不低于被收购企业全部股权的50%，且收购企业在该股权收购发生时的股权支付金额不低于其交易支付总额的85%，可以选择按以下规定处理：①被收购企业的股东取得收购企业股权的计税基础，以被收购股权的原有计税基础确定。②收购企业取得被收购企业股权的计税基础，以被收购股权的原有计税基础确定。③收购企业、被收购企业的原有各项资产和负债的计税基础和其他相关所得税事项保持不变。(4)资产收购，受让企业收购的资产不低于转让企业全部资产的50%，且受让企业在该资产收购发生时的股权支付金额不低于其交易支付总额的85%，可以选择按以下规定处理：①转让企业取得受让企业股权的计税基础，以被转让资产的原有计税基础确定。②受让企业取得转让企业资产的计税基础，以被转让资产的原有计税基础确定。(5)企业合并，企业股东在该企业合并发生时取得的股权支付金额不低于其交易支付总额的85%，以及同一控制下且不需要支付对价的企业合并，可以选择按以下规定处理：①合并企业接受被合并企业资产和负债的计税基础，以被合并企业的原有计税基础确定。②被合并企业合并前的相关所得税事项由合并企业承继。③可由合并企业弥补的被合并企业亏损的限额=被合并企业净资产公允价值×截至合并业务发生当年年末国家发行的最长期限的国债利率。④被合并企业股东取得合并企业股权的计税基础，以其原持有的被合并企业股权的计税基础确定。

2. 甲公司为乙公司的全资子公司。2023 年 12 月为激活经营，乙公司将账面净值 1 000 万元，市场公允价值 1 500 万元的资产划转给甲公司，甲公司预计 12 个月内不会改变资产的实质性经营活动。甲、乙公司均不在会计上确认损益，该资产划转选择特殊性税务处理。下列有关税务处理的说法，正确的是(　　)

A. 乙公司应确认资产处置所得 500 万元

B. 甲公司取得的划转资产的计税基础为 1500 万元

C. 甲、乙公司使用特殊性税务重组需经过税务机关审批

D. 甲公司应按照 1 000 万元计提折旧扣除

【参考答案】 D

【答案解析】 选项 AB，选择特殊重组，其取得的资产的计税基础应以资产的原计税基础确认，所以这里计税基础应为 1 000 万元，乙公司不应确认所得；选项 C，纳税人选择特殊重组，应在重组完成当年企业所得税纳税申报时向税务局备案，不需要税务局审批。

3. 2023 年 6 月，A 企业吸收合并 B 企业，B 企业全部资产公允价值为 5 700 万元、全部负债为 3 200 万元、未超过弥补年限的亏损额为 620 万元。合并时，A 企业支付给 B 企业的股权支付额为 2 300 万元、银行存款 200 万元。该合并业务符合企业重组特殊性税务处理的条件，且 A 企业选择按照特殊性税务处理的规定处理。假定当年年末国家发行的最长期限的国债年利率为 6%，则可由 A 企业弥补的 B 企业的亏损额为(　　)万元。

A. 0　　　B. 150　　　C. 570.4　　　D. 620

【参考答案】 B

【答案解析】 企业合并适用特殊性税务处理方法的，可由合并企业弥补的被合并企业亏损的限额=被合并企业净资产公允价值×截至合并业务发生当年年末国家发行的最长期限的国债利率=(5 700-3 200)×6%=150(万元)<620 万元，因此可由 A 企业弥补的 B 企业的亏损额为 150 万元。

4. 甲公司共有股权 10 000 万股，为了将来更好地发展，将 90%的股权转让给乙公司收购，然后成为乙公司的子公司。假定收购日甲公司每股资产的计税基础为 8 元，每股资产的公允价值为 10 元。在收购对价中乙公司以股权形式支付 82 000 万元，以银行存款支付 8 000 万元。假定符合特殊性税务处理，则甲公司应缴纳企业所得税(　　)万元。

A. 500　　B. 495.45　　C. 485.45　　D. 400

【参考答案】 D

【答案解析】 该股权收购符合企业重组的特殊性税务处理，只就非股权支付的部分缴纳企业所得税。甲公司取得非股权支付额对应的资产转让所得＝(被转让资产的公允价值－被转让资产的计税基础)×(非股权支付金额÷被转让资产的公允价值)＝(90 000－72 000)×(8 000÷90 000)＝1 600(万元)，应缴纳企业所得税＝1 600×25%＝400(万元)。

5. 甲企业持有乙企业93%的股权，共计3 000万股。2023年8月丙企业决定收购甲企业所持有的乙企业全部股权，该股权每股计税基础为10元、收购日每股公允价值为12元。在收购中丙企业以公允价值为32 400万元的股权以及3 600万元银行存款作为支付对价。假定该收购行为符合且企业选择特殊性税务处理，则甲企业股权转让的应纳税所得额为(　　)万元。

A. 300　　B. 600　　C. 5 400　　D. 6 000

【参考答案】 B

【答案解析】 对于被收购企业的股东取得的收购企业股权的计税基础，以被收购股权的原有计税基础确定。所以股权支付的部分不确认所得和损失，对于非股权支付的部分，要按照规定确认所得和损失，依法计算缴纳企业所得税。

甲企业转让股权的应纳税所得额＝(3 000×12－3 000×10)×3600÷(32 400＋3 600)＝600(万元)。

6. 下列关于企业合并实施一般性税务处理的说法，正确的是(　　)。

A. 被合并企业的亏损可按比例在合并企业结转弥补

B. 合并企业应按照账面净值确认被合并企业各项资产的计税基础

C. 被合并企业股东应按清算进行所得税处理

D. 合并企业应按照协商价格确认被合并企业各项负债的计税基础

【参考答案】 C

【答案解析】 选项A，被合并企业的亏损不得在合并企业结转弥补；选项BD，合并企业应按公允价值确定接受被合并企业各项资产和负债的计税基础；选项C，被合并企业及其股东都应按清算进行所得税处理。要特别注意与特殊性税务处理的区分，企业合并，当事各方应按下列规定处理：(1)合并企业应按公允价值确定接受被合并企业各项资产和负债的计税基础。(2)被合并企业及其股东都应按清算进行所得税处理。(3)被合并企业的亏损不得在合并企业结转弥补。

7. 基础设施REITs设立阶段，原始权益人通过二级市场认购(增持)该基础设施REITs份额，按照(　　)原则认定优先处置战略配售份额。

A. 先进先出　　B. 加权平均　　C. 移动加权平均　　D. 后进先出

【参考答案】 A

【答案解析】 根据《财政部 税务总局关于基础设施领域不动产投资信托基金(RE-

ITs)试点税收政策的公告》(财政部 税务总局公告 2022 年第 3 号),原始权益人通过二级市场认购(增持)该基础设施 REITs 份额,按照先进先出原则认定优先处置战略配售份额。

二、多项选择题

1. 下列关于企业重组的说法,符合特殊性税务处理条件规定的有(　　)。

A. 收购企业购买的股权不低于被收购企业全部股权的 50%

B. 企业重组后的连续 12 个月内不改变重组资产原来的实质性经营活动

C. 具有合理的商业目的,且不以减少、免除或者推迟缴纳税款为主要目的

D. 收购企业在该股权收购发生时的股权支付金额不得低于其交易支付总额的 75%

E. 企业重组中取得股权支付的原主要股东,在重组后连续 12 个月内不得转让所取得的股权

【参考答案】 ABCE

【答案解析】 企业重组同时符合下列条件的,适用特殊性税务处理规定:(1)具有合理的商业目的,且不以减少、免除或者推迟缴纳税款为主要目的;(2)被收购、合并或分立部分的资产或股权比例符合规定的比例(50%);(3)企业重组后的连续 12 个月内不改变重组资产原来的实质性经营活动;(4)重组交易对价中涉及股权支付金额符合规定比例(85%);(5)企业重组中取得股权支付的原主要股东,在重组后连续 12 个月内,不得转让所取得的股权。

2. 下列关于企业重组中债务重组的相关表述,正确的有(　　)。

A. 企业债务重组实际上是债权人对于债务人的债务做出让步的事项

B. 企业债务重组根据适用的条件不同,可分为一般性和特殊性税务处理方法

C. 企业债务重组需要具有合理的商业目的,且不以减少、免除或者推迟缴纳税款为主要目的

D. 企业债务重组确认的应纳税所得额需占企业当年应纳税所得额 30%以上

E. 企业债务重组后的连续 12 个月内不得改变重组资产原来的实质性经营活动

【参考答案】 ABCE

【答案解析】 选项 D,企业债务重组确认的应纳税所得额需占企业当年应纳税所得额 50%以上。

3. 甲股份公司共有股权 1 000 万股,为了将来有更好的发展,将 80%的股权让乙公司收购,然后成为乙公司的子公司。收购日甲公司每股资产的计税基础为 7 元,每股资产的公允价值为 9 元,在收购对价中乙公司以股权形式支付 6 480 万元,以银行存款支付 720 万元。该股权收购业务符合企业重组特殊税务处理的条件且选择此方法执行。下列对于此项业务企业所得税税务处理的表述中,正确的有(　　)。

A. 非股权支付额对应的资产转让所得为 160 万元

B. 非股权支付额对应的资产转让所得为 72 万元

C. 甲公司股东取得乙公司股权的计税基础为 5 040 万元

D. 乙公司取得甲公司股权的计税基础为 5 760 万元

E. 此项业务暂不确认股权转让所得

【参考答案】 ACD

【答案解析】 该股权收购中乙公司股权支付金额占交易支付总额的比例＝6 480÷(6 480＋720)×100％＝90％，非股权支付比例＝1－90％＝10％。选项 A 正确，选项 B 错误。非股权支付额对应的资产转让所得或损失＝(被转让资产的公允价值－被转让资产的计税基础)×(非股权支付金额÷被转让资产的公允价值)＝1 000×80％×(9－7)×10％＝160(万元)。选项 C 正确，甲公司股东取得乙公司股权的计税基础＝1 000×80％×90％×7＝5 040(万元)。选项 D 正确，乙公司取得甲公司股权的计税基础＝720＋1 000×80％×(1－10％)×7＝5 760(万元)。选项 E 错误，此项业务应确认股权转让所得。

4. 下列关于企业资产收购重组的一般性税务处理的表述中，正确的有(　　)。

A. 被收购方应确认资产的转让所得或损失

B. 收购方取得资产的计税基础应以公允价值为基础确定

C. 被收购企业的相关所得税事项原则上保持不变

D. 受让方取得转让企业资产的计税基础以被转让资产的原有计税基础确定

【参考答案】 ABC

【答案解析】 企业股权收购、资产收购重组交易，相关交易的处理：(1)被收购方应确认股权、资产转让所得或损失；(2)收购方取得股权或资产的计税基础应以公允价值为基础确定；(3)被收购企业的相关所得税事项原则上保持不变。

5. 企业实施合并重组，适用企业所得税一般性税务处理方法时，下列处理正确的有(　　)。

A. 被合并企业的亏损不得在合并企业结转弥补

B. 合并企业应按照账面价值确定接受被合并企业负债的计税基础

C. 被合并企业及其股东都应按清算进行所得税处理

D. 合并企业应按公允价值确定接受被合并企业各项资产的计税基础

【参考答案】 ACD

【答案解析】 企业重组一般性税务处理方法下的企业合并，当事各方应按下列规定处理：(1)合并企业应按公允价值确定接受被合并企业各项资产和负债的计税基础；(2)被合并企业及其股东都应按清算进行所得税处理；(3)被合并企业的亏损不得在合并企业结转弥补。

三、综合实务题

1. 某外资持股25%的重型机械生产企业，2022年全年主营业务收入7 500万元，其他业务收入2 300万元，营业外收入1 200万元，主营业务成本6 000万元，其他业务成本1 300万元，营业外支出800万元，税金及附加420万元，销售费用1 800万元，管理费用1 200万元，财务费用180万元，投资收益1 400万元，资产处置收益300万元。当年发生的部分具体业务如下。

(1)通过县级政府向社会公共设施建设部门捐赠236.4万元。

(2)向95%持股的境内子公司转让一项账面余值(计税基础)为500万元的专利技术，取得转让收入700万元，该项转让已经省科技部门认定登记。

(3)实际发放职工工资1 400万元，发生职工福利费支出200万元，拨缴工会经费30万元并取得专用收据，发生职工教育经费支出25万元，以前年度累计结转至本年的职工教育经费扣除额为5万元。

(4)发生广告支出1 542万元。发生业务招待费支出90万元，其中有20万元未取得合法票据。

(5)从事《国家重点支持的高新技术领域》规定项目的研究开发活动，对研发费用实行专账管理，发生研发费用支出150万元(未形成无形资产计入当期损益)。

(6)就2022年税后利润向全体股东分配股息1 000万元，另向境外股东支付不含税特许权使用费50万元。

(其他相关资料：除非特别说明，各扣除项目均已取得有效凭证，相关优惠已办理必要手续。)

要求：根据上述资料，回答下列问题，如有计算需计算出合计数。

(1)计算业务(1)应调整的应纳税所得额。

(2)计算业务(2)应调整的应纳税所得额。

(3)计算业务(3)应调整的应纳税所得额。

(4)计算业务(4)应调整的应纳税所得额。

(5)计算业务(5)应调整的应纳税所得额。

(6)分别计算业务(6)应扣缴的增值税税额、预提所得税税额。

(7)计算该企业2022年应纳企业所得税税额。

【参考答案及解析】

(1)会计利润＝7 500＋2 300＋1 200－6 000－1 300－800－420－1 800－1 200－180＋1 400＋300＝1 000(万元)，公益性捐赠的扣除限额＝1 000×12%＝120(万元)，应调增应纳税所得额＝236.4－120＝116.4(万元)。

(2)应调减应纳税所得额＝700－500＝200(万元)。居民企业从直接或间接持有股权之和达到100%的关联方取得的技术转让所得，不享受技术转让减免企业所得税的优惠政策。95%的持股比例下，可以享受转让所得不超过500万元部分免征企业所得税的优惠政策。

(3)福利费扣除限额=1 400×14%=196(万元)，应调增应纳税所得额=200−196=4(万元)。工会经费扣除限额=1 400×2%=28(万元)，应调增应纳税所得额=30−28=2(万元)，职工教育经费扣除限额=1 400×8%=112(万元)。职工教育经费支出可全额扣除，并可扣除上年结转的扣除额5万元，应调减应纳税所得额5万元。合计调增应纳税所得额=4+2−5=1(万元)。

(4)计算广告费和业务宣传费扣除的基数=7 500+2 300=9 800(万元)，可以扣除的广告费限额=9 800×15%=1 470(万元)，当年发生的1 542万元广告费应作纳税调增，应调增应纳税所得额=1 542−1 470=72(万元)。业务招待费限额1=9 800×5‰=49(万元)。业务招待费限额2=(90−20)×60%=42(万元)，税前允许扣除42万元，应调增应纳税所得额=90−42=48(万元)。合计应调增应纳税所得额=72+48=120(万元)。

(5)研发费用按照100%加计扣除。应调减应纳税所得额=150×100%=150(万元)。

(6)分配股息应扣缴境外股东预提所得税=1 000×25%×10%=25(万元)，支付特许权使用费应扣缴增值税=50×6%=3(万元)，支付特许权使用费应扣缴预提所得税=50×10%=5(万元)，合计应扣缴的预提所得税=25+5=30(万元)。

(7)应纳税所得额=1 000+116.4−200+1+120−150=887.4(万元)。

应纳所得税税额=887.4×25%=221.85(万元)。

2.甲公司为增值税一般纳税人(属于非制造业)。2022年发生经营业务如下。

(1)环境污染治理设施运营维护取得不含税收入4 600万元，成本为1 200万元。

(2)6月，甲公司受托采用焚烧方式进行专业化处理废弃物一批，收取垃圾处理费不含税收入9万元，对处理后产生的货物归该企业所有，并对货物进行了销售，收取购买方全部款项为1.13万元。

(3)发生管理费用400万元。其中含境内新技术研究开发费用75万元，委托境外企业进行技术研发，支付研发费用60万元；还包含业务招待费100万元。

(4)发生财务费用40万元。其中，1月1日以集资方式筹集生产性资金300万元，期限1年，支付利息费用30万元(同期银行贷款年利率6%)。

(5)销售费用20万元。其中，10月与具有合法经营资格的中介服务机构签订服务合同。合同上注明对方介绍给甲公司120万元收入的劳务项目，甲公司支付中介服务机构佣金18万元。

(6)7月甲公司购入机器设备一台，取得增值税专用发票上注明价款50万元，增值税6.5万元，设备使用期为5年，预计无残值，当月投入使用。甲公司当年计入管理费用的折旧费为4.17万元。税法上选择一次性在税前扣除。

(7)8月为解决职工子女上学问题，直接向某小学捐款40万元，在营业外支出中列支。

(8)甲公司将持有的乙公司10万股股权的80%转让给丙公司。假定收购日乙公司每股资产的计税基础为7元,每股资产的公允价值为9元。取得丙公司股权支付66万元、银行存款6万元,符合特殊性税务处理的条件。企业会计确认的投资收益为16万元。甲公司认为上述属于免税重组,拟全额进行纳税调减。

(9)全年计入成本、费用的实际发放的合理工资总额800万元(其中含支付给临时工的工资50万元),实际发生职工福利费122万元,拨缴的工会经费18万元,实际发生职工教育经费28万元。

(10)假设甲公司选择按全年实际发生的研发费用乘以2022年10月1日后的经营月份数占其2022年度实际经营月份数的比例,计算第四季度研发费用加计扣除;企业从事环境保护项目"三免三减半"执行期已满,不享受公共垃圾处理所得的企业所得税减免优惠。

要求:根据上述资料,回答下列问题,如有计算需计算出合计数。

(1)判断业务(2)适用的增值税税率,并说明原因。

(2)计算该企业全年取得的销售(营业)收入金额。

(3)计算该企业当年的会计利润。

(4)计算业务(3)中企业研发费用应调整的企业所得税应纳税所得额。

(5)计算业务(3)中企业业务招待费应调整的企业所得税应纳税所得额。

(6)计算业务(4)企业财务费用应调整的企业所得税应纳税所得额。

(7)说明业务(5)企业支付佣金的企业所得税扣除限额计算方法,并计算其应调整的企业所得税应纳税所得额。

(8)计算业务(6)企业当年购入设备应调整的企业所得税应纳税所得额。

(9)计算业务(7)中企业营业外支出应调整的企业所得税应纳税所得额。

(10)指出业务(8)企业特殊性税务处理的纳税处理是否正确。若不正确,计算其正确的纳税调整金额。

(11)计算业务(9)企业当年工资、职工福利费、工会经费、职工教育经费应调整的企业所得税应纳税所得额。

(12)计算该企业当年企业所得税的应纳税所得额。

(13)计算当年企业所得税的应纳税额。

【参考答案及解析】

(1)专业化处理后产生货物,且货物归属受托方的,受托方属于提供"专业技术服务",其收取的处理费用适用6%的增值税税率。受托方将产生的货物用于销售时,适用货物的增值税税率。具体根据如下。

①采取填埋、焚烧等方式进行专业化处理后产生货物,且货物归属委托方的,受托方属于提供"加工劳务",其收取的处理费用适用13%的增值税税率。

②采取填埋、焚烧等方式进行专业化处理后未产生货物,受托方属于提供"现代服务"中的"专业技术服务",其收取的处理费用适用6%的增值税税率。

③采取填埋、焚烧等方式进行专业化处理后产生货物，且货物归属受托方的，受托方属于提供“专业技术服务”，其收取的处理费用适用 6％的增值税税率。受托方将产生的货物用于销售时，适用货物的增值税税率。

（2）销售（营业）收入＝4 600＋9＋1.13÷1.13＝4 610（万元）。

收取购买方全部款项为 1.13 万元，该价款为含税金额，因此计算应税收入应调整为不含税金额。

（3）会计利润＝4 610－1 200－400－40－20－40＋16＝2 926（万元）。

计算会计利润时不涉及纳税调增或者纳税调减，会计利润是计算应纳税所得额的基础，即：应纳税所得额＝会计利润总额±纳税调整项目金额。

（4）境外研发费用实际发生额的 80％＝60×80％＝48（万元），境内符合条件的研发费用的 2/3＝75×2/3＝50（万元），因此境外研发费用加计扣除基数为 48 万元。研发费用应纳税调减合计金额＝（75＋48）×9÷12×75％＋（75＋48）×3÷12×100％＝99.94（万元）。

备注：2022 年适用研发费用税前加计扣除比例 75％的企业，在 2022 年 10 月 1 日至 2022 年 12 月 31 日期间，税前加计扣除比例提高至 100％。企业在 2022 年度企业所得税汇算清缴计算享受研发费用加计扣除优惠时，四季度研发费用可由企业自行选择按实际发生数计算，或者按全年实际发生的研发费用乘以 2022 年 10 月 1 日后的经营月份数占其 2022 年度实际经营月份数的比例计算。

委托境外进行研发活动所发生的费用，按照费用实际发生额的 80％计入委托方的委托境外研究开发费用。委托境外研究开发费用不超过境内符合条件的研究开发费用三分之二的部分，可以按规定在企业所得税前加计扣除。

（5）发生额的 60％＝100×60％＝60（万元），营业收入的 5‰＝4 610×5‰＝23.05（万元），业务招待费应纳税调增金额＝100－23.05＝76.95（万元）。

（6）发生财务费用 40 万元。其中，1 月 1 日以集资方式筹集生产性资金 300 万元，期限 1 年，支付利息费用 30 万元（同期银行贷款年利率 6％）。财务费用应纳税调增金额＝30－300×6％＝12（万元）。

（7）非保险企业，佣金支出的税前扣除限额为服务协议或合同确认的收入金额的 5％。当年佣金支出税前扣除额＝120×5％＝6（万元）。佣金应纳税调增的金额＝18－6＝12（万元）。

（8）纳税调减金额＝50－4.17＝45.83（万元）。

企业在 2018 年 1 月 1 日至 2023 年 12 月 31 日期间新购进的设备、器具，单位价值不超过 500 万元的，允许一次性计入当期成本费用在计算应纳税所得额时扣除，不再分年度计算折旧。甲公司购入机器设备一台，取得增值税专用发票上注明价款 50 万元，可一次性从应纳税所得额中直接扣除。

（9）直接向某小学捐款 40 万元，不属于公益性捐赠支出，在计算应纳税所得额时不得扣除。营业外支出应纳税调增 40 万元。

(10)业务(8)纳税处理错误。企业虽然适用特殊性税务处理,但是非股权支付对应的股权转让部分是不免征企业所得税的。该企业股权重组中取得非股权支付额对应的股权转让所得=(9-7)×10×80%×(6÷72)=1.33(万元),股权支付部分暂不确认转让所得或损失,业务(8)应纳税调减=16-1.33=14.67(万元)。

(11)税前可以扣除的合理工资总额800万元,无需纳税调整。职工福利费税前扣除限额=800×14%=112(万元),应调增应纳税所得额=122-112=10(万元)。职工教育经费税前扣除限额=800×8%=64(万元),实际发生28万元,未超过扣除限额,准予据实扣除。工会经费税前扣除限额=800×2%=16(万元),应调增应纳税所得额=18-16=2(万元)。工资总额、职工福利费、职工教育经费及工会经费共计应调增应纳税所得额=10+2=12(万元)。

(12)应纳税所得额=2 926-99.94+76.95+12+12-45.83+40-14.67+12=2 918.51(万元)。

(13)应纳税额=2 918.51×25%=729.63(万元)。

第八章　房地产开发经营业务的企业所得税处理

一、房地产开发经营业务的概念

根据《国家税务总局关于印发〈房地产开发经营业务企业所得税处理办法〉的通知》(国税发〔2009〕31 号),企业房地产开发经营业务包括土地的开发,建造、销售住宅、商业用房以及其他建筑物、附着物、配套设施等开发产品。

除土地开发之外,其他开发产品符合下列条件之一的,应视为已经完工。

1.开发产品竣工证明材料已报房地产管理部门备案。

2.开发产品已开始投入使用。

3.开发产品已取得了初始产权证明。

开发产品开始投入使用是指房地产开发企业开始办理开发产品交付手续(包括入住手续)或已开始实际投入使用。

房地产开发企业建造,开发的开发产品无论工程质量是否通过验收合格,或是否办理完工(竣工)备案手续以及会计决算手续,当其开发产品开始投入使用时均应视为已经完工。

房地产开发企业开发产品已经完工的,应按规定及时结算开发产品计税成本并计算此前以预售方式销售开发产品所取得收入的实际毛利额,同时将开发产品实际毛利额与其对应的预计毛利额之间的差额,计入当年(完工年度)应纳税所得额。

企业出现《中华人民共和国税收征收管理法》第三十五条规定的情形,税务机关可对其以往应缴的企业所得税按核定征收方式进行征收管理,并逐步规范,同时按《中华人民共和国税收征收管理法》等税收法律、行政法规的规定进行处理,但不得事先确定企业的所得税按核定征收方式进行征收、管理。

二、收入的税务处理

1.开发产品销售收入的范围为销售开发产品过程中取得的全部价款,包括现金、现金等价物及其他经济利益。企业代有关部门、单位和企业收取的各种基金、费用和附加等，凡纳入开发产品价内或由企业开具发票的，应按规定全部确认为销售收入；未纳入开发产品价内并由企业之外的其他授权部门、单位开具发票的，可作为代收代缴款项进行管理。

2.企业通过正式签订《房地产销售合同》或《房地产预售合同》所取得的收入，应确认为销售收入的实现，具体按以下规定确认。

(1)采取一次性全额收款方式销售开发产品的，应于实际收讫价款或取得索取价款凭据(权利)之日，确认收入的实现。

(2)采取分期收款方式销售开发产品的，应按销售合同或协议约定的价款和付款日确认收入的实现。付款方提前付款的，在实际付款日确认收入的实现。

(3)采取银行按揭方式销售开发产品的，应按销售合同或协议约定的价款确定收入额其首付款应于实际收到日确认收入的实现，余款在银行按揭贷款办理转账之日确认收入的实现。

(4)采取委托方式销售开发产品的，应按以下原则确认收入的实现。

①采取支付手续费方式委托销售开发产品的，应按销售合同或协议中约定的价款于收到受托方已销售开发产品清单之日确认收入的事项。

②采取视同买断方式委托销售开发产品的，属于企业与购买方签订销售合同或协议或企业、受托方、购买方三方共同签订销售合同或协议的，如果销售合同或协议中约定的价格高于买断价格，则应按销售合同或协议中约定的价格计算的价款于收到受托方已销发产品清单之日确认收入的实现；如果属于前两种情况中销售合同或协议中约定的价格低于买断价格，以及属于受托方与购买方签订销售合同或协议的，则应按买断价格计算的价款于收到受托方已开发产品清单之日确认收入的实现。

③采取基价(保底价)并实行超基价双方分成方式委托销售开发产品的，属于由企业与购买方签订销售合同或协议，或企业、受托方、购买方三方共同签订销售合同或协议的，如果销售合同或协议中约定的价格高于基价，则应按销售合同或协议中约定的价格计算的价款于收到受托方已销开发产品清单之日确认收入的实现，企业按规定支付受托方的分成额，不得直接从销售收入中减除；如果销售合同或协议约定的价格低于基价，则应按基价计算的价款于收到受托方已销开发产品清单之日确认收入的实现。属于由受托方与购买方直接签订销售合同的，则应按基价加上按规定取得的分成额于收到受托方已开发产品清单之日确认收入的事项。

④采取包销方式委托销售开发产品的，包销期内可根据包销合同的有关约定，参照上述第①至③项规定确认收入的实现；包销期满后尚未出售的开发产品，企业应根据包销合同或协议约定的价款和付款方式确认收入的实现。

3.企业将开发产品用于捐赠、赞助、职工福利、奖励、对外投资、分配给股东或投资人、抵偿债务、换取其他企事业单位和个人的非货币性资产等行为，应视同销售，于开发产品所有权或使用权转移，或于实际取得利益权利时确认收入(或利润)的实现。确认收入(或利润)的方法和顺序为：

(1)按本企业近期或本年度最近月份同类开发产品市场销售价格确定。

(2)由主管税务机关参照当地同类开发产品市场公允价值确定。

(3)按开发产品的成本利润率确定。开发产品的成本利润率不得低于15%，具体比例由主管税务机关确定。

4. 企业销售未完工开发产品的计税毛利率由各省、自治区、直辖市税务局按下列规定进行确定。

(1)开发项目位于省、自治区、直辖市和计划单列市人民政府所在地城市城区和郊区的，不得低于15%。

(2)开发项目位于地级市城区及郊区的，不得低于10%。

(3)开发项目位于其他地区的，不得低于5%。

(4)属于经济适用房、限价房和危改房的，不得低于3%。

5. 企业销售未完工开发产品取得的收入，应先按预计计税毛利率分季(或月)计算出预计毛利额，计入当期应纳税所得额。开发产品完工后，企业应及时结算其计税成本并计算此前销售收入的实际毛利额，同时将其实际毛利额与其对应的预计毛利额之间的差额，计入当年度企业本项目与其他项目合并计算的应纳税所得额。

值得注意的是，从事房地产开发的企业在月(季)度预缴企业所得税时，其销售未完工开发产品取得的预售收入，应当按照税收规定计算应纳税所得额，在《企业所得税月(季)度预缴纳税申报表》中的特定业务计算的应纳税所得额栏次填报。在2021年以前，填入此行的金额是"按照税收规定的预计计税毛利率计算出预计毛利额"；而从2021年1季度开始，填入此行的金额为"按照税收规定的预计计税毛利率计算出预计毛利额，扣除实际缴纳且在会计核算中未计入当期损益的土地增值税等税金及附加后的金额"。

在年度纳税申报时，企业须出具对该项开发产品实际毛利额与预计毛利额之间差异调整情况的报告以及税务机关需要的其他相关资料。

6. 企业新建的开发产品在尚未完工或办理房地产初始登记、取得产权证前，与承租人签订租赁预约协议的，自开发产品交付承租人使用之日起，出租方取得的预租价款按租金确认收入的实现。

三、成本、费用扣除的税务处理

1. 企业在进行成本、费用的核算与扣除时，必须按规定区分期间费用和开发产品计税成本、已销开发产品计税成本与未销开发产品计税成本。

2. 企业发生的期间费用、已开发产品计税成本、税金及附加、土地增值税准予当期按规定扣除。

3. 开发产品计税成本的核算应按有关计税成本核算方法的规定进行处理。

4.已销开发产品的计税成本，按当期已实现销售的可售面积和可售面积单位工程成本确认。可售面积单位工程成本和已销开发产品的计税成本按下列公式计算确定：

可售面积单位工程成本＝成本对象总成本÷成本对象总可售面积

已销开发产品的计税成本＝已实现销售的可售面积×可售面积单位工程成本

5.企业对尚未出售的已完工开发产品和按照有关法律法规或合同规定对已售开发产品(包括共用部位、共用设施设备)进行日常维护、保养、修理等实际发生的维修费用，准予在当期据实扣除。

6.企业将已计入销售收入的共用部位、共用设施设备维修基金按规定移交给有关部门、单位的，应于移交时扣除。

7.企业在开发区内建造的会所、物业管理场所、电站、热力站、水厂、文体场馆、幼儿园等配套设施，按以下规定进行处理。

(1)属于非营利性且产权属于全体业主的，或无偿赠与地方政府、公用事业单位的，可将其视为公共配套设施，其建造费用按公共配套设施费的有关规定进行处理。

(2)属于营利性的，或产权归企业所有的，或未明确产权归属的，或无偿赠与地方政府、公用事业单位以外其他单位的，应当单独核算其成本。除企业自用应按建造固定资产进行处理外，其他一律按建造开发产品进行处理。

8.企业在房地产开发区内建造的邮电通讯、学校、医疗设施应单独核算成本，其中企业与国家有关业务管理部门、单位合资建设，完工后有偿移交的，国家有关业务管理部门、单位给予的经济补偿可直接抵扣该项目的建造成本，抵扣后的差额应调整为当期应纳税所得额。

9.企业采取银行按揭方式销售开发产品，凡约定企业为购买方的按揭贷款提供担保的，其销售开发产品时向银行提供的保证金(担保金)不得从销售收入中减除，也不得作为费用在当期税前扣除，但实际发生损失时可据实扣除。

10.企业委托境外机构销售开发产品的，其支付境外机构的销售费用(含佣金或手续费)不超过委托销售收入10%的部分，准予据实扣除。

11.企业的利息支出按以下规定进行处理。

(1)企业为建造开发产品借入资金而发生的符合税收规定的借款费用，可按企业会计准则的规定进行归集和分配，其中属于财务费用性质的借款费用，可直接在税前扣除。

(2)企业集团或其成员企业统一向金融机构借款分摊集团内部其他成员企业使用的借入方凡能出具从金融机构取得借款的证明文件，可以在使用借款的企业间合理地分摊利息费用，使用借款的企业分摊的合理利息准予在税前扣除。

12.企业因国家无偿收回土地使用权而形成的损失，可作为财产损失按有关规定在税前扣除。

13.企业开发产品(以成本对象为计量单位)整体报废或毁损，其净损失按有关规定审核确认后准予在税前扣除。

14. 企业开发产品转为自用的，其实际使用时间累计未超过12个月又销售的，不得在税前扣除折旧费用。

四、计税成本的核算方法

1. 计税成本是指企业在开发、建造开发产品（包括固定资产，下同）过程中所发生的按照税收规定进行核算与计量的应归入某项成本对象的各项费用。

2. 成本对象是指为归集和分配开发产品开发、建造过程中的各项耗费而确定的费用承担项目。计税成本对象的确定原则如下。

（1）可否销售原则。开发产品能够对外经营销售的，应作为独立的计税成本对象进行成本核算；不能对外经营销售的，可先作为过渡性成本对象进行归集，然后再将其相关成本摊入能够对外经营销售的成本对象。

（2）功能区分原则。开发项目某组成部分相对独立，且具有不同使用功能时，可以作为独立的成本对象进行核算。

（3）定价差异原则。开发产品因其产品类型或功能不同等而导致其预期售价存在较大差异的，应分别作为成本对象进行核算。

（4）成本差异原则。开发产品因建筑上存在明显差异可能导致其建造成本出现较大差异的，要分别作为成本对象进行核算。

（5）权益区分原则。开发项目属于受托代建的或多方合作开发的，应结合上述原则分别划分成本对象进行核算。

房地产开发企业应依据计税成本对象确定原则确定已完工开发产品的成本对象，并就确定原则、依据，共同成本分配原则、方法，以及开发项目基本情况、开发计划等出具专项报告，在开发产品完工当年企业所得税年度纳税申报时，随同《企业所得税年度纳税申报表》一并报送主管税务机关。

房地产开发企业将已确定的成本对象报送主管税务机关后，不得随意调整或相互混淆。如确需调整成本对象的，应就调整的原因、依据和调整前后成本变化情况等出具专项报告，在调整当年企业所得税年度纳税申报时报送主管税务机关。

房地产开发企业应建立健全成本对象管理制度，合理区分已完工成本对象、在建成本对象和未建成本对象，及时收集、整理、保存成本对象涉及的证据材料，以备税务机关检查。对成本对象确定不合理或共同成本分配方法不合理的，主管税务机关有权进行合理调整；对成本对象确定情况异常的，主管税务机关应进行专项检查；对不如实出具专项报告或不出具专项报告的，应按《中华人民共和国税收征收管理法》的相关规定进行处理。

3. 开发产品计税成本支出的内容如下。

（1）土地征用费及拆迁补偿费。土地征用费及拆迁补偿费是指为取得土地开发使用权（或开发权）而发生的各项费用，主要包括土地买价或出让金、市政配套费、契税、耕地占用税、土地使用费、土地闲置费、土地变更用途和超面积补缴的地价及相关税费、拆迁补偿支出、安置及动迁支出、回迁房建造支出、农作物补偿费、危房补偿费等。

(2)前期工程费。前期工程费是指项目开发前期发生的水文地质勘察、测绘、规划、设计、可行性研究、筹建、场地通平等前期费用。

(3)建筑安装工程费。建筑安装工程费是指开发项目开发过程中发生的各项建筑费用。主要包括开发项目建筑工程费和开发项目安装工程费等。

(4)基础设施建设费。基础设施建设费是指开发项目在开发过程中所发生的各项基础设施支出,主要包括开发项目内道路、供水、供电、供气、排污、排洪、通信、照明等社区管网工程费和环境卫生、园林绿化等园林环境工程费。

(5)公共配套设施费。公共配套设施费是指开发项目内发生的、独立的、非营利性的且产权属于全体业主的,或无偿赠与地方政府、政府公用事业单位的公共配套设施支出。

(6)开发间接费。开发间接费是指企业为直接组织和管理开发项目所发生的,且不能将其归属于特定成本对象的成本费用性支出。主要包括管理人员工资、职工福利费、折旧费、修理费、办公费、水电费、劳动保护费、工程管理费、周转房摊销以及项目营销设施建造费等。

4.企业计税成本核算的一般程序如下。

(1)对当期实际发生的各项支出,按其性质、经济用途及发生的地点、时间进行整理、归类,并将其区分为应计入成本对象的成本和应在当期税前扣除的期间费用,同时还应按规定对有关预提费用和待摊费用进行计量与确认。

(2)对应计入成本对象中的各项实际支出、预提费用、待摊费用等合理地划分为直接成本、间接成本和共同成本,并按规定将其合理地归集、分配至已完工成本对象、在建成本对象和未建成本对象。

(3)对前期已完工成本对象应负担的成本费用按已销开发产品、未销开发产品和固定资产进行分配,其中应由已销开发产品负担的部分,在当期纳税申报时进行扣除,未销开发产品应负担的成本费用待其实际销售时再予扣除。

(4)对本期已完工成本对象分类为开发产品和固定资产并对其计税成本进行结算。其中属于开发产品的,应按可售面积计算其单位工程成本,据此再计算已销开发产品计税成本和未销开发产品计税成本。对本期已销开发产品的计税成本,准予在当期扣除,未销开发产品的计税成本待其实际销售时再予扣除。

(5)对本期未完工和尚未建造的成本对象应当负担的成本费用,应分别建立明细台账,待开发产品完工后再予结算。

5.企业开发、建造的开发产品应按制造成本法进行计量与核算。其中,应计入开发产品成本中的费用属于直接成本和能够分清成本对象的间接成本,直接计入成本对象,共同成本和不能分清负担对象的间接成本,应按受益的原则和配比的原则分配至各成本对象具体分配方法可按以下规定选择其一。

(1)占地面积法。占地面积法是指按已动工开发成本对象占地面积占开发用地总面积的比例进行分配。

①一次性开发的,按某一成本对象占地面积占全部成本对象占地总面积的比例进行分配。

②分期开发的,首先按本期全部成本对象占地面积占开发用地总面积的比例进行分配,然后再按某一成本对象占地面积占期内全部成本对象占地总面积的比例进行分配。

期内全部成本对象应负担的占地面积为期内开发用地占地面积减除应由各期成本对象共同负担的占地面积。

(2)建筑面积法。建筑面积法是指按已动工开发成本对象建筑面积占开发用地总建筑面积的比例进行分配。

①一次性开发的,按某一成本对象建筑面积占全部成本对象建筑面积的比例进行分配。

②分期开发的,首先按期内成本对象建筑面积占开发用地计划建筑面积的比例进行分配,其次再按某一成本对象建筑面积占期内成本对象总建筑面积的比例进行分配。

(3)直接成本法。直接成本法是指按期内某一成本对象的直接开发成本占期内全部成本对象直接开发成本的比例进行分配。

(4)预算造价法。预算造价法是指按期内某一成本对象预算造价占期内全部成本对象预算造价的比例进行分配。

6.企业下列成本应按以下方法进行分配。

(1)土地成本,一般按占地面积法进行分配。如果确需结合其他方法进行分配,应商税务机关同意。

土地开发同时联结房地产开发的,属于一次性取得土地分期开发房地产的情况,其土地开发成本经税务机关同意后可先按土地整体预算成本进行分配,待土地整体开发完毕再行调整。

(2)单独作为过渡性成本对象核算的公共配套设施开发成本,应按建筑面积法进行分配。

(3)借款费用属于不同成本对象共同负担的,按直接成本法或按预算造价法进行分配。

(4)其他成本项目的分配法由企业自行确定。

7.企业以非货币交易方式取得土地使用权的,应按下列规定确定其成本。

(1)企业、单位以换取开发产品为目的,将土地使用权投资企业的,按下列规定进行处理。

①换取的开发产品如为该项土地开发、建造的,接受投资的企业在接受土地使用权时暂不确认其成本,待首次分出开发产品时,再按应分出开发产品(包括首次分出的和以后应分出的)的市场公允价值和土地使用权转移过程中应支付的相关税费计算确认

该项土地使用权的成本。如涉及补价，土地使用权的取得成本还应加上应支付的补价款或减除应收到的补价款。

②换取的开发产品如为其他土地开发、建造的，接受投资的企业在投资交易发生时，按应付出开发产品市场公允价值和土地使用权转移过程中应支付的相关税费计算确认该项土地使用权的成本。如涉及补价，土地使用权的取得成本还应加上应支付的补价款或减除应收到的补价款。

(2)企业、单位以股权的形式，将土地使用权投资企业的，接受投资的企业应在投资交易发生时，按该项土地使用权的市场公允价值和土地使用权转移过程中应支付的相关税费计算确认该项土地使用权的取得成本。如涉及补价，土地使用权的取得成本还应加上应支付的补价款或减除应收到的补价款。

8. 除以下几项预提(应付)费用外，计税成本均应为实际发生的成本。

(1)出包工程未最终办理结算而未取得全额发票的，在证明资料充分的前提下，其发票不足金额可以预提，但最高不得超过合同总金额的10%。

(2)公共配套设施尚未建造或尚未完工的，可按预算造价合理预提建造费用。此类公共配套设施必须符合已在售房合同、协议或广告、模型中明确承诺建造且不可撤销，或按照法律法规规定必须配套建造的条件。

(3)应向政府上缴但尚未上缴的报批报建费用、物业完善费用可以按规定预提。物业完善费用是指按规定应由企业承担的物业管理基金、公建维修基金或其他专项基金。

9. 企业单独建造的停车场所，应作为成本对象单独核算。利用地下基础设施形成的停车场所，作为公共配套设施进行处理。

10. 企业在结算计税成本时其实际发生的支出应当取得但未取得合法凭据的，不得计入计税成本，待实际取得合法凭据时，再按规定计入计税成本。

11. 开发产品完工以后，企业可在完工年度企业所得税汇算清缴前选择确定计税成本核算的终止日，不得滞后。凡已完工开发产品在完工年度未按规定结算计税成本的，主管税务机关有权确定或核定其计税成本，据此进行纳税调整，并按《中华人民共和国税收征收管理法》的有关规定对其进行处理。

五、特定事项的税务处理

1. 企业以本企业为主体联合其他企业、单位、个人合作或合资开发房地产项目，且该项目未成立独立法人公司的，按下列规定进行处理。

(1)凡开发合同或协议中约定向投资各方(即合作方、合资方，下同)分配开发产品的企业在首次分配开发产品时，如该项目已经结算计税成本，其应分配给投资方开发产品的计税成本与其投资额之间的差额计入当期应纳税所得额；如未结算计税成本，则将投资方的投资额视同销售收入进行相关的税务处理。

(2)凡开发合同或协议中约定分配项目利润的，应按以下规定进行处理。

①企业应将该项目形成的营业利润额并入当期应纳税所得额统一申报缴纳企业所得税，不得在税前分配该项目的利润。同时，不能因接受投资方投资额而在成本中摊销或在税前扣除相关的利息支出。

②投资方取得该项目的营业利润应视同股息、红利进行相关的税务处理。

2.企业以换取开发产品为目的，将土地使用权投资其他企业房地产开发项目的，按以下规定进行处理：

企业应在首次取得开发产品时，将其分解为转让土地使用权和购入开发产品两项经济业务进行所得税处理，并按应从该项目取得的开发产品（包括首次取得的和以后应取得的）的市场公允价值计算确认土地使用权转让所得或损失。

3.土地增值税清算涉及企业所得税退税问题处理。

房地产开发企业（以下简称企业）由于土地增值税清算，导致多缴企业所得税的退税按以下规定处理。

（1）企业按规定对开发项目进行土地增值税清算后，当年企业所得税汇算清缴出现亏损且有其他后续开发项目的，该亏损应按照税法规定向以后年度结转，用以后年度所得弥补。其中，后续开发项目，是指正在开发以及中标的项目。

（2）企业按规定对开发项目进行土地增值税清算后，当年企业所得税汇算清缴出现亏损，且没有后续开发项目的，可以按照以下方法计算出该项目由于土地增值税原因导致的项目开发各年度多缴企业所得税税款，并申请退税。

①该项目缴纳的土地增值税总额，应按照该项目开发各年度实现的项目销售收入占整个项目销售收入总额的比例，在项目开发各年度进行分摊，具体按以下公式计算：

$$\begin{matrix}\text{各年度应分摊的}\\\text{土地增值税}\end{matrix}=\begin{matrix}\text{土地增值税}\\\text{总额}\end{matrix}\times\left(\begin{matrix}\text{项目年度}\\\text{销售收入}\end{matrix}\div\begin{matrix}\text{整个项目}\\\text{收入总额}\end{matrix}\right)$$

公式中的销售收入包括视同销售房地产的收入，但不包括企业销售的增值额未超过扣除项目金额20%的普通标准住宅的销售收入。

②该项目开发各年度应分摊的土地增值税减去该年度已经在企业所得税税前扣除的土地增值税后，余额属于当年应补充扣除的土地增值税；企业应调整当年度的应纳税所得额，并按规定计算当年度应退的企业所得税税款；当年度已缴纳的企业所得税税款不足退税的，应作为亏损向以后年度结转，并调整以后年度的应纳税所得额。

③按照上述方法进行土地增值税分摊调整后，相应年度应纳税所得额为正数的，应按规定计算缴纳企业所得税。

④企业按上述方法计算的累计退税额，不得超过其在该项目开发各年度累计实际缴纳的企业所得税；超过部分作为项目清算年度产生的亏损，向以后年度结转。

（3）企业在申请退税时，应向主管税务机关提供书面材料说明应退企业所得税税款的计算过程，包括该项目缴纳的土地增值税总额、项目销售收入总额、项目年度销售收入额、各年度应分摊的土地增值税和已经税前扣除的土地增值税、各年度的适用税率，以及是否存在后续开发项目等情况。

上述“3. 土地增值税清算涉及企业所得税退税问题处理”的规定自 2016 年 12 月 9 日起施行。施行前企业凡已经对土地增值税进行清算且没有后续开发项目的，施行后仍存在尚未弥补的因土地增值税清算导致的亏损，按照上述第 3 条第(2)项规定的方法计算多缴企业所得税税款，并申请退税。

★习题精练及答案解析

一、单项选择题

1. 下列关于房地产开发经营业务企业所得税处理的说法中，不正确的是(　　)。

A. 已销开发产品的计税成本，按当期已实现销售的可售面积和可售面积单位工程成本确认

B. 房地产开发企业对尚未出售的已完工开发产品和按照有关法律法规或合同规定对已出售开发产品(包括共用部位、共用设施设备)进行日常维护、保养、修理等实际发生的维修费用，准予在当期据实扣除

C. 房地产开发企业代有关部门、单位和企业收取的各种基金、费用和附加等，未纳入开发产品价内并由房地产开发企业之外的其他收取部门、单位开具发票的，可作为代收代缴款项进行管理，不计入应税收入中

D. 房地产开发企业将开发产品转为自用的，其实际使用时间累计未超过 12 个月又销售的，其自用期间计提的折旧费用可以在税前扣除

【参考答案】 D

【答案解析】 选项 D，房地产开发企业开发产品转为自用的，其实际使用时间累计未超过 12 个月又销售的，不得在税前扣除折旧费用。

2. 2023 年 10 月，某房地产公司委托房产经纪公司销售房产，采取基价并实行超基价双方分成方式，约定由房地产公司、经纪公司与购买方三方签订销售合同。12 月 31 日收到经纪公司的代销清单显示销售总金额 12 000 万元，其中基价为 7 000 万元，超基价部分应分给经纪公司 500 万元。根据企业所得税法的相关规定，该房地产公司应确认销售收入(　　)万元。

A. 5 000　　B. 7 500　　C. 7 600　　D. 12 000

【参考答案】 D

【答案解析】 采取基价并实行超基价双方分成方式委托销售开发产品的，属于企业与购买方签订购销合同或协议，或企业、受托方、购买方三方共同签订销售合同或协议的，如果销售合同或协议中约定的价格高于基价，则应按销售合同或协议中约定的价格计算的价款于收到受托方已开发产品清单之日确认收入的实现，企业按规定支付受

托方的分成额，不得直接从销售收入中扣减。所以，房地产公司应确认销售收入为12 000万元。

3. 根据企业所得税法的相关规定，房地产企业应按合理的方法分配成本，其中单独作为过渡性成本对象核算的公共配套设施开发成本的分配方法是（　　）。

A. 占地面积法　　B. 建筑面积法　　C. 直接成本法　　D. 预算造价法

【参考答案】 B

【答案解析】 单独作为过渡性成本对象核算的公共配套设施开发成本，应按建筑面积法进行分配。

4. 下列关于计税成本核算方法的表述，不正确的是（　　）。

A. 可否销售原则属于计税成本对象的确定原则之一

B. 土地征用费及拆迁补偿费属于开发产品的计税成本支出

C. 企业开发、建造的开发产品应按建筑面积法进行计量与核算

D. 单独作为过渡性成本对象核算的公共配套设施开发成本，应按建筑面积法进行分配

【参考答案】 C

【答案解析】 选项C，企业开发、建造的开发产品应按制造成本法进行计量与核算。

5. 下列关于房地产开发企业成本、费用扣除的企业所得税处理的说法，正确的是（　　）。

A. 开发产品整体报废或毁损的，其确认的净损失不得在税前扣除

B. 因国家收回土地使用权而形成的损失，可按高于实际成本的10%在税前扣除

C. 企业集团统一融资再分配给其他成员企业使用，发生的利息费用不得在税前扣除

D. 开发产品转为自用的，实际使用时间累计未超过12个月又销售的，折旧费用不得在税前扣除

【参考答案】 D

【答案解析】 选项A，审核后可以扣除；选项B，企业因国家无偿收回土地使用权而形成的损失，可作为财产损失按有关规定在税前扣除；选项C，企业集团或其成员企业统一向金融机构借款分摊集团内部其他成员企业使用的，借入方凡能出具从金融机构取得借款的证明文件，可以在使用借款的企业间合理地分摊利息费用，使用借款的企业分摊的合理利息准予在税前扣除。

6. 下列关于房地产开发企业预提（应付）费用的企业所得税处理，正确的是（　　）。

A. 部分房屋未销售的，清算相关税款时可按计税成本预提费用

B. 公共配套设施尚未建造或尚未完工的，可按预算造价合理预提建造费用

C. 其他单位分配的房产还未办理完手续的，可按预计利润率预提费用

D. 承包工程未最终办理结算而未取得全额发票的，可按合同总金额的30%预提费用

【参考答案】 B

【答案解析】 除以下几项预提(应付)费用外,计税成本均应为实际发生的成本。

(1)出包工程未最终办理结算而未取得全额发票的,在证明资料充分的前提下,其发票不足金额可以预提,但最高不得超过合同总金额的10%。

(2)公共配套设施尚未建造或尚未完工的,可按预算造价合理预提建造费用。此类公共配套设施必须符合已在售房合同、协议或广告、模型中明确承诺建造且不可撤销,或按照法律法规规定必须配套建造的条件。

(3)应向政府上缴但尚未上缴的报批报建费用、物业完善费用可以按规定预提。物业完善费用是指按规定应由企业承担的物业管理基金、公建维修基金或其他专项基金。

二、多项选择题

1. 下列关于房地产开发经营业务的企业所得税收入实现确认规定的表述中,正确的有(　　)。

A. 选择银行按揭方式的,按照销售合同或协议约定的价款确定收入额,其首付款应于实际收到日确认,余款在银行按揭贷款办理转账之日确认

B. 选择包销方式的,包销期满后尚未出售的开发产品,企业应根据包销合同或协议约定的价款和付款方式确认收入实现

C. 选择分期收款方式的,于销售合同或协议约定的价款和付款日确认收入的实现

D. 选择基价(保底价)并实行超基价双方分成方式的,受托方与购买方直接签订的合同,房地产开发企业按照基价加按规定取得的分成额确认收入额

E. 选择基价(保底价)并实行超基价双方分成方式的,受托方与购买方直接签订的合同,房地产开发企业按照基价确认收入额

【参考答案】 ABCD

【答案解析】 选项E,按照基价加按规定取得的分成额确认收入额。

2. 根据企业所得税法的相关规定,下列关于房地产开发企业销售开发产品收入确认时间的表述,正确的有(　　)。

A. 采取一次性全额收款方式销售开发产品的,应于实际收讫价款或取得索取价款凭据(权利)之日,确认收入的实现

B. 采取分期付款方式销售开发产品且付款方提前付款的,在实际付款日确认收入的实现

C. 采取银行按揭方式销售开发产品的,应于实际收到首付款之日按销售合同或协议中约定的价款确认收入额

D. 采取支付手续费方式委托销售开发产品的，应于收到受托方已销售开发产品清单之日确认收入的实现

E. 采取视同买断方式委托销售开发产品的，受托方与购买方签订销售合同的应于收到受托方已销售开发产品清单之日确认收入的事项

【参考答案】 ABDE

【答案解析】 选项C，采取银行按揭方式销售开发产品的，应按销售合同或协议约定的价款确定收入额，其首付款应于实际收到日确认收入的实现，余款在银行按揭贷款办理转账之日确认收入的实现。

3. 根据企业所得税法的相关规定，下列原则中，可用于确定房地产开发企业计税成本对象的有（　　）。

A. 可否销售原则

B. 权益区分原则

C. 功能区分原则

D. 成本差异原则

E. 收入配比原则

【参考答案】 ABCD

【答案解析】 房地产开发企业计税成本对象的确定原则包括：可否销售原则、功能区分原则、定价差异原则、成本差异原则、权益区分原则。

4. 下列关于房地产开发企业成本费用扣除的企业所得税处理中，正确的有（　　）。

A. 企业因国家无偿收回土地使用权形成的损失可按照规定扣除

B. 企业利用地下基础设施建成的停车场应作为公共配套设施处理

C. 企业单独建造的停车场所应作为成本对象单独核算

D. 企业支付给境外销售机构不超过委托销售收入20%的部分准予扣除

E. 企业在房地产开发区内建造的学校应单独核算成本

【参考答案】 ABCE

【答案解析】 选项D，企业支付给境外销售机构不超过委托销售收入10%的部分准予扣除。

5. 下列关于房地产企业所得税涉税处理的表述，正确的有（　　）。

A. 经济适用房开发项目，计税毛利率不得低于5%

B. 对开发、建造的住宅、商业用房以及其他建筑物、附着物、配套设施等开发产品，在未完工前采取预售方式销售取得的预售收入，暂不计算缴纳企业所得税

C. 房地产开发企业采取一次性全额收款方式销售开发产品，应于实际收讫价款或取得索取价款凭据之日，确定收入的实现

D. 企业发生的期间费用准予当期按规定扣除

E. 企业委托境外机构销售开发产品的，其支付境外机构的销售费用（含佣金或手续费）不超过委托销售收入10%的部分，准予据实扣除

【参考答案】 CDE

【答案解析】 选项 A,经济适用房开发项目,计税毛利率不得低于 3%;选项 B,企业销售未完工开发产品取得的收入,应先按预计计税毛利率分季(或月)计算出预计毛利额,计入当期应纳税所得额。开发产品完工后,企业应及时结算其计税成本并计算此前销售收入的实际毛利额,同时将其实际毛利额与其对应的预计毛利额之间的差额,计入当年度企业本项目与其他项目合并计算的应纳税所得额。

三、综合实务题

1.某房地产开发企业于 2022 年 5 月成立,当年有关业务资料如下。

(1)征用开发用地 10 000 平方米,支付土地价款 2 000 万元,缴纳契税 100 万元,发生其他征用土地费用 50 万元。

(2)在该土地上开发一楼盘,发生前期工程费 300 万元,根底设施建造费 500 万元,建筑安装工程费 3 000 万元,开发间接费用 150 万元,至年底未完工。

(3)采用视同买断方式委托甲房屋销售公司预售该楼盘,委托销售合同约定买断价为每平方米 8 000 元,超出买断价的价差归销售公司所有,开发企业不另支付手续费;当年预售 20 000 平方米,预售合同均由开发企业及购房者签订,合同均价为每平方米 9000 元,销售公司及开发企业按买断价进展结算,并已将结算款项通过转账方式支付给开发企业。开发企业会计处理为:借记“银行存款”16 000 万元,贷记“预收账款”16 000 万元。

(4)发生管理费用 400 万元,其中一次性列支房屋租赁费 220 万元,租赁期为 2022 年 1 月 1 日至 2023 年 12 月 31 日;销售费用 300 万元;财务费用 370 万元,其中列支因开发该楼盘向银行借款的利息支出 350 万元。

2023 年 7 月,该楼盘到达完工条件,全部可售建筑面积为 60 000 平方米。至年底,当年有关业务资料如下。

(1)发生建筑安装工程费 3 000 万元,开发间接费用 200 万元,预提不可撤销的公共配套设施费 300 万元。

(2)当年年初至完工前继续采用视同买断方式委托甲房屋销售公司预售该楼盘,当年预售 10 000 平方米,预售合同仍由开发企业与购房者签订,合同均价为每平方米 9 500 元,销售公司及开发企业按买断价进展结算,并已将结算款项通过转账方式支付给开发企业。开发企业会计处理为:借记“银行存款”8 000 万元,贷记“预收账款”8 000 万元。

(3)开发产品完工后至年底,采用视同买断方式委托甲房屋销售公司继续销售该楼盘,销售完工开发产品 12 000 平方米,销售合同仍由开发企业及购房者签订,合同均价为每平方米 9 800 元,销售公司及开发企业按买断价进展结算,并已将结算款项通过转账方式支付给开发企业。开发企业会计处理为:借记“银行存款”9 600 万元,贷记“主营业务收入”9 600万元。

(4)当年发生管理费用700万元;销售费用800万元,其中广告费和业务宣传费780万元;财务费用450万元,其中列支该楼盘完工前向银行借款的利息支出350万元,完工后向银行借款的利息支出80万元。

假设不考虑增值税及其他税费,未完工开发产品预计计税毛利率为10%,开发产品完工后企业已及时将“预收账款”转入“主营业务收入”,会计上全年计算结转“主营业务成本”6 720万元。

要求:根据以上资料,回答下列问题,如有计算需写出计算过程。

(1)该开发企业2022年纳税调整增加额为多少万元?

(2)该开发企业2022年发生的开发成本合计多少万元?

(3)该开发企业2023年应确认完工开发产品销售收入多少万元?

(4)该开发企业2023年纳税调整减少额为多少万元?

(5)该开发企业2023年应纳企业所得税多少万元?

【参考答案及解析】

(1)预计利润调增=20 000平方米×9 000元×10%=18 000 000元=1 800万元。

财务费用中应资本化局部调增=350万元。

租赁期为两年的房屋租赁费应调增=220÷2=110(万元)。

合计纳税调整增加额=1 800+350+110=2 260(万元)。

《国家税务总局关于印发〈房地产开发经营业务企业所得税处理方法〉的通知》(国税发〔2009〕31号)第九条规定:企业销售未完工开发产品取得的收入,应先按预计计税毛利率分季(或月)计算出预计毛利额,计入当期应纳税所得额。开发产品完工后,企业应及时结算其计税成本并计算此前销售收入的实际毛利额,同时将其实际毛利额及其对应的预计毛利额之间的差额,计入当年度企业本工程及其他工程合并计算的应纳税所得额。第六条规定:采取视同买断方式委托销售开发产品的,属于企业及购置方签订销售合同或协议,或企业、受托方、购置方三方共同签订销售合同或协议的,如果销售合同或协议中约定的价格高于买断价格,则应按销售合同或协议中约定的价格计算的价款于收到受托方已销开发产品清单之日确认收入的实现;如果属于前两种情况中销售合同或协议中约定的价格低于买断价格,以及属于受托方及购置方签订销售合同或协议的,则应按买断价格计算的价款于收到受托方已销开发产品清单之日确认收入的实现。第十二条规定:企业发生的期间费用、已销开发产品计税成本、营业税金及附加、土地增值税准予当期按规定扣除。

(2)土地征用费及拆迁补偿费=2 000+100+50=2 150(万元),前期工程费=300万元,建筑安装工程费=500万元,根底设施建立费=3 000万元,公共配套设施费=0元,开发间接费=150万元,借款费用=350万元。

2022年发生的开发成本合计=2 150+300+500+3 000+150+350=6 450(万元)。

根据《国家税务总局关于印发〈房地产开发经营业务企业所得税处理方法〉的通知》(国税发〔2009〕31 号)第二十一条，企业的利息支出按以下规定进展处理：企业为建造开发产品借入资金而发生的符合税收规定的借款费用，可按企业会计准的规定进行归集和分配，其中属于财务费用性质的借款费用，可直接在税前扣除。

(3)2023 年应确认完工开发产品销售收入＝20 000 平方米×9 000 元＋10 000 平方米×9 500 元＋12 000 平方米×9 800 元＝392 600 000 元＝39 260 万元。

(4)2022 年度已预计利润 2023 年度应调减＝1 800 万元。

2023 年度应予税前扣除的房租费＝220÷2＝110(万元)。

2023 年度少结转营业成本＝应结账已实现销售的成本－已结账已实现销售的成本

应结账已实现销售的成本＝可售开发产品总成本×已实现销售的可售面积÷总可售面积＝10 300×42 000÷60 000＝7 210(万元)。

则 2023 年度少结转营业成本＝7 210－6 720＝490(万元)。

2023 年纳税调整减少额＝1 800＋110＋490＝2 400(万元)。

(5)《国家税务总局关于印发〈房地产开发经营业务企业所得税处理方法〉的通知》(国税发〔2009〕31 号)第十四条规定：已销开发产品的计税成本，按当期已实现销售的可售面积和可售面积单位工程成本确认。可售面积单位工程成本和已销开发产品的计税成本按以下公式计算确定：可售面积单位工程成本＝成本对象总成本÷成本对象总可售面积，已销开发产品的计税成本＝已实现销售的可售面积×可售面积单位工程成本。第三十二条规定：除以下几项预提(应付)费用外，计税成本均应为实际发生的成本。(1)出包工程未最终办理结算而未取得全额发票的，在证明资料充分的前提下，其发票不足金额可以预提，但最高不得超过合同总金额 10%。(2)公共配套设施尚未建造或尚未完工的，可按预算造价合理预提建造费用。此类公共配套设施必须符合已在售房合同、协议或广告、模型中明确承诺建造且不可撤销，或按照法律法规规定必须配套建造的条件。(3)应向政府上交但尚未上交的报批报建费用、物业完善费用可以按规定预提。物业完善费用是指按规定应由企业承当的物业管理基金、公建维修基金或其他专项基金。

《财政部 国家税务总局关于企业手续费及佣金支出税前扣除政策的通知》(财税〔2009〕29 号)规定，企业发生及生产经营有关的手续费及佣金支出，不超过以下规定计算限额以内的局部，准予扣除；超过局部，不得扣除。其他企业：按及具有合法经营资格中介效劳机构或个人(不含交易双方及其雇员、代理人和代表人等)所签订效劳协议或合同确认的收入金额的 5%计算限额。

2023 年度营业收入总额＝39 260 万元。

开发产品总成本＝2022 年开发产品成本＋2023 年开发产品总成本＝ 6 450 ＋3 000＋200＋300＋350＝10 300(万元)。

2023 年度营业成本总额＝7 210 万元。

2023 年度期间费用总额＝管理费用＋销售费用＋费用化财务费用＝700＋110＋

800＋(450－350)＝1 710(万元)。

2022 年度已预计利润＝1 800 万元。

该开发企业 2023 年应纳税所得额＝39 260－7 210－1 710－1 800＝28 540(万元)。

该开发企业 2023 年应缴纳企业所得税＝28 540×25%＝7 135(万元)。

2. 某房地产开发集团有限公司所属子公司甲房地产开发有限公司，于 2021 年 1 月 4 日在 A 市注册登记成立，注册资本金为 1.3 亿元，经营范围包括房地产开发经营、物业管理、市政工程及园林绿化。该公司于 2021 年 3 月 8 日至主管税务机关办理了信息确认，于 2021 年 4 月 9 日办理了增值税一般纳税人登记(当月生效)，因该公司主附税缴款期限不一致而被省税收征管质量 5C 监控评价系统下发预警提示任务，主管税务机关于当月完成了修改。该公司适用企业所得税适用税率 25%，A 市销售未完工开发产品的企业所得税计税毛利率为 10%，房产税计算房产余值的扣除比例为 30%。土地增值税预征率：普通住宅 2%，普通住宅之外的其他商品房 4%。土地增值税预缴方式依据国家税务总局 2016 年第 70 号公告执行。

2023 年 4 月 A 市税务局对该公司进行税收风险分析，发现企业财务核算和涉税信息如下。

(1)2021 年 5 月 5 日支付土地价款 7 000 万元，契税 210 万元。会计分录为：

借：开发成本——土地成本——出让金　　70 000 000
　　开发成本——土地成本——契税　　2 100 000
　贷：银行存款　　72 100 000

经与公司财务人员沟通，了解到该公司于 5 月 1 日拍得土地一块，面积 0.8 万平方米，土地出让合同约定交付土地的日期为 2021 年 5 月 15 日，该公司于 7 月 15 日取得了土地使用权证。该项目均为普通住宅，总建筑面积 2 万平方米，可售建筑面积 1.8 万平方米。

(2)2021 年 8 月支付前期工程费，取得增值税专用发票等有效凭证。会计分录为：

借：开发成本——前期工程费　　14 000 000
　　应交税金——应交增值税(进项税额)　　840 000
　贷：银行存款　　14 840 000

(3)2021 年 10 月小区会所竣工，工程造价 350 万元，工程款项已支付，取得增值税普通发票。该公司对会所进行装修，作为售楼中心使用，发生装修支出 150 万元，取得增值税普通发票，10 月会所投入使用。按照规划，该会所为不可售房产，属于非营利性且产权属于全体业主所有，会计分录为：

借：开发成本——公共配套设施费　　3 500 000
　贷：银行存款　　3 500 000
借：销售费用　　1 500 000
　贷：银行存款　　1 500 000

(4)2021 年 11 月收取购房款 9 156 万元，会计分录为：

借：银行存款　　91 560 000

　贷：预收账款　　91 560 000

经与企业财务人员沟通，了解到 2021 年 11 月 1 日该公司取得“商品房预售许可证”，项目正式开盘，当月共预售房屋 1.44 万平方米，按照合同约定，剩余款项在房屋办理竣工验收手续后 15 日内付清。

(5)2021 年 12 月 8 日预缴增值税、城建税、土地增值税，会计分录如下：

借：应交税费——预缴增值税　　2 520 000

　　应交税费——预交城建税　　176 400

　　应交税费——预缴土地增值税　　1 680 000

　贷：银行存款　　4 376 400

(6)2021 年 12 月 31 日支付销售费用，取得增值税专用发票等有效凭证。

借：销售费用　　3 500 000

　　应交税金——应交增值税(进项税额)　　210 000

　贷：银行存款　　3 710 000

(7)2021 年全年管理费用发生 210 万元，其中业务招待费 105 万元。

(8)2021 年度利润表如下：

单位：万元

项目	本期金额
一、营业收入	0
减：营业成本	0
税金及附加	0
销售费用	500
管理费用	210
财务费用	0
二、营业利润	−710
三、利润总额	−710
减：所得税费用	32.5
四、净利润	−732.5

(9)2022 年 5 月 8 日办理企业所得税汇算清缴申报，销售未完工开发产品预计毛利额调增应纳税所得额 840 万元，调整后应纳税所得额 130 万元。

(10)2022 年 10 月该项目已办理竣工验收手续，支付基础设施建设费、公共配套设施费、建筑安装工程费，取得增值税专用发票等有效凭证，会计分录如下：

借:开发成本——基础设施建设费　　14 000 000
　开发成本——公共配套设施费　　7 000 000
　开发成本——建筑安装工程费　　45 500 000
　应交税费——应缴增值税(进项税额)　　5 985 000
　贷:银行存款　　72 485 000

(11)2022 年 10 月支付委托境外机构销售房屋的销售费用 1 050 万元,委托销售合同最终确定的委托销售收入(不含增值税)为 7 000 万元,该境外机构在我国未设立经营机构。会计分录为:

借:销售费用　　10 500 000
　贷:银行存款　　10 500 000

(12)2022 年 10 月按照合同约定,收取已预售的 1.44 万平方米商品房剩余房款 13734 万元。

借:银行存款　　137 340 000
　贷:预收账款　　137 340 000

(13)2022 年 10 月 9 日将房屋交付业主。售楼中心公司不再使用,会所产权移交给全体业主。

(14)2022 年 11 月 13 日按照规定确认了增值税的销售收入,在计算增值税销售额时,当期允许扣除的土地价款为 5 600 万元,计算应纳增值税为 769.96 万元(经核实计算正确)。企业按照规定申报缴纳增值税、城建税,并预缴了土地增值税。

借:应交税费——未交增值税　　7 699 600
　应交税费——应交城建税　　539 000
　应交税费——预交土地增值税　　2 520 000
　贷:银行存款　　8 062 200
　　应交税费——预缴增值税　　2 520 000
　　应交税费——预交城建税　　176 400

(15)2022 年 12 月结转开发成本,会计分录为:

借:开发产品——房屋开发　　156 100 000
　贷:开发成本——基础设施建设费　　14 000 000
　　开发成本——公共配套设施费　　10 500 000
　　开发成本——建筑安装工程费　　45 500 000
　　开发成本——前期工程费　　14 000 000
　　开发成本——土地成本　　72 100 000

(16)2022 年发生管理费用 700 万元。

(17)2022 年 1—12 月利润表如下:

单位:万元

项目	本期金额
一、营业收入	0
减:营业成本	0
税金及附加	53.90
销售费用	1 050
管理费用	700
财务费用	0
二、营业利润	−1 803.84
三、利润总额	−1 803.84
减:所得税费用	0
四、净利润	−1 803.84

(18)2022年5月办理企业所得税汇算清缴申报,销售未完工开发产品预计毛利额调增应纳税所得额1 260万元,申报应纳税所得额−543.84万元,缴纳企业所得税0万元。

(19)2023年2月该企业将0.18万平方米的房屋向个人出租,取得一年含税租金50万元,选择简易计税方法。

(20)该房地产开发集团有限公司2022年度企业所得税申报表(A类)

行次	类别	项目	金额
1	利润总额计算	一、营业收入(填写A101010\101020\103000)	
2		减:营业成本(填写A102010\102020\103000)	
3		减:税金及附加	
4		减:销售费用(填写A104000)	
5		减:管理费用(填写A104000)	
6		减:财务费用(填写A104000)	
7		减:资产减值损失	
8		加:公允价值变动收益	
9		加:投资收益	
10		二、营业利润(1−2−3−4−5−6−7+8+9)	
11		加:营业外收入(填写A101010\101020\103000)	
12		减:营业外支出(填写A102010\102020\103000)	
13		三、利润总额(10+11−12)	

续表

行次	类别	项目	金额
14	应纳税所得额计算	减:境外所得(填写 A108010)	
15		加:纳税调整增加额(填写 A105000)	
16		减:纳税调整减少额(填写 A105000)	
17		减:免税、减计收入及加计扣除(填写 A107010)	
18		加:境外应税所得抵减境内亏损(填写 A108000)	
19		四、纳税调整后所得(13－14＋15－16－17＋18)	
20		减:所得减免(填写 A107020)	
21		减:弥补以前年度亏损(填写 A106000)	
22		减:抵扣应纳税所得额(填写 A107030)	
23		五、应纳税所得额(19－20－21－22)	
24	应按税额计算	税率(25%)	
25		六、应纳所得税额(23×24)	
26		减:减免所得税额(填写 A107040)	
27		减:抵免所得税额(填写 A107050)	
28		七、应纳税额(25－26－27)	
29		加:境外所得应纳所得税额(填写 A108000)	
30		减:境外所得抵免所得税额(填写 A108000)	
31		八、实际应纳所得税额(28＋29－30)	
32		减:本年累计实际已预缴的所得税额	
33		九、本年应补(退)所得税额(31－32)	
34		其中:总机构分摊本年应补(退)所得税额(填写 A109000)	
35		其中:财政集中分配本年应补(退)所得税额(填写 A109000)	
36		其中:总机构主体生产经营部门分摊本年应补(退)所得税额(填写 A109000)	
37	实际应按税额计算	本年民族自治地区地方分享部分优惠方式	
38		十、实际应补(退)所得税额(33－37)	

要求:根据上述资料,回答下列问题。(不考虑教育费附加、地方教育费附加、印花税、城镇土地使用税。下列题目中至少有一个选项正确。)

(1)主管税务机关完成征管质量预警提示任务体现了税收征管质量5C监控评价体系的具体运用,下列关于税收征管质量5C监控评价体系说法中错误的有(　　)。

A. 税收征管质量5C监控评价是指以大征管、大数据为立足点,基于税务机关、税务人员行为视角,以税款征收、纳税服务、风险管控、税务检查、自我纠正及法律救济等5个维度为核心,建立监控指标和评价模型,以服务政策制定、制度完善和领导决策为目的的管理活动

B. 5C质量监控指标体系包括总局指标、省局指标和市局指标

C. 评价单位根据评价期间各模型得分,利用模型权重组合计算各被评价单位5C得分,并按四分位区间分布给予A、B、C、D四级评级

D. 5C质量评价按照指标设计、监控分析、预警提示、业务修正和结果反馈的流程开展

E.《税收征管质量评价报告》全面展示5C评级结果及分模型分指标评价结果,用于被评价单位对照检查、研究制定征管质量提升措施

【参考答案】 BDE

【答案解析】 根据《国家税务总局税收征管质量5C监控评价工作规程(试行)》第二条的规定,税收征管质量5C监控评价(以下简称"5C监控评价")是指以大征管、大数据为立足点,基于税务机关、税务人员行为视角,以税款征收、纳税服务、风险管控、税务检查、自我纠正及法律救济等5个维度为核心,建立监控指标和评价模型,以服务政策制定、制度完善和领导决策为目的的管理活动。第八条规定,5C质量监控指标体系包括总局指标和省局指标。第十七条规定,评价单位根据评价期间各模型得分,利用模型权重组合计算各被评价单位5C得分,并按四分位区间分布给予A、B、C、D四级评级。第十三条规定,5C质量评价按照模型设计、分析评价、结果发布、跟踪反馈的流程开展。第十八条规定,5C质量评价结果以《税收征管质量评价报告》《征管质量5C质检表》《重点关注事项征管质量分析》等形式定期发布,同时报送至各级领导及其他相关部门。其中:(1)《税收征管质量评价报告》对税收征管质量进行多维度综合分析评价,并提出相应的管理决策建议;(2)《征管质量5C质检表》全面展示5C评级结果及分模型分指标评价结果,用于被评价单位对照检查、研究制定征管质量提升措施;(3)《重点关注事项征管质量分析》用以展示改革任务落实、重大征管质量问题修正等重点、热点事项的评价结果,分析业务问题原因,提出相应管理要求。

(2)下列关于该房地产开发公司税款计算的说法中正确的有(　　)。

A. 该房地产开发公司2021年应补缴房产税0.49万元

B. 该房地产开发公司2022年应补缴房产税3.5万元

C. 该房地产开发公司2021年应补预缴土地增值税10.08万元

D. 该房地产开发有限公司支付境外机构销售房屋的销售费用,应代扣代缴企业所得税金额为105万元

E. 该房地产公司支付境外销售费用应代扣代缴增值税30.58万元

【参考答案】 BC

【答案解析】 根据《国家税务总局关于房产税城镇土地使用税有关政策规定的通知》(国税发〔2003〕89 号)第一条规定，鉴于房地产开发企业开发的商品房在出售前，对房地产开发企业而言是一种产品，因此，对房地产开发企业建造的商品房，在出售前，不征收房产税；但对售出前房地产开发企业已使用或出租、出借的商品房应按规定征收房产税。第二条第四项规定，房地产开发企业自用、出租、出借本企业建造的商品房，自房屋使用或交付之次月起计征房产税。甲房地产开发有限公司 2021 年应补缴的房产税金额＝(350＋150)×(1－30％)×1.2％×2÷12＝0.7(万元)。根据《财政部 国家税务总局关于房产税城镇土地使用税有关问题的通知》(财税〔2008〕152 号)第三条的规定，纳税人因房产、土地的实物或权利状态发生变化而依法终止房产税、城镇土地使用税纳税义务的，其应纳税款的计算应截至房产、土地的实物或权利状态发生变化的当月末。甲房地产开发有限公司 2022 年应补缴的房产税金额＝(350＋150)×(1－30％)×1.2％×10÷12＝3.5(万元)；根据《国家税务总局关于营改增后土地增值税若干征管规定的公告》(国家税务总局公告 2016 年第 70 号)第一条的规定，营改增后，纳税人转让房地产的土地增值税应税收入不含增值税。适用增值税一般计税方法的纳税人，其转让房地产的土地增值税应税收入不含增值税销项税额；适用简易计税方法的纳税人，其转让房地产的土地增值税应税收入不含增值税应纳税额。为方便纳税人，简化土地增值税预征税款计算，房地产开发企业采取预收款方式销售自行开发的房地产项目的，可按照以下方法计算土地增值税预征计征依据：土地增值税预征的计征依据＝预收款－应预缴增值税税款。2021 年预缴土地增值税计算错误。应补预缴土地增值税＝(9 156－252)×2％－168＝10.08(万元)；根据《营业税改征增值税试点实施办法》的规定，境外单位或者个人在境内发生应税行为，在境内未设有经营机构的，扣缴义务人按照下列公式计算应扣缴税额：应扣缴税额＝购买方支付的价款÷(1＋税率)×税率。

根据《中华人民共和国企业所得税法》第三条第三款的规定，非居民企业在中国境内未设立机构、场所的，或者虽设立机构、场所但取得的所得与其所设机构、场所没有实际联系的，应当就其来源于中国境内的所得缴纳企业所得税。非居民企业取得本法第三条第三款规定的所得，适用税率为 20％。第二十七条规定，企业的下列所得，可以免征、减征企业所得税。第五项规定，本法第三条第三款规定的所得。根据《中华人民共和国企业所得税法实施条例》第九十一条的规定，非居民企业取得企业所得税法第二十七条第(五)项规定的所得，减按 10％的税率征收企业所得税。甲房地产开发有限公司支付境外机构销售房屋的销售费用，应代扣代缴企业所得税金额＝1050÷(1＋6％)×10％＝99.06(万元)；根据《财政部 国家税务总局关于全面推开营业税改征增值税试点的通知》(财税〔2016〕36 号)附件 1《营业税改征增值税试点实施办法》第一条的规定，在中华人民共和国境内(以下称境内)销售服务、无形资产或者不动产(以下称应税行为)的单位和个人，作为增值税纳税人，应当按照本办法缴纳增值税，不缴纳营业税。第六条规定，中华人民共和国境外(以下称境外)单位或者个人在境内发生应税行为，在境内未设有经营机构的，以购买方为增值税扣缴义务人。财政部和国家税务总局另有规定的除外。应代扣代缴增值税＝1050÷(1＋6％)×6％＝59.43(万元)。

(3)下列关于该房地产开发公司2022年度企业所得税相关申报表填列的说法中正确的有(　　)。

A. 营业收入填写126 000 000

B. 利润总额填写63 361 000

C. 纳税调整增加额填写3 500 000

D. 纳税调整减少额填写6 435 800

E. 应纳税所得额填写65 190 500

【参考答案】 DE

【答案解析】 2022年应确认主营业务收入＝(9 156＋13 734)÷(1＋9％)＝21 000(万元)。售楼中心装修支出计入销售费用，2022年已调增应纳税所得额150万元，应调增开发成本150万元，调增后开发产品金额为15 760万元，因此，2022年可结转主营业务成本＝(15 750÷1.8)×1.44＝12 600(万元)。土地款抵减销售额减少增值税，冲抵主营业务成本金额＝(7 000×1.44÷1.8)÷(1＋9％)×9％＝462.39(万元)。确认企业所得税成本＝12 600－462.39＝12 137.61(万元)，销售费用1 050÷(1＋6％)＝990.57(万元)，管理费用700万元。税金及附加填写2022年度实际缴纳金额，城市维护建设税＝53.9－17.64＝36.26(万元)，房产税3.5万元，土地增值税252万元，合计＝36.26＋3.5＋252＝291.76(万元)，利润总额＝21 000－12 137.61－990.57－700－291.76＝6 880.06(万元)。根据《国家税务总局关于印发〈房地产开发经营业务企业所得税处理办法〉的通知》(国税发〔2009〕31号)第二十条的规定，企业委托境外机构销售开发产品的，其支付境外机构的销售费用(含佣金或手续费)不超过委托销售收入10％的部分，准予据实扣除。委托销售费用扣除限额＝7 000×10％＝700(万元)，实际发生额＝1 050÷(1＋6％)＝990.57(万元)，超列＝990.57－700＝290.57(万元)，应调增应纳税所得额。房地产开发企业特定业务纳税调整减少＝840－17.64－0.7－178.08＝643.58(万元)。调整后应纳税所得额＝6 880.06＋290.57－643.58＝6 519.05(万元)。

(4)如该项目达到土地增值税清算条件，下列关于该房地产开发公司土地增值税征收管理的相关说法中，正确的有(　　)。

A. 纳税人清算土地增值税时无需提供《土地增值税清算税款鉴证报告》

B. 主管税务机关按照规程进行项目管理时，对符合税务机关可要求纳税人进行清查算清醒的，应当作出评估，与纳税人确定清算的时间

C. 清算审核包括案头审核、数据审核及实地审核

D. 审核公共配套设施费时应当重点关注发生的费用是否与决算报告、审计报告、工程结算报告、工程施工合同记载的内容相符

E. 在土地增值税清算中可实行核定征收的条件包括五种

【参考答案】 E

【答案解析】 根据《国家税务总局关于印发〈土地增值税清算管理规程〉的通知》(国税发〔2009〕91号)第十二条第(四)项的规定，纳税人委托税务中介机构审核鉴证的清算项目，还应报送中介机构出具的《土地增值税清算税款鉴证报告》。第十四条规定，主管税务机关按照本规程第六条进行项目管理时，对符合税务机关要求纳税人进行清算情形的，应当作出评估，并经分管领导批准，确定何时要求纳税人进行清算的时间。对确定暂不通知清算的，应继续做好项目管理，每年作出评估，及时确定清算时间并通知纳税人办理清算。第十六条规定，清算审核包括案头审核、实地审核。第二十五条规定，审核建筑安装工程费时应当重点关注：发生的费用是否与决算报告、审计报告、工程结算报告、工程施工合同记载的内容相符。第三十四条规定，在土地增值税清算中符合以下条件之一的，可实行核定征收：(1)依照法律、行政法规的规定应当设置但未设置账簿的；(2)擅自销毁账簿或者拒不提供纳税资料的；(3)虽设置账簿，但账目混乱或者成本资料、收入凭证、费用凭证残缺不全，难以确定转让收入或扣除项目金额的；(4)符合土地增值税清算条件，企业未按照规定的期限办理清算手续，经税务机关责令限期清算，逾期仍不清算的；(5)申报的计税依据明显偏低，又无正当理由的。

(5)下列关于该房地产公司主管税务机关对其管理的说法中正确的有(　　)。

A. 其主管税务机关可以要求该房地产公司进行土地增值税清算

B. 该公司出租住房后需先预缴增值税

C. 该公司欠缴的税款及滞纳金可分别缴纳

D. 税务机关要求该公司在一定期限内缴纳欠缴的税款，该公司拒不缴纳的，税务机关可以采取税收保全措施

E. 若该公司欠缴税款，税务机关可以申请法院强制执行

【参考答案】 C

【答案解析】 根据《国家税务总局关于印发〈土地增值税清算管理规程〉的通知》(国税发〔2009〕91号)第十条的规定，已竣工验收的房地产开发项目，已转让的房地产建筑面积占整个项目可售建筑面积的比例在85%以上，或该比例虽未超过85%，但剩余的可售建筑面积已经出租或自用的，主管税务机关可要求纳税人进行土地增值税清算。该公司已售80%，未将剩余全部可售面积出租或自用，故不能要求清算。根据《财政部 国家税务总局关于全面推开营业税改征增值税试点的通知》(财税〔2016〕36号)附件2第(九)项第1点的规定，一般纳税人出租其2016年4月30日前取得的不动产，可以选择适用简易计税方法，按照5%的征收率计算应纳税额。纳税人出租其2016年4月30日前取得的与机构所在地不在同一县(市)的不动产，应按照上述计税方法在不动产所在地预缴税款后，向机构所在地主管税务机关进行纳税申报。二者在同一县市，无需预缴。根据《国家税务总局关于税收征管若干事项的公告》(国家税务总局公告2019年第48号)第一条第(一)项的规定，对纳税人、扣缴义务人、纳税担保人应缴纳的欠税及滞纳金不再要求同时缴纳，可以先行缴纳欠税，再依法缴纳滞纳金。

根据《中华人民共和国税收征收管理法》第四十条的规定，从事生产、经营的纳税

人、扣缴义务人未按照规定的期限缴纳或者解缴税款，纳税担保人未按照规定的期限缴纳所担保的税款，由税务机关责令限期缴纳，逾期仍未缴纳的，经县以上税务局（分局）局长批准，税务机关可以采取下列强制执行措施：(1)书面通知其开户银行或者其他金融机构从其存款中扣缴税款；(2)扣押、查封、依法拍卖或者变卖其价值相当于应纳税款的商品、货物或者其他财产，以拍卖或者变卖所得抵缴税款。第四十一条规定，本法第三十七条、第三十八条、第四十条规定的采取税收保全措施、强制执行措施的权力，不得由法定的税务机关以外的单位和个人行使。

第九章　企业所得税税收优惠

税收优惠，是指国家运用税收政策在税收法律、行政法规中规定对某一部分特定企业和课税对象给予减轻或免除税收负担的一种措施。税法规定的企业所得税的税收优惠方式包括免税、减税、加计扣除、加速折旧、减计收入、税额抵免等。

一、免税收入

企业的免税收入包括：国债利息收入；符合条件的居民企业之间的股息、红利等权益性投资收益；在中国境内设立机构、场所的非居民企业从居民企业取得与该机构、场所有实际联系的股息、红利等权益性投资收益；符合条件的非营利组织的收入。

根据《财政部 国家税务总局关于非营利组织企业所得税免税收入问题的通知》（财税〔2009〕122 号）的规定，符合条件并被认定为非营利组织机构，其取得的下列收入为免税收入：（一）接受其他单位或者个人捐赠的收入；（二）除《中华人民共和国企业所得税法》第七条规定的财政拨款以外的其他政府补助收入，但不包括因政府购买服务取得的收入；（三）按照省级以上民政、财政部门规定收取的会费；（四）不征税收入和免税收入滋生的银行存款利息收入；（五）财政部、国家税务总局规定的其他收入。

二、免征与减征优惠

企业的下列所得项目，可以免征、减征企业所得税；企业如果从事国家限制和禁止发展的项目，不得享受企业所得税优惠。

（一）从事农、林、牧、渔业项目的所得

企业从事农、林、牧、渔业项目的所得，包括免征和减征两部分。

1. 企业从事下列项目的所得，免征企业所得税。

（1）蔬菜、谷物、薯类、油料、豆类、棉花、麻类、糖料、水果、坚果的种植。

（2）农作物新品种的选育。

（3）中药材的种植。

(4)林木的培育和种植。

(5)牲畜、家禽的饲养。

(6)林产品的采集。

(7)灌溉、农产品初加工、兽医、农技推广、农机作业和维修等农、林、牧、渔服务业项目。

(8)远洋捕捞。

2.企业从事下列项目的所得,减半征收企业所得税。

(1)花卉、茶以及其他饮料作物和香料作物的种植。

(2)海水养殖、内陆养殖。

3.农、林、牧、渔业项目的所得税优惠政策和征收管理的有关事项。

(1)企业从事农作物新品种选育的免税所得,是指企业对农作物进行品种和育种材料选育形成的成果,以及由这些成果形成的种子(苗)等繁殖材料的生产、初加工、销售一体化取得的所得。

(2)企业从事林木的培育和种植的免税所得,是指企业对树木、竹子的育种和育苗、抚育和管理以及规模造林活动取得的所得,包括企业通过拍卖或收购方式取得林木所有权并经过一定的生长周期,对林木进行再培育取得的所得。

(3)企业从事下列项目所得的税务处理:

①猪、兔的饲养,按牲畜,家禽的饲养项目处理。

②饲养牲畜、家禽产生的分泌物、排泄物,按牲畜、家禽的饲养项目处理。

③观赏性作物的种植,按花卉、茶及其他饮料作物和香料作物的种植项目处理。

④牲畜、家禽的饲养以外的生物养殖项目,按"海水养殖、内陆养殖"项目处理。

(4)农产品初加工相关事项的税务处理。

①企业根据委托合同,受托对符合《财政部 国家税务总局关于发布享受企业所得税优惠政策的农产品初加工范围(试行)的通知》(财税〔2008〕149号)和《财政部 国家税务总局关于享受企业所得税优惠的农产品初加工有关范围的补充通知》(财税〔2011〕26号)规定的农产品进行初加工服务,其所收取的加工费,可以按照农产品初加工的免税项目处理。

②财税〔2008〕149号文件规定的"油料植物初加工"工序包括"冷却、过滤"等,"糖料植物初加工"工序包括"过滤、吸附、解析、脱脱、浓缩、干燥"等,其适用时间按照财税〔2011〕26号文件规定执行。

③企业从事《中华人民共和国企业所得税法实施条例》第八十六条第(二)项适用企业所得税减半优惠的种植、养殖项目,并直接进行初加工且符合农产品初加工目录范围的,企业应合理划分不同项目的各项成本、费用支出,分别核算种植、养殖项目和初加工项目的所得,并各按适用的政策享受税收优惠。

④企业对外购茶叶进行筛选、分装、包装后进行销售的所得,不享受农产品初加工的优惠政策。

(5)对取得农业部(现为农业农村部)颁发的"远洋渔业企业资格证书"并在有效期内的远洋渔业企业,从事远洋捕捞业务取得的所得免征企业所得税。

(6)购入农产品进行再种植、养殖的税务处理。

企业将购入的农、林、牧、渔产品,在自有或租用的场地进行育肥、育秧等再种植、养殖经过一定的生长周期,使其生物形态发生变化,且并非由于本环节对农产品进行加工而明显增加了产品的使用价值的,可视为农产品的种植、养殖项目享受相应的税收优惠。

主管税务机关对企业进行农产品的再种植、养殖是否符合上述条件难以确定的,可要求企业提供县级以上农、林、牧、渔业政府主管部门的确认意见。

(7)企业同时从事适用不同企业所得税政策规定项目的,应分别核算,单独计算优惠项目的计税依据及优惠数额;分别核算不清的,可由主管税务机关按照比例分摊法或其他合理方法进行核定。

(8)企业委托其他企业或个人从事《中华人民共和国企业所得税法实施条例》第八十六条规定的农、林、牧、渔业项目取得的所得,可享受相应的税收优惠政策。

企业受托从事《中华人民共和国企业所得税法实施条例》第八十六条规定的农、林、牧、渔业项目取得的收入,比照委托方享受相应的税收优惠政策。

(9)企业购买农产品后直接进行销售的贸易活动产生的所得,不能享受农、林、牧、渔业项目的税收优惠政策。

(二)从事国家重点扶持的公共基础设施项目投资经营的所得

税法所称国家重点扶持的公共基础设施项目,是指《财政部 国家税务总局 国家发展和改革委员会关于发布〈公共基础设施项目企业所得税优惠目录(2008 年版)〉的通知》(财税〔2008〕116 号)规定的港口码头、机场、铁路、公路、城市公共交通、电力、水利等项目。

居民企业经有关部门批准,从事国家重点扶持的公共基础设施项目投资经营的所得自项目取得第一笔生产经营收入所属纳税年度起,第一年至第三年免征企业所得税,第四年至第六年减半征收企业所得税。企业承包经营、承包建设和内部自建自用上述规定的项目不得享受上述企业所得税优惠。

1. 企业投资经营符合《公共基础设施项目企业所得税优惠目录》规定条件和标准的公共基础设施项目,采用一次核准、分批次(如码头、泊位、航站楼、跑道、路段、发电机组等)建设的,凡同时符合以下条件的,可按每一批次为单位计算所得,并享受企业所得税"三免三减半"优惠:

(1)不同批次在空间上相互独立。

(2)每一批次自身具备取得收入的功能。

(3)以每一批次为单位进行会计核算,单独计算所得,并合理分摊期间费用。

企业承包经营、承包建设和内部自建自用上述规定的项目,不得享受上述企业所得税优惠。

2.根据《国家税务总局关于电网企业电网新建项目享受所得税优惠政策问题的公告》(国家税务总局公告2013年第26号)的规定,自2013年1月1日起,居民企业从事符合《公共基础设施项目企业所得税优惠目录(2008年版)》规定条件和标准的电网(输变电设施)的新建项目,可依法享受"三免三减半"的企业所得税优惠政策。基于企业电网新建项目的核算特点,暂以资产比例法,即以企业新增输变电固定资产原值占企业总输变电固定资产原值的比例,合理计算电网新建项目的应纳税所得额,并据此享受"三免三减半"的企业所得税优惠政策。电网企业新建项目享受优惠的具体计算方法如下。

(1)对于企业能独立核算收入的330千伏以上跨省及长度超过200千米的交流输变电新建项目和500千伏直流输变电新建项目,应在项目投运后,按该项目营业收入、营业成本等单独计算其应纳税所得额;该项目应分摊的期间费用,可按照企业期间费用与分摊比例计算确定,计算公式为:

应分摊的期间费用＝企业期间费用×分摊比例

第一年分摊比例＝该项目输变电资产原值/[(当年企业期初总输变电资产原值＋当年企业期末总输变电资产原值)/2]×(当年取得第一笔生产经营收入至当年底的月份数/12)

第二年及以后年度分摊比例＝该项目输变电资产原值/[(当年企业期初总输变电资产原值＋当年企业期末总输变电资产原值)/2]

(2)对于企业符合优惠条件但不能独立核算收入的其他新建输变电项目,可先依照企业所得税法及相关规定计算出企业的应纳税所得额,再按照项目投运后的新增输变电固定资产原值占企业总输变电固定资产原值的比例,计算得出该新建项目减免的应纳税所得额。享受减免的应纳税所得额计算公式为:

当年减免的应纳税所得额＝当年企业应纳税所得额×减免比例

减免比例＝[当年新增输变电资产原值/(当年企业期初总输变电资产原值＋当年企业期末总输变电资产原值)/2]×1/2＋(符合税法规定、享受到第二年和第三年输变电资产原值之和)/[(当年企业期初总输变电资产原值＋当年企业期末总输变电资产原值)/2]＋[(符合税法规定、享受到第四年至第六年输变电资产原值之和)/(当年企业期初总输变电资产原值＋当年企业期末总输变电资产原值)/2]×1/2

(3)居民企业符合条件的2013年1月1日前的电网新建项目,已经享受企业所得税优惠的不再调整;未享受企业所得税优惠的可依照上述规定享受剩余年限的企业所得税优惠政策。

3.对饮水工程运营管理单位从事《公共基础设施项目企业所得税优惠目录》规定的饮水工程新建项目投资经营的所得,自项目取得第一笔生产经营收入所属纳税年度起,第一年至第三年免征企业所得税,第四年至第六年减半征收企业所得税。

4.第一笔生产经营收入,是指公共基础设施项目建成并投入运营(包括试运营)后所取得的第一笔主营业务收入。

企业同时从事不在《公共基础设施项目企业所得税优惠目录》范围的生产经营项目

取得的所得，应与享受优惠的公共基础设施项目经营所得分开核算，并合理分摊企业的期间共同费用；没有单独核算的，不得享受上述企业所得税优惠。

企业在减免税期限内转让所享受减免税优惠的项目，受让方承续经营该项目的，可自受让之日起，在剩余优惠期限内享受规定的减免税优惠；减免税期限届满后转让的，受让方不得就该项目重复享受减免税优惠。

（三）从事符合条件的环境保护、节能节水项目的所得

企业从事《中华人民共和国企业所得税法实施条例》规定的符合条件的环境保护、节能节水项目的所得，自项目取得第一笔生产经营收入所属纳税年度起，第一年至第三年免征企业所得税，第四年至第六年减半征收企业所得税。

根据《财政部 税务总局 发展改革委 生态环境部关于发布〈环境保护、节能节水项目企业所得税优惠目录（2021 年版）〉以及〈资源综合利用企业所得税优惠目录（2021 年版）〉的公告》（财政部 税务总局 发展改革委 生态环境部公告 2021 年第 36 号）的规定，《环境保护、节能节水项目企业所得税优惠目录（2021 年版）》自 2021 年 1 月 1 日起施行。

企业从事属于《财政部 国家税务总局 国家发展改革委关于公布环境保护节能节水项目企业所得税优惠目录（试行）的通知》（财税〔2009〕166 号）和《财政部 国家税务总局 国家发展改革委关于垃圾填埋沼气发电列入〈环境保护、节能节水项目企业所得税优惠目录（试行）〉的通知》（财税〔2016〕131 号）中目录规定范围的项目，2021 年 12 月 31 日前已进入优惠期的，可按政策规定继续享受至期满为止；企业从事属于《环境保护、节能节水项目企业所得税优惠目录（2021 年版）》规定范围的项目若 2020 年 12 月 31 日前已取得第一笔生产经营收入，可在剩余期限享受政策优惠至期满为止。

《财政部 国家税务总局 国家发展改革委关于公布环境保护、节能节水项目企业所得税优惠目录（试行）的通知》（财税〔2009〕166 号）及《财政部 国家税务总局 国家发展改革委关于垃圾填埋沼气发电列入〈环境保护、节能节水项目企业所得税优惠目录（试行）〉的通知》（财税〔2016〕131 号）自 2022 年 1 月 1 日起废止。

以上规定享受减免税优惠的项目，在减免税期限内转让的，受让方自受让之日起，可以在剩余期限内享受规定的减免税优惠；减免税期限届满后转让的，受让方不得就该项目重复享受减免税优惠。

（四）符合条件的技术转让所得

企业所得税法所称符合条件的技术转让所得免征、减征企业所得税，是指一个纳税年度内，居民企业技术转让所得不超过 500 万元的部分，免征企业所得税；超过 500 万元的部分，减半征收企业所得税。

1. 享受减免企业所得税优惠的技术转让应符合以下条件：

（1）享受优惠的技术转让主体是企业所得税法规定的居民企业。

（2）技术转让属于财政部、国家税务总局规定的范围。

（3）境内技术转让经省级以上科技部门认定。

(4)向境外转让技术经省级以上商务部门认定。

(5)国务院税务主管部门规定的其他条件。

2.技术转让的范围,包括居民企业转让专利技术、计算机软件著作权、集成电路布图设计权、植物新品种、生物医药新品种,以及财政部和国家税务总局确定的其他技术。其中:专利技术,是指法律授予独占权的发明、实用新型和非简单改变产品图案的外观设计。

3.技术转让,是指居民企业转让其拥有符合技术转让范围规定技术的所有权或5年以上(含5年)全球独占许可使用权的行为。

4.符合条件的技术转让所得应按以下方法计算。

技术转让所得=技术转让收入-技术转让成本-相关税费

技术转让收入是指当事人履行技术转让合同后获得的价款,不包括销售或转让设备、仪器、零部件、原材料等非技术性收入。不属于与技术转让项目密不可分的技术咨询、技术服务、技术培训等收入,不得计入技术转让收入。根据《国家税务总局关于技术转让所得减免企业所得税有关问题的公告》(国家税务总局公告2013年第62号)的规定,可以计入技术转让收入的技术咨询、技术服务、技术培训收入,是指转让方为使受让方掌握所转让的技术投入使用、实现产业化而提供的必要的技术咨询、技术服务、技术培训所产生的收入,并应同时符合以下条件:①在技术转让合同中约定的与该技术转让相关的技术咨询、技术服务、技术培训;②技术咨询、技术服务、技术培训收入与该技术转让项目收入一并收取价款。

技术转让成本,是指转让的无形资产的净值,即该无形资产的计税基础减除在资产使用期间按照规定计算的摊销扣除额后的余额。

相关税费,是指技术转让过程中实际发生的有关税费,包括除企业所得税和允许抵扣的增值税以外的各项税金及其附加、合同签订费用、律师费等相关费用及其他支出。

5.享受技术转让所得减免企业所得税优惠的企业,应单独计算技术转让所得,并合理分摊企业的期间费用;没有单独计算的,不得享受技术转让所得企业所得税优惠。

居民企业从直接或间接持有股权之和达到100%的关联方取得的技术转让所得,不享受技术转让减免企业所得税优惠政策。

6.技术转让应签订技术转让合同。其中,境内的技术转让须经省级以上(含省级)科技部门认定登记,跨境的技术转让须经省级以上(含省级)商务部门认定登记,涉及财政经费支持产生技术的转让,需省级以上(含省级)科技部门审批。

7.根据《国家税务总局关于许可使用权技术转让所得企业所得税有关问题的公告》(国家税务总局公告2015年第82号)的规定,自2015年10月1日起,全国范围内的居民企业转让5年(含,下同)以上非独占许可使用权取得的技术转让所得,纳入享受企业所得税优惠的技术转让所得范围。

(五)深港股票市场交易互联互通机制试点有关税收政策

根据《财政部 国家税务总局 证监会关于深港股票市场交易互联互通机制试点有

关税收政策的通知》(财税〔2016〕127号)的规定，自2016年12月5日起，深港股票市场交易互联互通机制试点(以下简称深港通)涉及的有关税收政策如下。

1.对内地企业投资者通过深港通投资香港联交所上市股票取得的转让差价所得，计入其收入总额，依法征收企业所得税。

2.对内地企业投资者通过深港通投资香港联交所上市股票取得的股息红利所得，计入其收入总额，依法计征企业所得税。其中，内地居民企业连续持有H股满12个月取得的股息红利所得，依法免征企业所得税。

3.香港联交所上市H股公司应向中国结算提出申请，由中国结算向H股公司提供内地企业投资者名册，H股公司对内地企业投资者不代扣股息红利所得税款，应纳税款由企业自行申报缴纳。

4.内地企业投资者自行申报缴纳企业所得税时，对香港联交所非H股上市公司已代扣代缴的股息红利所得税，可依法申请税收抵免。

(六)内地与香港基金互认有关税收政策

交易型开放式基金(ETF)纳入内地与香港股票市场交易互联互通机制后，适用现行内地与香港基金互认有关税收政策。

根据《财政部 国家税务总局 证监会关于内地与香港基金互认有关税收政策的通知》(财税〔2015〕125号)，对内地企业投资者通过基金互认买卖香港基金份额取得的转让差价所得，计入其收入总额，依法征收企业所得税。

对内地企业投资者通过基金互认从香港基金分配取得的收益，计入其收入总额，依法征收企业所得税。

(七)文化事业单位转制为企业有关税收政策

根据《财政部 税务总局 中央宣传部关于延续实施文化体制改革中经营性文化事业单位转制为企业有关税收政策的公告》(财政部 税务总局 中央宣传部公告2023年第71号)，经营性文化事业单位转制为企业，自转制注册之日起5年内免征企业所得税。对经营性文化事业单位转制中资产评估增值、资产转让或划转涉及的企业所得税、增值税、城市维护建设税、契税、印花税等，符合现行规定的享受相应税收优惠政策。

“经营性文化事业单位”，是指从事新闻出版、广播影视和文化艺术的事业单位。

(八)重点群体创业就业有关税收政策

根据《财政部 税务总局 人力资源社会保障部 农业农村部关于进一步支持重点群体创业就业有关税收政策的公告》(财政部 税务总局 人力资源社会保障部 农业农村部公告2023年第15号)，自2023年1月1日至2027年12月31日，企业招用脱贫人口，以及在人力资源社会保障部门公共就业服务机构登记失业半年以上且持《就业创业证》或《就业失业登记证》(注明“企业吸纳税收政策”)的人员，与其签订1年以上期限劳动合同并依法缴纳社会保险费的，自签订劳动合同并缴纳社会保险当月起，在3年内按实际招用人数予以定额依次扣减增值税、城市维护建设税、教育费附加、地方教育附加和企业所得税优惠。定额标准为每人每年6 000元，最高可上浮30%，各省、自治区、直辖市人民政府可根据本地区实际情况在此幅度内确定具体定额标准。

(九)铁路债券利息有关税收政策

根据《财政部 税务总局关于铁路债券利息收入所得税政策的公告》(财政部 税务总局公告 2023 年第 64 号),对企业投资者持有 2024—2027 年发行的铁路债券取得的利息收入,减半征收企业所得税。

铁路债券,是指以中国铁路总公司为发行和偿还主体的债券,包括中国铁路建设债券、中期票据、短期融资券等债务融资工具。

三、高新技术企业所得税优惠

(一)国家需要重点扶持的高新技术企业减按 15%的税率征收企业所得税

高新技术企业,是指在《国家重点支持的高新技术领域(2016 年修订)》范围内,持续进行研究开发与技术成果转化,形成企业核心自主知识产权,并以此为基础开展经营活动,在中国境内(不包括香港、澳门、台湾地区)注册的居民企业。

科技部、财政部、国家税务总局负责全国高新技术企业认定工作的指导、管理和监督。负责将认定后的高新技术企业按要求报领导小组办公室备案,对通过备案的企业颁发高新技术企业证书。通过认定的高新技术企业,其资格自颁发证书之日起有效期为 3 年。

企业获得高新技术企业资格后,自高新技术企业证书颁发之日所在年度起享受税收优惠,可依照《科技部 财政部 国家税务总局关于修订印发〈高新技术企业认定管理办法〉的通知》(国科发火〔2016〕32 号)的规定到主管税务机关办理税收优惠手续。

1. 认定为高新技术企业须同时满足以下条件。

(1)企业申请认定时须注册成立 1 年以上。

(2)企业通过自主研发、受让、受赠、并购等方式,获得对其主要产品(服务)在技术上发挥核心支持作用的知识产权的所有权。

(3)对企业主要产品(服务)发挥核心支持作用的技术属于《国家重点支持的高新技术领域(2016 年修订)》规定的范围。

(4)企业从事研发和相关技术创新活动的科技人员占企业当年职工总数的比例不低于 10%。

(5)企业近三个会计年度(实际经营期不满 3 年的按实际经营时间计算,下同)的开发费用总额占同期销售收入总额的比例符合如下要求。

①最近一年销售收入小于 5 000 万元(含)的企业,比例不低于 5%。

②最近一年销售收入在 5 000 万元至 2 亿元(含)的企业,比例不低于 4%。

③最近一年销售收入在 2 亿元以上的企业,比例不低于 3%。

其中,企业在中国境内发生的研究开发费用总额占全部研究开发费用总额的比例不低于 60%。

(6)近一年高新技术产品(服务)收入占企业同期总收入的比例不低于60%。

(7)企业创新能力评价应达到相应要求。

(8)企业申请认定前一年内未发生重大安全、重大质量事故或严重环境违法行为。

2.高新技术企业认定程序。

(1)企业申请。企业对照规定进行自我评价。认为符合认定条件的在"高新技术企业认定管理工作网"注册登记,向认定机构提出认定申请。申请时提交下列材料。

①高新技术企业认定申请书。

②证明企业依法成立的相关注册登记证件。

③知识产权相关材料、科研项目立项证明、科技成果转化、研究开发的组织管理等相关材料。

④企业高新技术产品(服务)的关键技术和技术指标、生产批文、认证认可和相关资质证书、产品质量检验报告等相关材料。

⑤企业职工和科技人员情况说明材料。

⑥经具有资质的中介机构出具的企业近三个会计年度研究开发费用和近一个会计年度高新技术产品(服务)收入专项审计或鉴证报告,并附研究开发活动说明材料。

⑦经具有资质的中介机构鉴证的企业近三个会计年度的财务会计报告(包括会计报表、会计报表附注和财务情况说明书)。

⑧近三个会计年度企业所得税年度纳税申报表。

(2)专家评审。认定机构应在符合评审要求的专家中,随机抽取组成专家组。专家组对企业申报材料进行评审,提出评审意见。

(3)审查认定。认定机构结合专家组评审意见,对申请企业进行综合审查,提出认定意见并报领导小组办公室。认定企业由领导小组办公室在"高新技术企业认定管理工作网"公示10个工作日,无异议的,予以备案,并在"高新技术企业认定管理工作网"公告由认定机构向企业颁发统一印制的"高新技术企业证书";有异议的,由认定机构进行核实处理。

企业获得高新技术企业资格后,应每年5月底前在"高新技术企业认定管理工作网"填报上一年度知识产权、科技人员、研发费用、经营收入等年度发展情况报表。

3.监督管理。

(1)科技部、财政部、国家税务总局建立随机抽查和重点检查机制,加强对各地高新技术企业认定管理工作的监督检查。对存在问题的认定机构提出整改意见并限期改正,问题严重的给予通报批评,逾期不改的暂停其认定管理工作。

(2)对已认定的高新技术企业,有关部门在日常管理过程中发现其不符合认定条件的应提请认定机构复核。复核后确认不符合认定条件的,由认定机构取消其高新技术企业资格,并通知税务机关追缴其不符合认定条件年度起已享受的税收优惠。

(3)高新技术企业发生更名或与认定条件有关的重大变化(如分立、合并、重组以及经营业务发生变化等)应在3个月内向认定机构报告。经认定机构审核符合认定条件的，其高新技术企业资格不变，对于企业更名的，重新核发认定证书，编号与有效期不变；不符合认定条件的，自更名或条件变化年度起取消其高新技术企业资格。

(4)跨认定机构管理区域整体迁移的高新技术企业，在其高新技术企业资格有效期内完成迁移的，其资格继续有效；跨认定机构管理区域部分搬迁的，由迁入地认定机构按照高新技术企业认定管理办法重新认定。

(5)已认定的高新技术企业有下列行为之一的，由认定机构取消其高新技术企业资格。

①在申请认定过程中存在严重弄虚作假行为的。

②发生重大安全、重大质量事故或有严重环境违法行为的。

③未按期报告与认定条件有关重大变化情况或累计两年未填报年度发展情况报表的对被取消高新技术企业资格的企业，由认定机构通知税务机关按《中华人民共和国税收征收管理法》及有关规定，追缴其自发生上述行为之日所属年度起已享受的高新技术企业税收优惠。

4.已获得高新技术企业资格的企业后续管理及重新认定前的税收问题。

(1)企业获得高新技术企业资格后，自高新技术企业证书注明的发证时间所在年度起申报享受税收优惠，并按规定向主管税务机关办理备案手续。

(2)企业的高新技术企业资格期满当年，在通过重新认定前，其企业所得税暂按15%的税率预缴，在年底前仍未取得高新技术企业资格的，应按规定补缴相应期间的税款。

(3)对取得高新技术企业资格且享受税收优惠的高新技术企业，税务部门如在日常管理过程中发现其在高新技术企业认定过程中或享受优惠期间不符合《高新技术企业认定管理办法》第十一条规定的认定条件的，应提请认定机构复核。复核后确认不符合认定条件的，由认定机构取消其高新技术企业资格，并通知税务机关追缴其证书有效期内自不符合认定条件年度起已享受的税收优惠。

(4)享受税收优惠的高新技术企业，应妥善保管以下资料留存备查。

①高新技术企业资格证书。

②高新技术企业认定资料。

③知识产权相关材料。

④年度主要产品(服务)发挥核心支持作用的技术属于《国家重点支持的高新技术领域(2016年修订)》规定范围的说明，高新技术产品(服务)及对应收入资料。

⑤年度职工和科技人员情况证明材料。

⑥当年和前两个会计年度研发费用总额及占同期销售收入比例、研发费用管理资料以及研发费用辅助账，研发费用结构明细表。

⑦省税务机关规定的其他资料。

(二)技术先进型服务企业所得税优惠

1.根据《财政部 税务总局 商务部 科技部 国家发展改革委关于将技术先进型服

务企业所得税政策推广至全国实施的通知》(财税〔2017〕79 号),自 2017 年 1 月 1 日起,对经认定的技术先进型服务企业,减按 15%的税率征收企业所得税。享受企业所得税优惠政策的技术先进型服务企业必须同时符合以下条件。

(1)在中国境内(不包括港、澳、台地区)注册的法人企业。

(2)从事《技术先进型服务业务认定范围(试行)》中的一种或多种技术先进型服务业务,采用先进技术或具备较强的研发能力。

(3)具有大专以上学历的员工占企业职工总数的 50%以上。

(4)从事《技术先进型服务业务认定范围(试行)》中的技术先进型服务业务取得的收入占企业当年总收入的 50%以上。

(5)从事离岸服务外包业务取得的收入不低于企业当年总收入的 35%。

2. 根据《财政部 税务总局 商务部 科技部 国家发展改革委关于将服务贸易创新发展试点地区技术先进型服务企业所得税政策推广至全国实施的通知》(财政〔2018〕44 号),自 2018 年 1 月 1 日起,对经认定的技术先进型服务企业(服务贸易类),减按 15% 的税率征收企业所得税。

本通知所称技术先进型服务企业(服务贸易类)须符合的条件及认定管理事项,按照《财政部 税务总局 商务部 和技部 国家发展改革委关于将技术先进型服务企业所得税政策推广至全国实施的通知》(财税〔2017〕79 号)的相关规定执行。其中,企业须满足的技术先进型服务业务领域范围按照本通知所附的《技术先进型服务业务领域范围(服务贸易类)》执行。

四、小型微利企业所得税优惠

(一)小型微利企业征收企业所得税的基本规定

小型微利企业减按 20%的税率征收企业所得税。从事国家非限制和禁止行业,并同时符合规定的年度应纳税所得额、从业人数和资产总额三项条件的企业为小型微利企业。

年度应纳税所得额、从业人数和资产总额这三个指标计算准确与否,决定着纳税人是否能够正确享受小型微利企业税收优惠。

1. 年度应纳税所得额。

年度应纳税所得额计算公式如下:

年度应纳税所得额=收入总额-不征税收入-免税收入-各项扣除-以前年度亏损

或年度应纳税所得额=会计利润总额±纳税调整项目金额

2. 从业人数。

从业人数,包括与企业建立劳动关系的职工人数和企业接受的劳务派遣用工人数。从业人数应当按照企业全年的季度平均额确定。计算公式如下:

季度平均值=(季初值+季末值)÷2

全年季度平均值=全年各季度平均值之和÷4

年度中断停业或者终止经营活动的，以其实际经营期作为一个纳税年度确定上述相关指标。

3. 资产总额。

资产总额即企业拥有或控制的全部资产，在企业资产负债表的资产总计项显示。资产总额的计算与从业人数相同，也应当按照企业全年的季度平均值确定。计算公式如下：

季度平均值=(季初值+季末值)÷2

全年季度平均值=全年各季度平均值之和÷4

年度中断停业或者终止经营活动的，以其实际经营期作为一个纳税年度确定上述相关指标。

(二)小型微利企业减征企业所得税政策

1. 自2023年1月1日至2024年12月31日，对小型微利企业年应纳税所得额不超过100万元的部分，减按25%计入应纳税所得额，按20%的税率缴纳企业所得税。

2. 自2022年1月1日至2024年12月31日，对小型微利企业年应纳税所得额超过100万元但不超过300万元的部分，减按25%计入应纳税所得额，按20%的税率缴纳企业所得税。

享受上述优惠的小型微利企业是指从事国家非限制和禁止行业，且同时符合年度应纳税所得额不超过300万元、从业人数不超过300人、资产总额不超过5000万元等三个条件的企业。

(三)小型微利企业的企业所得税征收管理

1. 符合规定条件的小型微利企业，无论采取查账征收还是核定征收方式缴纳企业所得税，均可享受小型微利企业所得税优惠政策。

2. 小型微利企业优惠政策只适用于全部生产经营活动产生的所得均负有我国企业所得税纳税义务的企业。仅就来源于我国所得负有我国纳税义务的非居民企业，不适用上述规定。

3. 小型微利企业所得税统一实行按季度预缴。

预缴企业所得税时，小型微利企业的资产总额、从业人数、年度应纳税所得额指标，暂按当年度截至本期预缴申报所属期末的情况进行判断。其中，资产总额、从业人数指标按照“全年季度平均值”的计算公式，计算截至本期预缴申报所属期末的季度平均值；年度应纳税所得额指标暂按截至本期预缴申报所属期末不超过300万元的标准判断。

4. 原不符合小型微利企业条件的企业，在年度中间预缴企业所得税时，按上述规定判断符合小型微利企业条件的，应按照截至本期预缴申报所属期末累计情况计算享受小型微利企业所得税减免政策。当年度此前期间因不符合小型微利企业条件而多预缴的企业所得税税款，可在以后季度应预缴的企业所得税税款中抵减。

按月度预缴企业所得税的企业，在当年度4月、7月、10月预缴申报时，如果按照规定判断符合小型微利企业条件的，下一个预缴申报期起调整为按季度预缴申报，一经调整，当年度内不再变更。

5. 小型微利企业在预缴和汇算清缴企业所得税时，通过填写纳税申报表相关内容，即可享受小型微利企业所得税减免政策。

小型微利企业应准确填报基础信息，包括从业人数、资产总额、年度应纳税所得额、国家限制或禁止行业等，信息系统将为小型微利企业智能预填优惠项目、自动计算减免税额。

6. 实行核定应纳所得税额征收的企业，根据小型微利企业所得税减免政策规定需要调减定额的，由主管税务机关按照程序调整，并及时将调整情况告知企业。

7. 企业预缴企业所得税时已享受小型微利企业所得税减免政策，汇算清缴企业所得税时不符合规定的，应当按照规定补缴企业所得税税款。

8. 企业设立不具有法人资格分支机构的，应当汇总计算总机构及其各分支机构的从业人数、资产总额、年度应纳税所得额，依据合计数判断是否符合小型微利企业条件。

9. 自 2020 年 1 月 1 日起，跨境电子商务综合试验区内实行核定征收的跨境电商企业符合小型微利企业优惠政策条件的，可享受小型微利企业所得税优惠政策。

五、加计扣除优惠

（一）企业研发费用的加计扣除

研发活动，是指企业为获得科学与技术新知识，创造性运用科学技术新知识，或实质性改进技术、产品（服务）、工艺而持续进行的具有明确目标的系统性活动。

1. 制造企业研发费用的加计扣除。

（1）制造业企业开展研发活动中实际发生的研发费用，未形成无形资产计入当期损益的，在按规定据实扣除的基础上，自 2021 年 1 月 1 日起，再按照实际发生额的 100% 在税前加计扣除；形成无形资产的，自 2021 年 1 月 1 日起，按照无形资产成本的 200% 在税前摊销。

（2）所称制造业企业，是指以制造业业务为主营业务，享受优惠当年主营业务收入占收入总额的比例达到 50% 以上的企业。制造业的范围按照《国民经济行业分类》（GB/T 4574—2017）确定，如国家有关部门更新《国民经济行业分类》，从其规定。收入总额按照《中华人民共和国企业所得税法》第六条规定执行。

2. 科技型中小企业研发费用的加计扣除。

（1）除烟草制造业、住宿和餐饮业、批发和零售业、房地产业、租赁和商务服务业、娱乐业以外的科技型中小企业开展研发活动中实际发生的研发费用，未形成无形资产计入当期损益的，在按规定据实扣除的基础上，自 2022 年 1 月 1 日起，再按照实际发生额的 100% 在税前加计扣除；形成无形资产的，自 2022 年 1 月 1 日起，按照无形资产成本的 200% 在税前摊销。

（2）科技型中小企业是指依托一定数量的科技人员从事科学技术研究开发活动，取得自主知识产权并将其转化为高新技术产品或服务，从而实现可持续发展的中小企业。科技型中小企业条件和管理办法按照《科技部 财政部 国家税务总局关于印发〈科技型中小企业评价办法〉的通知》(国科发政〔2017〕115 号)执行。

3. 其他企业研发费用的加计扣除。

(1)其他企业(除烟草制造业、住宿和餐饮业、批发和零售业、房地产业、租赁和商务服务业、娱乐业以及制造业、科技型中小企业以外的企业)开展研发活动中实际发生的研发费用，未形成无形资产计入当期损益的，在按规定据实扣除的基础上，自 2018 年 1 月 1 日至 2023 年 12 月 31 日，再按照实际发生额的 75%在税前加计扣除；形成无形资产的，在上述期间按照无形资产成本的 175%在税前摊销。

(2)上述适用研发费用税前加计扣除比例 75%的企业，自 2022 年 10 月 1 日至 2022 年 12 月 31 日，税前加计扣除比例提高至 100%。

企业在 2022 年度企业所得税汇算清缴计算享受研发费用加计扣除优惠时，四季度研发费用可由企业自行选择按实际发生数计算，或者按全年实际发生的研发费用乘以 2022 年 10 月 1 日后的经营月份数占其 2022 年度实际经营月份数的比例计算。

4. 企业开展研发活动中实际发生的研发费用，未形成无形资产计入当期损益的，在按规定据实扣除的基础上，再按照实际发生额的 100%在税前加计扣除；形成无形资产的，自 2023 年 1 月 1 日起，按照无形资产成本的 200%在税前摊销。

企业享受研发费用税前加计扣除政策的其他政策口径和管理要求，按照《财政部 国家税务总局 科技部关于完善研究开发费用税前加计扣除政策的通知》(财税〔2015〕119 号)、《财政部 税务总局 科技部关于企业委托境外研究开发费用税前加计扣除有关政策问题的通知》(财税〔2018〕64 号)等文件相关规定执行。

5. 根据《财政部 税务总局 国家发展改革委 工业和信息化部关于提高集成电路和工业母机企业研发费用加计扣除比例的公告》(财政部 税务总局 国家发展改革委 工业和信息化部公告 2023 年第 44 号)，集成电路企业和工业母机企业开展研发活动中实际发生的研发费用，未形成无形资产计入当期损益的，在按规定据实扣除的基础上，在 2023 年 1 月 1 日至 2027 年 12 月 31 日期间，再按照实际发生额的 120%在税前扣除；形成无形资产的，在上述期间按照无形资产成本的 220%在税前摊销。

集成电路企业是指国家鼓励的集成电路生产、设计、装备、材料、封装、测试企业。工业母机企业是指生产销售符合本公告附件《先进工业母机产品基本标准》产品的企业，具体适用条件和企业清单由工业和信息化部会同国家发展改革委、财政部、税务总局等部门制定。

6. 研发费用税前加计扣除归集范围。

(1)人员人工费用。直接从事研发活动人员的工资、薪金，基本养老保险费，基本医疗保险费，失业保险费，工伤保险费，生育保险费，住房公积金，以及外聘研发人员的劳务费用。

(2)直接投入费用。

①研发活动直接消耗的材料,燃料和动力费用。

②用于中间试验和产品试制的模具、工艺装备开发及制造费,不构成固定资产的样品、样机及一般测试手段购置费,试制产品的检验费。

③用于研发活动的仪器、设备的运行维护、调整、检验、维修等费用,以及通过经营租赁方式租入的用于研发活动的仪器、设备租赁费。

(3)折旧费用。用于研发活动的仪器、设备的折旧费。

(4)无形资产摊销。用于研发活动的软件、专利权、非专利技术(包括许可证、专有技术、设计和计算方法等)的摊销费用。

(5)新产品设计费、新工艺规程制定费、新药研制的临床试验费、勘探开发技术的现场试验费。

(6)其他相关费用。与研发活动直接相关的其他费用,如技术图书资料费、资料翻译费、专家咨询费、高新科技研发保险费,研发成果的检索、分析、评议、论证、鉴定、评审、评估、验收费用,知识产权的申请费、注册费、代理费,差旅费、会议费等。此项费用总额不得超过可加计扣除研发费用总额的10%。

其他相关费用的归集与限额计算。

①2021年以前,企业在一个纳税年度内进行多项研发活动的,应按照不同研发项目分别归集可加计扣除的研发费用。在计算每个项目其他相关费用的限额时应当按照以下公式计算(执行至2020年12月31日止):

$$\text{其他相关费用限额}=\text{上述允许加计扣除的研发费用中的第(1)至(5)项的费用之和}\times 10\%\div(1-10\%)$$

②自2021年开始,企业在一个纳税年度内同时开展多项研发活动的,由原来按照每一研发项目分别计算"其他相关费用"限额,改为统一计算全部研发项目其他相关费用限额。

企业按照以下公式计算"其他相关费用"的限额,其中资本化项目发生的费用在形成无形资产的年度统一纳入计算:

$$\text{全部研发项目的其他相关费用限额}=\text{全部研发项目的人员人工等五项费用之和}\times 10\%\div(1-10\%)$$

当其他相关费用实际发生数小于限额时,按实际发生数计算税前加计扣除数额;当其他相关费用实际发生数大于限额时,按限额计算税前加计扣除数额。

(7)财政部和国家税务总局规定的其他费用。

7.下列活动不适用税前加计扣除政策。

(1)企业产品(服务)的常规性升级。

(2)对某项科研成果的直接应用,如直接采用公开的新工艺、材料、装置、产品、服务或知识等。

(3)企业在商品化后为顾客提供的技术支持活动。

(4)对现存产品、服务、技术、材料或工艺流程进行重复或简单改变。

(5)市场调查研究、效率调查或管理研究。

(6)作为工业(服务)流程环节或常规的质量控制、测试分析、维修维护。

(7)社会科学、艺术或人文学方面的研究。

8.特别事项的处理。

(1)企业委托外部机构或个人进行研发活动所发生的费用,按照费用实际发生额的80%计入委托方研发费用并计算加计扣除,受托方不得再进行加计扣除。委托外部研究开发费用实际发生额应按照独立交易原则确定。

委托方与受托方存在关联关系的,受托方应向委托方提供研发项目费用支出明细情况。

(2)企业共同合作开发的项目,由合作各方就自身实际承担的研发费用分别计算加计扣除。

(3)企业集团根据生产经营和科技开发的实际情况,对技术要求高、投资数额大,需要集中研发的项目,其实际发生的研发费用,可以按照权利和义务相一致、费用支出和收益分享相配比的原则,合理确定研发费用的分摊方法,在受益成员企业间进行分摊,由相关成员企业分别计算加计扣除。

(4)企业为获得创新性、创意性、突破性的产品进行创意设计活动而发生的相关费用可按照规定进行税前加计扣除。

创意设计活动是指多媒体软件、动漫游戏软件开发,数字动漫、游戏设计制作;房屋建筑工程设计(绿色建筑评价标准为三星)、风景园林工程专项设计;工业设计、多媒体设计、动漫及衍生产品设计、模型设计等。

9.企业委托境外进行研发活动。

(1)委托境外进行研发活动所发生的费用,按照费用实际发生额的80%计入委托方的委托境外研发费用。委托境外研发费用不超过境内符合条件的研发费用三分之二的部分,可以按规定在企业所得税税前加计扣除。

上述费用实际发生额应按照独立交易原则确定。委托方与受托方存在关联关系的,受托方应向委托方提供研发项目费用支出明细情况。

(2)委托境外进行研发活动应签订技术开发合同,并由委托方到科技行政主管部门进行登记。相关事项按技术合同认定登记管理办法及技术合同认定规则执行。

(3)企业应在年度申报享受优惠时,按照《国家税务总局关于发布修订后的〈企业所得税优惠政策事项办理办法〉的公告》(国家税务总局公告2018年第23号)的规定办理有关手续,并留存备查以下资料:

①企业委托研发项目计划书和企业有权部门立项的决议文件。

②委托研究开发专门机构或项目组的编制情况和研发人员名单。

③经科技行政主管部门登记的委托境外研发合同。

④“研发支出”辅助账及汇总表。

⑤委托境外研发银行支付凭证和受托方开具的收款凭据。

⑥当年委托研发项目的进展情况等资料。

企业如果已取得地市级(含)以上科技行政主管部门出具的鉴定意见,应作为资料留存备查。

(4)企业对委托境外研发费用以及留存备查资料的真实性、合法性承担法律责任。

(5)委托境外研发费用加计扣除其他政策口径和管理要求按照《国家税务总局关于企业研究开发费用税前加计扣除政策有关问题的公告》(国家税务总局公告 2015 年第 97 号)等文件规定执行。

(6)委托境外进行研发活动不包括委托境外个人进行的研发活动。

(7)上述第(1)至(6)项自 2018 年 1 月 1 日起执行。财税〔2015〕119 号文件第二条中“企业委托境外机构或个人进行研发活动所发生的费用,不得加计扣除”的规定同时废止。

10. 会计核算与管理。

(1)企业应按照国家财务会计制度要求,对研发支出进行会计处理;同时,对享受加计扣除的研发费用按研发项目设置辅助账准确归集核算当年时加计扣除的各项研发费用实际发生额。企业在一个纳税年度内进行多项研发活动的,应按照不同研发项目分别归集可加计扣除的研发费用。

(2)根据《国家税务总局关于进一步落实研发费用加计扣除政策有关问题的公告》(国家税务总局公告 2021 年第 28 号),《国家税务总局关于企业研究开发费用税前加计扣除政策有关问题的公告》(国家税务总局公告 2015 年第 97 号)发布的研发支出辅助账和研发支出辅助账汇总表样式(以下简称 2015 版研发支出辅助账样式)继续有效。另增设简化版研发支出辅助账和研发支出辅助账汇总表样式(以下简称 2021 版研发支出辅助账样式)。

企业按照研发项目设置辅助账时,可以自主选择使用 2015 版研发支出辅助账样式,或者 2021 版研发支出辅助账样式,也可以参照上述样式自行设计研发支出辅助账样式。

企业自行设计的研发支出辅助账样式,应当包括 2021 版研发支出辅助账样式所列数据项,且逻辑关系一致,能准确归集允许加计扣除的研发费用。

(3)企业应对研发费用和生产经营费用分别核算,准确、合理归集各项费用支出,对划分不清的,不得实行加计扣除。

11. 不适用税前加计扣除政策的行业。

(1)烟草制造业。

(2)住宿和餐饮业。

(3)批发和零售业。

(4)房地产业。

(5)租赁和商务服务业。

(6)娱乐业。

(7)财政部和国家税务总局规定的其他行业。

不适用税前加计扣除政策行业的企业，是指以上所列行业业务为主营业务，其研发费用发生当年的主营业务收入占企业按《中华人民共和国企业所得税法》及其实施条例规定计算的收入总额减除不征税收入和投资收益的余额50%(不含)以上的企业。

12.管理事项及征管要求。

(1)研发费用加计扣除适用于会计核算健全、实行查账征收并能够准确归集研发费用的居民企业。

(2)企业研发费用各项目的实际发生额归集不准确、汇总额计算不准确的，税务机关有权对其税前扣除额或加计扣除额进行合理调整。

(3)税务机关对企业享受加计扣除优惠的研发项目有异议的，可以转请地市级(含)以上科技行政主管部门出具鉴定意见，科技部门应及时回复意见。企业承担省部级(含)以上科研项目的，以及以前年度已鉴定的跨年度研发项目，不再需要鉴定。

(4)企业符合规定的研发费用加计扣除条件而在2016年1月1日以后未及时享受该项税收优惠的，可以追溯享受并履行备案手续，追溯期限最长为3年。

(5)税务部门应加强研发费用加计扣除优惠政策的后续管理，定期开展核查，年度核查面不得低于20%。

(6)企业取得作为不征税收入处理的财政性资金用于研发活动所形成的费用或无形资产，不得计算加计扣除或摊销。

(7)法律、行政法规和国务院财税主管部门规定不允许企业所得税税前扣除的费用和支出项目不得计算加计扣除。

(8)已计入无形资产但不属于财税〔2015〕119号文件中允许加计扣除研发费用范围的，企业摊销时不得计算加计扣除。

(9)涉及委托、合作研究开发的合同需经科技主管部门登记，该资料需要留存备查。其中，发生委托境内研发活动的，由受托方到科技部门进行登记；委托境外进行研发活动应签订技术开发合同，并由委托方到科技行政主管部门进行登记。

(二)支持我国基础研究的加计扣除

根据《财政部 税务总局关于企业投入基础研究税收优惠政策的公告》(财政部 税务总局公告2022年第32号)，自2022年1月1日起，为鼓励企业加大创新投入，支持我国基础研究发展，企业投入基础研究相关税收政策如下。

1.对企业出资给非营利性科学技术研究开发机构(科学技术研究开发机构以下简称科研机构)、高等学校和政府性自然科学基金用于基础研究的支出，在计算应纳税所得额时可按实际发生额在税前扣除，并可按100%在税前加计扣除。

对非营利性科研机构、高等学校接收企业、个人和其他组织机构基础研究资金收入，免征企业所得税。

2.上述第1条所称非营利性科研机构、高等学校包括国家设立的科研机构和高等学校、民办非营利性科研机构和高等学校，具体按以下条件确定：

(1)国家设立的科研机构和高等学校，是指利用财政性资金设立的、取得《事业单位法人证书》的科研机构和公办高等学校，包括中央和地方所属科研机构和高等学校。

(2)民办非营利性科研机构和高等学校，是指同时满足以下条件的科研机构和高等学校：

①根据《民办非企业单位登记管理暂行条例》在民政部门登记，并取得《民办非企业单位(法人)登记证书》。

②对于民办非营利性科研机构，其《民办非企业单位(法人)登记证书》记载的业务范围应属于科学研究与技术开发、成果转让、科技咨询与服务、科技成果评估范围。对业务范围存在争议的，由税务机关转请县级(含)以上科技行政主管部门确认。

对于民办非营利性高等学校，应取得教育主管部门颁发的《民办学校办学许可证》，记载学校类型为“高等学校”。

③经认定取得企业所得税非营利组织免税资格。

3. 上述第1条所称政府性自然科学基金，是指国家和地方政府设立的自然科学基金委员会管理的自然科学基金。

4. 上述第1条所称基础研究，是指通过对事物的特性、结构和相互关系进行分析，从而阐述和检验各种假设、原理和定律的活动。具体依据以下内容判断：

(1)基础研究不预设某一特定的应用或使用目的，主要是为获得关于现象和可观察事实的基本原理的新知识，可针对已知或具有前沿性的科学问题，或者针对人们普遍兴趣的某些广泛领域，以未来广泛应用为目标。

(2)基础研究可细分为两种类型，一是自由探索性基础研究，即为了增进知识，不追求经济或社会效益，也不积极谋求将其应用于实际问题或把成果转移到负责应用的部门。二是目标导向(定向)基础研究，旨在获取某方面知识、期望为探索解决当前已知或未来可能发现的问题奠定基础。

(3)基础研究成果通常表现为新原理、新理论、新规律或新知识，并以论文、著作、研究报告等形式为主。同时，由于基础研究具有较强的探索性，存在失败的风险，论文、著作、研究报告等也可以体现为试错或证伪等成果。

上述基础研究不包括在境外开展的研究，也不包括社会科学、艺术或人文学方面的研究。

5. 企业出资基础研究应签订相关协议或合同，协议或合同中需明确资金用于基础研究领域。

6. 企业和非营利性科研机构、高等学校和政府性自然科学基金管理单位应将相关资料留存备查，包括企业出资协议、出资合同，相关票据等，出资协议，出资合同和出资票据应包含出资方、接收方、出资用途(注明用于基础研究)、出资金额等信息。

7. 非营利性科研机构、高等学校和政府性自然科学基金管理单位应做好企业投入基础研究的资金管理，建立健全监督机制，确保资金用于基础研究，提高资金使用效率。

(三)企业安置残疾人员所支付工资的加计扣除

企业安置残疾人员所支付工资的加计扣除,是指企业安置残疾人员的,在按照支付给残疾职工工资据实扣除的基础上,按照支付给残疾职工工资的100%加计扣除。残疾人员的范围适用《中华人民共和国残疾人保障法》的有关规定。企业安置国家鼓励安置的其他就业人员所支付的工资的加计扣除办法,由国务院另行规定。

根据《财政部 国家税务总局关于安置残疾人员就业有关企业所得税优惠政策问题的通知》(财税〔2009〕70号),对企业安置残疾人员所支付工资费用的加计扣除规定如下。

企业享受安置残疾职工工资100%加计扣除应同时具备如下条件:

(1)依法与安置的每位残疾人签订了1年以上(含1年)的劳动合同或服务协议,并且安置的每位残疾人在企业实际上岗工作。

(2)为安置的每位残疾人按月足额缴纳了企业所在区、县人民政府根据国家政策规定的基本养老保险、基本医疗保险、失业保险和工伤保险等社会保险。

备注:根据《国家税务总局关于促进残疾人就业税收优惠政策有关问题的公告》(国家税务总局公告2013年第78号),《财政部 国家税务总局关于促进残疾人就业税收优惠政策的通知》(财税〔2007〕92号)规定的"基本养老保险"和"基本医疗保险"是指"职工基本养老保险"和"职工基本医疗保险",不含"城镇居民社会养老保险"、"新型农村社会养老保险"、"城镇居民基本医疗保险"和"新型农村合作医疗"。

(3)定期通过银行等金融机构向安置的每位残疾人实际支付了不低于企业所在区、县适用的经省级人民政府批准的最低工资标准的工资。

(4)具备安置残疾人上岗工作的基本设施。

六、创业投资企业优惠

创业投资企业从事国家需要重点扶持和鼓励的创业投资,可以按投资额的一定比例抵扣应纳税所得额。现行创业投资企业按投资额抵扣应纳税所得额优惠政策有两种情形。

1.创业投资企业、有限合伙制创业投资企业法人合伙人,投资于未上市的中小高新技术企业按比例抵扣应纳税所得额。

(1)创业投资企业采取股权投资方式投资于未上市的中小高新技术企业2年(24个月)以上的,可以按照其对中小高新技术企业投资额的70%在股权持有满2年的当年抵扣该创业投资企业的应纳税所得额;当年不足抵扣的,可以在以后纳税年度结转抵扣。

例如,甲创业投资企业2021年11月1日向乙企业(未上市的中小高新技术企业)投资100万元,股权持有到2023年12月31日。甲创业投资企业2023年度可抵扣的应纳税所得额为70万元。

①创业投资企业,是指依照《创业投资企业管理暂行办法》和《外商投资创业投资企

业管理规定》在中华人民共和国境内设立的专门从事创业投资活动的企业或其他经济组织。

②经营范围符合《创业投资企业管理暂行办法》规定，且工商登记(现为市场主体登记，下同)为“创业投资有限责任公司”“创业投资股份有限公司”等专业性法人创业投资企业。

③按照《创业投资企业管理暂行办法》规定的条件和程序完成备案，经备案管理部门年度检查核实，投资运作符合《创业投资企业管理暂行办法》的有关规定。

(2)有限合伙制创业投资企业采取股权投资方式投资于未上市的中小高新技术企业2年(24个月)的，该投资企业的法人合伙人可按照其对未上市中小高新技术企业投资额的70%抵扣该法人合伙人从该投资企业分得的应纳税所得额，当年不足抵扣的，可以在纳税年度结转抵扣。

有限合伙制创业投资企业的法人合伙人对未上市中小高新技术企业的投资额，按照有限合伙制创业投资企业对中小高新技术企业的投资额和合伙协议约定的法人合伙人占有限合伙制创业投资企业的出资比例计算确定。其中，有限合伙制创业投资企业对中小高新技术企业的投资额按实缴投资额计算；法人合伙人占有限合伙制创业投资企业的出资比例按法人合伙人对有限合伙制创业投资企业的实缴出资额占该有限合伙制创业投资企业的全部实缴出资额的比例计算。

①有限合伙制创业投资企业，是指依照《中华人民共和国合伙企业法》《创业投资企业管理暂行办法》《外商投资创业投资企业管理规定》设立的专门从事创业投资活动的有限合伙企业。

②有限合伙制创业投资企业的法人合伙人，是指依照《中华人民共和国企业所得税法》及其实施条例以及相关规定，实行查账征收企业所得税的居民企业。

③有限合伙制创业投资企业采取股权投资方式投资于未上市的中小高新技术企业满2年(24个月)，即2015年10月1日起，有限合伙制创业投资企业投资于未上市中小高新技术企业的实缴投资满2年，同时，法人合伙人对该有限合伙制创业投资企业的实缴出资也应满2年。

④有限合伙制创业投资企业应纳税所得额的确定及分配应按照《财政部 国家税务总局关于合伙企业合伙人所得税问题的通知》(财税〔2008〕159号)相关规定执行。

(3)未上市中小高新技术企业的标准。创业投资企业所投资的中小高新技术企业，应按照《科技部 财政部 国家税务总局关于修订印发〈高新技术企业认定管理办法〉的通知》(国科发火〔2016〕32号)和《科技部 财政部 国家税务总局关于修订印发〈高新技术企业认定管理工作指引〉的通知》(国科发火〔2016〕195号)的规定，通过认定取得高新技术企业资格；同时，还应符合职工人数不超过500人，年销售(营业)额不超过2亿元，资产总额不超过2亿元的条件。

上述所称未上市，是指未通过证券交易所首次公开向投资者发行股票，募集资金。

(4)中小企业接受创业投资之后，经认定符合高新技术企业标准的，应自其被认定为高新技术企业的年度起，计算创业投资企业的投资期限。该期限内中小企业接受创业投资后，企业规模超过中小企业标准，但仍符合高新技术企业标准的，不影响创业投资企业享受有关税收优惠。

(5)财政部、国家税务总局如有其他条件规定的从其规定。

2.公司制创业投资企业、有限合伙制创业投资企业法人合伙人，投资于初创科技型企业抵扣应纳税所得额。

(1)公司制创业投资企业采取股权投资方式直接投资于符合条件的种子期、初创期科技型企业(以下简称初创科技型企业)满2年(24个月)的，可以按照投资额的70%在股权持有满2年的当年抵扣该公司制创业投资企业的应纳税所得额；当年不足抵扣的，可以在以后纳税年度结转抵扣。

公司制创业投资企业须为在中国境内(不含港、澳、台地区)注册成立、实行查账征收的居民企业，且不属于被投资初创科技型企业的发起人。

(2)有限合伙制创业投资企业采取股权投资方式直接投资于符合条件的初创科技型企业满2年(24个月)的，法人合伙人可以按照对初创科技型企业投资额的70%抵扣法人合伙人从合伙创投企业分得的所得；当年不足抵扣的，可以在以后纳税年度结转抵扣。

有限合伙制创业投资企业须为在中国境内(不含港、澳、台地区)注册成立实行查账征收的合伙创业投资企业，且不属于被投资初创科技型企业的发起人。

(3)公司制创业投资企业、有限合伙制创业投资企业还均应同时符合以下条件：

①符合《创业投资企业管理暂行办法》规定或者《私募投资基金监督管理暂行办法》关于创业投资基金的特别规定，按照上述规定完成备案且规范运作。

②投资后2年内，创业投资企业及其关联方持有被投资初创科技型企业的股权比例合计应低于50%。

(4)初创科技型企业，应同时符合以下条件：

①在中国境内(不包括港、澳、台地区)注册成立、实行查账征收的居民企业。

②接受投资时，从业人数不超过200人，其中具有大学本科以上学历的从业人数不低于30%。资产总额和年销售收入均不超过3 000万元。

备注：2019年至2027年，上述“从业人数不超过200人”调整为“从业人数不超过300人”；“资产总额和年销售收入均不超过3 000万元”调整为“资产总额和年销售收入均不超过5 000万元”。

③接受投资时设立时间不超过5年(60个月)。

④接受投资时以及接受投资后2年内未在境内外证券交易所上市。

⑤接受投资当年及下一纳税年度，研发费用总额占成本费用支出的比例不低于20%。

(5)享受税收优惠政策的股权投资，仅限于通过向被投资初创科技型企业直接支付现金方式取得的股权投资，不包括受让其他股东的存量股权。投资额按照实缴投资额确定。

(6)2019 年 1 月 1 日至 2027 年 12 月 31 日，在此期间已投资满 2 年及新发生的投资可按《财政部 税务总局关于创业投资企业和天使投资个人有关税收政策的通知》(财税〔2018〕55 号)、《财政部 税务总局关于实施小微企业普惠性税收减免政策的通知》(财税〔2019〕13 号)、《财政部 税务总局关于延续执行创业投资企业和天使投资个人投资初创科技型企业有关政策条件的公告》(财政部 国家税务总局公告 2023 年第 17 号)的规定适用税收政策。

(7)管理事项及管理要求。

①研发费用口径，按照《财政部 国家税务总局 科技部关于完善研究开发费用税前加计扣除政策的通知》(财税〔2015〕119 号)等规定执行。研发费用总额占比，是指企业接受投资当年及下一纳税年度的研发费用总额合计占同期成本费用总额合计的比例。

②从业人数，包括与企业建立劳动关系的职工人员及企业接受的劳务派遣人员。从业人数和资产总额指标，按照企业接受投资前连续 12 个月的平均数计算，不足 12 个月的，按实际月数平均计算。

月平均数＝(月初数＋月末数)÷2

接受投资前连续 12 个月平均数＝接受投资前连续 12 个月平均数之和÷12

③销售收入，包括主营业务收入与其他业务收入；年销售收入指标，按照企业接受投资前连续 12 个月的累计数计算，不足 12 个月的，按实际月数累计计算。

④合伙创业投资企业的合伙人对初创科技型企业的投资额，按照合伙创业投资企业对初创科技型企业的实缴投资额和投资满 2 年当年年末各合伙人对合伙创业投资企业的实缴出资额占合伙协议约定的所有合伙人全部实缴出资额的出资比例计算确定。

合伙人从合伙创业投资企业分得的所得，按照《财政部 国家税务总局关于合伙企业合伙人所得税问题的通知》(财税〔2008〕159 号)规定计算。

法人合伙人投资于多个符合条件的合伙创业投资企业，可合并计算其可抵扣的投资额和分得的所得。当年不足抵扣的，可结转以后纳税年度继续抵扣；当年抵扣后有结余的，应按照企业所得税法的规定计算缴纳企业所得税。

上述所称符合条件的合伙创业投资企业，既包括符合《财政部 税务总局关于创业投资企业和天使投资个人有关税收政策的通知》(财税〔2018〕55 号)规定条件的合伙创业投资企业，也包括符合《国家税务总局关于有限合伙制创业投资企业法人合伙人企业所得税有关问题的公告》(国家税务总局公告 2015 年第 81 号)规定条件的合伙创业投资企业。

(8)执行时间。

财税〔2018〕55 号文件自 2018 年 1 月 1 日起执行。执行日期前 2 年内发生的投资，在执行日期后投资满 2 年，且符合财税〔2018〕55 号文件规定的其他条件的，可以适用该文件规定的税收政策。

七、加速折旧优惠

(一)一般性加速折旧

企业的固定资产由于技术进步等原因，确需加速折旧的，可以缩短折旧年限或者采取加速折旧的方法。可采用以上折旧方法的固定资产是指：

1. 由于技术进步，产品更新换代较快的固定资产；

2. 常年处于强震动、高腐蚀状态的固定资产。

采取缩短折旧年限方法的，最低折旧年限不得低于规定折旧年限的60%；采取加速折旧方法的，可以采取双倍余额递减法或者年数总和法。

(二)特殊性加速折旧

1. 根据《财政部 国家税务总局关于完善固定资产加速折旧企业所得税政策的通知》(财税〔2014〕75号)、《财政部 国家税务总局关于进一步完善固定资产加速折旧企业所得税政策的通知》(财税〔2015〕106号)、《财政部 税务总局关于扩大固定资产加速折旧优惠政策适用范围的公告》(财政部 税务总局公告2019年第66号)，自2019年1月1日起，对有关固定资产加速折旧企业所得税政策问题规定如下：

(1)对全部制造业企业2015年1月1日后新购进的固定资产，可由企业选择缩短折旧年限或采取加速折旧的方法。

(2)对全部制造业的小型微利企业2015年1月1日后新购进的研发和生产经营共用的仪器、设备，单位价值不超过100万元的，允许一次性计入当期成本费用在计算应纳税所得额时扣除，不再分年度计算折旧；单位价值超过100万元的，可由企业选择缩短折旧年限或采取加速折旧的方法。

(3)对所有行业企业2014年1月1日后新购进的专门用于研发的仪器、设备，单位价值不超过100万元的，允许一次性计入当期成本费用在计算应纳税所得额时扣除，不再分年度计算折旧；单位价值超过100万元的，可缩短折旧年限或采取加速折旧的方法。

(4)对所有行业企业持有的单位价值不超过5000元的固定资产，允许一次性计入当期成本费用在计算应纳税所得额时扣除，不再分年度计算折旧。

(5)企业按上述第(1)至(3)项规定缩短折旧年限的，最低折旧年限不得低于《中华人民共和国企业所得税法实施条例》第六十条规定折旧年限的60%；采取加速折旧方法的，可采取双倍余额递减法或者年数总和法。第(1)至(3)项规定之外的企业固定资产加速折旧所得税处理问题继续按照《中华人民共和国企业所得税法》及其实施条例和现行税收政策规定执行。

(6)企业的固定资产采取加速折旧方法的，可以采用双倍余额递减法或者年数总和法。加速折旧方法一经确定，一般不得变更。

(7)企业的固定资产既符合上述优惠政策条件，又符合《国家税务总局关于企业固定资产加速折旧所得税处理有关问题的通知》(国税发〔2009〕81 号)、《财政部 国家税务总局关于进一步鼓励软件产业和集成电路产业发展企业所得税政策的通知》(财税〔2012〕27 号)中相关加速折旧优惠政策条件的,可由企业选择其中一项加速折旧优惠政策执行,且一经选择,不得改变。

(8)企业应将购进固定资产的发票、记账凭证等有关凭证、凭据(购入已使用过的固定资产,应提供已使用年限的相关说明)等资料留存备查,并应建立台账,准确核算税法与会计差异情况。

2. 根据《财政部 税务总局关于设备 器具扣除有关企业所得税政策的通知》(财税〔2018〕54 号)、《财政部 税务总局关于延长部分税收优惠政策执行期限的公告》(财政部税务总局公告 2021 年第 6 号)的规定,企业自 2018 年 1 月 1 日至 2023 年 12 月 31 日新购进的设备、器具,单位价值不超过 500 万元的,允许一次性计入当期成本费用在计算应纳税所得额时扣除,不再分年度计算折旧(以下简称一次性税前扣除政策)。

(1)设备、器具,是指除房屋、建筑物以外的固定资产。购进,包括以货币形式购进或自行建造,其中以货币形式购进的固定资产包括购进的使用过的固定资产。以货币形式购进的固定资产,以购买价款和支付的相关税费以及直接归属于使该资产达到预定用途发生的其他支出确定单位价值,自行建造的固定资产,以竣工结算前发生的支出确定单位价值。

(2)"单位价值"的计算方法。单位价值的计算方法与《中华人民共和国企业所得税法实施条例》第五十八条规定的固定资产计税基础的计算方法保持一致,具体为:以货币形式购进的固定资产,以购买价款和支付的相关税费以及直接归属于使该资产达到预定用途发生的其他支出确定单位价值;自行建造的固定资产,以竣工结算前发生的支出确定单位价值。

(3)固定资产购进时点按以下原则确认:以货币形式购进的固定资产,除采取分期付款或赊销方式购进外,按发票开具时间确认;以分期付款或赊销方式购进的固定资产,按固定资产到货时间确认;自行建造的固定资产,按竣工结算时间确认。

(4)固定资产在投入使用月份的次月所属年度一次性税前扣除。

《中华人民共和国企业所得税法实施条例》规定,企业应当自固定资产投入使用月份的次月起计算折旧。固定资产一次性税前扣除政策仅仅是固定资产税前扣除的一种特殊方式,因此,其税前扣除的时点应与固定资产计算折旧的处理原则保持一致。财政部、国家税务总局另有规定的除外。

(5)企业选择享受一次性税前扣除政策的,其资产的税务处理可与会计处理不一致。企业会计处理上是否采取一次性税前扣除方法,不影响企业享受一次性税前扣除政策,企业在享受一次性税前扣除政策时,不需要会计上也同时采取与税收上相同的折旧方法。

(6)企业根据自身生产经营核算需要,可自行选择享受一次性税前扣除政策。未选择享受一次性税前扣除政策的,以后年度不得再变更。

(7)企业按照《国家税务总局关于发布修订后的〈企业所得税优惠政策事项办理办法〉的公告》(国家税务总局公告2018年第23号)的规定办理享受政策的相关手续，主要留存备查资料如下：

①有关固定资产购进时点的资料(如以货币形式购进固定资产的发票，以分期付款或赊销方式购进固定资产的到货时间说明，自行建造固定资产的竣工决算情况说明等)。

②固定资产记账凭证。

③核算有关资产税务处理与会计处理差异的台账。

(8)企业新购进单位价值超过500万元的设备、器具，仍按《中华人民共和国企业所得税法实施条例》、《财政部 国家税务总局关于完善固定资产加速折旧企业所得税政策的通知》(财税〔2014〕75号)、《财政部 国家税务总局关于进一步完善固定资产加速折旧企业所得税政策的通知》(财税〔2015〕106号)等相关规定执行。

3.根据《财政部 税务总局关于中小微企业设备器具所得税税前扣除有关政策的公告》(财政部 税务总局公告2022年第12号)，中小微企业自2022年1月1日至2022年12月31日新购置的设备、器具，单位价值在500万元以上的，按照单位价值的一定比例自愿选择在企业所得税税前扣除。其中，《中华人民共和国企业所得税法实施条例》规定最低折旧年限为3年的设备器具，单位价值的100%可在当年一次性税前扣除；最低折旧年限为4年、5年、10年的，单位价值的50%可在当年一次性税前扣除，其余50%按规定在剩余年度计算折旧进行税前扣除。

(1)设备、器具，是指除房屋、建筑物以外的固定资产。

(2)中小微企业，是指从事国家非限制和禁止行业，且符合以下条件的企业。

①信息传输业、建筑业、租赁和商务服务业：从业人员2 000人以下，或营业收入10亿元以下或资产总额12亿元以下。

②房地产开发经营：营业收入20亿元以下或资产总额1亿元以下。

③其他行业：从业人员1 000人以下或营业收入4亿元以下。

(3)从业人数，包括与企业建立劳动关系的职工人数和企业接受的劳务派遣用工人数。

(4)从业人数和资产总额指标，应按企业全年的季度平均值确定。具体计算公式如下：

$$季度平均值=(季初值+季末值)÷2$$

$$全年季度平均值=全年各季度平均值之和÷4$$

年度中断停业或者终止经营活动的，以其实际经营期作为一个纳税年度确定上述相关指标。

(5)企业选择适用本项政策当年不足扣除形成的亏损，可在以后5个纳税年度结转弥补，享受其他延长亏损结转年限政策的企业可按现行规定执行。

(6)中小微企业可根据自身生产经营核算需要自行选择享受本项政策，按季(月)在预缴申报时即可享受本项政策。但是，当年度未选择享受的，以后年度不得再变更享受。

(三)高新技术企业购置设备、器具扣除

根据《财政部 税务总局 科技部关于加大支持科技创新税前扣除力度的公告》(财政部 税务总局科技部公告 2022 年第 28 号)，高新技术企业自 2022 年 10 月 1 日至 2022 年 12 月 31 日新购置的设备、器具，允许当年一次性全额在计算应纳税所得额时扣除，并允许在税前实行 100%加计扣除。

凡在 2022 年第四季度内具有高新技术企业资格的企业，均可适用该项政策。企业选择适用该项政策当年不足扣除的，可结转至以后年度按现行有关规定执行。

上述所称设备、器具是指除房屋、建筑物以外的固定资产；所称高新技术企业的条件和管理办法按照《科技部 财政部国家税务总局关于修订印发〈高新技术企业认定管理办法〉的通知》(国科发火〔2016〕32 号)执行。

企业享受该项政策的税收征管事项按现行征管规定执行。

八、减计收入优惠

1. 企业综合利用资源生产符合国家产业政策规定的产品所取得的收入，可以在计算应纳税所得额时减计收入。

根据《财政部 税务总局 发展改革委 生态环境部关于公布〈环境保护、节能节水项目企业所得税优惠目录(2021 年版)〉以及〈资源综合利用企业所得税优惠目录(2021 年版)〉的公告》(财政部 税务总局 发展改革委 生态环境部公告 2021 年第 36 号)的规定，《资源综合利用企业所得税优惠目录(2021 年版)》自 2021 年 1 月 1 日起施行。

《财政部 国家税务总局 国家发展改革委关于公布〈资源综合利用企业所得税优惠目录(2008 年版)〉的通知》(财税〔2008〕117 号)自 2022 年 1 月 1 日起废止。

企业从事资源综合利用属于《财政部 国家税务总局 国家发展改革委关于公布〈资源综合利用企业所得税优惠目录(2008 年版)〉的通知》(财税〔2008〕117 号)中目录规定范围但不属于《资源综合利用企业所得税优惠目录(2021 年版)》规定范围的，可按政策规定继续享受优惠至 2021 年 12 月 31 日止。

2. 自 2019 年 6 月 1 日至 2025 年 12 月 31 日，提供社区养老、托育、家政服务取得的收入，在计算应纳税所得额时，减按 90%计入收入总额。

3. 自 2017 年 1 月 1 日至 2027 年 12 月 31 日，对金融机构农户小额贷款的利息收入，在计算应纳税所得额时，按 90%计入收入总额。

4. 自 2017 年 1 月 1 日至 2027 年 12 月 31 日，对保险公司为种植业、养殖业提供保险业务取得的保费收入，在计算应请税所得额时，按 90%计入收入总额。

5. 自 2017 年 1 月 1 日至 2027 年 12 月 31 日，对经省级金融管理部门(金融办、局等)批准成立的小额贷款公司取得的农户小额贷款利息收入，在计算应纳税所得额时，按 90%计入收入总额。

九、境内税额抵免优惠

根据《中华人民共和国企业所得税法实施条例》，企业所得税法所称税额抵免，是指企业购置并实际使用《环境保护专用设备企业所得税优惠目录》《节能节水专用设备企业所得税优惠目录》和《安全生产专用设备企业所得税优惠目录》规定的环境保护、节能节水、安全生产等专用设备的，该专用设备的投资额的 10%可以从企业当年的应纳税额中抵免；当年不足抵免的，可以在以后 5 个纳税年度结转抵免。

享受上述企业所得税优惠的企业，应当是实际购置并自身实际投入使用规定的专用设备的企业；企业购置上述专用设备在 5 年内转让、出租的，应当停止享受企业所得税优惠，并补缴已经抵免的企业所得税税款。

企业所得税优惠目录，由国务院财政、税务主管部门商国务院有关部门制订，报国务院批准后公布施行。

企业同时从事适用不同企业所得税待遇的项目的，其优惠项目应当单独计算所得，并合理分摊企业的期间费用；没有单独计算的，不得享受企业所得税优惠。

十、非居民企业优惠

根据《中华人民共和国企业所得税法实施条例》，非居民企业取得企业所得税法第二十七条第(五)项规定的所得，减按 10%的税率征收企业所得税。下列所得免征企业所得税：

1. 外国政府向中国政府提供贷款取得的利息所得。

2. 国际金融组织向中国政府和居民企业提供优惠贷款取得的利息所得。

3. 经国务院批准的其他所得。

十一、促进节能服务产业发展的优惠

(一)企业所得税相关政策

根据《财政部 国家税务总局关于促进节能服务产业发展增值税 营业税和企业所得税政策问题的通知》(财税〔2010〕110 号)，节能服务公司实施合同能源管理项目涉及企业所得税的政策如下。

1. 对符合条件的节能服务公司实施合同能源管理项目，符合企业所得税法有关规定的，自项目取得第一笔生产经营收入所属纳税年度起，第一年至第三年免征企业所得税第四年至第六年按照 25%的法定税率减半征收企业所得税。

2. 对符合条件的节能服务公司，以及与其签订节能效益分享型合同的用能企业实施合同能源管理项目有关资产的企业所得税税务处理按以下规定执行。

(1)用能企业按照能源管理合同实际支付给节能服务公司的合理支出,均可以在计算当期应纳税所得额时扣除,不再区分服务费用和资产价款进行税务处理。

(2)能源管理合同期满后,节能服务公司转让给用能企业的因实施合同能源管理项目形成的资产,按折旧或摊销期满的资产进行税务处理,用能企业从节能服务公司接收有关资产的计税基础也应按折旧或摊销期满的资产进行税务处理。

(3)能源管理合同期满后,节能服务公司与用能企业办理有关资产的权属转移时,用能企业已支付的资产价款,不再另行计入节能服务公司的收入。

3. 上述所称"符合条件"是指同时满足以下条件。

(1)具有独立法人资格,注册资金不低于100万元,且能够单独提供用能状况诊断、节能项目设计、融资、改造(包括施工、设备安装、调试、验收等)、运行管理、人员培训等服务的专业化节能服务公司。

(2)节能服务公司实施合同能源管理项目相关技术应符合国家质量监督检验检疫总局(现为国家市场监督管理总局)和国家标准化管理委员会发布的《合同能源管理技术通则》(GB/T 24915－2010)规定的技术要求。

(3)节能服务公司与用能企业签订节能效益分享型合同,其合同格式和内容,符合《中华人民共和国合同法》(现已归入《中华人民共和国民法典》)和国家质量监督检验检疫总局(现为国家市场监督管理总局)和国家标准化管理委员会发布的《合同能源管理技术通则》(GB/T 24915－2010)等规定。

(4)节能服务公司实施合同能源管理的项目符合《财政部 国家税务总局 国家发展改革委关于公布环境保护、节能节水项目企业所得税优惠目录(试行)的通知》(财税〔2009〕166号)"节能减排技术改造"类中第一项至第八项规定的项目和条件。

(5)节能服务公司投资额不低于实施合同能源管理项目投资总额的70%。

(6)节能服务公司拥有匹配的专职技术人员和合同能源管理人才,具有保障项目顺利实施和稳定运行的能力。

4. 节能服务公司与用能企业之间的业务往来,应当按照独立企业之间的业务往来收取或者支付价款、费用。不按照独立企业之间的业务往来收取或者支付价款、费用,而减少其应纳税所得额的,税务机关有权进行合理调整。

5. 用能企业对从节能服务公司取得的与实施合同能源管理项目有关的资产,应与企业其他资产分开核算,并建立辅助账或明细账。

6. 节能服务公司同时从事适用不同税收政策待遇项目的,其享受税收优惠项目应当单独计算收入、扣除,并合理分摊企业的期间费用;没有单独计算的,不得享受税收优惠政策。

(二)合同能源管理项目企业所得税优惠政策有关征收管理规定

《国家税务总局 国家发展改革委关于落实节能服务企业合同能源管理项目企业所得税优惠政策有关征收管理问题的公告》(国家税务总局 国家发展改革委公告2013年

第 77 号)作出了如下规定。

1. 对实施节能效益分享型合同能源管理项目(以下简称项目)的节能服务企业，凡实行查账征收所得税的居民企业并符合企业所得税法和本公告有关规定的，该项目可享受财税〔2010〕110 号规定的企业所得税“三免三减半”优惠政策。如节能服务企业的分享型合同约定的效益分享期短于 6 年的，按实际分享期享受优惠。

2. 节能服务企业享受“三免三减半”项目的优惠期限，应连续计算。对在优惠期限内转让所享受优惠的项目给其他符合条件的节能服务企业，受让企业承续经营该项目的，可自项目受让之日起，在剩余期限内享受规定的优惠；优惠期限届满后转让的，受让企业不得就该项目重复享受优惠。

3. 节能服务企业投资项目所发生的支出，应按税法规定作资本化或费用化处理。形成的固定资产或无形资产，应按合同约定的效益分享期计提折旧或摊销。

节能服务企业应分别核算各项目的成本费用支出额。对在合同约定的效益分享期内发生的期间费用划分不清的，应合理进行分摊，期间费用的分摊应按照项目投资额和销售(营业)收入额两个因素计算分摊比例，两个因素的权重各为 50%。

4. 节能服务企业、节能效益分享型能源管理合同和合同能源管理项目应符合财税〔2010〕110 号第二条第(三)项所规定的条件。

5. 享受企业所得税优惠政策的项目应属于《财政部 国家税务总局 国家发展改革委关于公布环境保护、节能节水项目企业所得税优惠目录(试行)的通知》(财税〔2009〕166 号)规定的节能减排技术改造项目，包括余热余压利用、绿色照明等节能效益分享型合同能源管理项目。

6. 合同能源管理项目确认由国家发展改革委、财政部公布的第三方节能审核机构负责，并出具《合同能源管理项目情况确认表》，或者由政府节能主管部门出具合同能源管理项目确认意见。

备注：第三方机构在合同能源管理项目确认过程中应严格按照国家有关要求认真审核把关，确保审核结果客观、真实。对在审核过程中把关不严、弄虚作假的第三方机构，一经查实，将取消其审核资质，并按相关法律规定追究责任。

十二、其他有关行业(地区)的优惠

(一)关于促进集成电路产业和软件产业发展的财税政策

根据《国务院关于印发新时期促进集成电路产业和软件产业高质量发展若干政策的通知》(国发〔2020〕8 号)，为进一步优化集成电路产业和软件产业发展环境，深化产业国际合作，提升产业创新能力和发展质量，制定以下政策。

1. 国家鼓励的集成电路线宽小于 28 纳米(含)，且经营期在 15 年以上的集成电路生产企业或项目，第一年至第十年免征企业所得税；国家鼓励的集成电路线宽小于 65 纳米(含)且经营期在 15 年以上的集成电路生产企业或项目，第一年至第五年免征企业所得税，第六年至第十年按照25%的法定税率减半征收企业所得税。国家鼓励的集成电路线宽小于130纳米(含)，且经营期在10年以上的集成电路生产企业或项目，第一年至第二年免征企业所得税，第三年至第五年按照25%的法定税率减半征收企业所得税。国家鼓励的线宽小于130纳米(含)的集成电路生产企业纳税年度发生的亏损，准予向以后年度结转，总结转年限最长不得超过10年。

对于按照集成电路生产企业享受税收优惠政策的，优惠期自获利年度起计算；对于按照集成电路生产项目享受税收优惠政策的，优惠期自项目取得第一笔生产经营收入所属纳税年度起计算。国家鼓励的集成电路生产企业或项目清单由国家发展改革委、工业和信息化部会同财政部、税务总局等相关部门制定。

2. 国家鼓励的集成电路设计、装备、材料、封装、测试企业和软件企业，自获利年度起，第一年至第二年免征企业所得税，第三年至第五年按照25%的法定税率减半征收企业所得税。国家鼓励的集成电路设计、装备、材料、封装、测试企业条件，由工业和信息化部会同相关部门制定。

3. 国家鼓励的重点集成电路设计企业和软件企业，自获利年度起，第一年至第五年免征企业所得税，接续年度减按10%的税率征收企业所得税。国家鼓励的重点集成电路设计和软件企业清单由国家发展改革委、工业和信息化部会同相关部门制定。

4. 国家对集成电路企业或项目、软件企业实施的所得税优惠政策条件和范围，根据产业技术进步情况进行动态调整。集成电路设计企业、软件企业在本政策实施以前年度的企业所得税，按照国发〔2011〕4号文件明确的企业所得税"两免三减半"优惠政策执行。

(二)关于鼓励证券投资基金发展的优惠政策

根据《财政部 国家税务总局关于企业所得税若干优惠政策的通知》(财税〔2008〕1号)，鼓励证券投资基金发展的企业所得税优惠政策如下。

1. 对证券投资基金从证券市场中取得的收入，包括买卖股票、债券的差价收入，股权的股息、红利收入，债券的利息收入及其他收入，暂不征收企业所得税。

2. 对投资者从证券投资基金分配中取得的收入，暂不征收企业所得税。

3. 对证券投资基金管理人运用基金买卖股票、债券的差价收入，暂不征收企业所得税。

(三)保险保障基金有关企业所得税优惠规定

根据《财政部 税务总局关于保险保障基金有关税收政策问题的通知》(财税〔2018〕41号)的规定，对中国保险保障基金有限责任公司根据《保险保障基金管理办法》取得的下列收入免征企业所得税。

(1)境内保险公司依法缴纳的保险保障基金。

(2)依法从撤销或破产保险公司清算财产中获得的受偿收入和向有关责任方追偿所得，以及依法从保险公司风险处置中获得的财产转让所得。

(3)接受捐赠收入。

(4)银行存款利息收入。

(5)购买政府债券、中央银行、中央企业和中央级金融机构发行债券的利息收入。

(6)国务院批准的其他资金运用取得的收入。

(四)西部大开发企业所得税的税收优惠

根据《财政部 税务总局 国家发展改革委关于延续西部大开发企业所得税政策的公告》(财政部 税务总局 国家发展改革委公告 2020 年第 23 号),西部大开发企业所得税的优惠政策如下。

1. 适用范围。

西部地区包括内蒙古自治区、广西壮族自治区、重庆市、四川省、贵州省、云南省、西藏自治区、陕西省、甘肃省、青海省、宁夏回族自治区、新疆维吾尔自治区和新疆生产建设兵团。湖南省湘西土家族苗族自治州、湖北省恩施土家族苗族自治州、吉林省延边朝鲜族自治州和江西省赣州市,可以比照西部地区的企业所得税政策执行。

2. 具体内容。

(1)自 2021 年 1 月 1 日至 2030 年 12 月 31 日,对设在西部地区的鼓励类产业企业减按 15%的税率征收企业所得税。本条所称鼓励类产业企业是指以《西部地区鼓励类产业目录》中规定的产业项目为主营业务,且其主营业务收入占企业收入总额 60%以上的企业。

(2)《西部地区鼓励类产业目录》由发展改革委牵头制定。该目录在规定执行期限内修订的,自修订版实施之日起按新版本执行。

(3)税务机关在后续管理中,不能准确判定企业主营业务是否属于国家鼓励类产业项目时,可提请发展改革等相关部门出具意见。对不符合税收优惠政策规定条件的,由税务机关按税收征收管法及有关规定进行相应处理。具体办法由省级发展改革、税务部门另行制定。

(五)从事污染防治的第三方企业所得税优惠

根据《财政部 税务总局 国家发展改革委 生态环境部关于从事污染防治的第三方企业所得税政策问题的公告》(财政部 税务总局 国家发展改革委 生态环境部公告 2023 年第 38 号),为鼓励污染防治企业的专业化、规范化发展,更好支持生态文明建设,有关企业所得税政策如下。

1. 自 2024 年 1 月 1 日至 2027 年 12 月 31 日止,对符合条件的从事污染防治的第三方企业(以下称第三方防治企业)减按 15%的税率征收企业所得税。

本公告所称第三方防治企业是指受排污企业或政府委托,负责环境污染治理设施(包括自动连续监测设施,下同)运营维护的企业。

2. 本公告所称第三方防治企业应当同时符合以下条件。

(1)在中国境内(不包括港、澳、台地区)依法注册的居民企业。

(2)具有 1 年以上连续从事环境污染治理设施运营实践,且能够保证设施正常运行。

(3)具有至少 5 名从事本领域工作且具有环保相关专业中级及以上技术职称的技术人员,或者至少 2 名从事本领域工作且具有环保相关专业高级及以上技术职称的技术人员。

(4)从事环境保护设施运营服务的年度营业收入占总收入的比例不低于60%。

(5)具备检验能力,拥有自有实验室,仪器配置可满足运行服务范围内常规污染物指标的检测需求。

(6)保证其运营的环境保护设施正常运行,使污染物排放指标能够连续稳定达到国家或者地方规定的排放标准要求。

(7)具有良好的纳税信用,近三年内纳税信用等级未被评定为C级或D级。

3.第三方防治企业,自行判断其是否符合上述条件,符合条件的可以申报享受税收优惠,相关资料留存备查。税务部门依法开展后续管理过程中,可转请生态环境部门进行核查,生态环境部门可以委托专业机构开展相关核查工作,具体办法由国家税务总局会同国家发展改革委、生态环境部制定。

(六)生产和装配伤残人员专门用品的企业所得税政策

自2021年1月1日至2027年12月31日止,对符合《财政部 税务总局 民政部关于生产和装配伤残人员专门用品企业免征企业所得税的公告》(财政部 税务总局 民政部公告2023年第57号)规定条件的生产和装配伤残人员专门用品的居民企业,免征企业所得税。

(七)中国(上海)自贸试验区临港新片区重点产业企业所得税政策

根据《财政部 税务总局关于中国(上海)自贸试验区临港新片区重点产业企业所得税政策的通知》(财税〔2020〕38号),自2020年1月1日起,对新片区内从事集成电路、人工智能、生物医药,民用航空等关键领域核心环节相关产品(技术)业务,并开展实质性生产或研发活动的符合条件的法人企业,自设立之日起5年内减按15%的税率征收企业所得税。

本通知所称"符合条件的法人企业"必须同时满足以下第1项、第2项条件,以及第3项或第4项条件中任一条件。

1.自2020年1月1日起在新片区内注册登记(不包括从外区域迁入新片区的企业)主营业务为从事《新片区集成电路、人工智能、生物医药、民用航空关键领域核心环节目录》(以下简称《目录》)中相关领域环节实质性生产或研发活动的法人企业。

实质性生产或研发活动是指,企业拥有固定生产经营场所、固定工作人员,具备与生产或研发活动相匹配的软硬件支撑条件,并在此基础上开展相关业务。

2.企业主要研发或销售产品中至少包含1项关键产品(技术)。

关键产品(技术)是指在集成电路、人工智能、生物医药、民用航空等重点领域产业链中起到重要作用或不可或缺的产品(技术)。

3.企业投资主体条件。

①企业投资主体在国际细分市场影响力排名前列,技术实力居于业内前列;

②企业投资主体在国内细分市场居于领先地位,技术实力在业内领先。

4.企业研发生产条件。

①企业拥有领军人才及核心团队骨干,在国内外相关领域长期从事科研生产工作;

②企业拥有核心关键技术，对其主要产品具备建立自主知识产权体系的能力；

③企业具备推进产业链核心供应商多元化，牵引国内产业升级能力；

④企业具备高端供给能力，核心技术指标达到国际前列或国内领先；

⑤企业研发成果（技术或产品）已被国际国内一线终端设备制造商采用或已经开展紧密实质性合作（包括资本、科研、项目等领域）；

⑥企业获得国家或省级政府科技或产业化专项资金、政府性投资基金或取得知名投融资机构投资。

2019 年 12 月 31 日前已在新片区注册登记且从事《目录》所列业务的实质性生产或研发活动的符合条件的法人企业，可自 2020 年至该企业设立满 5 年期限内按照上述规定执行。

（八）海南自由贸易港企业所得税优惠政策

根据《财政部 税务总局关于海南自由贸易港企业所得税优惠政策的通知》（财税〔2020〕31 号），关于海南自由贸易港企业所得税的优惠政策如下。

1. 自 2020 年 1 月 1 日至 2024 年 12 月 31 日，对注册在海南自由贸易港并实质性运营的鼓励类产业企业，减按 15％的税率征收企业所得税。

本条所称鼓励类产业企业，是指以海南自由贸易港鼓励类产业目录中规定的产业项目为主营业务，且其主营业务收入占企业收入总额 60％以上的企业。所称实质性运营，是指企业的实际管理机构设在海南自由贸易港，并对企业生产经营、人员、账务、财产等实施实质性全面管理和控制。对不符合实质性运营的企业，不得享受优惠。

海南自由贸易港鼓励类产业目录包括《产业结构调整指导目录（2019 年本）》、《鼓励外商投资产业目录（2019 年版）》和海南自由贸易港鼓励类产业目录。上述目录在《财政部 税务总局关于海南自由贸易港企业所得税优惠政策的通知》（财税〔2020〕31 号）执行期限内修订的，自修订版实施之日起按新版本执行。

对总机构设在海南自由贸易港的符合条件的企业，仅就其设在海南自由贸易港总机构和分支机构的所得，适用 15％税率；对总机构设在海南自由贸易港以外的企业，仅就在海南自由贸易港内的符合条件的分支机构的所得适用 15％税率。具体征管办法按税务总局有关规定执行。

2. 自 2020 年 1 月 1 日至 2024 年 12 月 31 日，对在海南自由贸易港设立的旅游业、现代服务业、高新技术产业企业新增境外直接投资取得的所得，免征企业所得税。

本条所称新增境外直接投资所得应当符合以下条件。

（1）从境外新设分支机构取得的营业利润；或从持股比例超过 20％（含）的境外子公司分回的，与新增境外直接投资相对应的股息所得。

（2）被投资国（地区）的企业所得税法定税率不低于 5％。

本条所称旅游业、现代服务业、高新技术产业，按照海南自由贸易港鼓励类产业目录执行。

3. 自 2020 年 1 月 1 日至 2024 年 12 月 31 日，对在海南自由贸易港设立的企业，新购置(含自建、自行开发)固定资产或无形资产,单位价值不超过500万元(含)的,允许一次性计入当期成本费用在计算应纳税所得额时扣除,不再分年度计算折旧和摊销;新购置(含自建、自行开发)固定资产或无形资产,单位价值超过500万元的,可以缩短折旧、摊销年限或采取加速折旧、摊销的方法。

本条所称固定资产,是指除房屋、建筑物以外的固定资产。

★习题精练及答案解析

一、单项选择题

1. 根据企业所得税法的相关规定,国家需要扶持的高新技术企业适用的所得税优惠税率是(　　)。

A. 25%　　B. 20%　　C. 15%　　D. 10%

【参考答案】 C

【答案解析】 根据企业所得税法的相关规定,国家需要扶持的高新技术企业适用的所得税优惠税率是15%。

2. 对企业综合利用资源,生产符合规定的产品所取得的收入,在计算企业所得税应纳税所得额时,减按(　　)计入收入总额。

A. 0%　　B. 70%　　C. 80%　　D. 90%

【参考答案】 D

【答案解析】 企业综合利用资源,生产符合规定的产品所取得的收入,在计算应纳税所得额时,减按90%计入收入总额。综合利用资源是指企业以《资源综合利用企业所得税优惠目录(2021年版)》规定的资源作为主要原材料,生产国家非限制和禁止并符合国家和行业相关标准的产品取得的收入。此外,自2019年6月1日至2025年12月31日,提供社区养老、托育、家政服务取得的收入,在计算应纳税所得额时,减按90%计入收入总额。

3. 下列关于从事污染防治的第三方企业减免企业所得税政策的说法,正确是(　　)。

A. 从事环境保护设施运营服务的年度营业收入占总收入的比例高于60%

B. 近三年内纳税信用等级未被评定为D级

C. 第三方防治企业,自行判断其是否符合上述条件,符合条件的将相关资料送交主管税务机关备案后,方可申报享受税收优惠

D. 自2024年1月1日至2027年12月31日,对符合条件的从事污染防治的第三方企业减按15%的税率征收企业所得税

【参考答案】 D

【答案解析】 选项A，根据《财政部 税务总局 国家发展改革委 生态环境部关于从事污染防治的第三方企业所得税政策问题的公告》（财政部 税务总局 国家发展改革委 生态环境部公告2023年第38号）规定，从事环境保护设施运营服务的年度营业收入占总收入的比例不低于60%；选项B，具有良好的纳税信用，近三年内纳税信用等级未被评定为C级或D级；选项C，第三方防治企业，自行判断其是否符合上述条件，符合条件的可以申报享受税收优惠，相关资料留存备查。

4. 甲企业2023年8月以股权投资方式向未上市的中小高新技术企业乙投资2 300万元。下列关于2023年甲企业可以享受税收优惠政策的说法，正确的是（　　）。

A. 2023年乙企业满足中小企业标准

B. 2023年甲企业可以抵扣应纳税所得额1 800万元

C. 2023年甲企业可以专门或者兼营从事企业投资活动

D. 2023年甲企业满足投资高新技术企业条件

【参考答案】 A

【答案解析】 选项B，可以抵扣应纳税所得额＝2 300×70%＝1 610（万元）；选项C，甲企业必须是专门从事投资活动的企业；选项D，如果2023年甲企业满足投资高新技术企业条件，则从2023年计算投资期限，2023年本年是不能享受优惠的。

5. 根据企业所得税法的规定，下列关于企业研发费用加计扣除的规定，不正确的是（　　）。

A. 自2021年1月1日起，制造业企业未形成无形资产的研发费用按照实际发生额的100%在税前加计扣除

B. 企业取得作为不征税收入处理的财政性资金用于研发活动所形成的费用或无形资产，不得计算加计扣除或摊销

C. 企业委托境外进行研发活动所发生的费用，不得加计扣除

D. 企业符合财税〔2015〕119号文件规定的研发费用加计扣除条件而在2016年1月1日以后未及时享受该项税收优惠的，可以追溯享受并履行备案手续，追溯期限最长为3年

【参考答案】 C

【答案解析】 自2018年1月1日起，委托境外进行研发活动所发生的费用，按照费用实际发生额的80%计入委托方的委托境外研发费用。委托境外研发费用不超过境内符合条件的研发费用三分之二的部分，可以按规定在企业所得税前加计扣除。

6. 根据企业所得税法的规定，下列说法不正确的是（　　）。

A. 中药材的种植所得免征企业所得税

B. 符合条件的创投企业可以按照投资额的85%在股权持有满1年的当年抵扣该创业投资企业的应纳税所得额

C. 符合条件的高新技术企业享受15%的企业所得税优惠税率

D. 海水养殖所得减半征收企业所得税

【参考答案】 B

【答案解析】 符合条件的创投企业，可以按照其投资额的70%在股权持有满2年的当年抵扣该创业投资企业的应纳税所得额。

7. 企业享受节能项目的优惠条件发生变化的，应当自发生变化之日起（ ）日内向主管税务机关书面报告。

A. 10 B. 15 C. 25 D. 20

【参考答案】 B

【答案解析】 企业享受节能项目的优惠条件发生变化的，应当自发生变化之日起15日内向主管税务机关书面报告。

8. 经认定的转制文化企业，欲享受相应的税收优惠政策，向主管税务机关备案不包括的材料是（ ）。

A. 转制方案申请书

B. 企业工商营业执照

C. 同在职职工签订劳动合同的相关证明

D. 按企业办法参加社会保险制度的相关证明

【参考答案】 A

【答案解析】 选项A，经认定的转制文化企业，欲享受相应的税收优惠政策，向主管税务机关备案需要包括的材料之一是转制方案批复函。

9. 下列关于沪港股票市场交易互联互通机制试点有关税收政策的表述，不正确的是（ ）。

A. 对内地企业投资者通过沪港通投资香港联交所上市股票取得的转让差价所得，依法免征企业所得税

B. 对内地企业投资者通过沪港通投资香港联交所上市股票取得的股息红利所得，计入其收入总额，依法计征企业所得税

C. 内地居民企业投资者通过沪港通投资香港联交所上市股票，其连续持有H股满12个月取得的股息红利所得，依法免征企业所得税

D. 内地企业投资者自行申报缴纳企业所得税时，对香港联交所非H股上市公司已代扣代缴的股息红利所得税，可依法申请税收抵免

【参考答案】 A

【答案解析】 选项A，对内地企业投资者通过沪港通投资香港联交所上市股票取得的转让差价所得，计入其收入总额，依法征收企业所得税。

10. 下列关于小型微利企业税收优惠的表述，不正确的是（ ）。

A. 小型微利企业减按20%的税率征收企业所得税

B. 某工业企业属于小型微利企业，则其资产总额没有超过3 000万元

C. 符合小型微利企业条件的从业人数，包含与企业建立劳动关系的职工人数，但不包含企业接受的劳务派遣用工人数

D. 自 2023 年 1 月 1 日至 2024 年 12 月 31 日，对小型微利企业年应纳税所得额不超过 100 万元的部分，减按 25%计入应纳税所得额，按 20%的税率缴纳企业所得税。

【参考答案】 C

【答案解析】 选项 C，符合小型微利企业条件的从业人数，包含与企业建立劳动关系的职工人数和企业接受的劳务派遣用工人数。

11. 根据企业所得税法的规定，下列说法错误的是（　　）。

A. 企业发生的公益性捐赠支出超过年度利润总额 12%的部分，准予以后 3 年内在计算应纳税所得额时结转扣除

B. 对企业投资者持有发行的铁路债券取得的利息收入，免征征收企业所得税

C. 对经认定的技术先进型服务企业，减按 15%的税率征收企业所得税

D. 科技型中小企业开展研发活动中实际发生的研发费用，未形成无形资产计入当期损益的，按照实际发生额的 100%在税前加计扣除

【参考答案】 B

【答案解析】 对企业投资者持有 2019 年至 2027 年发行的铁路债券取得的利息收入，减半征收企业所得税。

12. 创业投资企业采取股权投资方式投资于未上市的中小高新技术企业 2 年以上的，可以按照其投资额的固定比例在股权持有满 2 年的当年抵扣该创业投资企业的应纳税所得额；当年不足抵扣的，可以在以后纳税年度结转抵扣。该固定比例是（　　）。

A. 50%　　B. 60%　　C. 70%　　D. 80%

【参考答案】 C

【答案解析】 创业投资企业采取股权投资方式投资于未上市的中小高新技术企业 2 年以上的，可以按照其投资额的 70%在股权持有满 2 年的当年抵扣该创业投资企业的应纳税所得额，当年不足抵扣的，可以在以后纳税年度结转抵扣。

13. 乙公司 2023 年度有 A 和 B 两个研发项目。项目 A 人员人工等五项费用之和为 90 万元，其他相关费用为 12 万元；项目 B 人员人工等五项费用之和为 100 万元，其他相关费用为 8 万元。则乙公司可加计扣除的其他相关费用为（　　）。

A. 8 万元　　B. 12 万元　　C. 18 万元　　D. 20 万元

【参考答案】 D

【答案解析】 根据《国家税务总局关于进一步落实研发费用加计扣除政策有关问题的公告》（国家税务总局公告 2021 年第 28 号），将其他相关费用限额的计算方法调整为按全部项目统一计算，不再分项目计算。两个项目的其他相关费用限额＝（90＋100）×10%÷（1－10%）＝21.11（万元），可加计扣除的其他相关费用＝12＋8＝20 万元。

14. 根据企业所得税法的规定，下列选项属于免税收入的是（　　）。

A. 企业购买国债取得的利息收入

B. 非营利组织从事营利性活动取得的收入

C. 在境内设立机构、场所的非居民企业从非居民企业取得的红利收入

D. 在中国境内设立机构的非居民企业连续持有上市公司股票不足 12 个月取得的投资收益

【参考答案】 A

【答案解析】 选项 B,非营利组织从事营利性业务取得收入,不能免税;选项 C,在境内设立机构、场所的非居民企业从居民企业取得的与该机构有实际联系的股息、红利收入免税;选项 D,在中国境内设立机构的非居民企业连续持有上市公司股票不足 12 个月取得的投资收益,不能免税。

15. 符合条件的非营利组织取得下列收入,免征企业所得税的是(　　)。

A. 从事营利性活动取得的收入

B. 因政府购买服务而取得的收入

C. 不征税收入孳生的银行存款利息收入

D. 按照县级民政部门规定收取的会费收入

【参考答案】 C

【答案解析】 非营利组织取得的下列收入为免税收入:(1)接受其他单位或者个人捐赠的收入;(2)除税法规定的财政拨款以外的其他政府补助收入,但不包括因政府购买服务而取得的收入;(3)按照省级以上民政、财政部门规定收取的会费;(4)不征税收入和免税收入孳生的银行存款利息收入;(5)财政部、国家税务总局规定的其他收入。

16. 下列各项收入,免征企业所得税的是(　　)。

A. 转让国债取得的转让收入

B. 非营利组织免税收入产生的银行存款利息

C. 国际金融组织向居民企业提供一般贷款的利息收入

D. 企业种植观赏性植物

【参考答案】 B

【答案解析】 选项 AC,要计征企业所得税,国债利息收入免税,但转让所得不免;选项 D,减半征收企业所得税。

17. 2023 年 1 月 1 日至 2024 年 12 月 31 日,小型微利企业所得税的实际税负是(　　)。

A. 2.5%　　B. 5%　　C. 10%　　D. 25%

【参考答案】 B

【答案解析】 根据《财政部 税务总局关于小微企业和个体工商户所得税优惠政策的公告》(财政部 税务总局公告 2023 年第 6 号)第一条的规定,对小型微利企业年应纳税所得额不超过 100 万元的部分,减按 25%计入应纳税所得额,按 20%的税率缴纳企业所得税。根据《财政部 税务总局关于进一步实施小微企业所得税优惠政策的公告》(财政部 税务总局公告 2022 年第 13 号)第一条的规定、对小型微利企业年应纳税所得

额超过 100 万元但不超过 300 万元的部分，减按 25%计入应纳税所得额，按 20%的税率缴纳企业所得税。根据第二条的规定，小型微利企业，是指从事国家非限制和禁止行业，且同时符合年度应纳税所得额不超过 300 万元、从业人数不超过 300 人、资产总额不超过 5 000 万元等三个条件的企业。因此，小型微利企业 2023 年 1 月 1 日至 2024 年 12 月 31 日实际税负为 5%。

二、多项选择题

1. 下列关于企业所得税税收优惠的说法，正确的有(　　)。

A. 花卉、茶以及其他饮料作物和香料作物的种植所得，免征企业所得税

B. 居民企业技术转让所得超过 500 万元的部分，减半征收企业所得税

C. 对企业投资者持有 2019—2023 年发行的铁路债券取得的利息收入，免征企业所得税

D. 对内地企业投资者通过深港通投资香港联交所上市股票取得的转让差价所得，计入其收入总额，依法征收企业所得税

E. 内地居民企业投资者通过深港通投资香港联交所上市股票，连续持有 H 股满 12 个月取得的股息红利所得，依法免征企业所得税

【参考答案】 BDE

【答案解析】 选项 A，花卉、茶以及其他饮料作物和香料作物的种植所得，减半征收企业所得税；选项 C，对企业投资者持有 2019—2023 年发行的铁路债券取得的利息收入，减半征收企业所得税。

2. 企业从事下列项目的所得，免征企业所得税的有(　　)。

A. 企业受托从事蔬菜种植

B. 企业外购蔬菜分包后销售

C. 农机作业和维修

D. 农产品初加工

E. 企业委托个人饲养家禽

【参考答案】 ACDE

【答案解析】 企业从事农、林、牧、渔业项目的所得，包括免征和减征两部分。企业如果从事国家限制和禁止发展的项目，不得享受企业所得税优惠。(1)企业从事下列项目的所得，免征企业所得税：①蔬菜、谷物、薯类、油料、豆类、棉花、麻类、糖料、水果、坚果的种植；②农作物新品种的选育；③中药材的种植；④林木的培育和种植；⑤牲畜、家禽的饲养；⑥林产品的采集；⑦灌溉、农产品初加工、兽医、农技推广、农机作业和维修等农、林、牧、渔服务业项目；⑧远洋捕捞。(2)企业从事下列项目的所得，减半征收企业所得税：①花卉、茶以及其他饮料作物和香料作物的种植；②海水养殖、内陆养殖。

因此，选项 B，企业外购蔬菜分包后销售属于应征企业所得税收入。

3. 企业从事下列业务经营中，可以享受企业所得税免税政策的有（　　）。

A. 饲养长毛兔

B. 种植观赏性作物

C. 外购茶叶分装后销售

D. 树木的育种

E. 种植中药材

【参考答案】 ADE

【答案解析】 选项 B，观赏性作物的种植，按“花卉、茶及其他饮料作物和香料作物的种植”项目处理，属于减半征收企业所得税项目；选项 C，企业对外购茶叶进行筛选、分装、包装后进行销售的所得，不享受农产品初加工的优惠政策。

4. 下列企业中不可享受企业研发费用加计扣除的有（　　）。

A. 烟草制造业

B. 住宿和餐饮业

C. 批发和零售业

D. 房地产业

E. 制造业

【参考答案】 ABCD

【答案解析】 除烟草制造业、住宿和餐饮业、批发和零售业、房地产业、租赁和商务服务业、娱乐业以外，其他企业均可享受研发费用加计扣除政策。

5. 企业发生的下列费用中，属于研发费用加计扣除范围的有（　　）。

A. 新产品设计费

B. 新工艺规程制定费

C. 新药研制的临床试验费

D. 勘探开发技术的现场试验费

【参考答案】 ABCD

【答案解析】 新产品设计费、新工艺规程制定费、新药研制的临床试验费、勘探开发技术的现场试验费均属于研发费用加计扣除的归集范围。

6. 企业在一个纳税年度中发生的下列各项支出，可计入研发费用享受加计扣除优惠政策的有（　　）。

A. 与研发活动直接相关的技术报告资料费

B. 从事研发活动直接消耗的动力费用

C. 专用于研发活动的非专利技术的摊销费用

D. 聘请税务师事务所出具可加计扣除研发费用专项审计报告的费用

E. 研发成果的鉴定费用

【参考答案】 ABCE

【答案解析】 选项 D，不属于与研发直接相关的费用。允许加计扣除的研发费用的具体范围包括：(1)人员人工费用。直接从事研发活动人员的工资薪金、基本养老保险费、基本医疗保险费、失业保险费、工伤保险费、生育保险费和住房公积金，以及外聘研发人员的劳务费用。(2)直接投入费用。①研发活动直接消耗的材料、燃料和动力费用。②用于中间试验和产品试制的模具、工艺装备开发及制造费，不构成固定资产的样品、样机及一般测试手段购置费，试制产品的检验费。③用于研发活动的仪器、设备的运行维护、调整、检验、维修等费用，以及通过经营租赁方式租入的用于研发活动的仪器、设备租赁费。(3)折旧费用。用于研发活动的仪器、设备的折旧费。(4)无形资产摊销。用于研发活动的软件、专利权、非专利技术(包括许可证、专有技术、设计和计算方法等)的摊销费用。(5)新产品设计费、新工艺规程制定费、新药研制的临床试验费、勘探开发技术的现场试验费。(6)其他相关费用。与研发活动直接相关的其他费用，如技术图书资料费、资料翻译费、专家咨询费、高新科技研发保险费，研发成果的检索、分析、评议、论证、鉴定、评审、评估、验收费用，知识产权的申请费、注册费、代理费，差旅费、会议费等。此项费用总额不得超过可加计扣除研发费用总额的10%。(7)财政部和国家税务总局规定的其他费用。

7. 我国居民企业的下列技术转让行为中，符合税法规定可以享受技术转让所得免征、减征企业所得税的有(　　)。

A. 转让国家限制出口技术

B. 转让国家禁止出口技术

C. 转让其拥有的技术所有权

D. 转让其拥有的6年全球独占许可使用权

E. 转让计算机软件著作权给100%控股子公司

【参考答案】 CD

【答案解析】 选项AB，居民企业取得禁止出口和限制出口技术转让所得，不享受技术转让减免企业所得税优惠政策；选项E，根据《财政部 国家税务总局关于居民企业技术转让有关企业所得税政策问题的通知》(财税〔2010〕111号)第四条规定："居民企业从直接或间接持有股权之和达到100%的关联方取得的技术转让所得，不享受技术转让减免企业所得税优惠政策。"

8. 经过认定的集成电路设计企业可以享受相应的税收优惠政策，但在特殊情形下，可以取消其享受税收优惠的资格，并补缴已减免的企业所得税税款。下列情形属于特殊情形的有(　　)。

A. 有骗税行为的

B. 发生重大安全事故的

C. 在申请认定过程中提供虚假信息的

D. 有环境违法行为，受到有关部门处罚的

【参考答案】 ABCD

【答案解析】 享受税收优惠的集成电路设计企业有下列情况之一的，应取消其享

受税收优惠的资格，并补缴已减免的企业所得税税款：(1)在申请认定过程中提供虚假信息的；(2)有偷、骗税等行为的；(3)发生重大安全、质量事故的；(4)有环境等违法、违规行为，受到有关部门处罚的。

9. 下列关于沪港股票市场交易互联互通机制试点有关税收政策的理解，不正确的有(　　)。

A. 对内地企业投资者通过沪港通投资香港联交所上市股票取得的转让差价所得，暂免征收企业所得税

B. 对内地企业投资者通过沪港通投资香港联交所上市股票取得的连续持有 H 股满 12 个月的股息红利所得，依法免征企业所得税

C. 内地企业投资者自行申报缴纳企业所得税时，对香港联交所非 H 股上市公司已代扣代缴的股息红利所得税，可依法申请税收抵免

D. 对香港市场企业投资者投资上交所上市 A 股取得的转让差价所得，暂免征收企业所得税

E. 对香港市场企业投资者投资上交所上市 A 股取得的股息红利所得，在香港中央结算有限公司不具备向中国结算提供投资者的身份及持股时间等明细数据的条件之前，暂时执行按持股时间实行差别化征税政策

【参考答案】 AE

【答案解析】 选项 A，对内地企业投资者通过沪港通投资香港联交所上市股票取得的转让差价所得，计入其收入总额，依法征收企业所得税。选项 E，对香港市场企业投资者投资上交所上市 A 股取得的股息红利所得，在香港中央结算有限公司不具备向中国结算提供投资者的身份及持股时间等明细数据的条件之前，暂不执行按持股时间实行差别化征税政策，由上市公司按照 10%的税率代扣所得税，并向其主管税务机关办理扣缴申报。

10. 根据企业所得税法的规定，下列说法正确的有(　　)。

A. 创业投资企业采取股权投资方式投资于未上市的中小高新技术企业 2 年以上的，符合规定的，可以按照其投资额的 70%在股权持有满 2 年的当年抵扣该创业投资企业的应纳税所得额

B. 企业以《资源综合利用企业所得税优惠目录(2021 年版)》规定的资源作为主要原材料，生产国家非限制和禁止并符合国家和行业相关标准的产品取得的收入，减按 90%计入收入总额

C. 企业购置并实际使用符合规定的环境保护、节能节水、安全生产等专用设备，该设备的投资额的 10%可以从当年的应纳税所得额中抵免

D. 企业的固定资产采取加速折旧方法的，可以采取双倍余额递减法或者年数总和法

E. 在中国境内未设立机构、场所的非居民企业减按 10%的税率征收企业所得税

【参考答案】 ABDE

【答案解析】 选项C，企业购置并实际使用符合规定的环境保护、节能节水、安全生产等专用设备，该设备的投资额的10%可以从当年的应纳税额中抵免。

11. 下列关于企业所得税的优惠政策中，说法错误的有(　　)。

A. 企业投资者持有2019—2023年发行的铁路债券取得的利息收入，免征企业所得税

B. 创业投资企业可以按投资额的70%在投资当年抵扣应纳税所得额

C. 高新技术企业来源于境外所得一律可以按照15%的优惠税率缴纳企业所得税

D. 跨境电子商务综试区内核定征收的跨境电商企业应准确核算收入总额，并采用应税所得率方式核定征收企业所得税，应税所得率统一按照4%确定

【参考答案】 ABC

【答案解析】 选项A，企业投资者持有2019—2023年发行的铁路债券取得的利息收入，减半征收企业所得税；选项B，创业投资企业按投资额的70%在股权持有满2年的当年抵扣该创业投资企业的应纳税所得额；选项C，以境内、境外全部生产经营活动有关的指标申请并经认定的高新技术企业，其来源于境外的所得可以享受高新技术企业所得税优惠政策，即对其来源于境外所得可以按照15%的优惠税率缴纳企业所得税，在计算境外抵免限额时，可按照15%的优惠税率计算境内外应纳税总额。如果仅以境内指标申请认定的高新技术企业的境外所得不能享受优惠税率。

12. 在中国境内未设立机构、场所的非居民企业取得的下列所得，免征企业所得税的有(　　)。

A. 外国政府向中国政府提供贷款取得的利息所得

B. 国际金融组织向中国政府提供优惠贷款取得的利息所得

C. 国际金融组织向居民企业提供优惠贷款取得的利息所得

D. 境外商业银行向居民企业提供贷款取得的利息所得

E. 境外企业从居民企业取得的股息、红利等权益性投资收益

【参考答案】 ABC

【答案解析】 在中国境内未设立机构、场所，或者虽设立机构、场所但取得的所得与其所设机构、场所没有实际联系的非居民企业，取得的下列所得免征企业所得税：(1)外国政府向中国政府提供贷款取得的利息所得；(2)国际金融组织向中国政府和居民企业提供优惠贷款取得的利息所得；(3)经国务院批准的其他所得。

13. 下列税收优惠中，符合企业所得税法规定的有(　　)。

A. 符合条件的节能服务公司实施合同能源管理项目，自项目取得的第一笔生产经营收入所属年度起，享受"三免三减半"优惠

B. 自2023年1月1日至2024年12月31日，对小型微利企业年应纳税所得额不超过100万元的部分，减按25%计入应纳税所得额，按20%的税率缴纳企业所得税

C. 符合条件的技术转让所得是免税收入

D. 民族自治地方的自治机关可以决定本民族自治地方的所得税的减免

E. 国家需要重点扶持的高新技术企业，减按15%的税率征收企业所得税

【参考答案】 ABE

【答案解析】 选项C，符合条件的技术转让所得可以免征或减征企业所得税，但不是免税收入；选项D，民族自治地方的自治机关可以决定本民族自治地方的所得税中属于地方分享部分的减征或免征。

14. 根据企业所得税法的规定，以下关于税收优惠政策的表述中，正确的有（　　）。

A. 从事海水养殖的所得免征企业所得税

B. 企业从事国家重点扶持的公共基础设施项目的投资经营所得，自项目取得第一笔经营收入所属纳税年度起，享受"三免三减半"优惠

C. 企业综合利用资源，生产符合国家产业政策规定的产品所取得的收入，在计算应纳税所得额时，减按90%计入收入总额

D. 加速折旧优惠中可采用缩短折旧年限方法、双倍余额递减法或者年数总和法

【参考答案】 BCD

【答案解析】 选项A，从事海水养殖的所得减半征收企业所得税。

15. 根据企业所得税法的规定，下列所得中可以免征或减征企业所得税的有（　　）。

A. 林场销售原木的所得

B. 从事国家重点扶持的公共基础设施项目投资经营的所得

C. 从事符合条件的环境保护、节能节水项目的所得

D. 销售水产品的渔场

E. 销售安全生产设备的所得

【参考答案】 ABCD

【答案解析】 企业所得税法规定，企业的下列所得，可以免征或减征企业所得税：(1)从事农、林、牧、渔业项目的所得；(2)从事国家重点扶持的公共基础设施项目投资经营的所得；(3)从事符合条件的环境保护、节能节水项目的所得；(4)符合条件的技术转让所得；(5)非居民企业在中国境内未设立机构、场所的，或者虽设立机构、场所但取得的所得与其所设机构、场所没有实际联系的，其来源于中国境内的所得。

16. 下列各项费用支出，属于可加计税前扣除的研发费用范围的有（　　）。

A. 直接从事研发活动人员的基本养老保险费

B. 外聘研发人员的劳务费用

C. 与研发活动相关人员的补充养老保险费

D. 不超过可加计扣除研发费用总额的20%的其他费用

E. 直接从事研发活动人员的住房公积金

【参考答案】 ABCE

【答案解析】 选项D，与研发活动直接相关的其他费用总额不得超过可加计扣除研发费用总额的10%。

17. 企业取得的下列所得中，减半征收企业所得税的有(　　)。

A. 技术转让所得

B. 接受捐赠所得

C. 内陆养殖所得

D. 花卉种植所得

E. 环境保护项目所得

【参考答案】 CD

【答案解析】 根据《中华人民共和国企业所得税法实施条例》第八十六条的规定，企业从事下列项目的所得，减半征收企业所得税：(1)花卉、茶以及其他饮料作物和香料作物的种植；(2)海水养殖、内陆养殖。

18. 非营利组织的下列收入属于免税收入的有(　　)。

A. 接受其他单位或者个人捐赠的收入

B. 除《中华人民共和国企业所得税法》第七条规定的财政拨款以外的其他政府补助收入，但不包括因政府购买服务取得的收入

C. 按照省级以上民政、财政部门规定收取的会费

D. 不征税收入和免税收入孳生的银行存款利息收入

E. 财政部、国家税务总局规定的其他收入

F. 非营利组织从事对外投资活动取得的股息、红利所得

【参考答案】 ABCDE

【答案解析】 根据财税〔2009〕122 号文件的规定，非营利组织的下列收入为免税收入：(1)接受其他单位或者个人捐赠的收入；(2)除《中华人民共和国企业所得税法》第七条规定的财政拨款以外的其他政府补助收入，但不包括因政府购买服务取得的收入；(3)按照省级以上民政、财政部门规定收取的会费；(4)不征税收入和免税收入孳生的银行存款利息收入；(5)财政部、国家税务总局规定的其他收入。

19. 已认定的享受免税优惠政策的非营利组织有下列情形之一的，应自该情形发生年度起取消其资格(　　)。

A. 登记管理机关在后续管理中发现非营利组织不符合相关法律法规和国家政策的

B. 在申请认定过程中提供虚假信息的

C. 纳税信用等级为税务部门评定的 C 级或 D 级的

D. 通过关联交易或非关联交易和服务活动，变相转移、隐匿、分配该组织财产的

E. 被登记管理机关列入严重违法失信名单的

【参考答案】 ABCDE

【答案解析】 根据《财政部　税务总局关于非营利组织免税资格认定管理有关问题的通知》(财税〔2018〕13 号)第六条的规定，已认定的享受免税优惠政策的非营利组织有下述情形之一的，应自该情形发生年度起取消其资格：(1)登记管理机关在后续管理中发现非营利组织不符合相关法律法规和国家政策的；(2)在申请认定过程中提供虚假信

息的；(3)纳税信用等级为税务部门评定的C级或D级的；(4)通过关联交易或非关联交易和服务活动，变相转移、隐匿、分配该组织财产的；(5)被登记管理机关列入严重违法失信名单的；(6)从事非法政治活动的。

20. 某民办学校计划按照非营利组织的免税收入认定条件，申请学费收入免征企业所得税。下列各项中，属于非营利组织认定条件的有（　　）。

A. 工作人员工资福利开支控制在规定的比例内

B. 投入人对投入该学校的财产不保留或者享有任何财产权利

C. 依法履行非营利组织登记手续

D. 财产及孳息可以在合理范围内根据确定的标准用于分配

【参考答案】 ABC

【答案解析】 根据《财政部 税务总局关于非营利组织免税资格认定管理有关问题的通知》(财税〔2018〕13号)，符合条件的非营利组织，必须同时满足以下条件：(1)依照国家有关法律法规设立或登记的事业单位、社会团体、基金会、社会服务机构、宗教活动场所、宗教院校以及财政部、税务总局认定的其他非营利组织；(2)从事公益性或者非营利性活动；(3)取得的收入除用于与该组织有关的、合理的支出外，全部用于登记核定或者章程规定的公益性或者非营利性事业；(4)财产及其孳息不用于分配，但不包括合理的工资薪金支出；(5)按照登记核定或者章程规定，该组织注销后的剩余财产用于公益性或者非营利性目的，或者由登记管理机关采取转赠给与该组织性质、宗旨相同的组织等处置方式，并向社会公告；(6)投入人对投入该组织的财产不保留或者享有任何财产权利，本款所称投入人是指除各级人民政府及其部门外的法人、自然人和其他组织；(7)工作人员工资福利开支控制在规定的比例内，不变相分配该组织的财产，其中：工作人员平均工资薪金水平不得超过税务登记所在地的地市级(含地市级)以上地区的同行业同类组织平均工资水平的两倍，工作人员福利按照国家有关规定执行；(8)对取得的应纳税收入及其有关的成本、费用、损失应与免税收入及其有关的成本、费用、损失分别核算。

21. 根据企业所得税法的规定，下列关于小型微利企业税收优惠政策的说法中，正确的有（　　）。

A. 小型微利企业税收优惠政策只适用于采取查账征收的居民企业

B. 小型微利企业是指从事国家非限制和禁止行业，且同时符合年度应纳税所得额不超过300万元、从业人数不超过300人、资产总额不超过5 000万元等3个条件的企业

C. 对小型微利企业年应纳税所得额不超过100万元的部分，减按25%计入应纳税所得额

D. 对小型微利企业年应纳税所得额超过100万元但不超过300万元的部分，减按50%计入应纳税所得额

E. 小型微利企业减按20%的税率缴纳企业所得税

【参考答案】 BCE

【答案解析】 选项A,小型微利企业优惠政策既适用于采取查账征收方式又适用于采取核定征收方式的居民企业。选项CDE,2021年1月1日至2022年12月31日,对小型微利企业年应纳税所得额不超过100万元的部分,减按12.5%计入应纳税所得额,按20%的税率缴纳企业所得税。2022年1月1日至2024年12月31日,对小型微利企业年应纳税所得额超过100万元但不超过300万元的部分,减按25%计入应纳税所得额,按20%的税率缴纳企业所得税。选项B,上述小型微利企业是指从事国家非限制和禁止行业,且同时符合年度应纳税所得额不超过300万元、从业人数不超过300人、资产总额不超过5 000万元等三个条件的企业。

三、综合实务题

1.我国境内某居民企业(以下称该企业)在A国设立一分公司(以下称境外分公司)。2022年该企业境内应纳税所得额－14.29万元,境外分公司税后所得10万元,已在该国缴纳企业所得税4.29万元。2023年该企业境内应纳税所得额30万元,境外分公司税后所得14万元,已在该国缴纳企业所得税6万元。该企业适用的境内企业所得税税率25%,境外分公司适用的A国企业所得税税率30%。

要求:根据上述资料,回答下列问题。

(1)2022年度汇总纳税时,境外分公司所得抵免限额为(　　)万元。

A. 0　　B. 3.00　　C. 3.57　　D. 4.29

【参考答案】 A

【答案解析】 符合规定范围的已在境外缴纳的所得税税额,可从其当期应纳税额中抵免,抵免限额为该项所得按规定计算的应纳税额;超过抵免限额的部分,可在以后5个年度内,用每年度抵免限额抵免当年应抵税额后的余额进行抵补。抵免限额＝中国境内、境外所得依照规定计算的应纳税总额×来源于某国(地区)的应纳税所得额÷中国境内、境外应纳税所得额总额。企业当期境内、境外应纳税所得总额＝－14.29＋10＋4.29＝0,其当期境外所得税的抵免限额也为0。某国(地区)所得税抵免限额＝中国境内、境外所得依照企业所得税法及其实施条例的规定计算的应纳税总额×来源于某国(地区)的应纳税所得额/中国境内、境外应纳税所得总额。本题中由于境内、境外应纳税所得总额分母为0,所以抵免限额为0,这种情形比较特殊,很少见,可以直接记住结论,“企业当期境内境外应纳税所得总额是零,其当期境外所得税的抵免限额也为零”。

(2)2023年度汇总纳税时,境外分公司所得的抵免限额为(　　)万元。

A. 3.00　　B. 3.50　　C. 5.00　　D. 6.00

【参考答案】 C

【答案解析】 符合规定范围的已在境外缴纳的所得税税额,可从其当期应纳税额中抵免，抵免限额为该项所得按规定计算的应纳税额；超过抵免限额的部分，可在以后5个年度内，用每年度抵免限额抵免当年应抵税额后的余额进行抵补。抵免限额＝中国境内、境外所得依照规定计算的应纳税总额×来源于某国（地区）的应纳税所得额÷中国境内、境外应纳税所得额总额。2023年境外分公司税前所得＝14＋6＝20（万元），抵免限额＝20×25％＝5（万元）。或者抵免限额＝（30＋20）×25％×20÷（30＋20）＝5（万元）。

（3）2023年度汇总纳税时，境外分公司所得实际抵免的所得税税额为（　　）万元。

A. 3.00　　B. 3.25　　C. 5.00　　D. 6.00

【参考答案】 C

【答案解析】 境外所得税额抵扣的计算思路：

①计算确定分国别（地区）的境外应纳税所得额；

②确定分国（地区）别的可抵免境外所得税税额：即境外已纳税款；

③计算抵免限额

某国（地区）所得税抵免限额＝中国境内、境外所得依照企业所得税法及实施条例的规定计算的应纳税总额×来源于某国（地区）的应纳税所得额÷中国境内、境外应纳税所得额总额即：抵免限额＝分国别（地区）的境外应纳税所得额×我国企业所得税税率（25％或15％）

④确定准予抵免的境外税额：不超过抵免限额。

在境外实际缴纳的税额是6万元，抵免限额是5万元，所以实际抵免的税额就是5万元。

（4）2023年度汇总纳税时，该企业实际应缴纳的企业所得税为（　　）万元。

A. 6.50　　B. 7.50　　C. 8.25　　D. 9.00

【参考答案】 B

【答案解析】 境外盈利可以弥补境内亏损，2022年亏损14.29万元在当年已经弥补了，应纳税所得额为0，没有亏损，所以2023年不用考虑亏损弥补。2023年度境内应纳税所得额是30万元，境外所得不用补税，所以实际应纳税额＝30×25％＝7.5（万元）。

2. 位于某县的服装生产企业，是增值税一般纳税人。企业核算2022年度销售（营业）收入3 000万元，实现会计利润800万元。2023年3月该企业进行2022年所得税汇算清缴时聘请了某会计师事务所进行审核，发现如下事项。

（1）销售费用账户中广告费400万元，上年度超支结转至本年广告费80万元；管理费用账户中业务招待费35万元。

（2）该企业境内研发费用账户中已记录的研发人员工资及“五险一金”50万元、外聘研发人员劳务费用5万元、直接投入材料费用20万元。

（3）成本费用中含实际发生的工资总额1 000万元（其中残疾人员工资50万元）、职工福利费150万元、职工教育经费50万元；拨缴工会经费25万元，工会经费已取得相关收据。

(4)将100%持股的某子公司股权全部转让,取得股权对价234万元,取得现金对价26万元。该笔股权的历史成本为180万元,转让时的公允价值为260万元。此项重组业务已办理了特殊重组备案手续,会计上确认投资收益80万元。

(5)6月购进一台环保专用设备(属于《环保专用设备所得税优惠目录》规定的设备)并投入使用,取得增值税专用发票注明价款250万元,已抵扣进项税32.5万元,会计上按直线法计提折旧,期限5年,净残值为0。进行所得税处理时企业选择享受一次性扣除政策。

(6)财务费用中含向某境内非关联企业支付的7月1日至12月31日的借款利息8.4万元,借款本金为240万元,金融机构同期同类贷款利率为5%。

(7)该企业持有2021年发行的铁路债券,当年取得铁路债券利息12万元。

(8)该企业通过政府部门向目标脱贫地区捐赠40万元;因安全隐患问题被消防部门处以24万元行政罚款。

(其他相关资料:各扣除项目均已取得有效凭证,相关优惠已办理必要手续。)

要求:根据上述资料,回答下列问题,如有计算需计算出合计数。

(1)计算业务(1)该企业广告费和业务招待费应调整的应纳税所得额。

(2)计算业务(2)该企业研发费用应调整的应纳税所得额。

(3)计算业务(3)应调整的应纳税所得额。

(4)计算业务(4)应调整的应纳税所得额。

(5)计算业务(5)购置环保专用设备应调整的应纳税所得额和可抵免的所得税额。

(6)计算业务(6)应调整的应纳税所得额。

(7)计算业务(7)应调整的应纳税所得额。

(8)计算业务(8)应调整的应纳税所得额。

(9)计算该企业2022年度应纳税所得额。

(10)计算该企业2022年度应缴纳的企业所得税。

【参考答案及解析】

(1)广告费扣除限额=3 000×15%=450(万元)>实际发生额400万元,限额余额50万元,可将上年度超支额80万元中的50万元结转扣除并调减所得额,广告费应调减应纳税所得额50万元。业务招待费扣除限额①=35×60%=21(万元);业务招待费扣除限额②=3 000×5‰=15(万元)。业务招待费应调增应纳税所得额=35-15=20(万元)。业务(1)合计应调减应纳税所得额=50-20=30(万元)。

(2)业务(2)该企业研发费用应调减应纳税所得额=(50+5+20)×100%=75(万元)。

(3)残疾人员的工资可以加计扣除100%,应调减应纳税所得额50万元。职工福利费的扣除限额=1 000×14%=140(万元)<当年实际发生额150万元,应调增应纳税所得额=150-140=10(万元)。职工教育经费的扣除限额=1 000×8%=80(万元)>当年实际发生额50万元,无须纳税调整。工会经费的扣除限额=1 000×2%=20(万元)＜当年实际发生额 25 万元，应调增应纳税所得额＝25－20＝5(万元)。业务(3)合计应调减应纳税所得额＝50－10－5＝35(万元)。

(4)非股权支付对应的资产转让所得＝(260－180)×(26÷260)＝8(万元)。业务(4)应调减应纳税所得额＝(260－180)－8＝72(万元)。

(5)①会计上计提的折旧＝250÷5÷12×6＝25(万元)。业务(5)应调减应纳税所得额＝250－25＝225(万元)。②企业购置并实际使用规定的环境保护、节能节水、安全生产等专用设备的，该专用设备的投资额的 10％可以从企业当年的应纳税额中抵免。业务(5)可抵免的所得税额＝250×10％＝25(万元)。

(6)业务(6)应调增应纳税所得额＝8.4－240×5％÷12×6＝2.4(万元)。

(7)对企业投资者持有 2019—2027 年发行的铁路债券取得的利息收入，减半征收企业所得税。业务(7)应调减应纳税所得额＝12×50％＝6(万元)。

(8)通过政府部门向目标脱贫地区捐赠的 40 万元可以据实扣除，无须纳税调整。纳税人违反国家有关法律法规规定，被有关部门处以的罚款，不得税前扣除。业务(8)应调增应纳税所得额＝24(万元)。

(9)2022 年度的应纳税所得额＝800－30－75－35－72－225＋2.4－6＋24＝383.4(万元)。

(10)2022 年度的应纳税额＝383.4×25％－25＝70.85(万元)。

3.位于某市区国家重点扶持的高新技术企业(非科技型中小企业)为增值税一般纳税人。2023 年销售产品取得不含税收入 6500 万元，另外投资取得收益 320 万元，全年发生产品销售成本和相关费用共计 5300 万元。缴纳的税金及附加 339 万元，发生的营业外支出 420 万元，12 月末企业自行计算的全年会计利润总额 761 万元，预缴企业所得税 96 万元，未留抵增值税。2024 年 1 月经聘请的税务师事务所审核，发现以下问题。

(1)2023 年 8 月中旬以预收款方式销售一批产品，收到预收账款 226 万元，并存入银行。12 月下旬将该批产品发出，但未将预收款转作收入。

(2)9 月上旬接受客户捐赠原材料一批，取得增值税专用发票，发票上注明金额 10 万元，进项税额 1.3 万元，企业将捐赠收入直接计入“资本公积”账户核算。

(3)10 月购置并投入使用的安全生产专用设备(属于企业所得税优惠目录的范围)取得增值税专用发票，发票上注明金额 18 万元，进项税额 2.34 万元，企业将购置设备一次性计入了成本扣除。假定该设备会计折旧期限均为 10 年，不考虑残值。

(4)成本费用中包含业务招待费 62 万元，新产品研究开发费用 97 万元。

(5)投资收益中有 12.6 万元从其他居民企业分回的股息，其余为股权转让收益。营业外支出中含通过公益性社会团体向贫困山区捐赠款 130 万元，直接捐赠 10 万元。

(6)计入成本费用中的实发工资总额 856 万元，拨缴职工工会经费 20 万元。职工福利费实际支出 131 万元，职工教育经费实际支出 32 万元。(不考虑地方教育附加，所得税税率 15％)

要求：根据上述资料，回答下列问题。

(1)该企业应补缴的增值税及附加税费多少万元?

(2)该企业 2023 年度经审核后会计利润总额多少万元?

(3)业务招待费和新产品研发费分别调整应纳税所得额多少万元?

(4)投资收益和捐赠分别调整应纳税所得额多少万元?如果职工工会经费、职工教育经费、职工福利费涉及调整,则应调整应纳税所得额多少万元?

(5)2023 年应补缴企业所得税多少万元?

【参考答案及解析】

(1)应补缴增值税＝226÷(1＋13%)×13%＝26(万元)。

应补缴附加税费＝26×(7%＋3%)＝2.6(万元)。

合计补缴＝26＋2.6＝28.6(万元)。

(2)会计利润总额＝761＋226÷(1＋13%)＋(10＋1.3)＋(18－18÷10÷12×2)－26×(7%＋3%)＝987.4(万元)。

(3)业务招待费＝(6500＋200)×0.5%＝33.5(万元)＜62×60%＝37.2(万元),纳税调整＝62－33.5＝28.5(万元),调增;新产品研发费用＝97×100%＝97(万元),调减。

(4)符合条件的居民企业之间的股息、红利等权益性投资收益是免税的,所以投资收益 12.6 万元应该纳税调减。

公益性捐赠 130 万元,捐赠限额＝987.4×12%＝118.49(万元),应调增＝130－118.49＝11.51(万元);直接捐赠 10 万元,应该纳税调增。合计捐赠调增＝11.51＋10＝21.51(万元)。

工会经费 20 万元,限额＝856×2%＝17.12(万元),应纳税调增＝20－17.12＝2.88(万元)。

职工教育经费 32 万元,限额＝856×8%＝68.48(万元),不用纳税调整。

职工福利费 131 万元,限额＝856×14%＝119.84(万元)。

应调增＝131－119.84＝11.16(万元)。

(5)购置并投入使用的安全生产专用设备 18 万元,税法允许一次性扣除。在会计利润中需要调减折旧 0.3 万元。

应补缴企业所得税＝(987.4＋28.5－97－12.6＋21.51＋2.88＋11.16－0.3)×15%－18×10%－96＝43.43(万元)。

第十章　企业所得税应纳税额的计算

一、居民企业应纳税额的计算

居民企业应缴纳所得税额等于应纳税所得额乘以适用税率，基本计算公式：

应纳税额＝应纳税所得额×适用税率－减免税额－抵免税额

在实际过程中，应纳税所得额的计算一般有两种方法。

（一）直接计算法

在直接计算法下，企业每一纳税年度的收入总额减除不征税收入、免税收入、各项扣除以及允许弥补的以前年度亏损后的余额为应纳税所得额。计算公式为：

应纳税所得额＝收入总额－不征税收入－免税收入－各项扣除金额－弥补亏损

（二）间接计算法

在间接计算法下，在会计利润总额的基础上加或减按照税法规定调整的项目金额后即为应纳税所得额。现行企业所得税年度纳税申报表采取该方法。计算公式为：

应纳税所得额＝会计利润总额±纳税调整项目金额

纳税调整项目金额包括两个方面的内容：一是企业财务会计制度规定的项目范围与税收法规规定的项目范围不一致应予以调整的金额；二是企业财务会计制度规定的扣除标准与税法规定的扣除标准不一致的差异应予以调整的金额。

二、境外所得抵扣税额的计算

根据《财政部 国家税务总局关于企业境外所得税收抵免有关问题的通知》（财税〔2009〕125号），自2008年1月1日起，居民企业以及非居民企业在中国境内设立的机构、场所（以下统称企业）依照企业所得税法第二十三条、第二十四条的有关规定，应在其应纳税额中抵免在境外缴纳的所得税额的，按以下规定执行。

1. 企业应按照企业所得税法及其实施条例、税收协定以及相关规定，准确计算下列当期与抵免境外所得税有关的项目后，确定当期实际可抵免分国（地区）别的境外所得税税额和抵免限额。

(1)境内所得的应纳税所得额(以下称境内应纳税所得额)和分国(地区)分别的境外所得的应纳税所得额(以下称境外应纳税所得额)。

(2)分国(地区)别的可抵免境外所得税税额。

(3)分国(地区)别的境外所得税的抵免限额。

企业不能准确计算上述项目实际可抵免国家(地区)的境外所得税税额的，在相应国家(地区)缴纳的税收均不得在该企业当期应纳税额中抵免，也不得结转以后年度抵免。

2. 企业应就其按照企业所得税法实施条例第七条规定确定的中国境外所得(境外税前所得)，按以下规定计算企业所得税法实施条例第七十八条规定的境外应纳税所得额：

(1)居民企业在境外投资设立不具有独立纳税地位的分支机构，其来源于境外的所得以境外收入总额扣除与取得境外收入有关的各项合理支出后的余额为应纳税所得额。各项收入、支出按企业所得税法及其实施条例的有关规定确定。

居民企业在境外设立不具有独立纳税地位的分支机构取得的各项境外所得，无论是否汇回中国境内，均应计入该企业所属纳税年度的境外应纳税所得额。

(2)居民企业应就其来源于境外的股息、红利等权益性投资收益，以及利息、租金、特许权使用费、转让财产等收入，扣除按照企业所得税法及其实施条例等规定计算的与取得该项收入有关的各项合理支出后的余额为应纳税所得额。来源于境外的股息、红利等权益性投资收益，应按被投资方作出利润分配决定的日期确认收入实现；来源于境外的利息、租金、特许权使用费、转让财产等收入，应按有关合同约定应付交易对价款的日期确认收入实现。

(3)非居民企业在境内设立机构、场所的，应就其发生在境外但与境内所设机构，场所有实际联系的各项应税所得，比照上述第(2)项的规定计算相应的应纳税所得额。

(4)在计算境外应纳税所得额时，企业为取得境内、境外所得而在境内，境外发生的共同支出，与取得境外应税所得有关的、合理的部分，应在境内、境外[分国(地区)别，下同]应税所得之间，按照合理比例进行分摊后扣除。

(5)在汇总计算境外应纳税所得额时，企业在境外同一国家(地区)设立不具有独立纳税地位的分支机构，按照企业所得税法及其实施条例的有关规定计算的亏损，不得抵减其境内或他国(地区)的应纳税所得额，但可以用同一国家(地区)其他项目或以后年度的所得按规定弥补。

3. 可抵免境外所得税税额，是指企业来源于中国境外的所得依照中国境外税收法律以及相关规定应当缴纳并已实际缴纳的企业所得税性质的税款。但不包括：

(1)按照境外所得税法律及相关规定属于错缴或错征的境外所得税税款。

(2)按照税收协定规定不应征收的境外所得税税款。

(3)因少缴或迟缴境外所得税而追加的利息、滞纳金或罚款。

(4)境外所得税纳税人或者其利害关系人从境外征税主体得到实际返还或补偿的境外所得税税款。

(5)按照我国企业所得税法及其实施条例规定,已经免征我国企业所得税的境外所得负担的境外所得税税款。

(6)按照国务院财政、税务主管部门有关规定已经从企业境外应纳税所得额中扣除的境外所得税税款。

4. 企业应按照企业所得税法及其实施条例和有关规定分国(地区)分别计算境外税额的抵免限额。

某国(地区)所得税抵免限额＝中国境内、境外所得依照企业所得税法及其实施条例的规定计算的应纳税总额×来源于某国(地区)的应纳税所得额÷中国境内、境外应纳税所得总额

据以计算上述公式中"中国境内、境外所得依照企业所得税法及其实施条例的规定计算的应纳税总额"的税率,除国务院财政、税务主管部门另有规定外,应为企业所得税法第四条第一款规定的税率(25%)。

备注:《财政部 国家税务总局关于高新技术企业境外所得适用税率及税收抵免问题的通知》(财税〔2011〕47 号)规定,以境内、境外全部生产经营活动有关的研究开发费用总额、总收入、销售收入总额、高新技术产品(服务)收入等指标申请并经认定的高新技术企业,其来源于境外的所得可以享受高新技术企业所得税优惠政策,即对来源于境外所得可以按照 15%的优惠税率缴纳企业所得税,在计算境外抵免限额时,可按照 15%的优惠税率计算境内外应纳税总额。

企业按照企业所得税法及其实施条例和有关规定计算的当期境内、境外应纳税所得总额小于零的,应以零计算当期境内、境外应纳税所得总额,其当期境外所得税的抵免限额也为零。

5. 在计算实际应抵免的境外已缴纳和间接负担的所得税税额时,企业在境外一国(地区)当年缴纳和间接负担的符合规定的所得税税额低于所计算的该国(地区)抵免限额的应以该项税额作为境外所得税抵免额从企业应纳税总额中据实抵免;超过抵免限额的,当年应以抵免限额作为境外所得税抵免额进行抵免,超过抵免限额的余额允许从次年起在连续 5 个纳税年度内,用每年度抵免限额抵免当年应抵税额后的余额进行抵补。

6. 属于下列情形的,经企业申请,主管税务机关核准,可以采取简易办法对境外所得已纳税额计算抵免。

(1)企业从境外取得营业利润所得以及符合境外税额间接抵免条件的股息所得,虽有所得来源国(地区)政府机关核发的具有纳税性质的凭证或证明,但因客观原因无法真实准确地确认应当缴纳并已经实际缴纳的境外所得税税额的,除就该所得直接缴纳及间接负担的税额在所得来源国(地区)的实际有效税率低于我国企业所得税法第四条第一款规定税率的 50%以上的外,可按境外应纳税所得额的 12.5%作为抵免限额,企

业按该国(地区)税务机关或政府机关核发具有纳税性质凭证或证明的金额,其不超过抵免限额的部分准予抵免;超过的部分不得抵免。

属于本款规定以外的股息、利息、租金、特许权使用费、转让财产等投资性所得,均应按上述其他规定计算境外税额抵免。

(2)企业从境外取得营业利润所得以及符合境外税额间接抵免条件的股息所得,凡就该所得缴纳及间接负担的税额在所得来源国(地区)的法定税率且其实际有效税率明显高于我国的,可直接以按上述规定计算的境外应纳税所得额和我国企业所得税法规定的税率计算的抵免限额作为可抵免的已在境外实际缴纳的企业所得税税额。

属于本款规定以外的股息、利息、租金、特许权使用费、转让财产等投资性所得,均应按上述其他规定计算境外税额抵免。

7.企业在境外投资设立不具有独立纳税地位的分支机构,其计算生产、经营所得的纳税年度与我国规定的纳税年度不一致的,与我国纳税年度当年度相对应的境外纳税年度应为在我国有关纳税年度中任何一日结束的境外纳税年度。

企业取得上款以外的境外所得实际缴纳或间接负担的境外所得税,应在该项境外所得实现日所在的我国对应纳税年度的应纳税额中计算抵免。

8.企业抵免境外所得税额后实际应纳所得税额的计算公式为:

$$\text{企业实际应纳所得税额}=\text{企业境内外所得应纳税总额}-\text{企业所得税减免、抵免优惠税额}-\text{境外所得税抵免额}$$

9.上述所称不具有独立纳税地位,是指根据企业设立地法律不具有独立法人地位或者按照税收协定规定不认定为对方国家(地区)的税收居民。

10.企业取得来源于中国香港、澳门、台湾地区的应税所得,参照上述规定执行。

11.中华人民共和国政府同外国政府订立的有关税收的协定与上述规定有不同规定的,依照协定的规定办理。

三、居民企业核定征收应纳税额的计算

根据《国家税务总局关于印发〈企业所得税核定征收办法(试行)〉的通知》(国税发〔2008〕30号),为了加强企业所得税征收管理,规范核定征收企业所得税工作,保障国家税款及时足额入库,维护纳税人合法权益,根据《中华人民共和国企业所得税法》及其实施条例、《中华人民共和国税收征收管理法》及其实施细则的有关规定,核定征收企业所得税的有关规定如下。

(一)核定征收企业所得税的范围

居民企业纳税人具有下列情形之一的,核定征收企业所得税:

1.依照法律、行政法规的规定可以不设置账簿的。

2.依照法律、行政法规的规定应当设置但未设置账簿的。

3.擅自销毁账簿或者拒不提供纳税资料的。

4.虽设置账簿,但账目混乱或者成本资料、收入凭证、费用凭证残缺不全,难以查账的。

5.发生纳税义务,未按照规定的期限办理纳税申报,经税务机关责令限期申报,逾期不申报的。

6.申报的计税依据明显偏低,又无正当理由的。

特殊行业、特殊类型的纳税人和一定规模以上的纳税人不适用上述办法。

(二)核定征收的办法

税务机关应根据纳税人的具体情况,对核定征收企业所得税的纳税人,核定应税所得率或者核定应纳所得税额。

1.具有下列情形之一的,核定其应税所得率。

(1)能正确核算(查实)收入总额,但不能正确核算(查实)成本费用总额的。

(2)能正确核算(查实)成本费用总额,但不能正确核算(查实)收入总额的。

(3)通过合理方法,能计算和推定纳税人收入总额或成本费用总额的。

纳税人不属于以上情形的,核定其应纳所得税额。

2.税务机关采用下列方法核定征收企业所得税。

(1)参照当地同类行业或者类似行业中经营规模和收入水平相近的纳税人的税负水平核定。

(2)按照应税收入额或成本费用支出额定率核定。

(3)按照耗用的原材料、燃料、动力等推算或测算核定。

(4)按照其他合理方法核定。

采用前款所列一种方法不足以正确核定应纳税所得额或应纳税额的,可以同时采用两种以上的方法核定。采用两种以上方法测算的应纳税额不一致时,可按测算的应纳税额从高核定。

3.采用应税所得率方式核定征收企业所得税的,应纳所得税额计算公式如下。

应纳所得税额=应纳税所得额×适用税率

应纳税所得额=应税收入额×应税所得率

或=成本(费用)支出额÷(1-应税所得率)×应税所得率

上述“应税收入额”等于收入总额减去不征税收入和免税收入后的余额。用公式表示为:

应税收入额=收入总额-不征税收入-免税收入

公式中,收入总额为企业以货币形式和非货币形式从各种来源取得的收入。

4.实行应税所得率方式核定征收企业所得税的纳税人,经营多业的,无论其经营项目是否单独核算,均由税务机关根据其主营项目确定适用的应税所得率。

主营项目应为纳税人所有经营项目中,收入总额或者成本(费用)支出额或者耗用原材料、燃料、动力数量所占比重最大的项目。

5.应税所得率按下表规定的幅度标准确定。

各行业应税所得率幅度

行业	应税所得率
农、林、牧、渔业	3%～10%
制造业	5%～15%
批发和零售贸易业	4%～15%
交通运输业	7%～15%
建筑业	8%～20%
饮食业	8%～25%
娱乐业	15%～30%
其他行业	10%～30%

6.纳税人的生产经营范围、主营业务发生重大变化，或者应纳税所得额或应纳税额增减变化达到20%的，应及时向税务机关申报调整已确定的应纳税额或应税所得率。

(三)核定征收企业所得税的管理

1.主管税务机关应及时向纳税人送达《企业所得税核定征收鉴定表》，及时完成对其核定征收企业所得税的鉴定工作。具体程序如下。

(1)纳税人应在收到《企业所得税核定征收鉴定表》后10个工作日内，填好该表并报送主管税务机关。《企业所得税核定征收鉴定表》一式三联，主管税务机关和县级税务机关各执一联，另一联送达纳税人执行。主管税务机关还可根据实际工作需要，适当增加联次备用。

(2)主管税务机关应在受理《企业所得税核定征收鉴定表》后20个工作日内，分类逐户审查核实，提出鉴定意见，并报县级税务机关复核、认定。

(3)县级税务机关应在收到《企业所得税核定征收鉴定表》后30个工作日内完成复核、认定工作。

纳税人收到《企业所得税核定征收鉴定表》后，未在规定期限内填列、报送的，税务机关视同纳税人已经报送，按上述程序进行复核、认定。

2.税务机关应在每年6月底前对上年度实行核定征收企业所得税的纳税人进行重新鉴定。重新鉴定工作完成前，纳税人可暂按上年度的核定征收方式预缴企业所得税；重新鉴定工作完成后，按重新鉴定的结果进行调整。

3.主管税务机关应当分类逐户公示核定的应纳所得税额或应税所得率。主管税务机关应当按照便于纳税人及社会各界了解、监督的原则确定公示地点、方式。

纳税人对税务机关确定的企业所得税征收方式、核定的应纳所得税额或应税所得率有异议的，应当提供合法、有效的相关证据，税务机关经核实认定后调整有异议的事项。

4. 纳税人实行核定应税所得率方式的按下列规定申报纳税。

（1）主管税务机关根据纳税人应纳税额的大小确定纳税人按月或者按季预缴，年终汇算清缴。预缴方法一经确定，一个纳税年度内不得改变。

（2）纳税人应依照确定的应税所得率计算纳税期间实际应缴纳的税额，进行预缴。按实际数额预缴有困难的，经主管税务机关同意，可按上一年度应纳税额的 1/12 或 1/4 预缴或者按经主管税务机关认可的其他方法预缴。

（3）纳税人预缴税款或年终进行汇算清缴时，应按规定填写《中华人民共和国企业所得税月（季）度预缴纳税申报表（B 类）》，在规定的纳税申报时限内报送主管税务机关。

5. 纳税人实行核定应纳所得税额方式的，按下列规定申报纳税。

（1）纳税人在应纳所得税额尚未确定之前，可暂按上年度应纳所得税额的 1/12 或 1/4 预缴，或者按经主管税务机关认可的其他方法，按月或按季分期预缴。

（2）在应纳所得税额确定以后，减除当年已预缴的所得税额，余额按剩余月份或季度均分，以此确定以后各月或各季的应纳税额，由纳税人按月或按季填写《中华人民共和国企业所得税月（季）度预缴纳税申报表（B 类）》，在规定的纳税申报期限内进行纳税申报。

（3）纳税人年度终了后，在规定的时限内按照实际经营额或实际应纳税额向税务机关申报纳税。申报额超过核定经营额或应纳税额的，按申报额缴纳税款；申报额低于核定经营额或应纳税额的，按核定经营额或应纳税额缴纳税款。

6. 对违反上述规定的行为，按照《中华人民共和国税收征收管理法》及其实施细则的有关规定处理。

（四）专门从事股权（股票）投资业务所得税的征收管理

根据《国家税务总局关于企业所得税核定征收有关问题的公告》（国家税务总局公告 2012 年第 27 号），相关规定如下。

1. 专门从事股权（股票）投资业务的企业，不得核定征收企业所得税。

2. 依法按核定应税所得率方式核定征收企业所得税的企业，取得的转让股权（股票）收入等转让财产收入，应全额计入应税收入额，按照主营项目（业务）确定适用的应税所得率计算征税；若主营项目（业务）发生变化，应在当年汇算清缴时，按照变化后的主营项目（业务）重新确定适用的应税所得率计算征税。

（五）跨境电子商务综合试验区零售出口企业所得税核定征收规定

根据《国家税务总局关于跨境电子商务综合试验区零售出口企业所得税核定征收有关问题的公告》（国家税务总局公告 2019 年第 36 号），自 2020 年 1 月 1 日起，对跨境电子商务综合试验区（以下简称综试区）内的跨境电子商务零售出口企业（以下简称跨境电商企业）核定征收企业所得税的有关问题作出如下规定。

1. 综试区内的跨境电商企业，同时符合下列条件的，试行核定征收企业所得税办法。

（1）在综试区注册，并在注册地跨境电子商务线上综合服务平台登记出口货物日期、名称、计量单位，数量，单价，金额的。

(2)出口货物通过综试区所在地海关办理电子商务出口申报手续的。

(3)出口货物未取得有效进货凭证,其增值税、消费税享受免税政策的。

2.综试区内核定征收的跨境电商企业应准确核算收入总额,并采用应税所得率方式核定征收企业所得税。应税所得率统一按照4%确定。

3.综试区内实行核定征收的跨境电商企业符合小型微利企业优惠政策条件的,可享受小型微利企业所得税优惠政策;其取得的收入属于《中华人民共和国企业所得税法》第二十六条规定的免税收入的,可享受免税收入优惠政策。

4.上述所称综试区,是指经国务院批准的跨境电子商务综合试验区;上述所称跨境电商企业,是指自建跨境电子商务销售平台或利用第三方跨境电子商务平台开展电子商务出口的企业。

(六)企业转让上市公司限售股有关所得税处理

根据《国家税务总局关于企业转让上市公司限售股有关所得税问题的公告》(国家税务总局公告2011年第39号),就企业转让上市公司限售股(以下简称限售股)有关所得税问题,作出以下规定。

1.纳税义务人的范围界定。

根据《中华人民共和国企业所得税法》第一条及《中华人民共和国企业所得税法实施条例》第三条的规定,转让限售股取得收入的企业(包括事业单位、社会团体、民办非企业单位等),为企业所得税的纳税义务人。

2.企业转让个人持有的限售股征税处理。

因股权分置改革造成原由个人出资而由企业代持有的限售股,企业在转让时按以下规定处理。

(1)企业转让上述限售股取得的收入,应作为企业应税收入计算纳税。限售股转让收入扣除限售股原值和合理税费后的余额为该限售股转让所得。企业未能提供完整、真实的限售股原值凭证,不能准确计算该限售股原值的,主管税务机关一律按该限售股转让收入的15%,核定为该限售股原值和合理税费。

依照本条规定完成纳税义务后的限售股转让收入余额转付给实际所有人时不再纳税。

(2)依据法院判决、裁定等原因,通过证券登记结算公司,企业将其代持的个人限售股直接变更到实际所有人名下的,不视同转让限售股。

3.企业在限售股解禁前转让限售股征税处理。

企业在限售股解禁前将其持有的限售股转让给其他企业或个人(以下简称受让方),其企业所得税问题按以下规定处理。

(1)企业应按减持在证券登记结算机构登记的限售股取得的全部收入,计入企业当年度应税收入计算纳税。

(2)企业持有的限售股在解禁前已签订协议转让给受让方,但未变更股权登记、仍由企业持有的,企业实际减持该限售股取得的收入,依照上述第(1)项规定纳税后其余额转付给受让方的，受让方不再纳税。

★习题精练及答案解析

一、单项选择题

1. 某居民企业纳税人，2023 年财务资料：收入合计 4 500 万元，成本合计 3 800 万元。经税务机关核实，企业未能正确核算成本，税务机关对企业核定征收企业所得税，应税所得率为 20%，则该企业 2023 年应缴纳企业所得税（　　）万元。

A. 180　　B. 190　　C. 225　　D. 325

【参考答案】 C

【答案解析】 应纳税所得额＝应税收入额×应税所得率＝4500×20%＝900（万元），不符合小微企业优惠条件，应纳所得税额＝900×25%＝225（万元）。

2. 跨境电子商务综合试验区内核定征收的跨境电商企业应准确核算收入总额，并采用应税所得率方式核定征收企业所得税。应税所得率统一按照（　　）确定。

A. 3%　　B. 4%　　C. 5%　　D. 6%

【参考答案】 B

【答案解析】 根据《国家税务总局关于跨境电子商务综合试验区零售出口企业所得税核定征收有关问题的公告》（国家税务总局公告 2019 年第 36 号）的规定，综试区内核定征收的跨境电商企业应准确核算收入总额，并采用应税所得率方式核定征收企业所得税。应税所得率统一按照 4%确定。

3. 某服装生产企业，因无法准确核算成本支出，2023 年被税务机关确定为核定征收企业所得税，企业当年收入总额 30 万元，其中 7 月取得股票转让收入 5 万元，转让成本 3 万元，应税所得率为 15%。该企业当年应缴纳企业所得税（　　）万元。（该企业不符合小型微利企业的条件）

A. 0.6　　B. 0.75　　C. 1.13　　D. 1.44

【参考答案】 C

【答案解析】 居民企业采用应税所得率方式核定征收企业所得税的应纳所得税额计算公式如下：

应纳所得税额＝应纳税所得额×适用税率

应纳税所得额＝应税收入额×应税所得率

或：应纳税所得额＝成本（费用）支出额÷（1－应税所得率）×应税所得率

该企业应缴纳企业所得税＝30×15%×25%＝1.13（万元）。

4. 某企业是小型微利企业，2023 年取得产品销售收入 800 万元，结转销售成本 500 万元，发生销售费用 150 万元（其中广告费支出 125 万元），管理费用 30 万元，营业外支出 20 万元(其中,税收滞纳金 3 万元,通过政府机关向贫困地区捐款 17 万元),准予扣除的税费为 10 万元。该企业 2023 年应缴纳企业所得税(　　)万元。

A. 5.61　　B. 5.36　　C. 5.21　　D. 26.05

【参考答案】 C

【答案解析】 广告费税前扣除限额=800×15%=120(万元)<125(万元),所以准予扣除的广告费为 120 万元。会计利润=800-500-150-30-20-10=90(万元),准予扣除的捐赠限额=90×12%=10.8(万元)。税收滞纳金不得在税前扣除。应纳税所得额=800-500-150+(125-120)-30-10.8-10=104.2(万元);或者应纳税所得额=90+(125-120)+(17-10.8)+3=104.2(万元);应缴纳企业所得税=104.2×25%×20%=5.21(万元)。

5. 2023 年某企业全年会计利润总额为 1 200 万元,并据此计算预缴了企业所得税 300 万元。该企业聘请的税务师在汇算清缴时进行了审查,发现如下问题:在营业外支出账户中列支非广告性赞助支出 20 万元和公益性捐赠支出 150 万元;企业为经理支付的商业保险费 10 万元在管理费用列支。该企业 2023 年应补缴的企业所得税为(　　)万元。

A. 9　　B. 10　　C. 5　　D. 7

【参考答案】 A

【答案解析】 非广告性赞助支出不得在税前扣除。公益性捐赠支出扣除限额=1 200×12%=144(万元),实际捐赠支出为 150 万元,当年只能扣除 144 万元。企业为投资者或职工支付的商业保险费不得在税前扣除。所以,应纳税所得额=1 200+20+(150-144)+10=1 236(万元),该企业当年应缴纳企业所得税=1 236×25%=309(万元),应该补缴企业所得税=309-300=9(万元)。

6. 某企业 2023 年度取得主营业务收入 3 000 万元,转让国债取得净收益 520 万元,其他业务收入 120 万元,与收入配比的成本 2 150 万元,全年发生销售费用 410 万元(其中广告费支出 120 万元),管理费用 230 万元(其中业务招待费支出 24 万元),利息费用 170 万元。营业外支出 70 万元(其中公益捐款支出 40 万元)。假设不存在其他纳税事项,则该企业 2023 年应缴纳企业所得税(　　)万元。

A. 152.5　　B. 154.9　　C. 124.9　　D. 134.9

【参考答案】 B

【答案解析】 广告费扣除的限额=(3 000+120)×15%=468(万元),实际发生了 120 万元,销售费用准予全部扣除;业务招待费实际发生额的 60%=24×60%=14.4(万元),销售收入的 0.5%=(3 000+120)×0.5%=15.6(万元),按 14.4 万元税前扣除,可税前扣除的管理费用=230-24+14.4=220.4(万元)。

会计利润=3 000+520+120-2 150-410-230-170-70=610(万元),捐赠限额=610×12%=73.2(万元),可据实扣除 40 万元。应缴纳企业所得税=(610+24-14.4)×25%=154.9(万元)。

7. 某国有企业 2022 年 11 月接受捐赠一台生产设备，取得增值税专用发票上注明价款 200 万元，增值税 26 万元。2023 年 6 月进行股份制改制时将其出售，开具增值税专用发票为 260 万元，出售时的清理费用为 3 万元，按税法规定已计提折旧 4 万元。假如不考虑其他相关税费，该国有企业 2023 年就该转让收入应缴纳企业所得税（　　）万元。

A. 75　　B. 12.5　　C. 87.5　　D. 15.25

【参考答案】 D

【答案解析】 该国有企业 2023 年就该转让收入应缴纳企业所得税＝[260－(200－4)－3]×25%＝15.25(万元)。

8. 某玻璃加工厂，资产总额 220 万元，员工 20 人，税务机关对其 2023 年经营业务进行检查时发现产品销售收入为 80 万元、转让国债收入 10 万元、国债利息收入 3 万元，但无法查实成本费用，税务机关采用核定办法对其征收所得税，应税所得率为 15%。2023 年该玻璃加工厂应缴纳企业所得税（　　）万元。

A. 0.5　　B. 0.52　　C. 0.68　　D. 0.41

【参考答案】 C

【答案解析】 该企业属于小微企业，成本费用无法核实，按照应税收入额核定计算所得税。国债利息收入免征企业所得税。应纳所得税额＝(80＋10)×15%×25%×20%＝0.68(万元)。

9. 甲企业非小型微利企业，2023 年发现 2021 年有一笔实际资产损失 12 万元在当年未扣除。已知甲企业 2021 年应纳税所得额为 9 万元，2022 年应纳税所得额为 4 万元，2023 年应纳税所得额为 13 万元。甲企业将上述损失在 2023 年进行资产损失申报。该企业 2023 年实际应缴纳的企业所得税为（　　）万元。

A. 0.25　　B. 0.5　　C. 1　　D. 2

【参考答案】 A

【答案解析】 2021 年应扣未扣支出 12 万元，准补至 2021 年度确认，确认后应纳税所得额为 9－12＝－3(万元)，2021 年多缴税款＝9×25%＝2.25(万元)；2022 年可以补亏 3 万元，补亏后应纳税所得额＝4－3＝1(万元)，2022 年多缴税款＝3×25%＝0.75(万元)。2021 年和 2022 年多缴税共计＝2.25＋0.75＝3(万元)，可以抵减 2013 年应纳税额，故 2013 年实际应缴纳企业所得税＝13×25%－3＝0.25(万元)。

10. 某企业在 2023 年发现企业在 2020 年有一笔实际资产损失 100 万元未在税前扣除，当年按照应纳税所得额 1 000 万元申报缴纳所得税 250 万元。该企业 2023 年应纳税所得额为 2 000 万元，2023 年已预缴企业所得税 300 万元。2023 年汇算清缴时应向税务机关缴纳的企业所得税为（　　）万元。

A. 500　　B. 200　　C. 175　　D. 165

【参考答案】 C

【答案解析】 应缴纳企业所得税＝2 000×25%－300－100×25%＝175(万元)。

11. 甲公司5年前以股权100万元投资乙公司，获得30%的股份。2023年乙公司因故被清算，甲公司分得剩余资产金额300万元。已知乙公司累计未分配利润和累计盈余公积200万元。甲公司分得剩余资产应确认企业所得税应纳税所得额为(　　)万元。

A. 70　　B. 100　　C. 140　　D. 240

【参考答案】 C

【答案解析】 投资方企业从被清算企业分得的剩余资产，其中相当于从被清算企业累计未分配利润和累计盈余公积中按该股东所占股份比例计算的部分，应当确认为股息所得；剩余资产减除上述股息所得后的余额，超过或者低于投资成本的部分，应当确认为投资资产转让所得或者损失。应纳税所得额＝300－200×30%－100＝140(万元)。

12. 某企业2023年11月营业期满，宣布终止经营，实施解散清算。清算时该企业资产转让所得200万元，债务清偿损失120万元、清算税金及附加50万元，发生清算费用支出10万元。该企业清算时应缴纳的企业所得税是(　　)万元。

A. 5　　B. 7.5　　C. 17.5　　D. 50

【参考答案】 A

【答案解析】 企业清算时作为独立的纳税年度进行纳税申报，且执行25%的企业所得税税率。清算所得额＝200－50－10－120＝20(万元)，应缴纳企业所得税额＝20×25%＝5(万元)。

13. 甲公司是创业投资企业，2021年5月甲公司以股权投资的方式向未上市的中小高新技术企业乙投资500万元。2021年至2023年，甲公司的应纳税所得额分别为800万元、500万元和600万元，则甲公司2023年度应缴纳企业所得税(　　)万元。

A. 150　　B. 62.5　　C. 25　　D. 0

【参考答案】 B

【答案解析】 创业投资企业采取股权投资方式投资于未上市的中小高新技术企业2年以上，可以按照其对中小高新技术企业投资额的70%，在股权持有满2年的当年抵扣该创业投资企业的应纳税所得额；当年不足抵扣的，可以在以后纳税年度结转抵扣。甲企业2023年度应缴纳的企业所得税＝(600－500×70%)×25%＝62.5(万元)。

14. 某外国公司在境内设立一个常驻代表机构从事产品售后服务。2023年6月，主管税务机关对其2022年度业务进行检查时，发现该常驻代表机构账簿不健全，不能准确核算成本，收入经查实为120万元，决定按照最低利润率对其进行核定征收企业所得税。2022年该常驻代表机构应缴纳企业所得税(　　)万元。

A. 3　　B. 3.5　　C. 4　　D. 4.5

【参考答案】 D

【答案解析】 利润率最低为15%；常驻代表机构应缴纳企业所得税＝120×15%×25%＝4.5(万元)。

15. 某美国企业实际管理机构不在中国境内，但在中国境内设立了分支机构。2023年该分支机构在中国境内取得咨询不含税所得500万元；在美国取得与该分支机构无实际联系的所得80万元。2023年度该境内机构在中国应缴纳企业所得税（　　）万元。

A. 125　　B. 50　　C. 100　　D. 145

【参考答案】 A

【答案解析】 该美国企业实际管理机构不在中国境内，但是在中国境内设立分支机构，属于在中国境内设立机构、场所的非居民企业，应当就其所设机构、场所取得的来源于中国境内的所得，以及发生在中国境外但与其所设机构、场所有实际联系的所得，在中国缴纳企业所得税。在美国取得80万元的所得与境内分支机构无实际联系，所以不在中国纳税。在中国境内设有机构、场所且取得的所得与所设机构、场所有关联的非居民企业，适用25%的基本税率。2023年度该境内机构在中国应缴纳企业所得税＝500×25%＝125(万元)。

16. 某非居民企业其在中国境内设立机构场所，因会计核算不健全，不能正确核算收入总额，但成本费用总额100万元的核算是正确的。税务机关决定按照核定的方法征收企业所得税，税务机关核定的利润率为25%，则该非居民企业应缴纳的企业所得税为（　　）万元。

A. 10　　B. 8.33　　C. 7.54　　D. 6.34

【参考答案】 B

【答案解析】 在中国境内设立机构场所，属于在中国境内设立机构、场所的非居民企业，应当就其所设机构、场所取得的来源于中国境内的所得，以及发生在中国境外但与其所设机构、场所有实际联系的所得，在中国缴纳企业所得税。应纳税所得额＝成本费用总额÷(1－经税务机关核定的利润率)×经税务机关核定的利润率＝100÷(1－25%)×25%＝33.33(万元)。

应缴纳企业所得税＝33.33×25%＝8.33(万元)。

17. 某非居民企业设在中国境内的经营机构2023年从事劳务活动发生经费支出450万元，相关收入和成本费用总额均不能正确核算。当地主管税务机关核定其利润率为20%，劳务活动适用的相关税率为5%。该经营机构2023年应在中国境内缴纳企业所得税（　　）万元。

A. 12　　B. 30　　C. 28.13　　D. 22.5

【参考答案】 B

【答案解析】 应纳税所得额＝经费支出总额÷(1－经税务机关核定的利润率－相关税率)×经税务机关核定的利润率＝450÷(1－20%－5%)×20%＝120(万元)，该经营机构2023年在中国境内应缴纳企业所得税＝120×25%＝30(万元)。

18. 境外某公司在中国境内未设立机构、场所，2023年取得境内甲公司支付的股息红利30万元；取得境内乙公司支付的不含税的设备租金收入80万元，当年该设备计提折旧10万元、发生的修理费用5万元；取得境内丙公司支付的商标使用费50万元(不含税)；取得境内丁公司支付的财产转让收入 100 万元，该财产净值为 65 万元。2023 年度该境外公司在中国应缴纳企业所得税(　　)万元。

A. 16.5　　B. 18　　C. 19.5　　D. 26

【参考答案】 C

【答案解析】 非居民企业从中国境内取得的股息、红利等权益性投资收益和利息、租金、特许权使用费所得，以收入金额为应纳税所得额。

应缴纳企业所得税＝(30＋80＋50)×10%＋(100－65)×10%＝19.5(万元)。

19. 王先生 2005 年支付给甲公司 180 万元用于购买非流通股。甲公司属于代持股公司。2007 年该非流通股通过股权分置改革，成为限售股。2022 年 10 月，甲公司将限售股转让，取得 800 万元收入，但是不能准确计算限售股原值。甲公司转让该限售股应缴纳企业所得税(　　)万元。

A. 170　　B. 200　　C. 155　　D. 0

【参考答案】 A

【答案解析】 企业未能提供完整、真实的限售股原值凭证，不能准确计算该限售股原值的，主管税务机关一律按该限售股转让收入的 15%，核定为该限售股原值和合理税费。甲公司转让限售股应缴纳企业所得税＝800×(1%－15%)×25%＝170(万元)。

20. 某高新技术企业适用企业所得税税率 15%。2023 年 8 月依照法院裁定将其代个人持有的面值 200 万元的限售股，通过证券登记结算公司变更到实际持有人名下。该企业就此业务应缴纳企业所得税(　　)万元。

A. 30.0　　B. 25.5　　C. 50.0　　D. 0

【参考答案】 D

【答案解析】 依法院判决、裁定等原因，通过证券登记结算公司，企业将其代持的个人限售股直接变更到实际所有人名下的，不视同转让限售股，不需要计算缴纳企业所得税，所以应缴纳所得税为 0。

21. 甲公司经营《公共基础设施项目企业所得税优惠目录》规定的码头。2020 年取得第一笔生产经营收入，2021 年开始盈利，2023 年甲公司将码头转让给乙投资公司经营。乙公司当年因码头项目取得应纳税所得额 5 000 万元。2023 年乙公司就该项所得应缴纳企业所得税(　　)万元。

A. 1 250　　B. 0　　C. 750　　D. 625

【参考答案】 D

【答案解析】 从事国家重点扶持的公共基础设施项目，自项目取得第一笔生产经营收入所属纳税年度起享受“三免三减半”优惠，在减免税期限内转让的，受让方自受让之日起，可以在剩余期限内享受规定的减免税优惠。

乙公司应缴纳企业所得税＝5 000×50%×25%＝625(万元)。

22. 2022 年 9 月某化肥厂购进一台污水处理设备并投入使用(该设备属于《环境保护专用设备企业所得税优惠目录》列举项目)，均取得增值税专用发票注明设备价款 100

万元、进项税额 17 万元，该业务可抵免企业所得税税额（　　）万元。

A. 10　　B. 11.7　　C. 100　　D. 117

【参考答案】 A

【答案解析】 企业购置并实际使用规定的环境保护、节能节水、安全生产等专用设备的，该专用设备的投资额的 10%可以从企业当年的应纳税额中抵免；当年不足抵免的，可以在以后 5 个纳税年度结转抵免。进行税额抵免时，如增值税进项税额允许抵扣，其专用设备投资额不再包括增值税进项税额；如增值税进项税额不允许抵扣，其专用设备投资额应为增值税专用发票上注明的价税合计金额。企业购买专用设备取得普通发票的，其专用设备投资额为普通发票上注明的金额。该业务可抵免的企业所得税税额＝100×10%＝10(万元)。

23. 甲企业于 2016 年 1 月在市场监督管理局注册成立，适用企业所得税税率 25%。筹办期截至 2017 年 12 月 31 日，两年分别发生筹办费用 50 万元和 30 万元。企业选择开始生产经营之年一次性扣除。2018 年 1 月开始生产经营。截至 2023 年 12 月 31 日经营状况如下表所示。该企业 2023 年应缴纳企业所得税（　　）万元。

年度	2018	2019	2020	2021	2022	2023
所得(万元)	－430	－100	－100	200	50	500

A. 30

B. 62.5

C. 125

D. 42.5

【参考答案】 A

【答案解析】 筹办期两年分别发生筹办费用 50 万元和 30 万元，计入开办费。准予弥补亏损的年限为 5 年，从 2018 年开始的亏损均可以在 2023 年弥补。应缴纳的企业所得税＝[500－(430－200－50)－100－100]×25%＝30(万元)。

24. 甲居民企业 2023 年度实现利润总额 200 万元，其中含从境外 A 国分回的税后利润 100 万元。A 国企业所得税税率为 20%，甲企业在 A 国享受了 10%的税率优惠。已知 A 国与中国政府订立了税收协定，在 A 国享受免税或减税的数额按照税收协定规定应视同已缴税额在中国的应纳税额中抵免。甲企业 2023 年度在中国应缴纳企业所得税（　　）万元。

A. 25　　B. 33　　C. 30.56　　D. 45

【参考答案】 C

【答案解析】 甲企业在中国应缴纳企业所得税税额＝(200－100)×25%＋100÷(1－10%)×(25%－20%)＝30.56(万元)；或者减法思路，应缴纳企业所得税税额＝[100＋100÷(1－10%)]×25%－100÷0.9×20%＝30.56(万元)。100÷(1%—10%)是换算为境外税前所得；在 A 国交税适用 10%税率，税后利润是 100 万元，除以(1%—

10%)，就是税前所得额了。

25. 在中国境内未设立机构、场所的非居民企业A从中国境内B企业取得租金所得50万元、利息所得20万元、特许权使用费所得30万元；向B企业转让位于中国境内的一处房产，取得转让收入500万元，该房产净值为420万元。假设不考虑其他税费，B企业应代扣代缴A企业的预提所得税为(　　)万元。

A. 17.1　　B. 18　　C. 26　　D. 36

【参考答案】 B

【答案解析】 在中国境内未设立机构、场所的非居民企业，取得来源于境内的利息、租金和特许权使用费所得，以收入全额为应纳税所得额；取得的财产转让所得，以收入全额减除财产净值后的余额为应纳税所得额。B企业应代扣代缴A企业的预提所得税＝(50＋20＋30＋500－420)×10%＝18(万元)。

二、多项选择题

1. 居民企业具有下列情形之一的，核定征收企业所得税的有(　　)。

A. 依照法律、行政法规的规定可以不设置账簿的

B. 擅自销毁账簿或者拒不提供纳税资料的

C. 虽设置账簿，但账目混乱或者成本资料、收入凭证、费用凭证残缺不全，难以查账的

D. 发生纳税义务，未按照规定的期限办理纳税申报

E. 申报的计税依据明显偏低，但有正当理由的

【参考答案】 ABC

【答案解析】 居民企业核定征收企业所得税的范围包括：(1)依照法律、行政法规可以不设置账簿的；(2)依照法律、行政法规的规定应当设置但未设置账簿的；(3)擅自销毁账簿或者拒不提供纳税资料的；(4)虽设置账簿，但账目混乱或者成本资料、收入凭证、费用凭证残缺不全，难以查账的；(5)发生纳税义务，未按照规定的期限办理纳税申报，经税务机关责令限期申报，逾期仍不申报的；(6)申报的计税依据明显偏低，又无正当理由的。

2. 下列纳税人不适用核定征收企业所得税的是(　　)。

A. 上市公司

B. 律师事务所

C. 证券公司

D. 化妆品生产企业

【参考答案】 ABC

【答案解析】 根据《国家税务总局关于企业所得税核定征收若干问题的通知》(国税函〔2009〕377号)，不适用核定征收企业所得税的“特殊行业、特殊类型纳税人和一定

规模以上的纳税人"包括:(1)享受《中华人民共和国企业所得税法》及其实施条例和国务院规定的一项或几项企业所得税优惠政策的企业(不包括仅享受《中华人民共和国企业所得税法》第二十六条规定免税收入优惠政策的企业);(2)汇总纳税企业;(3)上市公司;(4)银行、信用社、小额贷款公司、保险公司、证券公司、期货公司、信托投资公司、金融资产管理公司、融资租赁公司、担保公司、财务公司、典当公司等金融企业;(5)会计、审计、资产评估、税务、房地产估价、土地估价、工程造价、律师、价格鉴证、公证机构、基层法律服务机构、专利代理、商标代理以及其他经济鉴证类社会中介机构;(6)国家税务总局规定的其他企业。

3. 下列居民企业中,不适用核定征收企业所得税的有(　　)。

A. 汇总纳税企业

B. 保险公司

C. 专门从事股权投资业务的企业

D. 小型微利企业

E. 会计师事务所

【参考答案】 ABCE

【答案解析】 根据国税函〔2009〕377 号文件和国家税务总局公告 2012 年第 27 号文件,不适用核定征收企业所得税的企业包括:(1)享受《中华人民共和国企业所得税法》及其实施条例和国务院规定的一项或几项企业所得税优惠政策的企业(不包括仅享受《中华人民共和国企业所得税法》第二十六条规定免税收入优惠政策的企业、符合条件的小型微利企业);(2)汇总纳税企业;(3)上市公司;(4)银行、信用社、小额贷款公司、保险公司、证券公司、期货公司、信托投资公司、金融资产管理公司、融资租赁公司、担保公司、财务公司、典当公司等金融企业;(5)会计、审计、资产评估、税务、房地产估价、土地估价、工程造价、律师、价格鉴证、公证机构、基层法律服务机构、专利代理、商标代理以及其他经济鉴证类社会中介机构;(6)专门从事股权(股票)投资业务的企业;(7)国家税务总局规定的其他企业。

4. 下列关于核定征收企业所得税的说法,不正确的是(　　)。

A. 采用两种以上方法测算的应纳税额不一致时,应按测算的应纳税额从低核定征收

B. 经营多业的纳税人经营项目单独核算的,税务局分别确定各项目的应税所得率

C. 纳税人的法定代表人发生变化的,应向税务机关申报调整已确定的应税所得率

D. 专门从事股权投资业务的企业不得核定征收企业所得税

【参考答案】 ABC

【答案解析】 选项 A,采用两种以上方法测算的应纳税额不一致时,可按测算的应纳税额从高核定征收;选项 B,经营多业的纳税人经营项目,无论经营项目是否单独核算,均由税务机关根据主营项目确定适用的应税所得率;选项 C,纳税人的生产经营范围和主营业务发生重大变化,或者应纳税所得额或者应纳税额增减变化达到 20%的,应

向税务机关申报调整已确定的应税所得率或应纳税额。

5. 直接抵免主要适用于（　　）在境外被源泉扣缴的预提所得税。

A. 企业来源于境外的营业利润所得在境外所缴纳的企业所得税

B. 企业来源于境外的股息、红利等权益性投资所得、利息、租金、特许权使用费、财产转让等所得

C. 企业发生于境外的股息、红利等权益性投资所得、利息、租金、特许权使用费、财产转让等所得

D. 企业的全部所得

【参考答案】 ABC

【答案解析】 根据《企业境外所得税收抵免操作指南》，直接抵免主要适用于企业就来源于境外的营业利润所得在境外所缴纳的企业所得税，以及就来源于或发生于境外的股息、红利等权益性投资所得、利息、租金、特许权使用费、财产转让等所得在境外被源泉扣缴的预提所得税。

6. 下列各项中，不属于可抵免境外所得税税额的有（　　）。

A. 按照境外所得税法律及相关规定属于错缴或错征的境外所得税税款

B. 按照税收协定规定不应征收的境外所得税税款

C. 因少缴或迟缴境外所得税而追加的利息、滞纳金或罚款

D. 依照境外税收法律及相关规定应当缴纳并已实际缴纳的企业所得税性质的税款

E. 按照我国税收法律的规定，已经免征我国企业所得税的境外所得负担的境外所得税税款

【参考答案】 ABCE

【答案解析】 可抵免境外所得税税额，是指企业来源于中国境外的所得依照中国境外税收法律以及相关规定应当缴纳并已实际缴纳的企业所得税性质的税款。

7. 根据企业所得税法的规定，下列关于企业转让限售股说法中正确的是（　　）。

A. 企业转让限售股取得的收入，应作为企业应税收入计算纳税

B. 限售股转让收入扣除限售股原值和合理税费后的余额为该限售股转让所得

C. 企业未能提供完整、真实的限售股原值凭证，不能准确计算该限售股原值的，主管税务机关一律按该限售股转让收入的 10%，核定为该限售股原值和合理税费

D. 依照规定完成纳税义务后的限售股转让收入余额转付给实际所有人时不再纳税

【参考答案】 ABD

【答案解析】 选项 C，企业未能提供完整、真实的限售股原值凭证，不能准确计算该限售股原值的，主管税务机关一律按该限售股转让收入的 15%，核定为该限售股原值和合理税费。

8. A 企业符合小型微利企业条件。2023 年第一季度预缴企业所得税时，相应的累计应纳税所得额为 150 万元，那么 A 企业当季减免税额是（　　）万元，实际应纳税额是（　　）万元。

A. 30　B. 22.5　C. 7.5　D. 15

【参考答案】 AC

【答案解析】 根据《财政部 税务总局关于落实支持小型微利企业和个体工商户发展所得税优惠政策的公告》(财政部 税务总局公告 2023 年第 6 号)的规定，2023 年 1 月 1 日至 2024 年 12 月 31 日，对小型微利企业年应纳税所得额不超过 100 万元的部分，减按 25%计入应纳税所得额，按 20%的税率缴纳企业所得税。根据《财政部 税务总局关于进一步实施小微企业所得税优惠政策的公告》(财政部 税务总局公告 2022 年第 13 号)的规定，2023 年 1 月 1 日至 2024 年 12 月 31 日，对小型微利企业年应纳税所得额超过 100 万元但不超过 300 万元的部分，减按 25%计入应纳税所得额，按 20%的税率缴纳企业所得税。A 企业实际应纳所得税额＝150×25%×20%＝7.5(万元)。减免税额＝150×25%－7.5＝30(万元)。

9. 某商业企业 2023 年年均职工人数 215 人，年均资产总额 4 500 万元，当年经营收入 5 640 万元，税前准予扣除项目金额 5 400 万元。该企业 2023 年减免税额是(　　)万元，应缴纳企业所得税为(　　)万元。

A. 48　B. 36　C. 24　D. 12

【参考答案】 AD

【答案解析】 (1)对于从事国家非限制和禁止行业，且同时符合年度应纳税所得额不超过 300 万元、从业人数不超过 300 人、资产总额不超过 5 000 万元三项条件的企业，属于小型微利企业。该商业企业 2023 年年均职工人数 215 人，年均资产总额 4 500 万元，属于小型微利企业。

(2)2023 年度对小型微利企业年应纳税所得额不超过 100 万元的部分，减按 25%计入应纳税所得额，按 20%的税率缴纳企业所得税；对年应纳税所得额超过 100 万元但不超过 300 万元的部分，延续按 25%计入应纳税所得额，按 20%的税率缴纳企业所得税。该企业应纳税所得额＝5 640－5 400＝240(万元)。

综上，该企业 2023 年应缴纳企业所得税＝(5 640－5 400)×25%×20%＝12(万元)。减免税额＝(5 640－5 400)×25%－12＝48(万元)。

10. A 企业于 2022 年成立，从事国家非限制和禁止行业，2023 年第一季度季初、季末的从业人数分别为 120 人、200 人，第一季度季初、季末的资产总额分别为 2 000 万元、4 000 万元，第一季度的应纳税所得额为 90 万元。A 企业第一季度的应纳税额为(　　)万元，减免税额为(　　)万元。

A. 2.25　B. 4.5　C. 20.25　D. 18

【参考答案】 BD

【答案解析】 《财政部 税务总局关于落实支持小微企业和个体工商户所得税优惠政策的公告》(财政部 税务总局公告 2023 年第 6 号)规定，小型微利企业，是指从事国家非限制和禁止行业，且同时符合年度应纳税所得额不超过 300 万元、从业人数不超过 300 人、资产总额不超过 5 000 万元等三个条件的企业。从业人数，包括与企业建立劳动关系的职工人数和企业接受的劳务派遣用工人数。所称从业人数和资产总额指标，应按企业全年的季度平均值确定。具体计算公式如下：

季度平均值=(季初值+季末值)÷2

2023 年第一季度，A 企业从业人数的季度平均值为 160 人，资产总额的季度平均值为 3 000 万元，应纳税所得额为 90 万元。符合关于小型微利企业预缴企业所得税时的判断标准，可以享受优惠政策。

《财政部 税务总局关于小微企业和个体工商户所得税优惠政策的公告》(财政部 税务总局公告 2023 年第 6 号)规定，对小型微利企业年应纳税所得额不超过 100 万元的部分，减按 25%计入应纳税所得额，按 20%的税率缴纳企业所得税。因此，A 企业第一季度的应纳税额=90×25%×20%=4.5(万元)。减免税额=90×25%-4.5=18(万元)。

三、综合实务题

1. 某市某大型服装生产企业，为增值税一般纳税人。2023 年度取得销售收入 40 000 万元、投资收益 100 万元、资产处置收益 900 万元，发生销售成本 28 900 万元、税金及附加 1 800 万元、管理费用 3 500 万元、销售费用 4 200 万元、财务费用 1 300 万元、营业外支出 200 万元。该企业自行计算实现年度利润总额 1 100 万元。

2024 年年初聘请某会计师事务所对 2023 年度的税务处理进行审核，发现以下问题。

(1)转让旧办公楼(2008 年自建)，合同记载含增值税收入 1 300 万元、成本 700 万元(其中土地成本 200 万元，能提供相应凭证)，但未缴纳转让环节的相关税费，经评估机构评估，该办公楼的重置成本为 1 600 万元，成新度折扣率五成。

(2)8 月中旬购买安全生产专用设备(属于企业所得税优惠目录规定范围)一台，取得增值税专用发票注明金额 600 万元，进项税额 78 万元，当月投入使用，企业将其费用一次性计入了成本扣除。

(3)接受非股东单位捐赠原材料一批，取得增值税专用发票注明金额 30 万元，进项税额 3.9 万元，直接记入了“资本公积”账户核算。

(4)管理费用中含业务招待费用 130 万元。

(5)成本、费用中含实发工资总额 1 200 万元、职工福利费 180 万元、职工工会经费 28 万元、职工教育经费 40 万元。

(6)投资收益中含转让国债收益 85 万元。该国债购入面值 200 万元，发行期限 1 年，年利率 5%，转让时持有天数为 252 天。

(7)营业外支出中含通过当地生态环境主管部门向环保设施建设捐款 180 万元并取得合法票据。

(其他相关资料：假设税法与会计均规定安全生产专用设备折旧年限为 10 年，不考虑残值，转让旧办公楼产权转移书据印花税税率 0.5‰，转让旧办公楼选择简易计税方

法计算增值税）

要求：根据上述资料，回答下列问题，如有计算需计算出合计数。

(1)计算旧办公楼销售环节应缴纳的增值税、城市维护建设税、教育费附加、地方教育附加、印花税和土地增值税。

(2)计算专用设备投入使用当年应计提的折旧费用。

(3)计算该企业 2023 年度的会计利润总额。

(4)计算业务招待费应调整的应纳税所得额。

(5)计算职工福利费、职工工会经费、职工教育经费应调整的应纳税所得额。

(6)计算转让国债应调整的应纳税所得额。

(7)计算公益性捐赠应调整的应纳税所得额。

(8)计算该企业 2023 年度的应纳税所得额。

(9)计算该企业 2023 年度应缴纳的企业所得税。

【参考答案及解析】

(1)应缴纳的增值税＝1 300÷(1＋5％)×5％＝61.90(万元)。

应缴纳的城建税及附加＝61.90×(7％＋3％＋2％)＝7.43(万元)。

印花税＝1 300×0.5‰＝0.65(万元)。

该企业计算土地增值税时允许扣除项目金额的合计数＝200＋1 600×50％＋0.65＋7.43＝1 008.08(万元)。

土地增值额＝1 300－61.90－1 008.08＝230.02(万元)。

增值率＝230.02÷1 008.08×100％＝22.82％。

应缴纳土地增值税＝230.02×30％＝69.01(万元)。

除增值税以外的税金合计＝7.43＋0.65＋69.01＝77.09(万元)。

应缴纳的增值税、城市维护建设税、教育费附加、地方教育附加、印花税和土地增值税合计＝61.90＋77.09＝138.99(万元)。

(2)折旧费用＝600÷10÷12×4＝20(万元)。

(3)接受捐赠，受赠资产的价值和由捐赠企业负担的增值税都属于受赠企业的利得，应一并计入营业外收入。

会计利润总额＝1 100－77.09－20＋600＋30＋3.9＝1 636.81(万元)。

(4)业务招待费扣除限额 1＝40 000×5‰＝200(万元)＞业务招待费扣除限额 2＝130×60％＝78(万元)，调增应纳税所得额＝130－78＝52(万元)。

(5)职工福利费扣除限额＝1 200×14％＝168(万元)＜实际发生额 180 万元，调增应纳税所得额＝180－168＝12(万元)。

工会经费扣除限额＝1 200×2％＝24(万元)＜实际发生额 28 万元，调增应纳税所得额＝28－24＝4(万元)。

职工教育经费扣除限额＝1 200×8％＝96(万元)＞实际发生额 40 万元，无须纳税调整。

共计调增应纳税所得额＝12＋4＝16(万元)。

(6)转让国债应调减应纳税所得额＝200×5％÷365×252＝6.90(万元)。

(7)捐赠扣除限额＝1 636.81×12％＝196.42(万元)＞实际支出 180 万元，所以无须调整应纳税所得额。

(8)应纳税所得额＝1 636.81＋52＋16－6.90＝1 697.91(万元)。

(9)应缴纳企业所得税＝1 697.91×25％－600×10％＝364.48(万元)。

2.位于西部某市区的国家鼓励类软件企业为增值税一般纳税人，成立于 2018 年 1 月，自 2021 年开始被认定为国家鼓励的软件企业并于当年实现盈利。2023 年实现营业收入 10 000 万元、其他收益 800 万元，发生营业成本 2 900 万元、税金及附加 210 万元、管理费用 2 400 万元、销售费用 1 700 万元、财务费用 200 万元、营业外支出 1 200 万元。2023 年度该企业自行计算的会计利润为 2 190 万元。2024 年 4 月该企业进行 2023 年企业所得税汇算清缴时，自查发现如下事项。

(1)2023 年 6 月购入一台不含增值税价 30 万元的新能源汽车，销售人员告知该车型满足车辆购置税免税条件。另将一台企业使用过的燃油汽车在二手市场上销售，取得不含增值税收入 10 万元，未进行相应会计及税务处理。相关业务均签订了正式合同但未计提缴纳印花税。企业发现问题后已经完成了印花税、增值税以及城市维护建设税、教育费附加的补税处理。

(2)其他收益核算了增值税即征即退税额 800 万元，虽未对其单独设立核算账套但主管会计将该笔收入作为不征税收入处理。

(3)成本费用中含实际发放的合理工资总额 2 000 万元(其中残疾职工的工资 50 万元)、发生职工福利费 300 万元、职工教育经费 200 万元、拨缴的工会经费 30 万元，工会经费取得合法票据。

(4)期间费用中含广告费和业务宣传费 1 000 万元(其中包括非广告性赞助支出 200 万元)，业务招待费 200 万元。上年度超标未扣除可结转到本年度扣除的广告费 100 万元。

(5)营业外支出中含通过公益性社会组织用于目标脱贫地区的扶贫捐款 1 000 万元、行政罚款及滞纳金 1 万元、替员工负担的个人所得税 3 万元。

[其他相关资料：印花税税率为 0.3‰，若无特殊说明，各扣除项目均取得有效凭证，不考虑业务(1)销售使用过的燃油汽车的账面价值]

要求：根据上述资料，回答下列问题，如有计算需计算出合计数。

(1)说明业务(1)免征车辆购置税的新能源汽车的范围；计算车辆购置和处置过程中应补缴的印花税、增值税以及城市维护建设税、教育费附加(不考虑地方教育附加)；根据税收征收管理法的相关规定，说明企业少缴税款的情形下将面临的法律责任；计算业务(1)应调整的企业所得税应纳税所得额。

(2)判断业务(2)企业将其作为不征税收入是否正确并说明理由。

(3)计算业务(3)各项应调整的应纳税所得额。

(4)计算业务(4)各项应调整的应纳税所得额。

(5)计算业务(5)各项应调整的应纳税所得额。

(6)简述国家鼓励的软件企业适用的企业所得税税率优惠政策,并与其适用的地区优惠税率进行比较,说明哪种优惠方式使企业税负更低。

(7)在企业选择较低税负的前提下,计算该企业 2023 年度企业所得税应纳税所得额以及应纳税额。

【参考答案及解析】

(1)业务(1)免征车辆购置税的新能源汽车是指纯电动汽车、插电式混合动力(含增程式)汽车、燃料电池汽车。免征车辆购置税的新能源汽车,通过发布《免征车辆购置税的新能源汽车车型目录》实施管理。

应补缴的购置环节印花税=30×0.3‰=0.009(万元)。

应补缴的处置环节印花税=10×0.3‰=0.003(万元)。

应补缴的处置环节的增值税=10×13%=1.3(万元)。

应补缴的城市维护建设税=1.3×7%=0.091(万元)。

应补缴的教育费附加=1.3×3%=0.039(万元)。

对纳税人逃避缴纳税款的,由税务机关追缴其不缴或少缴的税款、滞纳金,并处不缴或者少缴的税款 50%以上 5 倍以下的罚款;构成犯罪的,依法追究刑事责任。业务(1)应调增应纳税所得额=10-0.009-0.003-0.091-0.039=9.858(万元)。

(2)业务(2)企业处理不正确。增值税即征即退税款属于财政性资金,但企业没有对其单独核算,不符合不征税收入的条件,应按规定缴纳企业所得税。

(3)残疾人员的工资可以 100%加计扣除,调减应纳税所得额=50(万元)。

职工福利费扣除限额=2 000×14%=280(万元),实际发生额 300 万元超过限额,调增应纳税所得额=300-280=20(万元)。

职工教育经费扣除限额=2 000×8%=160(万元),实际发生额 200 万元超过限额,调增应纳税所得额=200-160=40(万元)。

工会经费扣除限额=2 000×2%=40(万元),实际发生额 30 万元未超过限额,不需要调整。

(4)业务招待费限额 1=10 000×5‰=50(万元),限额 2=200×60%=120(万元),实际发生额 200 万元超过限额,应调增应纳税所得额=200-50=150(万元)。

广告费和业务宣传费限额=10 000×15%=1500(万元),当年发生广告费和业务宣传费 1 000 万元,其中 200 万元非广告性赞助支出不予扣除,应纳税调增 200 万元,同时调减上年度结转未扣除广告费 100 万元。广告费和业务宣传费应调增应纳税所得额=200-100=100(万元)。

(5)企业通过公益性社会组织用于目标脱贫地区的扶贫捐赠支出,准予据实扣除。业务(5)应调增企业所得税应纳税所得额=1+3=4(万元)。

(6)企业可以适用西部大开发企业所得税 15%税率或国家鼓励的软件企业“两免三

减半”政策。2023 年度为企业获利年度的第三年，按照“两免三减半”政策的税率为 12.5%，低于地区优惠税率 15%，因此选择按照“两免三减半”政策税负更低。

(7)应纳税所得额＝2 190＋9.858－50＋20＋40＋150＋100＋4＝2 463.858(万元)，应纳税额＝2 463.858×12.5%＝307.98(万元)。

3.甲饮料生产企业为增值税一般纳税人，适用企业所得税税率 25%。2023 年度实现营业收入 80 000 万元，自行核算的 2023 年度会计利润为 5 600 万元。2024 年 4 月经聘请的会计师事务所审核后，发现如下事项。

(1)2 月收到市政府支持产业发展拨付的财政激励资金 500 万元，会计处理全额计入营业外收入，企业将其计入企业所得税不征税收入，经审核符合税法相关规定。

(2)3 月转让持有的部分国债，取得收入 1 285 万元，其中包含持有期间尚未兑付的利息收入 20 万元。该部分国债按照先进先出法确定的取得成本为 1 240 万元。

(3)5 月接受 100%控股母公司乙无偿划转的一台设备。该设备原值 3 000 万元，已按税法规定计提折旧 500 万元，其市场公允价值为 2 200 万元。该业务符合特殊性重组条件，企业选择采用特殊性税务处理。

(4)6 月购置一台生产线支付的不含税价格为 400 万元(进项已抵扣)并于当月投入使用。会计核算按照使用期限 5 年、预计净残值率 5%计提了折旧，企业选择一次性在企业所得税前进行扣除。

(5)发生广告费和业务宣传费用 7 300 万元，其中 300 万元用于企业冠名的真人秀节目。该真人秀节目于 2023 年 2 月制作完成并播放，企业所得税汇算清缴结束前尚未取得相关发票。

(6)成本费用中含发放的合理职工工资 6 000 万元，发生的职工福利费 900 万元、职工教育经费 500 万元，取得工会经费代收凭据注明的拨缴工会经费 100 万元。

(7)发生业务招待费 800 万元。

(8)12 月 1 日签订两项借款合同，向非关联供货商借款 1 000 万元(符合规定利率标准)，向银行借款 4 000 万元，未计提印花税。甲企业于 2023 年 3 月 1 日补缴印花税税款及滞纳金，借款合同印花税税率为 0.05‰。

(9)甲企业从 2017 年以来经税务机关审核后未弥补亏损前的应纳税所得额数据如下表所示：

年份	2017 年	2018 年	2019 年	2020 年	2021 年	2022 年
应纳税所得额(万元)	－4 000	－2 000	－600	1 200	1 800	3 000

要求：根据上述资料，回答下列问题，如有计算需计算出合计数。

(1)简述税法关于财政性资金计入企业所得税不征税收入的相关条件。

(2)计算业务(1)应调整的企业所得税应纳税所得额。

(3)简述企业转让不同时间购买的同一品种国债时，税法规定转让成本的确定方法。

(4)计算业务(2)应调整的企业所得税应纳税所得额。

(5)业务(3)符合特殊性税务重组,请确认甲企业接受无偿划转设备的计税基础。

(6)计算业务(4)应调整的企业所得税应纳税所得额。

(7)计算业务(5)应调整的企业所得税应纳税所得额。

(8)计算业务(6)应调整的企业所得税应纳税所得额。

(9)计算业务(7)业务招待费应调整的企业所得税应纳税所得额。

(10)计算业务(8)应调整的企业所得税应纳税所得额。

(11)计算2023年甲企业所得税前可弥补的亏损额。

(12)计算2023年甲企业应缴纳的企业所得税。

【参考答案及解析】

(1)财政性资金计入不征税收入应同时满足下列条件:①企业能够提供规定资金专项用途的资金拨付文件;②财政部门或其他拨付资金的政府部门对该资金有专门的资金管理办法或具体管理要求;③企业对该资金以及该资金发生的支出单独进行核算。

(2)业务(1)应调减应纳税所得额500万元。不征税收入不计入应纳税所得额。

(3)企业在不同时间购买同一品种国债的,其转让时的成本计算方法,可在先进先出法、加权平均法、个别计价法中选用一种。计价方法一经选用,不得随意改变。

(4)国债利息收入免税,业务(2)应调减应纳税所得额20万元。

(5)甲企业接受无偿划转设备的计税基础=3 000－500=2 500(万元)。

对100%直接控制的居民企业之间按账面净值划转股权或资产,且选择采用特殊性税务处理的,划入方企业取得被划转股权或资产的计税基础,以被划转股权或资产的原账面净值确定。

(6)会计上计提的折旧=400×(1－5%)÷5÷12×6=38(万元)。业务(4)应调减的应纳税所得额=400－38=362(万元)。

(7)企业发生支出,应取得税前扣除凭证,作为计算企业所得税应纳税所得额时扣除相关支出的依据。企业应在当年度企业所得税法规定的汇算清缴期结束前取得税前扣除凭证,未取得相关发票,不得在税前扣除,因此未取得发票的300万元需要纳税调增。

广告宣传费的扣除限额=80 000×30%=24 000(万元)>7 000(万元)(7 300－300),7 000万元的广告宣传费可以据实扣除。

业务(5)应调增的应纳税所得额为300万元。

(8)职工福利费扣除限额=6 000×14%=840(万元)<实际发生额900万元,应调增应纳税所得额=900－840=60(万元)。

职工教育经费扣除限额=6 000×8%=480(万元)<实际发生额500万元,应调增应纳税所得额=500－480=20(万元)。

工会经费扣除限额=6 000×2%=120(万元)>实际发生额100万元,实际发生的100万元,可以据实扣除。

业务(6)合计应调增应纳税所得额＝60＋20＝80(万元)。

(9)业务招待费扣除限额1＝80 000×5‰＝400(万元)；业务招待费扣除限额2＝800×60%＝480(万元)。

业务(7)应调增应纳税所得额＝800－400＝400(万元)。

(10)应补缴的印花税＝4 000×0.05‰＝0.2(万元)。滞纳金不得税前扣除，但影响的是2023年的损益及应纳税所得额。应调减应纳税所得额0.2万元。

(11)前五年应纳税所得额＝－4 000－2 000－600＋1200＋1 800＋3 000＝－600(万元)，2023年企业所得税前可弥补的亏损额为600万元。

(12)应纳税所得额＝5 600－0.2－500－20－362＋300＋80＋400－600＝4 897.80(万元)。

应缴纳的企业所得税＝4 897.80×25%＝1 224.45(万元)。

4.位于市区的某家电制造企业，2023年全年主营业务收入8 000万元、其他业务收入500万元、主营业务成本6 200万元、其他业务成本410万元、投资收益50万元、营业外支出15.615万元、税金及附加178万元、管理费用159万元、销售费用144万元、财务费用32万元。2024年年初聘请某会计师事务所进行审计，发现该企业存在以下事项。

(1)计入成本、费用的实发工资384万元(其中包括直接支付给劳务派遣公司的费用64万元)，拨缴职工工会经费16万元，发生职工福利费48万元、职工教育经费32万元。

(2)管理费用含业务招待费80万元，会议费48万元。

(3)销售费用含广告费32万元。上年结转未抵扣的广告费22.4万元。

(4)财务费用中含利息支出19.2万元(向银行借款发生的利息支出，借款金额为320万元，借款期限为2023年1月1日至2023年12月31日，借款年利率为6%)、银行手续费10万元(无法出示相关票据)。

(5)2023年年初以自产的一批家电对外投资设立一家家电销售公司。该批家电公允价值480万元，成本352万元，已进行正确的会计处理。

(6)投资收益中45万元为企业所确认的来源于控股企业的股息所得。已知该项投资以权益法核算，2023年被投资企业实现净利润150万元，该家电制造企业按持股比例确认投资收益45万元。经查，被投资方尚未作出利润分配决策。

(7)营业外支出中税务机关罚款1.8万元，交通部门罚款2.2万元。2023年10月通过公益组织向某社会福利机构捐赠一批自产家电。该批家电成本8万元，同类产品不含税售价12.8万元，增值税1.66万元(增值税、城建税及附加均已缴纳)。

(8)2023年5月新购入一台家电生产设备，支付不含税价款20万元，增值税进项税额2.6万元。当年按会计规定计提并已在成本费用中列支的折旧费用为2万元。

(其他相关资料：各扣除项目均已取得有效凭证，相关优惠已办理必要手续)

要求：根据上述资料，回答下列问题。

(1)2023年该企业工资及三项经费应调整应纳税所得额(　　)万元。

A. 19.2　　B. 16　　C. 12.8　　D. 9.6

【参考答案】 A

【答案解析】 直接支付给劳务派遣公司的费用64万元，应作为劳务费支出扣除，不作为工资薪金扣除，不得作为计提三项经费的基数。职工福利费税前扣除限额＝(384－64)×14％＝44.8(万元)，实际发生职工福利费48万元，应纳税调增3.2万元。工会经费税前扣除限额＝(384－64)×2％＝6.4(万元)，实际发生工会经费16万元，应纳税调增9.6万元。职工教育经费税前扣除限额＝(384－64)×8％＝25.6(万元)，实际发生职工教育经费32万元，应纳税调增6.4万元。工资及三项经费共应调增应纳税所得额＝3.2＋9.6＋6.4＝19.2(万元)。

(2)2023年该企业期间费用应调整应纳税所得额(　　)万元。

A. 15.04　　B. 47.44　　C. 12.4　　D. 25.04

【参考答案】 D

【答案解析】 业务招待费实际发生额的60％＝80×60％＝48(万元)，销售(营业)收入的5‰＝(8 000＋500＋12.8)×5‰＝8512.8×5‰＝42.56(万元)，税前可以扣除42.56万元，管理费用应纳税调增＝80－42.56＝37.44(万元)。广告费和业务宣传费税前可以扣除限额＝8 512.8×15％＝1 276.92(万元)，本期实际发生额32万元未超过限额，准予全部扣除。同时上年结转未抵扣的广告费22.4万元＜1 244.92万元(1 276.92－32)，上年结转的22.4万元在本年可予全部扣除，销售费用应纳税调减22.4万元。手续费10万元无法出示相关票据，不得在税前扣除，财务费用应纳税调增10万元。2023年该企业期间费用合计应调增应纳税所得额＝37.44－22.4＋10＝25.04(万元)。

(3)2023年该企业非货币性资产投资应调整应纳税所得额(　　)万元。

A. 0　　B. 6 416　　C. 128　　D. 102.4

【参考答案】 D

【答案解析】 居民企业以非货币性资产对外投资确认的非货币性资产转让所得，可在不超过5年期限内，分期均匀计入相应年度的应纳税所得额，按规定计算缴纳企业所得税。非货币性资产投资应调减应纳税所得额＝(480－352)÷5×4＝102.4(万元)。

(4)2023年该企业自产家电对外捐赠可税前扣除金额为(　　)万元。

A. 0　　B. 1.66　　C. 12.8　　D. 14.46

【参考答案】 D

【答案解析】 2023年度的会计利润总额＝8 000＋500－6 200－410＋50－15.6－178－159－144－32＝1 411.4(万元)。公益性捐赠扣除限额＝1 411.4×12％＝169.37(万元)＞实际发生公益性捐赠支出14.46万元(12.8＋1.66)，公益性捐赠支出未超过扣除限额，可以全额扣除。

(5)2023年该企业固定资产折旧应调整应纳税所得额(　　)万元。

A. 0　　B. 2　　C. 18　　D. 20

【参考答案】 C

【答案解析】 企业在 2018 年 1 月 1 日至 2023 年 12 月 31 日期间新购进的设备、器具(指除房屋、建筑物以外的固定资产)，单位价值不超过 500 万元的，允许一次性计入当期成本费用，在计算应纳税所得额时扣除，不再分年度计算折旧。2023 年该企业固定资产折旧应调减应纳税所得额＝20－2＝18(万元)。

(6)该企业 2023 年度应缴纳企业所得税税额(　　)万元。

A. 322.56　　B. 323.56　　C. 333.81　　D. 334.81

【参考答案】 B

【答案解析】 权益性投资收益，按被投资企业作出利润分配决定的日期确认收入的实现，投资收益应纳税调减 45 万元。行政性罚款 4 万元(1.8＋2.2)在所得税前不得扣除，应纳税调增 4 万元。2023 年度的应纳税所得额＝1 411.4－102.4(非货币性资产)＋25.04(期间费用)＋19.2(三项经费)－45(投资收益)＋4(行政性罚款)－18(固定资产折旧)＝1 294.24(万元)。2023 年度应缴纳的企业所得税税额＝1 294.24×25%＝323.56(万元)。

5. 某市某空调生产企业，为增值税一般纳税人，2023 年业务如下。

(1)全年销售空调，增值税专用发票注明销售收入 28 000 万元，销项税额 3 640 万元；全年购进原材料增值税专用发票注明 16 000 万元，进项税额 2 080 万元。

(2)1 月 1 日起出租 2020 年建造的仓库给甲公司，全年租金 120 万元(不含税)。

(3)6 月 20 日接受乙企业捐赠原材料，取得增值税专用发票注明 30 万元，进项税额 3.9 万元，已计入"营业外收入"。

(4)转让空调专利技术所有权，收入 970 万元，成本 280 万元(成本、费用单独核算)。

(5)8 月 10 日购置安全生产设备，增值税专用发票注明 320 万元，进项税额 41.6 万元，当月使用。折旧年限 10 年(无残值)，当年计提折旧 37.3 万元。

(6)空调销售成本 19 300 万元，销售费用 5 300 万元(其中广告费 4 600 万元)，管理费用 1 600 万元(其中业务招待费 176 万元，新产品研发费用 180 万元)，财务费用 1 200 万元。

(7)工资 2 500 万元，工会经费 42 万元，职工福利费 376 万元，职工教育经费 73 万元。

(8)营业外支出 230 万元(通过民政部门向贫困山区捐款 130 万元，环保部门罚款 20 万元)。

(其他资料：增值税税率 13%，城建税税率 7%，教育费附加 3%，企业所得税税率 25%，不考虑地方教育费附加)

要求：根据上述资料，回答下列问题。

(1)2023 年度该企业计算应纳税所得额时，可扣除的税金及附加为(　　)万元。

A. 151.45　　B. 152.53　　C. 152.15　　D. 260.75

【参考答案】 B

【答案解析】 应缴纳增值税＝3 640－2 080－3.9－41.6＋120×9%＝1 525.3(万

元)，应缴纳城建税及教育费附加=(1 525.3)×(7%+3%)=152.53(万元)，可以扣除的税金及附加为152.53(万元)。

(2)2023年度该企业实现的会计利润总额为(　　)万元。

A. 954.35　　B. 1 061.37　　C. 1 213.9　　D. 959.45

【参考答案】 B

【答案解析】 会计利润=28 000+120+33.9+970-280-19 300-5 300-1 600-1 200-230-152.53=1 061.37(万元)。

(3)计算2023年应纳税所得额时，业务招待费、捐款、广告费分别调增的应纳税所得额为(　　)万元。

A. 20.12　　B. 70.4　　C. 14.87　　D. 382

【参考答案】 BCD

【答案解析】 销售营业收入=28 000+120=28 120(万元)，业务招待费扣除限额1=28 120×5‰=140.6(万元)，限额2=176×60%=105.6(万元)，应调增=176-105.6=70.4(万元)；捐赠扣除限额=959.45×12%=115.13(万元)，应调增=130-115.13=14.87(万元)；广告费的扣除限额=28 120×15%=4 218(万元)，应调增=4 600-4 218=382(万元)。

(4)计算2023年应纳税所得额时，职工教育经费和职工福利费、环保设备折旧合计调增的应纳税所得额为(　　)万元。

A. 26　　B. 26.63　　C. 63.13　　D. 52.63

【参考答案】 A

【答案解析】 职工福利费的扣除限额=2 500×14%=350(万元)，应调增=376-350=26(万元)；职工教育经费扣除限额=2 500×8%=200(万元)，实际发生73万元，不用调整；8月购置320万元的安全生产设备，税法上允许一次性抵扣，不用调整。合计调增应纳税所得额为26万元。

(5)该企业2023年度企业所得税应纳税所得额是(　　)万元。

A. 919.85　　B. 1 276.85　　C. 799.64　　D. 1 419.85

【参考答案】 C

【答案解析】 转让技术所得=970-280=690(万元)，应调减=500+190×50%=595(万元)；技术开发费应调减180×100%=180(万元)；环保部门的罚款不得扣除，应调增20万元；应纳税所得额=1 061.37+382+70.4+14.87+26-595-180+20=799.64(万元)。

(6)该企业2023年度应缴纳的企业所得税是(　　)万元。

A. 162.21　　B. 170.46　　C. 148.46　　D. 167.91

【参考答案】 D

【答案解析】 该企业应缴纳的企业所得税=799.64×25%-320×10%=167.91(万元)。

第十一章　企业所得税特别纳税调整

一、特别纳税调整的概念

根据《国家税务总局关于印发〈特别纳税调整实施办法（试行）〉的通知》（国税发〔2009〕2号），特别纳税调整，是指税务机关出于实施反避税目的，而对企业的转让定价、预约定价安排、成本分摊协议、受控外国企业、资本弱化以及一般反避税等特别纳税调整事项的管理。

转让定价管理，是指税务机关按照所得税法第六章和征管法第三十六条的有关规定，对企业与其关联方之间的业务往来（以下简称关联交易）是否符合独立交易原则进行审核评估和调查调整等工作的总称。

预约定价安排管理，是指税务机关按照所得税法第四十二条和征管法实施细则第五十三条的规定，对企业提出的未来年度关联交易的定价原则和计算方法进行审核评估，并与企业协商达成预约定价安排等工作的总称。

成本分摊协议管理，是指税务机关按照所得税法第四十一条第二款的规定，对企业与其关联方签署的成本分摊协议是否符合独立交易原则进行审核评估和调查调整等工作的总称。

受控外国企业管理，是指税务机关按照所得税法第四十五条的规定，对受控外国企业不作利润分配或减少分配进行审核评估和调查，并对归属于中国居民企业所得进行调整等工作的总称。

资本弱化管理，是指税务机关按照所得税法第四十六条的规定，对企业接受关联方债权性投资与企业接受的权益性投资的比例是否符合规定比例或独立交易原则进行审核评估和调查调整等工作的总称。

一般反避税管理，是指税务机关按照所得税法第四十七条的规定，对企业实施其他不具有合理商业目的的安排而减少其应纳税收入或所得额进行审核评估和调查调整等工作的总称。

二、关联申报管理

根据《国家税务总局关于完善关联申报和同期资料管理有关事项的公告》(国家税务总局公告 2016 年第 42 号),就有关问题作出以下规定。

1.实行查账征收的居民企业和在中国境内设立机构、场所并据实申报缴纳企业所得税的非居民企业向税务机关报送年度企业所得税纳税申报表时,应当就其与关联方之间的业务往来进行关联申报。

2.企业与其他企业、组织或者个人具有下列关系之一的,构成本公告关联关系。

(1)一方直接或者间接持有另一方的股份总和达到 25%以上;双方直接或者间接同为第三方所持有的股份达到 25%以上。

如果一方通过中间方对另一方间接持有股份,只要其对中间方持股比例达到 25%以上,则其对另一方的持股比例按照中间方对另一方的持股比例计算。

两个以上具有夫妻、直系血亲、兄弟姐妹以及其他抚养、赡养关系的自然人共同持股同一企业,在判定关联关系时按持股比例合并计算。

(2)双方存在持股关系或者同为第三方持股,虽持股比例未达到上述第(1)项规定,但双方之间借贷资金总额占任一方实收资本比例达到 50%以上,或者一方全部借贷资金总额的 10%以上由另一方担保(与独立金融机构之间的借贷或者担保除外)。

借贷资金总额占实收资本比例=年度加权平均借贷资金÷年度加权平均实收资本

(3)双方存在持股关系或者同为第三方持股,虽持股比例未达到上述第(1)项规定,但一方的生产经营活动必须由另一方提供专利权、非专利技术、商标权、著作权等特许权才能正常进行。

(4)双方存在持股关系或者同为第三方持股,虽持股比例未达到上述第(1)项规定,但一方的购买、销售、接受劳务、提供劳务等经营活动由另一方控制。

上述控制是指一方有权决定另一方的财务和经营政策,并能据以从另一方的经营活动中获取利益。

(5)一方半数以上董事或者半数以上高级管理人员(包括上市公司董事会秘书、经理、副经理、财务负责人和公司章程规定的其他人员)由另一方任命或者委派,或者同时担任另一方的董事或者高级管理人员;或者双方各自半数以上董事或者半数以上高级管理人员同为第三方任命或者委派。

(6)具有夫妻、直系血亲、兄弟姐妹以及其他抚养、赡养关系的两个自然人分别与双方具有上述第(1)至(5)项关系之一。

(7)双方在实质上具有其他共同利益。

除上述第(2)项规定外,上述关联关系年度内发生变化的,关联关系按照实际存续期间认定。

3.仅因国家持股或者由国有资产管理部门委派董事、高级管理人员而存在上述第 2

条中第(1)至(5)项关系的,不构成关联关系。

4.关联交易主要包括:

(1)有形资产使用权或者所有权的转让。有形资产包括商品、产品、房屋建筑物、交通工具、机器设备、工具器具等。

(2)金融资产的转让。金融资产包括应收账款、应收票据、其他应收款项、股权投资、债权投资和衍生金融工具形成的资产等。

(3)无形资产使用权或者所有权的转让。无形资产包括专利权、非专利技术、商业秘密、商标权、品牌、客户名单、销售渠道、特许经营权、政府许可、著作权等。

(4)资金融通。资金包括各类长短期借贷资金(含集团资金池)、担保费、各类应计息预付款和延期收付款等。

(5)劳务交易。劳务包括市场调查、营销策划、代理、设计、咨询、行政管理、技术服务、合约研发、维修、法律服务、财务管理、审计、招聘、培训、集中采购等。

5.存在下列情形之一的居民企业,应当在报送年度关联业务往来报告表时,填报国别报告。

(1)该居民企业为跨国企业集团的最终控股企业,且其上一会计年度合并财务报表中的各类收入金额合计超过55亿元。

最终控股企业是指能够合并其所属跨国企业集团所有成员实体财务报表的,且不能被其他企业纳入合并财务报表的企业。

成员实体应当包括:

①实际已被纳入跨国企业集团合并财务报表的任一实体。

②跨国企业集团持有该实体股权且按公开证券市场交易要求应被纳入但实际未被纳入企业集团合并财务报表的任一实体。

③仅由于业务规模或者重要性程度而未被纳入跨国企业集团合并财务报表的任一实体。

④独立核算并编制财务报表的常设机构。

(2)该居民企业被跨国企业集团指定为国别报告的报送企业。

国别报告主要披露最终控股企业所属跨国企业集团所有成员实体的全球所得、税收和业务活动的国别分布情况。

6.最终控股企业为中国居民企业的跨国企业集团,其信息涉及国家安全的,可以按照国家有关规定,豁免填报部分或者全部国别报告。

7.税务机关可以按照我国对外签订的协定、协议或者安排实施国别报告的信息交换。

8.企业虽不属于上述第5条中规定填报国别报告的范围,但其所属跨国企业集团按照其他国家有关规定应当准备国别报告,且符合下列条件之一的,税务机关可以在实施特别纳税调查时要求企业提供国别报告:

(1)跨国企业集团未向任何国家提供国别报告。

(2)虽然跨国企业集团已向其他国家提供国别报告,但我国与该国尚未建立国别报告信息交换机制。

(3)虽然跨国企业集团已向其他国家提供国别报告,且我国与该国已建立国别报告信息交换机制,但国别报告实际未成功交换至我国。

备注:第 7 条、第 8 条的规定,不适用于 2016 年度的国别报告。

9. 企业在规定期限内报送年度关联业务往来报告表确有困难,需要延期的,应当按照《中华人民共和国税收征收管理法》及其实施细则的有关规定办理。

三、同期资料管理

根据《国家税务总局关于完善关联申报和同期资料管理有关事项的公告》(国家税务总局公告 2016 年第 42 号),企业应当依据《中华人民共和国企业所得税法实施条例》第一百一十四条的规定,按纳税年度准备并按税务机关要求提供其关联交易的同期资料。

同期资料包括主体文档、本地文档和特殊事项文档。

1. 符合下列条件之一的企业,应当准备主体文档。

(1)年度发生跨境关联交易,且合并该企业财务报表的最终控股企业所属企业集团已准备主体文档。

(2)年度关联交易总额超过 10 亿元。

2. 主体文档主要披露最终控股企业所属企业集团的全球业务整体情况,包括以下内容。

(1)组织架构。

以图表形式说明企业集团的全球组织架构、股权结构和所有成员实体的地理分布。成员实体是指企业集团内任一营运实体,包括公司制企业、合伙企业和常设机构等。

(2)企业集团业务。

①企业集团业务描述,包括利润的重要价值贡献因素。

②企业集团营业收入前五位以及占营业收入超过 5%的产品或者劳务的供应链及其主要市场地域分布情况。供应链情况可以采用图表形式进行说明。

③企业集团除研发外的重要关联劳务及简要说明,说明内容包括主要劳务提供方提供劳务的胜任能力、分配劳务成本以及确定关联劳务价格的转让定价政策。

④企业集团内各成员实体主要价值贡献分析,包括执行的关键功能、承担的重大风险以及使用的重要资产。

⑤企业集团会计年度内发生的业务重组,产业结构调整,集团内企业功能、风险或者资产的转移。

⑥企业集团会计年度内发生的企业法律形式改变、债务重组、股权收购、资产收购、合作并、分立等。

(3)无形资产。

①企业集团开发、应用无形资产及确定无形资产所有权归属的整体战略,包括主要研发机构所在地和研发管理活动发生地及其主要功能、风险、资产和人员情况。

②企业集团对转让定价安排有显著影响的无形资产或者无形资产组合,以及对应的无形资产所有权人。

③企业集团内各成员实体与其关联方的无形资产重要协议清单,重要协议包括成本分摊协议、主要研发服务协议和许可协议等。

④企业集团内与研发活动及无形资产相关的转让定价政策。

⑤企业集团会计年度内重要无形资产所有权和使用权关联转让情况,包括转让涉及的企业、国家以及转让价格等。

(4)融资活动。

①企业集团内部各关联方之间的融资安排以及与非关联方的主要融资安排。

②企业集团内提供集中融资功能的成员实体情况,包括其注册地和实际管理机构所在地。

③企业集团内部各关联方之间融资安排的总体转让定价政策。

(5)财务与税务状况。

①企业集团最近一个会计年度的合并财务报表。

②企业集团内各成员实体签订的单边预约定价安排、双边预约定价安排以及涉及国家之间所得分配的其他税收裁定的清单及简要说明。

③报送国别报告的企业名称及其所在地。

3.年度关联交易金额符合下列条件之一的企业,应当准备本地文档。

(1)有形资产所有权转让金额(来料加工业务按照年度进出口报关价格计算)超过2亿元。

(2)金融资产转让金额超过1亿元。

(3)无形资产所有权转让金额超过1亿元。

(4)其他关联交易金额合计超过4 000万元。

4.本地文档主要披露关联交易的详细信息,包括以下内容。

(1)企业概况。

①组织结构,包括企业各职能部门的设置、职责范围和雇员数量等。

②管理架构,包括企业各级管理层的汇报对象以及汇报对象主要办公所在地等。

③业务描述,包括企业所属行业的发展概况、产业政策、行业限制等影响企业和行业的主要经济和法律问题。

④经营策略,包括企业各部门、各环节的业务流程,运营模式,价值贡献因素等。

⑤财务数据,包括企业不同类型业务及产品的收入、成本、费用及利润。

⑥涉及本企业或者对本企业产生影响的重组或者无形资产转让情况,以及对本企业的影响分析。

（2）关联关系。

①关联方信息，包括直接或者间接拥有企业股权的关联方，以及与企业发生交易的关联方，内容涵盖关联方名称、法定代表人、高级管理人员的构成情况、注册地址、实际经营地址，以及关联个人的姓名、国籍、居住地等情况。

②上述关联方适用的具有所得税性质的税种、税率及相应可享受的税收优惠。

③本会计年度内，企业关联关系的变化情况。

（3）关联交易。

①关联交易概况。

A. 关联交易描述和明细，包括关联交易相关合同或者协议副本及其执行情况的说明交易标的的特性，关联交易的类型、参与方、时间、金额、结算货币、交易条件、贸易形式，以及关联交易与非关联交易业务的异同等。

B. 关联交易流程，包括关联交易的信息流、物流和资金流，与非关联交易业务流程的异同。

C. 功能风险描述，包括企业及其关联方在各类关联交易中执行的功能、承担的风险和使用的资产。

D. 交易定价影响要素，包括关联交易涉及的无形资产及其影响，成本节约、市场溢价等地域特殊因素。地域特殊因素应从劳动力成本、环境成本、市场规模、市场竞争程度、消费者购买力、商品或者劳务的可替代性、政府管制等方面进行分析。

E. 关联交易数据，包括各关联方、各类关联交易涉及的交易金额。分别披露关联交易和非关联交易的收入、成本、费用和利润，不能直接归集的，按照合理比例划分，并说明该划分比例的依据。

②价值链分析。

A. 企业集团内业务流、物流和资金流，包括商品、劳务或者其他交易标的从设计、开发、生产制造、营销、销售、交货、结算、消费、售后服务、循环利用等各环节及其参与方。

B. 上述各环节参与方最近会计年度的财务报表。

C. 地域特殊因素对企业创造价值贡献的计量及其归属。

D. 企业集团利润在全球价值链条中的分配原则和分配结果。

③对外投资。

A. 对外投资基本信息，包括对外投资项目的投资地区、金额、主营业务及战略规划。

B. 对外投资项目概况，包括对外投资项目的股权架构、组织结构，高级管理人员的雇佣方式，项目决策权限的归属。

C. 对外投资项目数据，包括对外投资项目的营运数据。

④关联股权转让。

A. 股权转让概况，包括转让背景、参与方、时间、价格、支付方式，以及影响股权转让的其他因素。

B. 股权转让标的的相关信息，包括股权转让标的所在地，出让方获取该股权的时间、方式和成本，股权转让收益等信息。

C. 尽职调查报告或者资产评估报告等与股权转让相关的其他信息。

⑤关联劳务。

A. 关联劳务概况，包括劳务提供方和接受方，劳务的具体内容、特性、开展方式、定价原则、支付形式，以及劳务发生后各方受益情况等。

B. 劳务成本费用的归集方法、项目、金额、分配标准、计算过程及结果等。

C. 企业及其所属企业集团与非关联方存在相同或者类似劳务交易的，还应当详细说明关联劳务与非关联劳务在定价原则和交易结果上的异同。

⑥与企业关联交易直接相关的，中国以外其他国家税务主管当局签订的预约定价安排和作出的其他税收裁定。

(4)可比性分析。

①可比性分析考虑的因素，包括交易资产或者劳务特性，交易各方功能、风险和资产，合同条款，经济环境，经营策略等。

②可比企业执行的功能、承担的风险以及使用的资产等相关信息。

③可比对象搜索方法、信息来源、选择条件及理由。

④所选取的内部或者外部可比非受控交易信息和可比企业的财务信息。

⑤可比数据的差异调整及理由。

(5)转让定价方法的选择和使用。

①被测试方的选择及理由。

②转让定价方法的选用及理由，无论选择何种转让定价方法，均须说明企业对集团整体利润或者剩余利润所做的贡献。

③确定可比非关联交易价格或者利润的过程中所做的假设和判断。

④运用合理的转让定价方法和可比性分析结果，确定可比非关联交易价格或者利润。

⑤其他支持所选用转让定价方法的资料。

⑥关联交易定价是否符合独立交易原则的分析及结论。

5. 特殊事项文档包括成本分摊协议特殊事项文档和资本弱化特殊事项文档。

企业签订或者执行成本分摊协议的，应当准备成本分摊协议特殊事项文档。

企业关联投资比例超过标准比例需要说明符合独立交易原则的，应当准备资本弱化特殊事项文档。

6. 成本分摊协议特殊事项文档包括以下内容。

(1)成本分摊协议副本。

(2)各参与方之间达成的为实施成本分摊协议的其他协议。

(3)非参与方使用协议成果的情况、支付的金额和形式，以及支付金额在参与方之间的分配方式。

(4)本年度成本分摊协议的参与方加入或者退出的情况，包括加入或者退出的参与方名称、所在国家和关联关系，加入支付或者退出补偿的金额及形式。

(5)成本分摊协议的变更或者终止情况，包括变更或者终止的原因、对已形成协议成果的处理或者分配。

(6)本年度按照成本分摊协议发生的成本总额及构成情况。

(7)本年度各参与方成本分摊的情况，包括成本支付的金额、形式和对象，作出或者接受补偿支付的金额、形式和对象。

(8)本年度协议预期收益与实际收益的比较以及由此作出的调整。

(9)预期收益的计算，包括计量参数的选取、计算方法和改变理由。

7.资本弱化特殊事项文档包括以下内容。

(1)企业偿债能力和举债能力分析。

(2)企业集团举债能力及融资结构情况分析。

(3)企业注册资本等权益投资的变动情况说明。

(4)关联债权投资的性质、目的及取得时的市场状况。

(5)关联债权投资的货币种类、金额、利率、期限及融资条件。

(6)非关联方是否能够并且愿意接受上述融资条件、融资金额及利率。

(7)企业为取得债权性投资而提供的抵押品情况及条件。

(8)担保人状况及担保条件。

(9)同类同期贷款的利率情况及融资条件。

(10)可转换公司债券的转换条件。

(11)其他能够证明符合独立交易原则的资料。

8.企业执行预约定价安排的，可以不准备预约定价安排涉及关联交易的本地文档和特殊事项文档，且关联交易金额不计入上述第3条中规定的关联交易金额范围。

企业仅与境内关联方发生关联交易的，可以不准备主体文档、本地文档和特殊事项文档。

9.主体文档应在企业集团最终控股企业会计年度终了之日起12个月内准备完毕；本地文档和特殊事项文档应当在关联交易发生年度次年6月30日之前准备完毕。同期资料应自税务机关要求之日起30日内提供。

10.企业因不可抗力无法按期提供同期资料的，应当在不可抗力消除后30日内提供同期资料。

11.同期资料应当使用中文，并标明引用信息资料的出处来源。

12.同期资料应当加盖企业印章，并由法定代表人或者法定代表人授权的代表签章。

13.企业合并、分立的，应当由合并、分立后的企业保存同期资料。

14.同期资料应当自税务机关要求的准备完毕之日起保存10年。

四、预约定价安排管理

根据《国家税务总局关于完善预约定价安排管理有关事项的公告》(国家税务总局公告 2016 年第 64 号),企业可以与税务机关就其未来年度关联交易的定价原则和计算方法达成定价的一种事先安排。

预约定价安排的谈签与执行包括预备会谈、谈签意向,分析评估,正式申请、协商签署和监控执行六个阶段。预约定价安排有单边、双边和多边三种类型。

(一)预约定价安排适用范围

1. 预约定价安排适用于主管税务机关向企业送达接收其谈签意向的《税务事项通知书》之日所属纳税年度起 3 至 5 个年度的关联交易。

企业以前年度的关联交易与预约定价安排适用年度相同或者类似的,经企业申请,税务机关可以将预约定价安排确定的定价原则和计算方法追溯适用于以前年度该关联交易的评估和调整。追溯期最长为 10 年。

预约定价安排的谈签不影响税务机关对企业不适用预约定价安排的年度及关联交易的特别纳税调查调整和监控管理。

2. 预约定价安排一般适用于主管税务机关向企业送达接收其谈签意向的《税务事项通知书》之日所属纳税年度前 3 个年度每年度发生的关联交易金额 4 000 万元人民币以上的企业。

(二)预约定价安排预备会谈

1. 企业有谈签预约定价安排意向的,应当向税务机关书面提出预备会谈申请。税务机关可以与企业开展预备会谈。

2. 企业申请单边预约定价安排的,应当向主管税务机关书面提出预备会谈申请,提交《预约定价安排预备会谈申请书》。主管税务机关负责组织与企业开展预备会谈。

企业申请双边或者多边预约定价安排的,应当同时向国家税务总局和主管税务机关书面提出预备会谈申请,提交《预约定价安排预备会谈申请书》。国家税务总局统一组织与企业开展预备会谈。

3. 预备会谈期间,企业应当就以下内容做出简要说明。

(1)预约定价安排的适用年度。

(2)预约定价安排涉及的关联方及关联交易。

(3)企业及其所属企业集团的组织结构和管理架构。

(4)企业最近 3 至 5 个年度生产经营情况、同期资料等。

(5)预约定价安排涉及各关联方功能和风险的说明,包括功能和风险划分所依据的机构、人员、费用、资产等。

(6)市场情况的说明,包括行业发展趋势和竞争环境等。

(7)是否存在成本节约、市场溢价等地域特殊优势。

(8)预约定价安排是否追溯适用以前年度。

(9)其他需要说明的情况。

4.企业申请双边或者多边预约定价安排的,说明内容还应当包括。

(1)向税收协定缔约对方税务主管当局提出预约定价安排申请的情况。

(2)预约定价安排涉及的关联方最近3至5个年度生产经营情况及关联交易情况。

(3)是否涉及国际重复征税及其说明。

5.预备会谈期间,企业应当按照税务机关的要求补充资料。

(三)预约定价安排谈签意向

1.税务机关和企业在预备会谈期间达成一致意见的,主管税务机关向企业送达同意其提交会谈意向的《税务事项通知书》。企业收到《税务事项通知书》后向税务机关提出谈判意向。

企业申请单边预约定价安排的,应当向主管税务机关提交《预约定价安排谈签意向书》,并附送单边预约定价安排申请草案。

企业申请双边或者多边预约定价安排的,应当同时向国家税务总局和主管税务机关提交《预约定价安排谈签意向书》,并附送双边或者多边预约定价安排申请草案。

2.单边预约定价安排申请草案应当包括以下内容。

(1)预约定价安排的适用年度。

(2)预约定价安排涉及的关联方及关联交易。

(3)企业及其所属企业集团的组织结构和管理架构。

(4)企业最近3至5个年度生产经营情况、财务会计报告、审计报告、同期资料等。

(5)预约定价安排涉及各关联方功能和风险的说明,包括功能和风险划分所依据的机构、人员、费用、资产等。

(6)预约定价安排使用的定价原则和计算方法,以及支持这一定价原则和计算方法的功能风险分析、可比性分析和假设条件等。

(7)价值链或者供应链分析,以及对成本节约、市场溢价等地域特殊优势的考虑。

(8)市场情况的说明,包括行业发展趋势和竞争环境等。

(9)预约定价安排适用期间的年度经营规模、经营效益预测以及经营规划等。

(10)预约定价安排是否追溯适用以前年度。

(11)对预约定价安排有影响的境内外行业相关法律法规。

(12)企业关于不存在下述第4条所列举情形的说明。

(13)其他需要说明的情况。

3.双边或者多边预约定价安排申请草案还应当包括。

(1)向税收协定缔约对方税务主管当局提出预约定价安排申请的情况。

(2)预约定价安排涉及的关联方最近3至5个年度生产经营情况及关联交易情况。

(3)是否涉及国际重复征税及其说明。

4.有下列情形之一的，税务机关可以拒绝企业提交谈签意向。

(1)税务机关已经对企业实施特别纳税调整立案调查或者其他涉税案件调查，且尚未结案的。

(2)未按照有关规定填报年度关联业务往来报告表。

(3)未按照有关规定准备、保存和提供同期资料。

(4)预备会谈阶段税务机关和企业无法达成一致意见。

(四)预约定价安排分析评估

企业提交谈签意向后，税务机关应当分析预约定价安排申请草案内容，评估其是否符合独立交易原则。根据分析评估的具体情况可以要求企业补充提供有关资料。

税务机关可以从以下方面进行分析评估。

1.功能和风险状况。分析评估企业与其关联方之间在供货、生产、运输、销售等各环节以及在研究、开发无形资产等方面各自做出的贡献、执行的功能，以及在存货、信贷、外汇、市场等方面承担的风险。

2.可比交易信息。分析评估企业提供的可比交易信息，对存在的实质性差异进行调整。

3.关联交易数据。分析评估预约定价安排涉及的关联交易的收入、成本、费用和利润是否单独核算或者按照合理比例划分。

4.定价原则和计算方法。分析评估企业在预约定价安排中采用的定价原则和计算方法。如申请追溯适用以前年度的，应当作出说明。

5.价值链分析和贡献分析。评估企业对价值链或者供应链的分析是否完整、清晰，是否充分考虑成本节约、市场溢价等地域特殊优势，是否充分考虑本地企业对价值创造的贡献等。

6.交易价格或者利润水平。根据上述分析评估结果，确定符合独立交易原则的价格或者利润水平。

7.假设条件。分析评估影响行业利润水平和企业生产经营的因素及程度，合理确定预约定价安排适用的假设条件。

(五)预约定价安排正式申请

分析评估阶段，税务机关可以与企业就预约定价安排申请草案进行讨论。税务机关可以进行功能和风险实地访谈。税务机关认为预约定价安排申请草案不符合独立交易原则的，企业应当与税务机关协商，并进行调整；税务机关认为预约定价安排申请草案符合独立交易原则的，主管税务机关向企业送达同意其提交正式申请的《税务事项通知书》，企业收到通知后，可以向税务机关提交《预约定价安排正式申请书》，并附送预约定价安排正式申请报告。

1.企业申请单边预约定价安排的，应当向主管税务机关提交上述资料。企业申请双边或者多边预约定价安排的，应当同时向国家税务总局和主管税务机关提交上述资料，并按照有关规定提交启动特别纳税调整相互协商程序的申请。

2.有下列情形之一的，税务机关可以拒绝企业提交正式申请。

(1)预约定价安排申请草案拟采用的定价原则和计算方法不合理，且企业拒绝协商调整。

(2)企业拒不提供有关资料或者提供的资料不符合税务机关要求，且不按时补正或者更正。

(3)企业拒不配合税务机关进行功能和风险实地访谈。

(4)其他不适合谈签预约定价安排的情况。

(六)预约定价安排协商签署

税务机关应当在分析评估的基础上形成协商方案，并据此开展协商工作。

1.主管税务机关与企业开展单边预约定价安排协商，协商达成一致的，拟定单边预约定价安排文本。

国家税务总局与税收协定缔约对方税务主管当局开展双边或者多边预约定价安排协商，协商达成一致的，拟定双边或者多边预约定价安排文本。

2.预约定价安排文本包括以下内容。

(1)企业及其关联方名称、地址等基本信息。

(2)预约定价安排涉及的关联交易及适用年度。

(3)预约定价安排选用的定价原则和计算方法，以及可比价格或者可比利润水平等。

(4)与转让定价方法运用和计算基础相关的术语定义。

(5)假设条件及假设条件变动通知义务。

(6)企业年度报告义务。

(7)预约定价安排的效力。

(8)预约定价安排的续签。

(9)预约定价安排的生效、修订和终止。

(10)争议的解决。

(11)文件资料等信息的保密义务。

(12)单边预约定价安排的信息交换。

(13)附则。

3.主管税务机关与企业就单边预约定价安排达成一致后，由双方的法定代表人或者法定代表人授权的代表签署单边预约定价安排。

国家税务总局与税收协定缔约对方税务主管当局就双边或者多边预约定价安排达成一致后，由双方或者多方税务主管当局授权的代表签署双边或者多边预约定价安排。国家税务总局应当将预约定价安排转发主管税务机关。主管税务机关应当向企业送达《税务事项通知书》，附送预约定价安排，并做好执行工作。

4.预约定价安排涉及适用年度或者追溯年度补(退)税款的，税务机关应当按照纳税年度计算应补征或者退还的税款，并向企业送达《预约定价安排补(退)税款通知书》。

(七)预约定价安排监控执行

税务机关应当监控预约定价安排的执行情况。

1. 预约定价安排执行期间,企业应当完整保存与预约定价安排有关的文件和资料,包括账簿和有关记录等,不得丢失、销毁和转移。

企业应当在纳税年度终了后 6 个月内,向主管税务机关报送执行预约定价安排情况的纸质版和电子版年度报告,主管税务机关将电子版年度报告报送国家税务总局;涉及双边或者多边预约定价安排的,企业应当向主管税务机关报送执行预约定价安排情况的纸质版和电子版年度报告,同时将电子版年度报告报送国家税务总局。

年度报告应当说明报告期内企业经营情况以及执行预约定价安排的情况。终止预约定价安排,或者有未决问题或者预计将要发生问题的,应当作出说明。

2. 预约定价安排执行期间,主管税务机关应当每年监控企业执行预约情况。监控内容主要包括:企业是否遵守预约定价安排条款及要求;年度报告是否反映企业的实际经营情况;预约定价安排所描述的假设条件是否仍然有效等。

3. 预约定价安排执行期间,企业发生影响预约定价安排的实质性变化,应当在发生变化之日起 30 日内书面报告主管税务机关,详细说明该变化对执行预约定价安排的影响,并附送相关资料。由于非主观原因而无法按期报告的,可以延期报告,但延长期限不得超过 30 日。

税务机关应当在收到企业书面报告后,分析企业实质性变化情况,根据实质性变化对预约定价安排的影响程度,修订或者终止预约定价安排。签署的预约定价安排终止执行的,税务机关可以和企业按照规定的程序和要求,重新洽谈预约定价安排。

(八)预约定价安排管理

1. 预约定价安排执行期满后自动失效。企业申请续签的,应当在预约定价安排执行期满之日前 90 日内向税务机关提出续签申请,报送《预约定价安排续签申请书》,并提供执行现行预约定价安排情况的报告,现行预约定价安排所述事实和经营环境是否发生实质性变化的说明材料,以及续签预约定价安排年度的预测情况等相关资料。

2. 预约定价安排采用四分位法确定价格或者利润水平,在预约定价安排执行期间,如果企业当年实际经营结果在四分位区间之外,税务机关可以将实际经营结果调整到四分位区间中位值。预约定价安排执行期满,企业各年度经营结果的加权平均值低于区间中位值,且未调整至中位值的,税务机关不再受理续签申请。

双边或者多边预约定价安排执行期间存在上述问题的,主管税务机关应当及时将有关情况层报国家税务总局。

3. 预约定价安排执行期间,主管税务机关与企业发生分歧的,双方应当进行协商。协商不能解决的,可以报上一级税务机关协调;涉及双边或者多边预约定价安排的,必须层报国家税务总局协调。对上一级税务机关或者国家税务总局的决定,下一级税务机关应当予以执行。企业仍不能接受的,可以终止预约定价安排的执行。

4. 在预约定价安排签署前,税务机关和企业均可暂停、终止预约定价安排程序。税务机关发现企业或者其关联方故意不提供与谈签预约定价安排有关的必要资料，或者提供虚假、不完整资料，或者存在其他不配合的情形，使预约定价安排难以达成一致的，可以暂停、终止预约定价安排程序。涉及双边或者多边预约定价安排的，经税收协定缔约各方税务主管当局协商，可以暂停、终止预约定价安排程序。税务机关暂停、终止预约定价安排程序的，应当向企业送达《税务事项通知书》，并说明原因；企业暂停、终止预约定价安排程序的，应当向税务机关提交书面说明。

5.没有按照规定的权限和程序签署预约定价安排，或者税务机关发现企业隐瞒事实的，应当认定预约定价安排自始无效，并向企业送达《税务事项通知书》，说明原因；发现企业拒不执行预约定价安排或者存在违反预约定价安排的其他情况，可以视情况进行处理，直至终止预约定价安排。

6.有下列情形之一的，税务机关可以优先受理企业提交的申请。

(1)企业关联申报和同期资料完备合理，披露充分。

(2)企业纳税信用级别为A级。

(3)税务机关曾经对企业实施特别纳税调查调整，并已经结案。

(4)签署的预约定价安排执行期满，企业申请续签，且预约定价安排所述事实和经营环境没有发生实质性变化。

(5)企业提交的申请材料齐备，对价值链或者供应链的分析完整、清晰，充分考虑成本节约、市场溢价等地域特殊因素，拟采用的定价原则和计算方法合理。

(6)企业积极配合税务机关开展预约定价安排谈签工作。

(7)申请双边或者多边预约定价安排的，所涉及的税收协定缔约方税务主管当局有较强的谈签意愿，对预约定价安排的重视程度较高。

(8)其他有利于预约定价安排谈签的因素。

7.预约定价安排同时涉及两个或者两个以上省、自治区、直辖市和计划单列市税务机关的，由国家税务总局统一组织协调。

企业申请上述单边预约定价安排的，应当同时向国家税务总局及其指定的税务机关提出谈签预约定价安排的相关申请。国家税务总局可以与企业统一签署单边预约定价安排或者指定税务机关与企业统一签署单边预约定价安排，也可以由各主管税务机关与企业分别签署单边预约定价安排。

8.单边预约定价安排涉及一个省、自治区、直辖市和计划单列市内两个或者两个以上主管税务机关，由省、自治区、直辖市和计划单列市相应税务机关统一组织协调。

9.税务机关与企业在预约定价安排谈签过程中取得的所有信息资料，双方均负有保密义务。除依法应当向有关部门提供信息的情况外，未经纳税人同意，税务机关不得以任何方式泄露预约定价安排相关信息。

税务机关与企业不能达成预约定价安排的，税务机关在协商过程中所取得的有关企业的提议、推理、观念和判断等非事实性信息，不得用于对该预约定价安排涉及关联交易的特别纳税调查调整。

10. 除涉及国家安全的信息以外，国家税务总局可以按照对外缔结的国际公约、协定、协议等有关规定，与其他国家(地区)税务主管当局就 2016 年 4 月 1 日以后签署的单边预约定价安排实施信息交换。企业应当在签署单边预约定价安排时提供其最终控股公司、上一级直接控股公司及单边预约定价安排涉及的境外关联方所在国家(地区)的名单。

(九)单边预约定价安排简易程序

自 2021 年 9 月 1 日起，企业按照《国家税务总局关于完善预约定价安排管理有关事项的公告》(国家税务总局公告 2016 年第 64 号，以下简称 64 号公告)的有关规定申请单边预约定价安排，符合《国家税务总局关于单边预约定价安排适用简易程序有关事项的公告》(国家税务总局公告 2021 年第 24 号)要求的，可以适用简易程序。

简易程序包括申请评估、协商签署和监控执行 3 个阶段。

1. 企业在主管税务机关向其送达受理申请的《税务事项通知书》之日所属纳税年度前 3 个年度，每年度发生的关联交易金额 4 000 万元人民币以上，并符合下列条件之一的，可以申请适用简易程序。

(1)已向主管税务机关提供拟提交申请所属年度前 3 个纳税年度的、符合《国家税务总局关于完善关联申报和同期资料管理有关事项的公告》(国家税务总局公告 2016 年第 42 号)规定的同期资料。

(2)自企业提交申请之日所属纳税年度前 10 个年度内，曾执行预约定价安排，且执行结果符合安排要求的。

(3)自企业提交申请之日所属纳税年度前 10 个年度内，曾受到税务机关特别纳税调整且结案的。

2. 企业应当向主管税务机关提出适用简易程序的申请，主管税务机关分析评估后.决定是否受理。

(1)企业有申请意向的，应当向主管税务机关提交《单边预约定价安排简易程序申请书》，并附送申请报告。申请报告包括以下内容。

①单边预约定价安排涉及的关联方及关联交易。

②单边预约定价安排的适用年度。

③单边预约定价安排是否追溯适用以前年度。

④企业及其所属企业集团的组织结构和管理架构。

⑤企业最近 3 至 5 个纳税年度生产经营情况、财务会计报告、审计报告、同期资料等。

⑥单边预约定价安排涉及各关联方功能和风险的说明，包括功能和风险划分所依据的机构、人员、费用、资产等。

⑦单边预约定价安排使用的定价原则和计算方法，以及支持这一定价原则和计算方法的功能风险分析、可比性分析和假设条件等。

⑧价值链或者供应链分析，以及对成本节约、市场溢价等地域特殊优势的考虑。

⑨市场情况的说明，包括行业发展趋势和竞争环境等。

⑩单边预约定价安排适用期间的年度经营规模、经营效益预测以及经营规划等。

⑪对单边预约定价安排有影响的境内、外行业相关法律法规。

⑫符合上述第1条的有关情况。

⑬其他需要说明的情况。

(2)有下列情形之一的,主管税务机关不予受理企业提交的申请。

①税务机关已经对企业实施特别纳税调整立案调查或者其他涉税案件调查,且尚未结案。

②未按照有关规定填报年度关联业务往来报告表,且不按时更正。

③未按照有关规定准备、保存和提供同期资料。

④未按照要求提供相关资料或者提供的资料不符合税务机关要求,且不按时补正或者更正。

⑤拒不配合税务机关进行功能和风险实地访谈。

(3)主管税务机关收到企业申请后,应当开展分析评估,进行功能和风险实地访谈,并于收到企业申请之日起90日内向企业送达《税务事项通知书》,告知其是否受理;不予受理的,说明理由。

3.主管税务机关受理企业申请后,应当与企业就其关联交易是否符合独立交易原则进行协商,并于向企业送达受理申请的《税务事项通知书》之日起6个月内协商完毕。协商期间,主管税务机关可以要求企业补充提交相关资料,企业补充提交资料时间不计入上述6个月内。

(1)主管税务机关与企业协商一致的,应当拟定单边预约定价安排文本。双方的法定代表人或法定代表人授权的代表签署单边预约定价安排。

(2)主管税务机关不能与企业协商一致的,应当向企业送达终止简易程序的《税务事项通知书》。企业可以按照64号公告的规定,重新申请单边预约定价安排。已经提交过的资料,无须重复提交。

4.税务机关应当按照64号公告的要求,做好单边预约定价安排的监控执行工作。

单边预约定价安排执行期间,企业发生影响单边预约定价安排的实质性变化,导致终止执行的,可以按照上述规定,重新申请单边预约定价安排。

5.单边预约定价安排适用于主管税务机关向企业送达受理申请的《税务事项通知书》之日所属纳税年度起3至5个年度的关联交易。

6.同时涉及两个或者两个以上省、自治区、直辖市和计划单列市税务机关的单边预约定价安排,暂不适用简易程序。

五、成本分摊协议管理

根据《国家税务总局关于印发〈特别纳税调整实施办法(试行)〉的通知》(国税发〔2009〕2号)、《国家税务总局关于规范成本分摊协议管理的公告》(国家税务总局公告

2015年第45号),以及国家税务总局公告2016年第42号,企业与其关联方签署成本分摊协议,共同开发、受让无形资产,或者共同提供、接受劳务,应符合以下规定。

1.成本分摊协议的参与方对开发、受让的无形资产或参与的劳务活动享有受益权,并承担相应的活动成本;关联方承担的成本应与非关联方在可比条件下为获得上述受益权而支付的成本相一致。参与方使用成本分摊协议所开发或受让的无形资产不需另外支付特许权使用费。

2.企业对成本分摊协议所涉及无形资产或劳务的受益权应有合理的、可计量的预期收益,且以合理商业假设和营业常规为基础。

3.涉及劳务的成本分摊协议一般适用于集团采购和集团营销策划。

4.成本分摊协议主要包括以下内容。

(1)参与方的名称、所在国家(地区)、关联关系、在协议中的权利和义务。

(2)成本分摊协议所涉及的无形资产或劳务的内容、范围,协议涉及研发或劳务活动的具体承担者及其职责、任务。

(3)协议期限。

(4)参与方预期收益的计算方法和假设。

(5)参与方初始投入和后续成本支付的金额、形式、价值确认的方法以及符合独立交易原则的说明。

(6)参与方会计方法的运用及变更说明。

(7)参与方加入或退出协议的程序及处理规定。

(8)参与方之间补偿支付的条件及处理规定。

(9)协议变更或终止的条件及处理规定。

(10)非参与方使用协议成果的规定。

5.已经执行并形成一定资产的成本分摊协议,参与方发生变更或协议终止执行,应根据独立交易原则做如下处理。

(1)加入支付,即新参与方为获得已有协议成果的受益权应作出合理的支付。

(2)退出补偿,即原参与方退出协议安排,将已有协议成果的受益权转让给其他参与方应获得合理的补偿。

(3)参与方变更后,应对各方受益和成本分摊情况作出相应调整。

(4)协议终止时,各参与方应对已有协议成果作出合理分配。

企业不按独立交易原则对上述情况作出处理而减少其应纳税所得额的,税务机关有权作出调整。

6.成本分摊协议执行期间,参与方实际分享的收益与分摊的成本不相配比的,应根据实际情况作出补偿调整。

7.对于符合独立交易原则的成本分摊协议,有关税务处理如下。

(1)企业按照协议分摊的成本,应在协议规定的各年度税前扣除。

(2)涉及补偿调整的,应在补偿调整的年度计入应纳税所得额。

(3)涉及无形资产的成本分摊协议,加入支付、退出补偿或终止协议时对协议成果分配的,应按资产购置或处置的有关规定处理。

8.企业可根据《特别纳税调整实施办法(试行)》的规定采取预约定价安排的方式达成成本分摊协议。

9.成本分摊协议特殊事项文档包括以下内容。

(1)成本分摊协议副本。

(2)各参与方之间达成的为实施成本分摊协议的其他协议。

(3)非参与方使用协议成果的情况、支付的金额和形式,以及支付金额在参与方之间的分配方式。

(4)本年度成本分摊协议的参与方加入或者退出的情况,包括加入或者退出的参与方名称、所在国家和关联关系,加入支付或者退出补偿的金额及形式。

(5)成本分摊协议的变更或者终止情况,包括变更或者终止的原因、对已形成协议成果的处理或者分配。

(6)本年度按照成本分摊协议发生的成本总额及构成情况。

(7)本年度各参与方成本分摊的情况,包括成本支付的金额、形式和对象,做出或者接受补偿支付的金额、形式和对象。

(8)本年度协议预期收益与实际收益的比较以及由此做出的调整。

(9)预期收益的计算,包括计量参数的选取、计算方法和改变理由。

10.企业与其关联方签署成本分摊协议,有下列情形之一的,其自行分摊的成本不得税前扣除。

(1)不具有合理商业目的和经济实质。

(2)不符合独立交易原则。

(3)没有遵循成本与收益配比原则。

(4)未按有关规定备案或准备、保存和提供有关成本分摊协议的同期资料。

(5)自签署成本分摊协议之日起经营期限不少于20年。

六、受控外国企业管理

根据《国家税务总局关于印发〈特别纳税调整实施办法(试行)〉的通知》(国税发〔2009〕2号),受控外国企业,是指根据《中华人民共和国企业所得税法》的规定,由居民企业,或者由居民企业和居民个人(以下统称中国居民股东,包括中国居民企业股东和中国居民个人股东)控制的设立在实际税负低于《中华人民共和国企业所得税法》规定税率水平50%的国家(地区),并非出于合理经营需要对利润不作分配或减少分配的外国企业。

上述所称控制,是指在股份、资金、经营、购销等方面构成实质控制。其中,股份控制是指由中国居民股东在纳税年度任何一天单层直接或多层间接单一持有外国企业10%以上有表决权股份,且共同持有该外国企业50%以上股份。

中国居民股东多层间接持有股份按各层持股比例相乘计算，中间层持有股份超过50%的，按100%计算。

受控外国企业管理的主要方法有：

1.中国居民企业股东应在年度企业所得税纳税申报时提供对外投资信息，附送《对外投资情况表》。

2.税务机关应汇总、审核中国居民企业股东申报的对外投资信息，向受控外国企业的中国居民企业股东送达《受控外国企业中国居民股东确认通知书》。中国居民企业股东符合《中华人民共和国企业所得税法》第四十五条征税条件的，按照有关规定征税。

3.计入中国居民企业股东当期的视同受控外国企业股息分配的所得，应按以下公式计算：

$$\frac{\text{中国居民企业}}{\text{股东当期所得}}=\frac{\text{视同股息}}{\text{分配额}}\times\frac{\text{实际持}}{\text{股天数}}\div\frac{\text{受控外国企业}}{\text{纳税年度天数}}\times\frac{\text{股东持}}{\text{股比例}}$$

中国居民股东多层间接持有股份的，股东持股比例按各层持股比例相乘计算。

4.受控外国企业与中国居民企业股东纳税年度存在差异的，应将视同股息分配所得计入受控外国企业纳税年度终止日所属的中国居民企业股东的纳税年度。

5.计入中国居民企业股东当期所得已在境外缴纳的企业所得税税款，可按照《中华人民共和国企业所得税法》或税收协定的有关规定抵免。

6.受控外国企业实际分配的利润已根据《中华人民共和国企业所得税法》第四十五条规定征税的，不再计入中国居民企业股东的当期所得。

7.中国居民企业股东能够提供资料证明其控制的外国企业满足以下条件之一的，可免于将外国企业不作分配或减少分配的利润视同股息分配额，计入中国居民企业股东的当期所得。

(1)设立在国家税务总局指定的非低税率国家(地区)。

(2)主要取得积极经营活动所得。

(3)年度利润总额低于500万元人民币。

七、资本弱化管理

根据《中华人民共和国企业所得税法》《国家税务总局关于印发〈特别纳税调整实施办法(试行)〉的通知》(国税发〔2009〕2号)，企业从其关联方接受的债权性投资与权益性投资的比例超过规定标准而发生的利息支出，不得在计算应纳税所得额时扣除。不得扣除的利息支出应按以下公式计算：

$$\frac{\text{不得扣除}}{\text{利息支出}}=\frac{\text{年度实际支付的}}{\text{全部关联方利息}}\times(1-\text{标准比例}\div\text{关联债务比例})$$

其中：

标准比例是指《财政部 国家税务总局关于企业关联方利息支出税前扣除标准有关

税收政策问题的通知》(财税〔2008〕121号)规定的比例。

关联债投资比例是指根据《中华人民共和国企业所得税法》第四十六条及《中华人民共和国企业所得税法实施条例》第一十九条的规定，企业从其全部关联方接受的债权性投资(以下简称关联债权投资)占企业接受的权益性投资(以下简称权益投资)的比例，关联债权投资包括关联方以各种形式提供担保的债权性投资。

1. 关联投资比例的具体计算方法如下：

关联投资比例＝年度各月平均关联债权投资之和÷年度各月平均权益投资之和

其中：

各月平均关联债权投资＝(关联债权投资月初账面余额＋月末账面余额)÷2

各月平均权益投资＝(权益投资月初账面余额＋月末账面余额)÷2

权益投资为企业资产负债表所列示的所有者权益金额。如果所有者权益小于实收资本(股本)与资本公积之和，则权益投资为实收资本(股本)与资本公积之和；如果实收资本(股本)与资本公积之和小于实收资本(股本)金额，则权益投资为实收资本(股本)金额。

2.《中华人民共和国企业所得税法》第四十六条所称的利息支出包括直接或间接关联债权投资者实际支付的利息、担保费、抵押费和其他具有利息性质的费用。

3.《中华人民共和国企业所得税法》第四十六条规定不得在计算应纳税所得额时扣除的利息支出，不得结转到以后纳税年度；应按照实际支付给各关联方利息占关联方利息总额的比例，在各关联方之间进行分配，其中，分配给实际税负高于企业的境内关联方的利息准予扣除；直接或间接实际支付给境外关联方的利息应视同分配的股息，按照股息和利息分别适用的所得税税率差补征企业所得税，如已扣缴的所得税税款多于按股息计算应征所得税税款，多出的部分不予退税。

4. 企业未按规定准备、保存和提供同期资料证明关联债权投资金额、利率、期限、融资条件以及融资比例等符合独立交易原则的，其超过标准比例的关联方利息支出，不得在计算应纳税所得额时扣除。

5. 上述所称“实际支付利息”，是指企业按照权责发生制原则计入相关成本、费用的利息。企业实际支付关联方利息存在转让定价问题的，税务机关应按照前述的有关规定实施转让定价调查调整。

八、特别纳税调整监控管理

根据《国家税务总局关于发布〈特别纳税调查调整及相互协商程序管理办法〉的公告》(国家税务总局公告2017年第6号)，自2017年5月1日起，特别纳税调整按照以下规定执行。

税务机关通过关联申报审核、同期资料管理和利润水平监控等手段，对企业实施特别纳税调整监控管理，发现企业存在特别纳税调整风险的，可以向企业送达《税务事项通知书》，提示其存在的税收风险。企业收到特别纳税调整风险提示或者发现自身存在特别纳税调整风险的，可以自行调整补税。企业自行调整补税的，应当填报《特别纳税调整自行缴纳税款表》。企业自行调整补税的，税务机关仍可按照有关规定实施特别纳税调查调整。企业要求税务机关确认关联交易定价原则和方法等特别纳税调整事项的，税务机关应当启动特别纳税调查程序。

(一)特别纳税调整调查程序

1.税务机关实施特别纳税调查，应当重点关注具有以下风险特征的企业。

(1)关联交易金额较大或者类型较多。

(2)存在长期亏损、微利或者跳跃性盈利。

(3)低于同行业利润水平。

(4)利润水平与其所承担的功能风险不相匹配，或者分享的收益与分摊的成本不相匹配。

(5)与低税国家(地区)关联方发生关联交易。

(6)未按照规定进行关联申报或者准备同期资料。

(7)从其关联方接受的债权性投资与权益性投资的比例超过规定标准。

(8)由居民企业，或者由居民企业和中国居民控制的设立在实际税负低于12.5%的国家(地区)的企业，并非由于合理的经营需要而对利润不作分配或者减少分配。

(9)实施其他不具有合理商业目的的税收筹划或者安排。

2.税务机关应当向已确定立案调查的企业送达《税务检查通知书(一)》。被立案调查企业为非居民企业的，税务机关可以委托境内关联方或者与调查有关的境内企业送达《税务检查通知书(一)》。

经预备会谈与税务机关达成一致意见，已向税务机关提交《预约定价安排谈签意向书》，并申请预约定价安排追溯适用以前年度的企业，或者已向税务机关提交《预约定价安排续签申请书》的企业，可以暂不作为特别纳税调整的调查对象。预约定价安排未涉及的年度和关联交易除外。

3.税务机关实施特别纳税调查时，可以要求被调查企业及其关联方，或者与调查有关的其他企业提供相关资料。

(1)要求被调查企业及其关联方，或者与调查有关的其他企业提供相关资料的，应当向该企业送达税务事项通知书，该企业在境外的，税务机关可以委托境内关联方或者与调查有关的境内企业向该企业送达《税务事项通知书》。

(2)需要到被调查企业的关联方或者与调查有关的其他企业调查取证的，应当向该企业送达《税务检查通知书(二)》。

4.被调查企业及其关联方以及与调查有关的其他企业应当按照税务机关要求提供真实、完整的相关资料。

(1)提供由自身保管的书证原件。原本、正本和副本均属于书证的原件。提供原件确有困难的，可以提供与原件核对无误的复印件、照片、节录本等复制件。提供方应当在复制件上注明“与原件核对无误，原件存于我处”，并由提供方签章。

(2)提供由有关方保管的书证原件复制件、影印件或者抄录件的，提供方应当在复制件、影印件或者抄录件上注明“与原件核对无误”，并注明出处，由该有关方及提供方签章。

(3)提供外文书证或者外文视听资料的，应当附送中文译本。提供方应当对中文译本的准确性和完整性负责。

(4)提供境外相关资料的，应当说明来源。税务机关对境外资料真实性和完整性有疑义的，可以要求企业提供公证机构的证明。

5.税务机关实施特别纳税调查时，应当按照法定权限和程序进行，可以采用实地调查、检查纸质或者电子数据资料、调取账簿、询问、查询存款账户或者储蓄存款、发函协查、国际税收信息交换、异地协查等方式，收集能够证明案件事实的证据材料。收集证据材料过程中，可以记录、录音、录像、照相和复制，录音、录像、照相前应当告知被取证方。记录内容应当由两名以上调查人员签字，并经被取证方核实签章确认。被取证方拒绝签章的，税务机关调查人员(两名以上)应当注明。

6.以电子数据证明案件事实的，税务机关可以采取以下方式进行取证。

(1)要求提供方将电子数据打印成纸质资料，在纸质资料上注明数据出处，打印场所，并注明“与电子数据核对无误”，由提供方签章。

(2)采用有形载体形式固定电子数据，由调查人员与提供方指定人员一起将电子数据复制到只读存储介质上并封存。在封存包装物上注明电子数据名称，数据来源，制作方法、制作时间、制作人、文件格式及大小等，并注明“与原始载体记载的电子数据核对无误”，由提供方签章。

7.税务机关需要将以前年度的账簿、会计凭证、财务会计报告和其他有关资料调回检查的，应当按照《中华人民共和国税收征收管理法》及其实施细则有关规定，向被调查企业送达《调取账簿资料通知书》，填写《调取账簿资料清单》交其核对后签章确认。调回资料应当妥善保管，并在法定时限内完整退还。

8.税务机关需要采用询问方式收集证据材料的，应当由两名以上调查人员实施询问，并制作《询问(调查)笔录》。

9.需要被调查当事人、证人陈述或者提供证言的，应当事先告知其不如实陈述或者提供虚假证言应当承担的法律责任。被调查当事人、证人可以采取书面或者口头方式陈述或者提供证言，以口头方式陈述或者提供证言的，调查人员可以笔录、录音、录像。笔录应当使用能够长期保持字迹的书写工具书写，也可使用计算机记录并打印，陈述或者证言应当由被调查当事人、证人逐页签章。

陈述或者证言中应当写明被调查当事人、证人的姓名、工作单位、联系方式等基本信息，注明出具日期，并附居民身份证复印件等身份证明材料。

被调查当事人、证人口头提出变更陈述或者证言的，调查人员应当就变更部分重新制作笔录，注明原因，由被调查当事人、证人逐页签章。被调查当事人、证人变更书面陈述或者证言的，不退回原件。

10. 税务机关应当结合被调查企业年度关联业务往来报告表和相关资料，对其与关联方的关联关系以及关联交易金额进行确认，填制《关联关系认定表》和《关联交易认定表》，并由被调查企业确认签章。被调查企业拒绝确认的，税务机关调查人员（两名以上）应当注明。

11. 被调查企业不提供特别纳税调查相关资料，或者提供虚假、不完整资料的，由税务机关责令限期改正，逾期仍未改正的，税务机关按照《中华人民共和国税收征收管理法》及其实施细则有关规定进行处理，并依法核定其应纳税所得额。

12. 税务机关实施转让定价调查时，应当进行可比性分析，可比性分析一般包括以下五个方面。税务机关可以根据案件情况选择具体分析内容。

（1）交易资产或者劳务特性，包括有形资产的物理特性、质量、数量等；无形资产的类型、交易形式、保护程度、期限、预期收益等；劳务的性质和内容；金融资产的特性、内容、风险管理等。

（2）交易各方执行的功能、承担的风险和使用的资产。功能包括研发、设计、采购、加工、装配、制造、维修、分销、营销、广告、存货管理、物流、仓储、融资、管理、财务、会计、法律及人力资源管理等；风险包括投资风险、研发风险、采购风险、生产风险、市场风险、管理风险及财务风险等；资产包括有形资产、无形资产、金融资产等。

（3）合同条款，包括交易标的、交易数量、交易价格、收付款方式和条件、交货条件、售后服务范围和条件、提供附加劳务的约定、变更或者修改合同内容的权利、合同有效期、终止或者续签合同的权利等。合同条款分析应当关注企业执行合同的能力与行为，以及关联方之间签署合同条款的可信度等。

（4）经济环境，包括行业概况、地理区域、市场规模、市场层级、市场占有率、市场竞争程度、消费者购买力、商品或者劳务可替代性、生产要素价格、运输成本、政府管制，以及成本节约、市场溢价等地域特殊因素。

（5）经营策略，包括创新和开发、多元化经营、协同效应、风险规避及市场占有策略等。

（二）特别纳税调整转让定价方法

税务机关应当在可比性分析的基础上，选择合理的转让定价方法，对企业关联交易进行分析评估。转让定价方法包括可比非受控价格法、再销售价格法、成本加成法、交易净利润法、利润分割法及其他符合独立交易原则的方法。

1. 可比非受控价格法。可比非受控价格法以非关联方之间进行的与关联交易相同或者类似业务活动所收取的价格作为关联交易的公平成交价格。可比非受控价格法可以适用于所有类型的关联交易。

可比非受控价格法的可比性分析，应当按照不同交易类型，特别考察关联交易与非关联交易中交易资产或者劳务的特性、合同条款、经济环境和经营策略上的差异。

（1）有形资产使用权或者所有权的转让，包括：

①转让过程，包括交易时间与地点、交货条件、交货手续、支付条件、交易数量、售后服务等。

②转让环节，包括出厂环节、批发环节、零售环节、出口环节等。

③转让环境，包括民族风俗、消费者偏好、政局稳定程度以及财政、税收、外汇政策等。

④有形资产的性能、规格、型号、结构、类型、折旧方法等。

⑤提供使用权的时间、期限、地点、费用收取标准等。

⑥资产所有者对资产的投资支出、维修费用等。

(2)金融资产的转让，包括金融资产的实际持有期限、流动性、安全性、收益性。其中，股权转让交易的分析内容包括公司性质、业务结构、资产构成、所属行业、行业周期、经营模式、企业规模、资产配置和使用情况、企业所处经营阶段、成长性、经营风险、财务风险、交易时间、地理区域、股权关系、历史与未来经营情况、商誉、税收利益、流动性、经济趋势、宏观政策、企业收入和成本结构及其他因素。

(3)无形资产使用权或者所有权的转让，包括：

①无形资产的类别、用途、适用行业、预期收益。

②无形资产的开发投资、转让条件、独占程度、不可替代性、受有关国家法律保护的程度及期限，地理位置、使用年限、研发阶段、维护改良及更新的权利、受让成本和费用、功能风险情况、摊销方法以及其他影响其价值发生实质变动的特殊因素等。

(4)资金融通，包括融资的金额、币种、期限、担保、融资人的资信、还款方式、计息方法。

(5)劳务交易，包括劳务性质、技术要求、专业水准。承担责任、付款条件和方式、直接和间接成本等。

关联交易与非关联交易在以上方面存在重大差异的，应当就该差异对价格的影响进行合理调整，无法合理调整的，应当选择其他合理的转让定价方法。

2.再销售价格法。再销售价格法以关联方购进商品再销售给非关联方的价格减去可比非关联交易毛利后的金额作为关联方购进商品的公平成交价格。其计算公式如下：

$$公平成交价格=再销售给非关联方的价格\times(1-可比非关联交易毛利率)$$

$$\frac{可比非关联}{交易毛利率}=\frac{可比非关联}{交易毛利}\div\frac{可比非关联交易}{收入净额}\times100\%$$

再销售价格法一般适用于再销售者未对商品进行改变外形，性能，结构或者更换商标等实质性增值加工的简单加工或者单纯购销业务。

再销售价格法的可比性分析，应当特别考察关联交易与非关联交易中企业执行的功能、承担的风险、使用的资产和合同条款上的差异，以及影响毛利率的其他因素，具体包括营销、分销、产品保障及服务功能、存货风险、机器、设备的价值及使用年限、无形资产的使用及价值，有价值的营销型无形资产，批发或者零售环节，商业经验，会计处理及管理效率等。

关联交易与非关联交易在以上方面存在重大差异的，应当就该差异对毛利率的影响进行合理调整，无法合理调整的，应当选择其他合理的转让定价方法。

3.成本加成法。成本加成法以关联交易发生的合理成本加上可比非关联交易毛利后的金额作为关联交易的公平成交价格。其计算公式如下：

公平成交价格＝关联交易发生的合理成本×(1＋可比非关联交易成本加成率)

$$\frac{\text{可比非关联交易}}{\text{成本加成率}}=\frac{\text{可比非关联}}{\text{交易毛利}}\div\frac{\text{可比非关联}}{\text{交易成本}}\times 100\%$$

成本加成法一般适用于有形资产使用权或者所有权的转让、资金融通、劳务交易等关联交易。

成本加成法的可比性分析，应当特别考察关联交易与非关联交易中企业执行的功能、承担的风险、使用的资产和合同条款上的差异，以及影响成本加成率的其他因素，具体包括制造、加工、安装及测试功能，市场及汇兑风险，机器、设备的价值及使用年限，无形资产的使用及价值，商业经验，会计处理，生产及管理效率等。

关联交易与非关联交易在以上方面存在重大差异的，应当就该差异对成本加成率的影响进行合理调整，无法合理调整的，应当选择其他合理的转让定价方法。

4.交易净利润法。交易净利润法以可比非关联交易的利润指标确定关联交易的利润。利润指标包括息税前利润率、完全成本加成率、资产收益率、贝里比率等。具体计算公式如下：

$$\text{息税前利润率}=\text{息税前利润}\div\text{营业收入}\times 100\%$$

$$\text{完全成本加成率}=\text{息税前利润}\div\text{完全成本}\times 100\%$$

$$\text{资产收益率}=\text{息税前利润}\div[(\text{年初资产总额}+\text{年末资产总额})\div 2]\times 100\%$$

$$\text{贝里比率}=\text{毛利}\div(\text{营业费用}+\text{管理费用})\times 100\%$$

利润指标的选取应当反映交易各方执行的功能、承担的风险和使用的资产。利润指标法的计算以企业会计处理为基础，必要时可以对指标口径进行合理调整。

交易净利润法一般适用于不拥有重大价值无形资产企业的有形资产使用权或者所有权的转让和受让、无形资产使用权受让以及劳务交易等关联交易。

交易净利润法的可比性分析，应当特别考察关联交易与非关联交易中企业执行的功能、承担的风险和使用的资产，经济环境上的差异，以及影响利润的其他因素，具体包括行业和市场情况，经营规模，经济周期和产品生命周期，收入、成本、费用和资产在各交易间的分配，会计处理及经营管理效率等。

关联交易与非关联交易在以上方面存在重大差异的，应当就该差异对利润的影响进行合理调整，无法合理调整的，应当选择其他合理的转让定价方法。

5.利润分割法。利润分割法根据企业与其关联方对关联交易合并利润(实际或者预计)的贡献计算各自应当分配的利润额。利润分割法主要包括一般利润分割法和剩余利润分割法。

一般利润分割法通常根据关联交易各方所执行的功能、承担的风险和使用的资产，采用符合独立交易原则的利润分割方式，确定各方应当取得的合理利润；当难以获取可比交易信息但能合理确定合并利润时，可以结合实际情况考虑与价值贡献相关的收入、成本、费用、资产、雇员人数等因素，分析关联交易各方对价值做出的贡献，将利润在各方之间进行分配。剩余利润分割法将关联交易各方的合并利润减去分配给各方的常规利润后的余额作为剩余利润，再根据各方对剩余利润的贡献程度进行分配。

利润分割法一般适用于企业及其关联方均对利润创造具有独特贡献，业务高度整合且难以单独评估各方交易结果的关联交易。利润分割法的适用应当体现利润应在经济活动发生地和价值创造地征税的基本原则。

利润分割法的可比性分析，应当特别考察关联交易各方执行的功能、承担的风险和使用的资产，收入、成本、费用和资产在各方之间的分配，成本节约、市场溢价等地域特殊因素，以及其他价值贡献因素，确定各方对剩余利润贡献所使用的信息和假设条件的可靠性等。

6.其他符合独立交易原则的方法，包括成本法、市场法和收益法等资产评估方法，以及其他能够反映利润与经济活动发生地和价值创造地相匹配原则的方法。

(1)成本法是以替代或者重置原则为基础，通过在当前市场价格下创造一项相似资产所发生的支出确定评估标的价值的评估方法。成本法适用于能够被替代的资产价值评估。

(2)市场法是利用市场上相同或者相似资产的近期交易价格，经过直接比较或者类比分析以确定评估标的价值的评估方法。市场法适用于在市场上能找到与评估标的相同或者相似的非关联可比交易信息时的资产价值评估。

(3)收益法是通过评估标的未来预期收益现值来确定其价值的评估方法。收益法适用于企业整体资产和可预期未来收益的单项资产评估。

7.税务机关分析评估被调查企业关联交易时，应当在分析评估交易各方功能风险的基础上，选择功能相对简单的一方作为被测试对象。

税务机关在进行可比性分析时，优先使用公开信息，也可以使用非公开信息。

税务机关分析评估被调查企业关联交易是否符合独立交易原则时，可以根据实际情况选择算术平均法、加权平均法或者四分位法等统计方法，逐年分别或者多年度平均计算可比企业利润或者价格的平均值或者四分位区间。

税务机关应当按照可比利润水平或者可比价格对被调查企业各年度关联交易进行逐年测试调整。

税务机关采用四分位法分析评估企业利润水平时，企业实际利润水平低于可比企业利润率区间中位值的，原则上应当按照不低于中位值进行调整。

(三)来料加工业务调整

1.税务机关分析评估被调查企业为其关联方提供的来料加工业务，在可比企业不是相同业务模式，且业务模式的差异会对利润水平产生影响的情况下，应当对业务模式的差异进行调整，还原其不作价的来料和设备价值。企业提供真实完整的来料加工产品整体价值链相关资料，能够反映各关联方总体利润水平的，税务机关可以就被调查企业与可比企业因料件还原产生的资金占用差异进行可比性调整，利润水平调整幅度超过10%的，应当重新选择可比企业。

除上述规定外，对因营运资本占用不同产生的利润差异不作调整。

2.税务机关分析评估被调查企业关联交易是否符合独立交易原则时，选取的可比企业与被调查企业处于不同经济环境的，应当分析成本节约、市场溢价等地域特殊因素，并选择合理的转让定价方法确定地域特殊因素对利润的贡献。

3.企业为境外关联方从事来料加工或者进料加工等单一生产业务，或者从事分销、合约研发业务，原则上应当保持合理的利润水平。

上述企业如出现亏损，无论是否达到《国家税务总局关于完善关联申报和同期资料管理有关事项的公告》(国家税务总局公告2016年第42号)中的同期资料准备标准，均应当就亏损年度准备同期资料本地文档。税务机关应当重点审核上述企业的本地文档，加强监控管理。

上述企业承担由于决策失误、开工不足、产品滞销、研发失败等原因造成的应当由关联方承担的风险和损失的，税务机关可以实施特别纳税调整。

4.税务机关对关联交易进行调查分析时，应当确定企业所获得的收益与其执行的功能或者承担的风险是否匹配。

企业与其关联方之间隐匿关联交易直接或者间接导致国家总体税收收入减少的，税务机关可以通过还原隐匿交易实施特别纳税调整。

企业与其关联方之间抵消关联交易直接或者间接导致国家总体税收收入减少的，税务机关可以通过还原抵消交易实施特别纳税调整。

(四)受让无形资产使用权调整

判定企业及其关联方对无形资产价值的贡献程度及相应的收益分配时，应当全面分析企业所属企业集团的全球营运流程，充分考虑各方在无形资产开发、价值提升、维护、保护、应用和推广中的价值贡献，无形资产价值的实现方式，无形资产与集团内其他业务的功能、风险和资产的相互作用。

企业仅拥有无形资产所有权而未对无形资产价值做出贡献的，不应当参与无形资产收益分配。无形资产形成和使用过程中，仅提供资金而未实际执行相关功能和承担相应风险的，应当获得合理的资金成本回报。

1.企业与其关联方转让或者受让无形资产使用权而收取或者支付的特许权使用费，应当根据下列情形适时调整，未适时调整的，税务机关可以实施特别纳税调整。

(1)无形资产价值发生根本性变化。

(2)按照营业常规，非关联方之间的可比交易应当存在特许权使用费调整机制。

(3)无形资产使用过程中，企业及其关联方执行的功能、承担的风险或者使用的资产发生变化。

(4)企业及其关联方对无形资产进行后续开发、价值提升、维护、保护、应用和推广做出贡献而未得到合理补偿。

2. 企业与其关联方转让或者受让无形资产使用权而收取或者支付的特许权使用费应当与无形资产为企业或者其关联方带来的经济利益相匹配。与经济利益不匹配而减少企业或者其关联方应纳税收入或者所得额的，税务机关可以实施特别纳税调整。未带来经济利益，且不符合独立交易原则的，税务机关可以按照已税前扣除的金额全额实施特别纳税调整。

企业向仅拥有无形资产所有权而未对其价值创造做出贡献的关联方支付特许权使用费，不符合独立交易原则的，税务机关可以按照已税前扣除的金额全额实施特别纳税调整。

3. 企业以融资上市为主要目的在境外成立控股公司或者融资公司，仅因融资上市活动所产生的附带利益向境外关联方支付特许权使用费，不符合独立交易原则的，税务机关可以按照已税前扣除的金额全额实施特别纳税调整。

4. 企业与其关联方发生劳务交易支付或者收取价款不符合独立交易原则而减少企业或者其关联方应纳税收入或者所得额的，税务机关可以实施特别纳税调整。

符合独立交易原则的关联劳务交易应当是受益性劳务交易，并且按照非关联方在相同或者类似情形下的营业常规和公平成交价格进行定价。受益性劳务是指能够为劳务接受方带来直接或者间接经济利益，且非关联方在相同或者类似情形下，愿意购买或者愿意自行实施的劳务活动。

(五)非受益性劳务价款调整

1. 企业向其关联方支付非受益性劳务的价款，税务机关可以按照已税前扣除的金额全额实施特别纳税调整。非受益性劳务主要包括以下情形。

(1)劳务接受方从其关联方接受的，已经购买或者自行实施的劳务活动。

(2)劳务接受方从其关联方接受的，为保障劳务接受方的直接或者间接投资方的投资利益而实施的控制、管理和监督等劳务活动。该劳务活动主要包括：

①董事会活动、股东大会活动、监事会活动和发行股票等服务于股东的活动。

②与劳务接受方的直接或者间接投资方、集团总部和区域总部的经营报告或者财务报告编制及分析有关的活动。

③与劳务接受方的直接或者间接投资方、集团总部和区域总部的经营及资本运作有关的筹资活动。

④为集团决策、监管、控制、遵从需要所实施的财务、税务、人事、法务等活动。

⑤其他类似情形。

(3)劳务接受方从其关联方接受的，并非针对其具体实施的，只是因附属于企业集团而获得额外收益的劳务活动。该劳务活动主要包括：

①为劳务接受方带来资源整合效应和规模效应的法律形式改变，债务重组，股权收购、资产收购、合并、分立等集团重组活动。

②由于企业集团信用评级提高，为劳务接受方带来融资成本下降等利益的相关

活动。

③其他类似情形。

(4)劳务接受方从其关联方接受的,已经在其他关联交易中给予补偿的劳务活动。该劳务活动主要包括:

①从特许权使用费支付中给予补偿的与专利权或者非专利技术相关的服务。

②从贷款利息支付中给予补偿的与贷款相关的服务。

③其他类似情形。

(5)与劳务接受方执行的功能和承担的风险无关,或者不符合劳务接受方经营需要的关联劳务活动。

(6)其他不能为劳务接受方带来直接或者间接经济利益,或者非关联方不愿意购买或者不愿意自行实施的关联劳务活动。

2.企业接受或者提供的受益性劳务应当充分考虑劳务的具体内容和特性,劳务提供方的功能、风险、成本和费用,劳务接受方的受益情况、市场环境,交易双方的财务状况,以及可比交易的定价情况等因素,按照规定选择合理的转让定价方法,并遵循以下原则。

(1)关联劳务能够分别按照各劳务接受方、劳务项目为核算单位归集相关劳务成本费用的,应当以劳务接受方、劳务项目合理的成本费用为基础,确定交易价格。

(2)关联劳务不能分别按照各劳务接受方、劳务项目为核算单位归集相关劳务成本费用的,应当采用合理标准和比例向各劳务接受方分配,并以分配的成本费用为基础,确定交易价格。分配标准应当根据劳务性质合理确定,可以根据实际情况采用营业收入、营运资产、人员数量、人员工资、设备使用量、数据流量、工作时间以及其他合理指标,分配结果应当与劳务接受方的受益程度相匹配。非受益性劳务的相关成本费用支出不得计入分配基数。

(六)特别纳税调整程序实施

1.企业向未执行功能、承担风险,无实质性经营活动的境外关联方支付费用,不符合独立交易原则的,税务机关可以按照已税前扣除的金额全额实施特别纳税调整。

2.实际税负相同的境内关联方之间的交易,只要该交易没有直接或者间接导致国家总体税收收入的减少,原则上不作特别纳税调整。

3.经调查,税务机关未发现企业存在特别纳税调整问题的,应当作出特别纳税调查结论,并向企业送达《特别纳税调查结论通知书》。

4.经调查,税务机关发现企业存在特别纳税调整问题的,应当按照以下程序实施调整。

(1)在测算、论证、可比性分析的基础上,拟定特别纳税调查调整方案。

(2)根据拟定调整方案与企业协商谈判,双方均应当指定主谈人,调查人员应当做好《协商内容记录》,并由双方主谈人签字确认。企业拒签的,税务机关调查人员(两名以上)应当注明。企业拒绝协商谈判的,税务机关向企业送达《特别纳税调查初步调整通知书》。

(3)协商谈判过程中,企业对拟定调整方案有异议的,应当在税务机关规定的期限内进一步步骤提供相关资料。税务机关收到资料后,应当认真审议,并作出审议结论。根据审议结论,需要进行特别纳税调整的,税务机关应当形成初步调整方案,向企业送达《特别纳税调查初步调整通知书》。

(4)企业收到《特别纳税调查初步调整通知书》后有异议的,应当自收到通知书之日起 7 日内书面提出。税务机关收到企业意见后,应当再次协商、审议。根据审议结论,需要进行特别纳税调整,并形成最终调整方案的,税务机关应当向企业送达《特别纳税调查调整通知书》。

(5)企业收到《特别纳税调查初步调整通知书》后,在规定期限内未提出异议的,或者提出异议后又拒绝协商的,或者虽提出异议但经税务机关审议后不予采纳的,税务机关应当以初步调整方案作为最终调整方案,向企业送达《特别纳税调查调整通知书》。

5. 企业收到《特别纳税调查调整通知书》后有异议的,可以在依照《特别纳税调查调整通知书》缴纳或者解缴税款、利息、滞纳金或者提供相应的担保后,依法申请行政复议。对行政复议决定不服的,可以依法向人民法院提起行政诉讼。

6. 税务机关对企业实施特别纳税调整,涉及企业向境外关联方支付利息、租金、特许权使用费的,除另有规定外,不调整已扣缴的税款。

7. 企业可以在《特别纳税调查调整通知书》送达前自行缴纳税款。企业自行缴纳税款的,应当填报《特别纳税调整自行缴纳税款表》。

8. 税务机关对企业实施特别纳税调整的,应当根据《中华人民共和国企业所得税法》及其实施条例的有关规定对 2008 年 1 月 1 日以后发生交易补征的企业所得税按日加收利息。

特别纳税调查调整补缴的税款,应当按照应补缴税款所属年度的先后顺序确定补缴税款的所属年度,以入库日为截止日,分别计算应加收的利息额。

(1)企业在《特别纳税调查调整通知书》送达前缴纳或者送达后补缴税款的,应当自税款所属纳税年度的次年 6 月 1 日起至缴纳或者补缴税款之日止计算加收利息。企业超过《特别纳税调查调整通知书》补缴税款期限仍未缴纳税款的,应当自补缴税款期限届满次日起按照《中华人民共和国税收征收管理法》及其实施细则的有关规定加收滞纳金,在加收滞纳金期间不再加收利息。

(2)利息率按照税款所属纳税年度 12 月 31 日公布的与补税期间同期的中国人民银行人民币贷款基准利率(以下简称基准利率)加 5 个百分点计算,并按照一年 365 天折算日利息率。

[备注:中国人民银行现已将贷款基准利率改为授权全国银行间同业拆借中心于每月 20 日(遇节假日顺延)9 时 30 分公布贷款市场报价利率(LPR)。]

(3)企业按照有关规定提供同期资料及有关资料的,或者按照有关规定不需要准备同期资料但根据税务机关要求提供其他相关资料的,可以只按照基准利率加收利息。

经税务机关调查，企业实际关联交易额达到准备同期资料标准，但未按照规定向税务机关提供同期资料的，税务机关补征税款加收利息，适用上述第(2)项规定。

9.企业自行调整补税且主动提供同期资料等有关资料，或者按照有关规定不需要准备同期资料但根据税务机关要求提供其他相关资料的，其2008年1月1日以后发生交易的自行调整补税按照基准利率加收利息。

10.被调查企业在税务机关实施特别纳税调查调整期间申请变更经营地址或者注销税务登记的，税务机关在调查结案前原则上不予办理税务变更、注销手续。

(七)特别纳税调整协商

1.根据我国对外签署的税收协定的有关规定，国家税务总局可以依据企业申请或者税收协定缔约对方税务主管当局请求启动相互协商程序，与税收协定缔约对方税务主管当局开展协商谈判，避免或者消除由特别纳税调整事项引起的国际重复征税。相互协商内容包括：

(1)双边或者多边预约定价安排的谈签。

(2)税收协定缔约一方实施特别纳税调查调整引起另一方相应调整的协商谈判。

2.企业申请启动相互协商程序的，应当在税收协定规定期限内，向国家税务总局书面提交《启动特别纳税调整相互协商程序申请表》和特别纳税调整事项的有关说明。企业当面报送上述资料的，以报送日期为申请日期；邮寄报送的，以国家税务总局收到上述资料的日期为申请日期。

国家税务总局收到企业提交的上述资料后，认为符合税收协定有关规定的，可以启动相互协商程序；认为资料不全的，可以要求企业补充提供资料。

3.税收协定缔约对方税务主管当局请求启动相互协商程序的，国家税务总局收到正式来函后，认为符合税收协定有关规定的，可以启动相互协商程序。

国家税务总局认为税收协定缔约对方税务主管当局提供的资料不完整、事实不清晰的，可以要求对方补充提供资料，或者通过主管税务机关要求涉及的境内企业协助核实。

4.国家税务总局决定启动相互协商程序的，应当书面通知省税务机关，并告知税收协定缔约对方税务主管当局。负责特别纳税调整事项的主管税务机关应当在收到书面通知后15个工作日内，向企业送达启动相互协商程序的《税务事项通知书》。

5.在相互协商过程中，税务机关可以要求企业进一步补充提供资料，企业应当在规定的时限内提交。

6.有下列情形之一的，国家税务总局可以拒绝企业申请或者税收协定缔约方税务主管当局启动相互协商程序的请求。

(1)企业或者其关联方不属于税收协定任一缔约方的税收居民。

(2)申请或者请求不属于特别纳税调整事项。

(3)申请或者请求明显缺乏事实或者法律依据。

(4)申请不符合税收协定有关规定。

(5)特别纳税调整案件尚未结案或者虽然已经结案但是企业尚未缴纳应纳税款。

7.有下列情形之一的,国家税务总局可以暂停相互协商程序。

(1)企业申请暂停相互协商程序。

(2)税收协定缔约对方税务主管当局请求暂停相互协商程序。

(3)申请必须以另一被调查企业的调查调整结果为依据,而另一被调查企业尚未结束调查调整程序。

(4)其他导致相互协商程序暂停的情形。

8.有下列情形之一的,国家税务总局可以终止相互协商程序:

(1)企业或者其关联方不提供与案件有关的必要资料,或者提供虚假、不完整资料,或者存在其他不配合的情形。

(2)企业申请撤回或者终止相互协商程序。

(3)税收协定缔约对方税务主管当局撤回或者终止相互协商程序。

(4)其他导致相互协商程序终止的情形。

9.国家税务总局决定暂停或者终止相互协商程序的,应当书面通知省税务机关。负责特别纳税调整事项的主管税务机关应当在收到书面通知后15个工作日内,向企业送达暂停或者终止相互协商程序的《税务事项通知书》。

10.国家税务总局与税收协定缔约对方税务主管当局签署相互协商协议后,应当书面通知省税务机关,附送相互协商协议。负责特别纳税调整事项的主管税务机关应当在收到书面通知后15个工作日内,向企业送达《税务事项通知书》,附送相互协商协议。需要补(退)税的,应当附送《特别纳税调整相互协商协议补(退)税款通知书》或者《预约定价安排补(退)税款通知书》,并监控执行补(退)税款情况。

应纳税收入或者所得额以外币计算的,应当按照相互协商协议送达企业之日上月最后一日人民币汇率中间价折合成人民币,计算应补缴或者应退还的税款。

补缴税款应当加收利息的,按照《中华人民共和国企业所得税法实施条例》第一百二十二条规定的人民币贷款基准利率执行。

11.各级税务机关应当对税收协定缔约方税务主管当局、企业或者其扣缴义务人、代理人等在相互协商中提供的有关资料保密。

12.企业或者其扣缴义务人、代理人等在相互协商中弄虚作假,或者有其他违法行为的,税务机关应当按照税收征管法及其实施细则的有关规定处理。

13.企业按照规定向国家税务总局提起相互协商申请的,提交的资料应当同时采用中文和英文文本,企业向税收协定缔约双方税务主管当局提交资料内容应当保持一致。

14.涉及税收协定条款解释或者执行的相互协商程序,按照《国家税务总局关于发布〈税收协定相互协商程序实施办法〉的公告》(国家税务总局公告2013年第56号)的有关规定执行。

九、一般反避税管理

根据《国家税务总局〈一般反避税管理办法(试行)〉》(国家税务总局令第 32 号),自 2015 年 2 月 1 日起(2015 年 2 月 1 日前税务机关尚未结案处理的避税安排也适用),以下规定适用于税务机关按照《中华人民共和国企业所得税法》第四十七条、《中华人民共和国企业所得税法实施条例》第一百二十条的规定,对企业实施的不具有合理商业目的而获取税收利益的避税安排,实施的特别纳税调整。

下列情况不适用一般反避税规定:

①与跨境交易或者支付无关的安排。

②涉嫌逃避缴纳税款、逃避追缴欠税、骗税、抗税以及虚开发票等税收违法行为。

税收利益是指减少、免除或者推迟缴纳企业所得税应纳税额。

(一)避税安排特征及调整方法

1. 避税安排具有的特征。

(1)以获取税收利益为唯一目的或者主要目的。

(2)以形式符合税法规定、但与其经济实质不符的方式获取税收利益。

2. 税务机关对企业的避税安排应当以具有合理商业目的和经济实质的类似安排为基准,按照实质重于形式的原则实施特别纳税调整。调整方法包括:

(1)对安排的全部或者部分交易重新定性。

(2)在税收上否定交易方的存在,或者将该交易方与其他交易方视为同一实体。

(3)对相关所得、扣除、税收优惠,境外税收抵免等重新定性或者在交易各方间重新分配。

(4)其他合理方法。

3. 企业的安排属于转让定价、成本分摊、受控外国企业,资本弱化等其他特别纳税调整范围的,应当首先适用其他特别纳税调整相关规定。

企业的安排属于受益所有人、利益限制等税收协定执行范围的,应当首先适用税收协定执行的相关规定。

(二)反避税立案

1. 各级税务机关应当结合工作实际,应用各种数据资源,如企业所得税汇算清缴、纳税评估、同期资料管理、对外支付税务管理、股权转让交易管理,税收协定执行等,及时发现一般反避税案源。

2. 主管税务机关发现企业存在避税嫌疑的,层报省、自治区、直辖市和计划单列市(以下简称省)税务机关复核同意后,报国家税务总局申请立案。

3. 省级税务机关应当将国家税务总局形成的立案申请审核意见转发主管税务机关。国家税务总局同意立案的,主管税务机关实施一般反避税调查。

（三）反避税调查

1. 主管税务机关实施一般反避税调查时，应当向被调查企业送达《税务检查通知书》。被调查企业认为其安排不属于避税安排的，应当自收到《税务检查通知书》之日起60日内提供下列资料。

（1）安排的背景资料。

（2）安排的商业目的等说明文件。

（3）安排的内部决策和管理资料，如董事会决议、备忘录、电子邮件等。

（4）安排涉及的详细交易资料，如合同、补充协议、收付款凭证等。

（5）与其他交易方的沟通信息。

（6）可以证明其安排不属于避税安排的其他资料。

（7）税务机关认为有必要提供的其他资料。

企业因特殊情况不能按期提供的，可以向主管税务机关提交书面延期申请，经批准可以延期提供，但是最长不得超过30日。主管税务机关应当自收到企业延期申请之日起15日内书面回复。逾期未回复的，视同税务机关同意企业的延期申请。

2. 企业拒绝提供资料的，主管税务机关可以按照《中华人民共和国税收征收管理法》第三十五条的规定进行核定。

3. 主管税务机关实施一般反避税调查时，可以要求为企业筹划安排的单位或者个人（以下简称筹划方）提供有关资料及证明材料。

一般反避税调查涉及向筹划方、关联方以及与关联业务调查有关的其他企业调查取证的，主管税务机关应当送达《税务事项通知书》。

4. 主管税务机关审核企业、筹划方、关联方以及与关联业务调查有关的其他企业提供的资料，可以采用现场调查、发函协查和查阅公开信息等方式核实。需取得境外有关资料的，可以按有关规定启动税收情报交换程序，或者通过我驻外机构调查收集有关信息。涉及境外关联方相关资料的，主管税务机关也可以要求企业提供公证机构的证明。

（四）反避税结案

1. 主管税务机关根据调查过程中获得的相关资料，自税务总局同意立案之日起9个月内进行审核，综合判断企业是否存在避税安排、形成案件不予调整或者初步调整方案的意见和理由、层报省税务机关复核同意后，报税务总局申请结案。

2. 主管税务机关应当根据税务总局形成的结案申请审核意见，分别以下情况进行处理。

（1）同意不予调整的，向被调查企业下发《特别纳税调查结论通知书》。

（2）同意初步调整方案的，向被调查企业下发特别纳税调查初步调整通知书。

（3）税务总局有不同意见的，按照税务总局的意见修改后再次层报审核。

被调查企业在收到《特别纳税调查初步调整通知书》之日起7日内未提出异议的，主管税务机关应当下发《特别纳税调查调整通知书》。

被调查企业在收到《特别纳税调查初步调整通知书》之日起7日内提出异议，但是主管税务机关经审核后认为不应采纳的，应将被调查企业的异议及不应采纳的意见和理由层报省税务机关复核同意后，报税务总局再次申请结案。

被调查企业在收到《特别纳税调查初步调整通知书》之日起 7 日内提出异议，主管税务机关经审核后认为确需对调整方案进行修改的，应当将被调查企业的异议及修改后的调整方案层报省税务机关复核同意后，报税务总局再次申请结案。

3. 主管税务机关应当根据税务总局考虑企业异议形成的结案申请审核意见，分以下情况进行处理。

(1)同意不应采纳企业所提异议的，向被调查企业下发《特别纳税调查调整通知书》。

(2)同意修改后调整方案的，向被调查企业下发《特别纳税调查调整通知书》。

(3)税务总局有不同意见的，按照税务总局的意见修改后再次层报审核。

(五)反避税争议处理

1. 被调查企业对主管税务机关作出的一般反避税调整决定不服的，可以按照有关法律法规的规定申请法律救济。

2. 主管税务机关作出的一般反避税调整方案导致国内双重征税的，由税务总局统一组织协调解决。

3. 被调查企业认为我国税务机关作出的一般反避税调整，导致国际双重征税或者不符合税收协定规定征税的，可以按照税收协定及其相关规定申请启动相互协商程序。

★习题精练及答案解析

一、单项选择题

1. 下列企业中，不需要税务机关实施特别纳税调查的是(　　)。

A. 关联交易金额较大或类型较多的企业

B. 存在长期亏损、微利或跳跃性盈利的企业

C. 高于同行业利润水平的企业

D. 与低税国家关联方发生关联交易的企业

【参考答案】 C

【答案解析】 低于同行业利润水平的企业需要税务机关实施特别纳税调查，高于的不需要实施特别纳税调查。

2. 被调查企业在收到《特别纳税调查初步调整通知书》之日起(　　)日内未提出异议的，主管税务机关应当下发《特别纳税调查调整通知书》。

A. 15　　　B. 10　　　C. 5　　　D. 7

【参考答案】 D

【答案解析】 被调查企业在收到《特别纳税调查初步调整通知书》之日起7日内未提出异议的，主管税务机关应当下发《特别纳税调查调整通知书》。

3. 下列转让定价方法，适用于所有关联交易的是（　　）。

A. 可比非受控价格法　　B. 成本加成法

C. 交易净利润法　　D. 利润分割法

【参考答案】 A

【答案解析】 根据《国家税务总局关于发布〈特别纳税调查调整及相互协商程序管理办法〉的公告》（国家税务总局公告2017年第6号）的规定，可比非受控价格法可以适用于所有类型的关联交易；再销售价格法一般适用于再销售者未对商品进行改变外形、性能、结构或者更换商标等实质性增值加工的简单加工或者单纯购销业务；成本加成法一般适用于有形资产使用权或者所有权的转让、资金融通、劳务交易等关联交易；交易净利润法一般适用于不拥有重大价值无形资产企业的有形资产使用权或者所有权的转让和受让、无形资产使用权受让以及劳务交易等关联交易；利润分割法一般适用于企业及其关联方均对利润创造具有独特贡献，业务高度整合且难以单独评估各方交易结果的关联交易；市场法适用于在市场上能找到与评估标的相同或者相似的非关联可比交易信息时的资产价值评估；收益法适用于企业整体资产和可预期未来收益的单项资产评估。

4. 下列关于转让定价方法的说法，正确的是（　　）。

A. 可比非受控价格法可以适用所有类型的关联交易

B. 再销售价格法通常适用于资金融通的关联交易

C. 成本加成法通常适用于无形资产的购销、转让的关联交易

D. 交易净利润法通常适用于高度整合且难以单独评估的关联交易

【参考答案】 A

【答案解析】 选项B，再销售价格法一般适用于再销售者未对商品进行改变外形、性能、结构或者更换商标等实质性增值加工的简单加工或单纯购销业务；选项C，成本加成法一般适用于有形资产使用权或者所有权的转让、资金融通劳务交易等关联交易；选项D，交易净利润法一般适用于不拥有重大价值无形资产企业的有形资产使用权或者所有权的转让和受让，无形资产使用权受让以及劳务交易等关联交易。

5. 在关联企业转让定价调整中，企业应自企业或其关联方收到转让定价调整通知书之日起（　　）年内提出相应调整申请。

A. 1　　B. 2　　C. 3　　D. 4

【参考答案】 C

【答案解析】 企业应当自企业或其关联方收到转让定价调整通知书之日起3年内提出相应调整申请。

6. 下列关于预约定价安排管理，正确的是（　　）。

A. 预约定价安排应由省级税务机关受理

B. 企业申请双边预约定价安排的，应及时向国家税务总局省级税务机关提出谈签意向

C. 预约定价安排适用于自企业提交正式书面申请年度当年起 10 个连续年度的关联交易

D. 在预约定价安排执行期内，税务机关应定期检查企业执行安排的情况

【参考答案】 D

【答案解析】 选项 A，预约定价安排应由设区的市、自治州以上的税务机关受理；选项 B，企业申请双边预约定价安排的，应及时向国家税务总局和主管税务机关书面提出谈签意向；选项 C，预约定价安排适用于自企业提交正式书面申请年度次年起 3 至 5 个连续年度的关联交易。

7. 根据《特别纳税调整实施办法（试行）》的相关规定，预约定价安排适用期限是（　　）。

A. 企业提交正式书面申请年度的次年起 1 至 3 个连续年度

B. 企业提交正式书面申请年度的次年起 3 至 5 个连续年度

C. 税务机关与企业达成预约定价安排协议的次年起 1 至 3 个连续年度

D. 税务机关与企业达成预约定价安排协议的次年起 3 至 5 个连续年度

【参考答案】 B

【答案解析】 预约定价安排适用于自企业提交正式书面申请年度的次年起 3 至 5 个连续年度的关联交易。

8. 预约定价安排执行期内，企业发生影响预约定价安排的实质性变化，应书面报告主管税务机关，详细说明该变化对执行预约定价安排的影响，并附相关资料。由于非主观原因而无法按期报告的，可以延期报告，但延长期限不得超过（　　）日。

A. 40　　B. 20　　C. 30　　D. 60

【参考答案】 C

【答案解析】 预约定价安排执行期内，企业发生影响预约定价安排的实质性变化，应当在发生变化后 30 日内向税务机关书面报告，详细说明该变化对预约定价安排执行的影响，并附相关资料。由于非主观原因而无法按期报告的，可以延期报告，但延长期限不得超过 30 日。

9. 某外商投资企业自行申报以 50 万元从境外甲公司（关联企业）购入一批产品，又将这批产品以 45 万元转售给乙公司（非关联企业）。假定该公司的销售毛利率为 20%，企业所得税税率为 25%，按再销售价格法计算，此次销售业务应缴纳的企业所得税为（　　）元。

A. 11 250　　B. 12 500　　C. 22 500　　D. 25 000

【参考答案】 C

【答案解析】 再销售价格法以关联方购进商品再销售给非关联方的价格减去可比非关联交易毛利后的金额作为关联方购进商品的公平成交价格。公平成交价格＝再销

售给非关联方的价格×(1－可比非关联交易毛利率),应纳税额＝[450 000－450 000×(1－20%)]×25%＝22 500(元)。

10. 甲公司拥有境外乙公司50%股权,乙公司拥有境外丙公司80%股权,丙公司被认定为甲公司的受控外国企业。丙公司2023年度利润总额为300万元,甲公司实际持股天数为300天,受控外国企业纳税年度天数为365天。甲公司作为股东当期应确认的所得为(　　)万元。

A. 0　　B. 98.63　　C. 197.26　　D. 246.58

【参考答案】 B

【答案解析】 计入中国居民企业股东当期的视同受控外国企业股息分配所得,应按下列公式计算:中国居民企业股东当期所得＝视同股息分配额×实际持股天数÷受控外国企业纳税年度天数×股东持股比例＝300×300÷365×80%×50%＝98.63(万元)。

二、多项选择题

1. 根据《特别纳税调整实施办法(试行)》的相关规定,转让定价的方法主要包括(　　)。

A. 再销售价格法

B. 现金与实物分配法

C. 交易净利润法

D. 可比非受控价格法

E. 利润分割法

【参考答案】 ACDE

【答案解析】 转让定价方法主要包括可比非受控价格法、再销售价格法、成本加成法、交易净利润法、利润分割法和其他符合独立交易原则的方法。

2. 根据《特别纳税调整实施办法(试行)》的相关规定,下列关于受控外国企业管理的说法中,正确的有(　　)。

A. 中国居民股东多层间接持有股份按各层持股比例相乘计算,中间层持有股份超过40%的,按100%计算

B. 中国居民股东多层间接持有股份的,股东持股比例按各层持股比例相乘计算

C. 受控外国企业与中国居民企业股东纳税年度存在差异的,应将视同股息分配所得计入受控外国企业纳税年度终止日所属的中国居民企业股东的纳税年度

D. 计入中国居民企业股东当期所得已在境外缴纳的企业所得税税款,可按照所得税法或税收协定的有关规定抵免

E. 受控外国企业实际分配的利润已根据所得税法规定征税的,不再计入中国居民企业股东的当期所得

【参考答案】 BCDE

【答案解析】 选项A，中国居民股东多层间接持有股份按各层持股比例相乘计算，中间层持有股份超过50%的，按100%计算。

3. 间接转让中国应税财产的交易双方及被间接转让股权的中国居民企业可以向主管税务机关报告股权转让事宜并提交相关资料。这些资料包括（　　）。

A. 股权转让前后的企业股权架构图

B. 被间接转让股权的中国居民企业上一年年度财务会计报表

C. 股权转让合同

D. 境外企业及直接持有中国应税财产的下属企业上两个年度财务会计报表

E. 境外企业及间接持有中国应税财产的下属企业上两个年度财务会计报表

【参考答案】 ACDE

【答案解析】 间接转让中国应税财产的交易双方及被间接转让股权的中国居民企业可以向主管税务机关报告股权转让事项，并提交以下资料：(1)股权转让合同或协议；(2)股权转让前后的企业股权架构图；(3)境外企业及直接或间接持有中国应税财产的下属企业上两个年度财务、会计报表。

4. 企业与其关联方签署成本分摊协议，发生特殊情形会导致其自行分配的成本不得在税前扣除，这些情况包括（　　）。

A. 不符合独立交易原则

B. 没有遵循成本与收益配比原则

C. 不具有合理商业目的和经济实质

D. 自签署成本分摊协议之日起经营期限为25年

E. 未按有关规定备案或准备有关成本分摊协议的同期资料

【参考答案】 ABCE

【答案解析】 企业与其关联方签署成本分摊协议，有下列情形之一的，其自行分摊的成本不得税前扣除：(1)不具有合理商业目的和经济实质；(2)不符合独立交易原则；(3)没有遵循成本与收益配比原则；(4)未按有关规定备案或准备、保存和提供有关成本分摊协议的同期资料；(5)自签署成本分摊协议之日起经营期限不少于20年。

5. 企业发生关联交易，税务机关可选用合理的转让定价方法调整不同的关联交易。其中，成本加成法通常可调整的关联交易有（　　）。

A. 有形资产使用权或者所有权的转让的关联交易

B. 资金融通的关联交易

C. 无形资产转让的关联交易

D. 各参与方关联交易高度整合且难以单独评估各方交易结果的关联交易

E. 劳务交易的关联交易

【参考答案】 ABE

【答案解析】 成本加成法一般适用于有形资产使用权或者所有权的转让、资金融通、劳务交易等关联交易。

6. 资本弱化管理中，下列选项应计入企业关联方接受的债权性投资范围的有（　　）。

A. 关联方通过无关联第三方提供的债权性投资

B. 关联方通过关联第三方提供的债权性投资

C. 无关联第三方提供的、由关联方担保且负有连带责任的债权性投资

D. 无关联第三方提供的、由关联方担保且负有一般保证责任的债权性投资

E. 关联方直接借给企业的款项

【参考答案】 ABCE

【答案解析】 企业间接从关联方获得的债权性投资，包括：(1)关联方通过无关联第三方提供的债权性投资；(2)无关联第三方提供的、由关联方担保且负有连带责任的债权性投资；(3)其他间接从关联方获得的具有负债实质的债权性投资。选项 D，不属于企业间接从关联方获得的债权性投资。

7. 根据企业所得税法的相关规定，以下关于关联业务的税务处理正确的有（　　）。

A. 母公司以管理费形式向子公司提取费用，子公司因此支付给母公司的管理费，可以在税前扣除

B. 企业从其关联方接受的债权性投资与权益性投资的比例超过规定标准而发生的利息支出，不得在计算应纳税所得额时扣除

C. 设立在实际税负明显低于 12.5％的国家或地区的受控外国企业并非由于合理的经营需要而对利润不作分配或者减少分配的，上述利润中应归属于该居民企业的部分，不计入该居民企业的当期收入

D. 母公司为其子公司提供各种服务而发生的费用，应按照独立企业之间公平交易原则确定服务的价格，作为企业正常的劳务费用进行税务处理

E. 子公司申报税前扣除向母公司支付的服务费用，不能提供相关资料的，支付的服务费用不得税前扣除

【参考答案】 BDE

【答案解析】 选项 A，母公司以管理费形式向子公司提取费用，子公司因此支付给母公司的管理费，不得在企业所得税税前扣除；选项 C，由居民企业或者由居民企业和中国居民控制的设立在实际税负明显低于 25％的税率水平的国家（地区）的企业，并非由于合理的经营需要而对利润不作分配或者减少分配的，上述利润中应归属于该居民企业的部分，应当计入该居民企业的当期收入。

8. 下列选项中属于关联交易的同期资料管理类型的有（　　）。

A. 本地文档

B. 异地文档

C. 主体文档

D. 特殊事项文档

E. 电子文档

【参考答案】 ACD

【答案解析】《国家税务总局关于完善关联申报和同期资料管理有关事项的公告》(国家税务总局公告2016年第42号):企业应当依据企业所得税法实施条例第一百一十四条的规定,按纳税年度准备并按税务机关要求提供其关联交易的同期资料。同期资料包括主体文档、本地文档和特殊事项文档。

9. 下列关于同期资料管理时限及其他要求的表述中,正确的有(　　)。

A. 年度关联交易总额超过5亿元的企业,应当准备主体文档

B. 企业关联投资比例超过标准比例需要说明符合独立交易原则的,应当准备资本弱化特殊事项文档

C. 同期资料应当加盖企业印章,并由法定代表人或者法定代表人授权的代表签章

D. 企业依照有关规定进行关联申报、提供同期资料及有关资料的,税务机关实施特别纳税调查补征税款时,可以依据《中华人民共和国企业所得税法实施条例》的规定,按照税款所属纳税年度中国人民银行公布的与补税期间同期的人民币贷款基准利率加收利息

【参考答案】 BCD

【答案解析】 选项A,年度关联交易总额超过10亿元的企业,应当准备主体文档。

10. 下列关于国际税收协定的表述,正确的有(　　)。

A. 我国对外签署税收协定主要参考OECD税收协定范本和UN税收协定范本

B. 在中国境内有住所的中国公民和外国侨民,属于我国的个人居民

C. 在股息受益所有人是公司,并直接拥有支付股息公司至少25%资本的情况下,限制税率为10%

D. 若特许权使用费受益所有人是缔约国另一方居民,则所征税款不应超过特许权使用费总额的10%

E. 对于使用或有权使用工业、商业、科学设备而支付的特许权使用费,按支付特许权使用费总额的50%确定税基

【参考答案】 ABD

【答案解析】 选项C,在受益所有人是公司(合伙企业除外),并直接拥有支付股息公司至少25%资本的情况下,不应超过股息总额的5%;其他情况下,不应超过股息总额的10%。选项E,对于使用或有权使用工业、商业、科学设备而支付的特许权使用费,按支付特许权使用费总额的60%确定税基。

11. 下列所得中,属于《中华人民共和国政府和新加坡共和国政府关于对所得避免双重征税和防止偷漏税的协定》中的特许权使用费所得的有(　　)。

A. 缔约国一方居民向我国居民企业因专利违规使用单独收取的侵权赔偿费

B. 我国居民王某向缔约国一方居民提供税务咨询服务取得的报酬

C. 缔约国一方居民向我国居民企业提供商业情报取得的所得

D. 缔约国一方居民向我国居民企业提供专有技术使用权而单独收取的指导费

E. 我国居民企业向缔约国居民出口设备，在产品保证期内提供售后服务取得的报酬

【参考答案】 ACD

【答案解析】 选项BE，单纯货物贸易项下作为售后服务的报酬，产品保证期内卖方为买方提供服务所取得的报酬，专门从事工程、管理、咨询等专业服务的机构或个人提供的相关服务所取得的所得不是特许权使用费，应作为劳务活动所得适用《中华人民共和国政府和新加坡共和国政府关于对所得避免双重征税和防止偷漏税的协定》中营业利润的规定。

三、综合实务题

1. 非居民企业甲在中国境内未设立机构场所，2023年12月与居民企业乙签订一项新型设备销售合同并提供安装、培训服务。该设备净值为300万元，双方在合同中约定乙企业支付甲企业价款合计400万元，未单独列明安装、培训服务的金额。甲企业派遣员工在境内外负责该项业务，但无法提供真实有效的材料证明其在境内外发生的劳务及金额。税务机关对其劳务部分核定征收企业所得税，核定利润率为30%（本题不考虑其他税费）。

要求：根据上述资料，回答下列问题。

（1）下列关于非居民企业应纳税所得额的说法，错误的是（　　）。

A. 特许权使用费所得以收入全额为应纳税所得额

B. 转让财产所得以收入全额为应纳税所得额

C. 租金所得以收入全额为应纳税所得额

D. 股息所得以收入全额为应纳税所得额

【参考答案】 B

【答案解析】 非居民企业应纳税所得额的确认。（1）股息、红利等权益性投资收益和利息、租金、特许权使用费所得，以收入全额为应纳税所得额；（2）转让财产所得，以收入全额减除财产净值后的余额为应纳税所得额；（3）其他所得，参照前两项规定的方法计算应纳税所得额。

选项B，转让财产所得，以收入全额减除财产净值之后的余额作为应纳税所得额。

（2）税务机关对于未单独列明的安装、培训劳务收入采用最低标准进行核定，则核定的劳务收入为（　　）万元。

A. 80　　B. 60　　C. 40　　D. 30

【参考答案】 C

【答案解析】 非居民企业与中国居民企业签订机器设备或货物销售合同，同时提供设备安装、装配、技术培训、指导、监督服务等劳务，未单独列明上述劳务的金额并且无参照标准的，以不低于销售货物合同总价款的10%为原则，确认非居民企业的劳务收

入，所以税务机关应该核定的劳务收入＝400×10％＝40(万元)。

(3)安装、培训劳务收入按照核定征收的方式应缴纳企业所得税是(　　)万元。

A. 3.00　　B. 2.25　　C. 1.20　　D. 0.90

【参考答案】 C

【答案解析】 应纳税所得额＝收入总额×核定的利润率＝40×30％＝12(万元)，所以按照核定征收的方式应缴纳企业所得税＝12×10％＝1.20(万元)。

(4)下列关于乙企业代扣代缴企业所得税的说法，正确的是(　　)。

A. 乙企业应当自合同签订之日起10日内向税务机关办理扣缴税款登记

B. 乙企业代扣代缴的税款应当自代扣之日起10日内缴入国库

C. 乙企业未依法扣缴的，由甲企业在所得发生地缴纳

D. 乙企业应代扣代缴的企业所得税为10万元

【参考答案】 C

【答案解析】 选项A，扣缴义务人乙企业应当自合同签订之日起30日内向其主管税务机关申报办理扣缴税款登记；选项B，乙企业代扣代缴的税款应当自代扣之日起7日内缴入国库；选项C，扣缴义务人未依法扣缴的，非居民企业甲应到所得发生地主管税务机关申报缴纳企业所得税；选项D，乙企业应代扣代缴的企业所得税＝400×10％＝40(万元)。

2. 境外甲公司2021年4月1日对我国境内乙公司投资2 000万元，持有乙公司15％的股权，2021年12月1日又追加投资900万元，增加股权5％。甲公司每年派工作人员入境参加乙公司股权大会和董事会会议，并对乙公司的投资业务提出相关建议。2023年1月3日甲公司与我国境内丙公司签订股权转让协议，将其持有乙公司的股权10％作价1 900万元转让给丙公司。协议约定丙公司分别于2023年4月30日和11月1日支付价款950万元，合同签订当日生效。转让时乙公司未分配利润为200万元。丙公司由于资金周转困难，实际于2023年12月1日一次性支付1 900万元，12月10日完成股权变更手续。

要求：根据上述资料，回答下列问题。

(1)关于甲公司是否构成在中国境内设立机构、场所的判定，下列说法正确的是(　　)。

A. 甲公司不因上述活动而被认定为在中国境内设立机构、场所

B. 甲公司所派人员对乙公司投资业务提出相关建议的行为，构成在中国境内设立机构、场所

C. 甲公司派人参加股东大会的行为，构成在中国境内设立机构、场所

D. 甲公司派人参加董事会会议的行为，构成在中国境内设立机构、场所

【参考答案】 A

【答案解析】 如果派遣企业仅为在接收企业行使股东权利、保障其合法股东权益而派遣人员在中国境内提供劳务的，包括被派遣人员为派遣企业提供对接收企业投资

的有关建议、代表派遣企业参加接收企业股东大会或董事会会议等活动，均不因该活动在接收企业营业场所进行而认定为派遣企业在中国境内设立机构、场所或常设机构。

(2)甲公司确认转让股权收入的时间是(　　)。

A. 股权转让协议的签订日期

B. 完成股权变更手续的日期

C. 协议约定的付款日期

D. 实际收到股权的日期

【参考答案】 B

【答案解析】 非居民企业转让股权，应于合同协议生效且完成股权变更手续时，确认收入实现。

(3)甲公司转让股权的成本为(　　)万元。

A. 1 533.33　　B. 1 568.57　　C. 1 800　　D. 1 450

【参考答案】 D

【答案解析】 甲公司转让股权的成本＝(2 000＋900)÷20%×10%＝1 450(万元)。

(4)甲公司就股权转让应缴纳的企业所得税为(　　)万元。

A. 25　　B. 45　　C. 112.5　　D. 43

【参考答案】 B

【答案解析】 甲公司就股权转让应缴纳的所得税＝(1 900－1 450)×10%＝45(万元)。

3. 甲公司为一家注册在A国的公司。甲公司通过其设在B国的子公司乙公司，在中国境内设立了一家外商投资企业丙公司。乙公司自成立以来不从事任何实质性业务，没有配备资产和人员，也没有取得经营性收入。甲公司及其子公司相关股权架构示意如下，持股比例为100%。

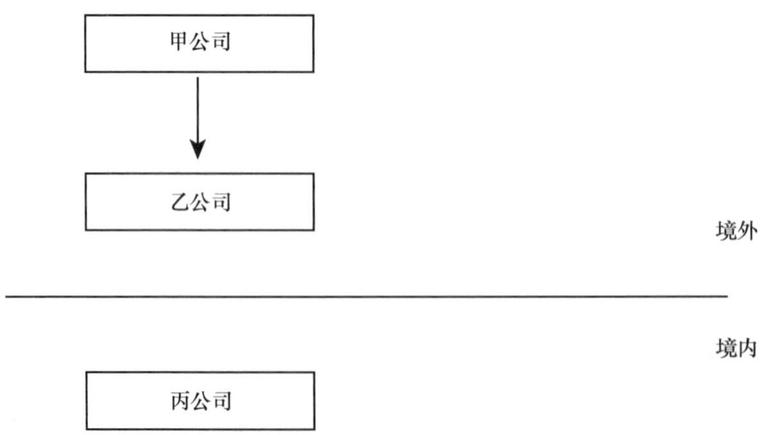

2023年发生了如下业务。

(1)6月5日,丙公司通过乙公司向甲公司分配股息800万元。

(2)8月18日,丙公司向甲公司支付商标使用费950万元。

(3)12月20日,甲公司将乙公司的全部股权转让给另一个中国居民企业丁公司,丁公司向甲公司支付股权转让价款6 000万元。

要求:根据上述资料,回答下列问题,如有计算需计算出合计数。

(1)计算丙公司向乙公司分配股息时应代扣代缴的企业所得税。

(2)计算丙公司向甲公司支付商标使用费应代扣代缴的增值税。

(3)计算丙公司向甲公司支付商标使用费应代扣代缴的企业所得税。

(4)判断甲公司转让乙公司的股权是否需要在中国缴纳企业所得税,并说明理由。

【参考答案及解析】

(1)应代扣代缴的企业所得税=800×10%=80(万元)。

(2)应代扣代缴的增值税=950÷(1+6%)×6%=53.77(万元)。

(3)应代扣代缴的企业所得税=950÷(1+6%)×10%=89.62(万元)。

(4)需要在境内缴纳企业所得税。理由:非居民企业通过实施不具有合理商业目的的安排,间接转让中国居民企业股权等财产,规避企业所得税纳税义务的,应按照《中华人民共和国企业所得税法》的有关规定,重新定性该间接转让交易,确认为直接转让中国居民企业股权等财产,应在中国境内缴纳企业所得税。

4.甲公司为未在我国境内设立机构场所的非居民企业。2023年甲公司发生的与我国境内企业相关的部分业务如下。

(1)1月20日,甲公司向我国境内乙公司投资2 000万元,持有乙公司10%的股权。

(2)3月15日,甲公司委托我国境内丙公司,为其一项境外工程项目提供工程监理服务,合同注明价款为人民币80万元。

(3)6月20日,甲公司为乙公司的一笔借贷资金提供担保服务。该笔借贷资金占乙公司全部借贷资金的20%,取得不含增值税担保费收入20万元(该笔借贷资金来自非金融机构)。

(4)12月30日,乙公司按持股比例向甲公司分派股息10万元。

(其他相关资料:假设1美元折合人民币7元,甲公司在中国境内无常设机构,不考虑税收协定因素)

要求:根据上述资料,回答下列问题,如有计算需计算出合计数。

(1)判断甲公司和乙公司是否构成关联关系,并说明理由。

(2)判断丙公司是否需要缴纳增值税,并说明理由。

(3)判断乙公司支付的担保费是否需要进行税务备案,并说明理由。

(4)计算业务(4)中乙公司应代扣代缴的企业所得税。

【参考答案及解析】

(1)甲公司和乙公司构成关联关系。理由:双方存在持股关系或者同为第三方持股,虽持股比例未达到25%的规定比例,但双方之间借贷资金总额占任一方实收资本比例达到50%以上，或者一方借贷资金总额的10%以上由另一方担保的，双方构成关联关系（与独立金融机构之间的借贷或者担保除外）。甲公司为乙公司的一笔借贷资金提供担保服务，该笔借贷资金占乙公司全部借贷资金的20%。因此，甲公司和乙公司构成关联关系。

（2）不需要缴纳增值税。理由：境内单位提供的工程项目在境外的工程监理服务，免征增值税。

（3）不需要进行税务备案。理由：境内机构和个人向境外单笔支付等值5万美元以上（不含等值5万美元）的外汇资金，除无须进行税务备案的情形外，均应向所在地主管税务机关进行税务备案。5万美元＝5×7＝35（万元人民币），乙公司支付的担保费20万元低于35万元，也就是低于5万美元，所以不需要进行税务备案。

（4）应代扣代缴的企业所得税＝10×10%＝1（万元）。乙公司向甲公司分派股息，甲公司（未在我国设立机构场所的非居民企业）就取得的来源于境内的股息所得，适用10%的预提所得税税率，全额缴纳我国企业所得税，税款由支付方乙公司代扣代缴。由于非保本的股息红利不属于增值税征税范围，所以10万元为不含增值税金额，无须作价税分离。

5. 甲公司为未在我国境内设立机构场所的非居民企业。2023年甲公司发生的与我国境内企业相关的部分业务如下。

（1）1月20日，境内乙公司作出利润分配决定，按20%的持股比例向甲公司分配股利200万元（均为已经实现的留存收益）。甲公司决议将乙公司应分回股利在中国境内直接投资新建居民企业丙（属于国家非禁止外商投资的项目），相关款项直接从乙公司转入丙公司账户。

（2）境内乙公司的生产经营需要甲公司的专利权才能正常运行，2月15日境内乙公司向甲公司支付当年的专利权使用费1 000万元（含税）。

（其他相关资料：甲公司在中国境内无常设机构，不考虑税收协定因素）

要求：根据上述资料，回答下列问题，如有计算需计算出合计数。

（1）判断甲公司和乙公司是否构成关联关系，并说明理由。

（2）说明业务（1）中甲公司取得的股利是否征收预提所得税，并说明理由。

（3）计算业务（2）乙公司应代扣代缴的增值税。

（4）计算业务（2）乙公司应代扣代缴的企业所得税。

【参考答案及解析】

（1）甲公司和乙公司构成关联关系。理由：甲公司对乙公司仅持股20%，未达到25%的标准，但乙公司的生产经营活动必须由甲公司提供专利权才能正常进行，因此双方构成关联关系。

构成关联关系的具体判断理由如下。

①一方直接或间接持有另一方的股份总和达到25%以上；双方直接或间接同为第三方所持有的股份达到25%以上。如果一方通过中间方对另一方间接持有股份，只要

一方对中间方持股比例达到25%以上，则其对另一方的持股比例按中间方对另一方的持股比例计算；两个以上具有夫妻、直系血亲、兄弟姐妹以及其他抚养、赡养关系的自然人共同持股同一企业，在判定关联关系时持股比例合并计算。

②双方存在持股关系或同为第三方持股，虽持股比例未达到第①项规定，但双方之间借贷资金总额占任一方实收资本比例达到50%以上，或一方全部借贷资金总额的10%以上是由另一方担保(独立金融机构除外)。

③双方存在持股关系或同为第三方持股，虽持股比例未达到第①项规定，但一方的生产经营活动必须由另一方提供专利权、非专利技术、商标权、著作权等特许权才能正常进行。

④双方存在持股关系或同为第三方持股，虽持股比例未达到第①项规定，但一方的购买、销售、接受劳务、提供劳务等经营活动由另一方控制。

⑤一方半数以上董事或半数以上高级管理人员由另一方任命或委派，或同时担任另一方的董事或高级管理人员；或双方各自半数以上董事或半数以上高级管理人员同为第三方任命或委派。

⑥具有夫妻、直系血亲、兄弟姐妹以及其他抚养、赡养关系的两个自然人分别与双方具有第①至⑤项关系之一。

⑦双方在实质上具有其他共同利益。仅因国家持股或由国有资产管理部门委派董事、高级管理人员而存在第①至⑤项关系的，不构成此处所说的关联关系。

(2)暂不征收预提所得税。理由：自2018年1月1日起，对境外投资者从中国境内居民企业分配的利润，直接投资于国家非禁止外商投资的项目和领域，凡符合规定条件的，实行递延纳税政策，暂不征收预提所得税。

甲公司分得利润享受上述政策的条件特征：①以分得利润在中国境内投资新建居民企业，属于直接投资；②分得利润属于乙公司已经实现的留存收益；③200万元投资款直接从乙公司账户转入丙公司账户。

直接投资：包括境外投资者以分得利润进行的增资、新建、股权收购等权益性投资行为，但不包括新增、转增、收购上市公司股份(符合条件的战略投资者除外)。具体包括：①新增或转增中国境内居民企业实收资本或资本公积；②在中国境内投资新建居民企业；③从非关联方收购中国境内居民企业股权；④财政部、税务总局规定的其他方式。

(3)业务(2)乙公司应代扣代缴的增值税＝1 000÷(1＋6%)×6%＝56.60(万元)。

(4)企业所得税应纳税额＝应纳税所得额×税率，业务(2)乙公司应代扣代缴的企业所得税＝1 000÷(1＋6%)×10%＝94.34(万元)。

第十二章　企业所得税征收管理

一、纳税地点

《中华人民共和国企业所得税法》和《国家税务总局 财政部 中国人民银行关于非居民企业机构场所汇总缴纳企业所得税有关问题的公告》(国家税务总局公告 2019 年第 12 号)对企业缴纳企业所得税的地点作出了以下规定。

1.除税收法律、行政法规另有规定外,居民企业以企业登记注册地为纳税地点;但登记注册地在境外的,以实际管理机构所在地为纳税地点。企业登记注册地是指企业依照国家有关规定登记注册的住所地。

2.居民企业在中国境内设立不具有法人资格的营业机构的,应当汇总计算并缴纳企业所得税。企业汇总计算并缴纳企业所得税时,应当统一核算应纳税所得额,具体办法由国务院财政、税务主管部门另行制定。

3.非居民企业在中国境内设立机构、场所的,应当就其所设机构、场所取得的来源于中国境内的所得,以及发生在中国境外但与其所设机构、场所有实际联系的所得,以机构、场所所在地为纳税地点。非居民企业在中国境内设立两个或者两个以上机构、场所,符合国务院税务主管部门规定条件的,可以选择由其主要机构、场所汇总缴纳企业所得税。

(1)汇总纳税的非居民企业应在汇总纳税的年度中持续符合下列所有条件。

①汇总纳税的各机构、场所已在所在地主管税务机关办理税务登记,并取得纳税人识别号。

②主要机构、场所符合《中华人民共和国企业所得税法实施条例》第一百二十六条规定,汇总纳税的各机构、场所不得采用核定方式计算缴纳企业所得税。

③汇总纳税的各机构、场所能够按规定准确计算本机构、场所的税款分摊额,并按要求向所在地主管税务机关办理纳税申报。

(2)汇总纳税的各机构、场所实行“统一计算、分级管理、就地预缴、汇总清算、财政调库”的企业所得税征收管理办法。除另有规定外,相关税款计算、税款分摊、缴库或退库地点、缴库或退库比例、征管流程等事项，比照《财政部 国家税务总局中国人民银行关于印发〈跨省市总分机构企业所得税分配及预算管理办法〉的通知》（财预〔2012〕40号）、《财政部 国家税务总局 中国人民银行关于〈跨省市总分机构企业所得税分配及预算管理办法〉的补充通知》（财预〔2012〕453号）、《国家税务总局关于印发〈跨地区经营汇总纳税企业所得税征收管理办法〉的公告》（国家税务总局公告2012年第57号）等适用于居民企业汇总缴纳企业所得税的规定执行。

（3）除下面第（4）项规定外，主要机构、场所比照居民企业总机构就地分摊缴纳企业所得税；被汇总机构、场所比照居民企业分支机构就地分摊缴纳企业所得税。

（4）符合上述第（1）项规定的机构、场所不具有主体生产经营职能，不从纳入汇总缴纳企业所得税的其他机构、场所之外取得营业收入，仅具有内部辅助管理或服务职能的，可以纳入汇总计算缴纳企业所得税的范围，但不就地分摊缴纳企业所得税。

（5）汇总纳税的各机构、场所应在首次办理汇总缴纳企业所得税申报时，向所在地主管税务机关报送以下信息资料。

①主要机构、场所名称及纳税人识别号。

②全部被汇总机构、场所名称及纳税人识别号。

③符合汇总缴纳企业所得税条件的财务会计核算制度安排。

已按上述规定报送的信息资料发生变更的，汇总纳税的各机构、场所应在发生变更后首次办理汇总缴纳企业所得税申报时，向所在地主管税务机关报告变化情况。

（6）除国家税务总局另有规定外，汇总纳税的各机构、场所应按照《中华人民共和国企业所得税法》第五十四条及其他有关规定，分季度预缴和年终汇算清缴企业所得税。

（7）在办理季度预缴申报时，汇总纳税的各机构、场所应向所在地主管税务机关报送以下资料。

①非居民企业所得税申报表。

②季度财务报表（限于按实际利润预缴企业所得税的情形）。

（8）在办理年度汇算清缴申报时，汇总纳税的各机构、场所应向所在地主管税务机关报送以下资料。

①非居民企业所得税申报表。

②年度财务报表。

（9）汇总纳税的各机构、场所主管税务机关对管理的机构、场所按规定负有日常管理和监督检查责任，各主管税务机关之间应及时沟通信息，协调管理。主要机构、场所主管税务机关应在每季度终了和年度汇算清缴期满后30日内，将主要机构、场所申报信息传递给各被汇总机构、场所主管税务机关。各被汇总机构、场所主管税务机关应在每季度终了和年度汇算清缴期满后30日内，将本地被汇总纳税机构、场所申报信息传递给主要机构、场所主管税务机关。

汇总纳税的各机构、场所主管税务机关不得对汇总纳税的各机构、场所同一税务处理事项作出不一致的处理决定。相关主管税务机关就有关处理事项不能达成一致的，报共同上级税务机关决定。

主要机构、场所主管税务机关发现主要机构、场所不具备上述第(1)项规定在征得各被汇总机构、场所主管税务机关同意后，责令其限期改正，逾期不改正的，取消该非居民企业所有机构、场所相关年度企业所得税汇总缴纳方式，并通知各被汇总机构、场所主管税务机关。

被汇总机构、场所主管税务机关发现被汇总机构、场所不具备上述第(1)项规定条件的，在征得主要机构、场所主管税务机关同意后，责令其限期改正，逾期不改正的，取消该被汇总机构、场所相关年度企业所得税汇总缴纳方式，并通知主要机构、场所及其他被汇总机构、场所主管税务机关。

(10)汇总纳税的各机构、场所全部处于同一省、自治区、直辖市或计划单列市税务机关管辖区域内的，该省税务机关在不改变上述第(1)项规定汇总纳税适用条件的前提下，可以按照不增加纳税义务，不减少办税便利的原则规定管理办法。

4. 非居民企业在中国境内未设立机构、场所，或者虽设立机构、场所但取得的所得与其所设机构、场所没有实际联系的，以扣缴义务人所在地为纳税地点。

5. 除国务院另有规定外，企业之间不得合并缴纳企业所得税。

二、纳税期限

《中华人民共和国企业所得税法》、《国家税务总局关于落实小型微利企业所得税优惠政策征管问题的公告》(国家税务总局公告 2023 年第 6 号)、《国家税务总局关于企业所得税年度汇算清缴有关事项的公告》(国家税务总局公告 2021 年第 34 号)对企业所得税的纳税期限作出了如下规定。

企业所得税按纳税年度计算。纳税年度自公历 1 月 1 日起至 12 月 31 日止。企业在一个纳税年度的中间开业，或者由于合并、关闭等原因终止经营活动，使该纳税年度的实际经营期不足十二个月的，应当以其实际经营期为一个纳税年度。企业清算时，应当以清算期间作为一个纳税年度。企业应当自清算结束之日起十五日内，向主管税务机关报送企业所得税纳税申报表，并结清税款。小型微利企业所得税统一实行按季度预缴。

企业应当自年度终了之日起五个月内，向税务机关报送年度企业所得税纳税申报表，并汇算清缴，结清应缴应退税款。企业在年度中间终止经营活动的，应当自实际经营终了之日起六十日内，向税务机关办理当期企业所得税汇算清缴。

2021 年度及以后年度企业所得税汇算清缴，纳税人在纳税年度内预缴企业所得税税款超过汇算清缴应纳税款的，纳税人应及时申请退税，主管税务机关应及时按有关规定办理退税，不再抵缴其下一年度应缴企业所得税税款。

三、纳税申报

企业所得税分月或者分季预缴。企业应当自月份或者季度终了之日起十五日内，向税务机关报送预缴企业所得税纳税申报表，预缴税款。

纳税人12月份或者第四季度的企业所得税预缴纳税申报，应在纳税年度终了后十五日内完成，预缴申报后进行当年企业所得税汇算清缴。

2021年，国家税务总局进一步简化了查账征收企业所得税预缴纳税申报表，修订后的《中华人民共和国企业所得税月(季)度预缴纳税申报表(A类)》自2021年4月1日起施行。同时，企业申报各类优惠事项及扶贫捐赠等特定事项时，根据《企业所得税申报事项目录》中的事项名称填报。

《企业所得税申报事项目录》在国家税务总局网站"纳税服务"栏目另行发布，并根据政策调整情况适时更新。新增的《企业所得税申报事项目录》对预缴申报时允许享受的免税、减计收入、加计扣除优惠事项；所得税减免优惠事项；减免所得税额优惠事项；资产加速折旧、摊销优惠事项及资产一次性扣除等优惠事项进行了分类分项列示，企业在填报预缴申报表及相关附表时可分类别查找具体事项。今后如政策调整，一般不再修订表单，纳税人应根据网站上发布的最新《企业所得税申报事项目录》，选择相应事项填报即可。

企业在报送企业所得税纳税申报表时，应当按照规定附送财务会计报告和其他有关资料。

企业应当在办理注销登记前，就其清算所得向税务机关申报并依法缴纳企业所得税。依照《中华人民共和国企业所得税法》缴纳的企业所得税，以人民币计算。所得以人民币以外的货币计算的，应当折合成人民币计算并缴纳税款。

企业在纳税年度内无论盈利还是亏损，都应当依照《中华人民共和国企业所得税法》第五十四条规定的期限，向税务机关报送预缴企业所得税纳税申报表、年度企业所得税纳税申报表、财务会计报告和税务机关规定应当报送的其他有关资料。

企业所得税汇算清缴，是指纳税人自纳税年度终了之日起五个月内或实际经营终止之日起六十日内，依照税收法律、法规、规章及其他有关企业所得税的规定，自行计算本纳税年度应纳税所得额和应纳所得税额，根据月度或季度预缴企业所得税的数额，确定该纳税年度应补或者应退税额，并填写《中华人民共和国企业所得税年度纳税申报表》，向主管税务机关办理企业所得税年度纳税申报、提供税务机关要求提供的有关资料、结清全年企业所得税税款的行为。

除实行核定定额征收企业所得税的纳税人以外，企业所得税纳税人应当自纳税年度终了之日起五个月内，进行汇算清缴，结清应缴应退企业所得税税款。

纳税人应当按照《中华人民共和国企业所得税法》及其实施条例的有关规定，正确计算应纳税所得额和应纳所得税额，如实、正确填写《中华人民共和国企业所得税年度纳税申报表》及其附表，完整、及时报送相关资料，并对纳税申报的真实性、准确性和完整性负法律责任。

四、跨地区经营汇总纳税企业所得税征收管理

根据《国家税务总局关于印发〈跨地区经营汇总纳税企业所得税征收管理办法〉的公告》(国家税务总局公告 2012 年第 57 号)，自 2013 年 1 月 1 日起，跨地区经营汇总纳税企业所得税征收管理按以下规定执行。

(一)基本原则和适用范围

1. 居民企业在中国境内跨地区(指跨省、自治区、直辖市和计划单列市，下同)设立不具有法人资格的分支机构的，该居民企业为跨地区经营汇总纳税企业(以下简称汇总纳税企业)，除另有规定外，其企业所得税征收管理适用以下规定。

国有邮政企业(包括中国邮政集团公司及其控股公司和直属单位)、中国工商银行股份有限公司、中国农业银行股份有限公司、中国银行股份有限公司、国家开发银行股份有限公司、中国农业发展银行、中国进出口银行、中国投资有限责任公司、中国建设银行股份有限公司、中国建银投资有限责任公司、中国信达资产管理股份有限公司、中国石油天然气股份有限公司、中国石油化工股份有限公司、海洋石油天然气企业包括中国海洋石油总公司、中海石油(中国)有限公司、中海油田服务股份有限公司、海洋石油工程股份有限公司、中国长江电力股份有限公司等企业缴纳的企业所得税(包括滞纳金、罚款)为中央收入，全额上缴中央国库，其企业所得税征收管理不适用上述规定。

铁路运输企业所得税征收管理不适用上述规定。

2. 汇总纳税企业实行“统一计算、分级管理、就地预缴、汇总清算、财政调库”的企业所得税征收管理办法。

(1)统一计算，是指总机构统一计算包括汇总纳税企业所属各个不具有法人资格分支机构在内的全部应纳税所得额、应纳税额。

(2)分级管理，是指总机构、分支机构所在地的主管税务机关都有对当地机构进行企业所得税管理的责任，总机构和分支机构应分别接受机构所在地主管税务机关的管理。

(3)就地预缴，是指总机构、分支机构应按照规定，分月或分季分别向所在地主管税务机关申报预缴企业所得税。

(4)汇总清算，是指在年度终了后，总机构统一计算汇总纳税企业的年度应纳税所得额、应纳所得税额，抵减总机构、分支机构当年已就地分期预缴的企业所得税税款后，多退少补。

(5)财政调库，是指财政部定期将缴入中央国库的汇总纳税企业所得税待分配收入，按照核定的系数调整至地方国库。

3. 总机构和具有主体生产经营职能的二级分支机构，就地分摊缴纳企业所得税。

二级分支机构，是指汇总纳税企业依法设立并领取非法人营业执照（登记证书），且总机构对其财务、业务、人员等直接进行统一核算和管理的分支机构。

4.以下二级分支机构不就地分摊缴纳企业所得税。

（1）不具有主体生产经营职能，且在当地不缴纳增值税的产品售后服务、内部研发、仓储等汇总纳税企业内部辅助性的二级分支机构，不就地分摊缴纳企业所得税。

（2）上年度认定为小型微利企业的，其二级分支机构不就地分摊缴纳企业所得税。

（3）新设立的二级分支机构，设立当年不就地分摊缴纳企业所得税。

（4）当年撤销的二级分支机构，自办理注销税务登记之日所属企业所得税预缴期间起，不就地分摊缴纳企业所得税。

（5）汇总纳税企业在中国境外设立的不具有法人资格的二级分支机构，不就地分摊缴纳企业所得税。

5.根据《中华人民共和国企业所得税法》第五十条的规定，居民企业在中国境内设立不具有法人资格的营业机构的，应当汇总计算并缴纳企业所得税。由于分支机构（包括视同独立纳税人缴税的二级分支机构）不具有法人资格，其经营情况应并入企业总机构，由企业总机构汇总计算应纳税款，并享受相关优惠政策。

（二）税款预缴和汇算清缴

1.汇总纳税企业按照《中华人民共和国企业所得税法》规定汇总计算的企业所得税，包括预缴税款和汇算清缴应缴应退税款，50%在各分支机构间分摊，各分支机构根据分摊税款就地办理缴库或退库；50%由总机构分摊缴纳，其中25%就地办理缴库或退库，25%就地全额缴入中央国库或退库。具体的税款缴库或退库程序按照财预〔2012〕40号文件第五条等相关规定执行。

2.企业所得税分月或者分季预缴，由总机构所在地主管税务机关具体核定。

汇总纳税企业应根据当期实际利润额，按照规定的预缴分摊方法计算总机构和分支机构的企业所得税预缴额，分别由总机构和分支机构就地预缴；在规定期限内按实际利润额预缴有困难的，也可以按照上一年度应纳税所得额的1/12或1/4，按照规定的预缴分摊方法计算总机构和分支机构的企业所得税预缴额，分别由总机构和分支机构就地预缴。预缴方法一经确定，当年度不得变更。

3.总机构应将本期企业应纳所得税额的50%部分，在每月或季度终了后15日内就地申报预缴。总机构应将本期企业应纳所得税额的另外50%部分，按照各分支机构应分摊的比例，在各分支机构之间进行分摊，并及时通知到各分支机构；各分支机构应在每月或季度终了之日起15日内，就其分摊的所得税额就地申报预缴。

分支机构未按税款分配数额预缴所得税造成少缴税款的，主管税务机关应按照《中华人民共和国税收征收管理法》的有关规定对其处罚，并将处罚结果通知总机构所在地主管税务机关。

4.汇总纳税企业预缴申报时，总机构除报送企业所得税预缴申报表和企业当期财务报表外，还应报送汇总纳税企业分支机构所得税分配表和各分支机构上一年度的年度财务报表(或年度财务状况和营业收支情况);分支机构除报送企业所得税预缴申报表(只填列部分项目)外,还应报送经总机构所在地主管税务机关受理的汇总纳税企业分支机构所得税分配表。

在一个纳税年度内,各分支机构上一年度的年度财务报表(或年度财务状况和营业收支情况)原则上只需要报送一次。

5.汇总纳税企业应当自年度终了之日起5个月内,由总机构汇总计算企业年度应纳所得税额,扣除总机构和各分支机构已预缴的税款,计算出应缴应退税款,按照《跨地区经营汇总纳税企业所得税征收管理办法》规定的税款分摊方法计算总机构和分支机构的企业所得税应缴应退税款,分别由总机构和分支机构就地办理税款缴库或退库。

汇总纳税企业在纳税年度内预缴企业所得税税款少于全年应缴企业所得税税款的,应在汇算清缴期内由总、分机构分别结清应缴的企业所得税税款;预缴税款超过应缴税款的,主管税务机关应及时按有关规定分别办理退税。

6.汇总纳税企业汇算清缴时,总机构除报送企业所得税年度纳税申报表和年度财务报表外,还应报送汇总纳税企业分支机构所得税分配表、各分支机构的年度财务报表和各分支机构参与企业年度纳税调整情况的说明;分支机构除报送企业所得税年度纳税申报表(只填列部分项目)外,还应报送经总机构所在地主管税务机关受理的汇总纳税企业分支机构所得税分配表、分支机构的年度财务报表(或年度财务状况和营业收支情况)和分支机构参与企业年度纳税调整情况的说明。

分支机构参与企业年度纳税调整情况的说明,可参照企业所得税年度纳税申报表附表"纳税调整项目明细表"中列明的项目进行说明,涉及需由总机构统一计算调整的项目不进行说明。

7.分支机构未按规定报送经总机构所在地主管税务机关受理的汇总纳税企业分支机构所得税分配表,分支机构所在地主管税务机关应责成该分支机构在申报期内报送,同时提请总机构所在地主管税务机关督促总机构按照规定提供上述分配表;分支机构在申报期内不提供的,由分支机构所在地主管税务机关对分支机构按照《中华人民共和国税收征收管理法》的有关规定予以处罚;属于总机构未向分支机构提供分配表的,分支机构所在地主管税务机关还应提请总机构所在地主管税务机关对总机构按照《中华人民共和国税收征收管理法》的有关规定予以处罚。

(三)总分机构分摊税款的计算

1.总机构按以下公式计算分摊税款:

总机构分摊税款=汇总纳税企业当期应纳所得税额×50%

2.分支机构按以下公式计算分摊税款:

所有分支机构分摊税款总额=汇总纳税企业当期应纳所得税额×50%

某分支机构分摊税款=所有分支机构分摊税款总额×该分支机构分摊比例

3.总机构应按照上年度分支机构的营业收入、职工薪酬和资产总额三个因素计算各分支机构分摊所得税款的比例;三级及以下分支机构,其营业收入、职工薪酬和资产总额统一计入二级分支机构；三因素的权重依次为0.35、0.35、0.30。

计算公式如下：

某分支机构分摊比例＝(该分支机构营业收入÷各分支机构营业收入之和)×0.35＋(该分支机构职工薪酬÷各分支机构职工薪酬之和)×0.35＋(该分支机构资产总额÷各分支机构资产总额之和)×0.30

分支机构分摊比例按上述方法一经确定后，除出现《跨地区经营汇总纳税企业所得税征收管理办法》第五条第(四)项和第十六条第二款、第三款情形外，当年不作调整。

4.总机构设立具有主体生产经营职能的部门(非《跨地区经营汇总纳税企业所得税征收管理办法》第四条规定的二级分支机构)，且该部门的营业收入、职工薪酬和资产总额与管理职能部门分开核算的，可将该部门视同一个二级分支机构，按规定计算分摊并就地缴纳企业所得税；该部门与管理职能部门的营业收入、职工薪酬和资产总额不能分开核算的，该部门不得视同一个二级分支机构，不得按《跨地区经营汇总纳税企业所得税征收管理办法》的规定计算分摊并就地缴纳企业所得税。

汇总纳税企业当年由于重组等原因从其他企业取得重组当年之前已存在的二级分支机构，并作为本企业二级分支机构管理的，该二级分支机构不视同当年新设立的二级分支机构，按《跨地区经营汇总纳税企业所得税征收管理办法》的规定计算分摊并就地缴纳企业所得税。

汇总纳税企业内就地分摊缴纳企业所得税的总机构、二级分支机构之间，发生合并、分立、管理层级变更等形成的新设或存续的二级分支机构，不视同当年新设立的二级分支机构，按《跨地区经营汇总纳税企业所得税征收管理办法》的规定计算分摊并就地缴纳企业所得税。

5.《跨地区经营汇总纳税企业所得税征收管理办法》所称分支机构营业收入，是指分支机构销售商品、提供劳务，让渡资产使用权等日常经营活动实现的全部收入。其中，生产经营企业分支机构营业收入是指生产经营企业分支机构销售商品、提供劳务、让渡资产使用权等取得的全部收入。金融企业分支机构营业收入是指金融企业分支机构取得的利息、手续费、佣金等全部收入。保险企业分支机构营业收入是指保险企业分支机构取得的保费等全部收入。

《跨地区经营汇总纳税企业所得税征收管理办法》所称分支机构职工薪酬，是指分支机构为获得职工提供的服务而给予各种形式的报酬以及其他相关支出。

《跨地区经营汇总纳税企业所得税征收管理办法》所称分支机构资产总额，是指分支机构在经营活动中实际使用的应归属于该分支机构的资产合计额。

《跨地区经营汇总纳税企业所得税征收管理办法》所称上年度分支机构的营业收入、职工薪酬和资产总额，是指分支机构上年度全年的营业收入、职工薪酬数据和上年度12月31日的资产总额数据，是依照国家统一会计制度的规定核算的数据。

一个纳税年度内，总机构首次计算分摊税款时采用的分支机构营业收入、职工薪酬和资产总额数据，与此后经过中国注册会计师审计确认的数据不一致的，不作调整。

6.对于按照税收法律、法规和其他规定，总机构和分支机构处于不同税率地区的，先由总机构统一计算全部应纳税所得额，然后按《跨地区经营汇总纳税企业所得税征收管理办法》第六条规定的比例和按第十五条计算的分摊比例，计算划分不同税率地区机构的应纳税所得额，再分别按各自的适用税率计算应纳税额后加总计算出汇总纳税企业的应纳所得税总额，最后按《跨地区经营汇总纳税企业所得税征收管理办法》第六条规定的比例和按第十五条计算的分摊比例，向总机构和分支机构分摊就地缴纳的企业所得税税款。

7.分支机构所在地主管税务机关应根据经总机构所在地主管税务机关受理的汇总纳税企业分支机构所得税分配表、分支机构的年度财务报表（或年度财务状况和营业收支情况）等，对其主管分支机构计算分摊税款比例的三个因素、计算的分摊税款比例和应分摊缴纳的所得税税款进行查验核对；对查验项目有异议的，应于收到汇总纳税企业分支机构所得税分配表后30日内向企业总机构所在地主管税务机关提出书面复核建议，并附送相关数据资料。

总机构所在地主管税务机关必须于收到复核建议后30日内，对分摊税款的比例进行复核，作出调整或维持原比例的决定，并将复核结果函复分支机构所在地主管税务机关。分支机构所在地主管税务机关应执行总机构所在地主管税务机关的复核决定。

总机构所在地主管税务机关未在规定时间内复核并函复复核结果的，上级税务机关应对总机构所在地主管税务机关按照有关规定进行处理。

复核期间，分支机构应先按总机构确定的分摊比例申报缴纳税款。

8.汇总纳税企业未按照规定准确计算分摊税款，造成总机构与分支机构之间同时存在一方（或几方）多缴另一方（或几方）少缴税款的，其总机构或分支机构分摊缴纳的企业所得税低于按《跨地区经营汇总纳税企业所得税征收管理办法》的规定计算分摊的数额的，应在下一税款缴纳期内，由总机构将按《跨地区经营汇总纳税企业所得税征收管理办法》的规定计算分摊的税款差额分摊到总机构或分支机构补缴；其总机构或分支机构就地缴纳的企业所得税高于按《跨地区经营汇总纳税企业所得税征收管理办法》的规定计算分摊的数额的，应在下一税款缴纳期内，由总机构将按《跨地区经营汇总纳税企业所得税征收管理办法》的规定计算分摊的税款差额从总机构或分支机构的分摊税款中扣减。

（四）日常管理

1.汇总纳税企业总机构和分支机构应依法办理税务登记，接受所在地主管税务机关的监督和管理。

2.总机构应将其所有二级及以下分支机构（包括《跨地区经营汇总纳税企业所得税征收管理办法》第五条规定的分支机构）信息报其所在地主管税务机关备案，内容包括分支机构名称、层级、地址、邮编、纳税人识别号及企业所得税主管税务机关名称、地址、邮编。

分支机构(包括《跨地区经营汇总纳税企业所得税征收管理办法》第五条规定的分支机构)应将其总机构、上级分支机构和下属分支机构信息报其所在地主管税务局备案,内容包括总机构、上级机构和下属分支机构名称、层级、地址、邮编、纳税人识别号及企业所得税主管税务机关名称、地址和邮编。

上述备案信息发生变化的,除另有规定外,应在内容变化后 30 日内报总机构和分支机构所在地主管税务机关备案,并办理变更税务登记。

分支机构注销税务登记后 15 日内,总机构应将分支机构注销情况报所在地主管税务机关备案,并办理变更税务登记。

3. 以总机构名义进行生产经营的非法人分支机构,无法提供汇总纳税企业分支机构所得税分配表,应在预缴申报期内向其所在地主管税务机关报送非法人营业执照(或登记证书)的复印件、由总机构出具的二级及以下分支机构的有效证明和支持有效证明的相关材料(包括总机构拨款证明、总分机构协议或合同、公司章程、管理制度等),证明其二级及以下分支机构身份。

二级及以下分支机构所在地主管税务机关应对二级及以下分支机构进行审核鉴定,对应按(包括《跨地区经营汇总纳税企业所得税征收管理办法》第五条规定的分支机构)规定就地分摊缴纳企业所得税的二级分支机构,应督促其及时就地缴纳企业所得税。

4. 以总机构名义进行生产经营的非法人分支机构,无法提供汇总纳税企业分支机构所得税分配表,也无法提供《跨地区经营汇总纳税企业所得税征收管理办法》第二十三条规定相关证据证明其二级及以下分支机构身份的,应视同独立纳税人计算并就地缴纳企业所得税,不执行该办法的相关规定。

按上款规定视同独立纳税人的分支机构,其独立纳税人身份一个年度内不得变更。

5. 汇总纳税企业发生的资产损失,应按以下规定申报扣除。

(1)总机构及二级分支机构发生的资产损失,除应按专项申报和清单申报的有关规定各自向所在地主管税务机关申报外,二级分支机构还应同时上报总机构;三级及以下分支机构发生的资产损失不需向所在地主管税务机关申报,应并入二级分支机构,由二级分支机构统一申报。

(2)总机构对各分支机构上报的资产损失,除税务机关另有规定外,应以清单申报的形式向所在地主管税务机关申报。

(3)总机构将分支机构所属资产捆绑打包转让所发生的资产损失,由总机构向所在地主管税务机关专项申报。

二级分支机构所在地主管税务机关应对二级分支机构申报扣除的资产损失强化后续管理。

6. 对于按照税收法律、法规和其他规定,由分支机构所在地主管税务机关管理的企业所得税优惠事项,分支机构所在地主管税务机关应加强审批(核)、备案管理,并通过评估、检查和台账管理等手段,加强后续管理。

7. 总机构所在地主管税务机关应加强对汇总纳税企业申报缴纳企业所得税的管

理，可以对企业自行实施税务检查，也可以与二级分支机构所在地主管税务机关联合实施税务检查。

总机构所在地主管税务机关应对查实项目按照《中华人民共和国企业所得税法》的规定统一计算查增的应纳税所得额和应纳税额。

总机构应将查补所得税款（包括滞纳金、罚款，下同）的50%按照《跨地区经营汇总纳税企业所得税征收管理办法》第十五条规定计算的分摊比例，分摊给各分支机构（不包括《跨地区经营汇总纳税企业所得税征收管理办法》第五条规定的分支机构）缴纳，各分支机构根据分摊查补税款就地办理缴库；50%分摊给总机构缴纳，其中25%就地办理缴库，25%就地全额缴入中央国库。具体的税款缴库程序按照财预〔2012〕40号文件第五条等相关规定执行。

汇总纳税企业缴纳查补所得税款时，总机构应向其所在地主管税务机关报送汇总纳税企业分支机构所得税分配表和总机构所在地主管税务机关出具的税务检查结论，各分支机构也应向其所在地主管税务机关报送经总机构所在地主管税务机关受理的汇总纳税企业分支机构所得税分配表和税务检查结论。

8.二级分支机构所在地主管税务机关应配合总机构所在地主管税务机关对其主管二级分支机构实施税务检查，也可以自行对该二级分支机构实施税务检查。

二级分支机构所在地主管税务机关自行对其主管二级分支机构实施税务检查，可对查实项目按照《中华人民共和国企业所得税法》的规定自行计算查增的应纳税所得额和应纳税额。

计算查增的应纳税所得额时，应减除允许弥补的汇总纳税企业以前年度亏损；对于需由总机构统一计算的税前扣除项目，不得由分支机构自行计算调整。

二级分支机构应将查补所得税款的50%分摊给总机构缴纳，其中25%就地办理缴库，25%就地全额缴入中央国库；50%分摊给该二级分支机构就地办理缴库。具体的税款缴库程序按照财预〔2012〕40号文件第五条等相关规定执行。

汇总纳税企业缴纳查补所得税款时，总机构应向其所在地主管税务机关报送经二级分支机构所在地主管税务机关受理的汇总纳税企业分支机构所得税分配表和二级分支机构所在地主管税务机关出具的税务检查结论，二级分支机构也应向其所在地主管税务机关报送汇总纳税企业分支机构所得税分配表和税务检查结论。

9.税务机关应将汇总纳税企业总机构、分支机构的税务登记信息、备案信息、总机构出具的分支机构有效证明情况及分支机构审核鉴定情况、企业所得税月（季）度预缴纳税申报表和年度纳税申报表、汇总纳税企业分支机构所得税分配表、财务报表（或年度财务状况和营业收支情况）、企业所得税款入库情况、资产损失情况、税收优惠情况、各分支机构参与企业年度纳税调整情况的说明、税务检查及查补税款分摊和入库情况等信息，定期分省汇总上传至国家税务总局跨地区经营汇总纳税企业管理信息交换平台。

10.2008年年底之前已成立的汇总纳税企业，2009年起新设立的分支机构，其企业所得税的征管部门应与总机构企业所得税征管部门一致；2009年起新增汇总纳税企业，其分支机构企业所得税的管理部门也应与总机构企业所得税管理部门一致。

11. 根据《国家税务总局关于3项企业所得税事项取消审批后加强后续管理的公告》(国家税务总局公告2015年第6号),自2015年1月1日起,取消"收入全额归属中央的企业下属二级及二级以下分支机构名单的备案审核"的后续管理。

收入全额归属中央的企业(本条简称中央企业)所属二级及二级以下分支机构名单发生变化的,按照以下规定分别向其主管税务机关报送相关资料。

(1)中央企业所属二级分支机构名单发生变化的,中央企业总机构应将调整后情况及分支机构变化情况报送主管税务机关。

(2)中央企业新增二级及以下分支机构的,二级分支机构应将营业执照和总机构出具的其为二级或二级以下分支机构证明文件,在报送企业所得税预缴申报表时,附送其主管税务机关。

新增的三级及以下分支机构,应将营业执照和总机构出具的其为三级或三级以下分支机构证明文件,报送其主管税务机关。

(3)中央企业撤销(注销)二级及以下分支机构的,被撤销分支机构应当按照《中华人民共和国税收征收管理法》规定办理注销手续。二级分支机构应将撤销(注销)二级及以下分支机构情况报送其主管税务机关。

主管税务机关应根据中央企业二级及以下分支机构变更备案情况,及时调整完善税收管理信息。

12. 根据《国家税务总局关于3项企业所得税事项取消审批后加强后续管理的公告》(国家税务总局公告2015年第6号),自2015年1月1日起,取消"汇总纳税企业组织结构变更审核"的后续管理。

汇总纳税企业改变组织结构的,总机构和相关二级分支机构应于组织结构改变后30日内,将组织结构变更情况报告主管税务机关。总机构所在省税务局按照《国家税务总局关于印发〈跨地区经营汇总纳税企业所得税征收管理办法〉的公告》(国家税务总局公告2012年第57号)第二十九条规定,将汇总纳税企业组织结构变更情况上传至企业所得税汇总纳税信息管理系统。

13. 汇总纳税企业不得核定征收企业所得税。

五、合伙企业所得税的征收管理

根据《财政部 国家税务总局关于合伙企业合伙人所得税问题的通知》(财税〔2008〕159号),自2008年1月1日起,合伙企业缴纳的所得税按下列规定处理,此前规定与下列规定有抵触的,以下列规定为准。

1. 合伙企业以每一个合伙人为纳税义务人。合伙企业合伙人是自然人的,缴纳个人所得税;合伙人是法人和其他组织的,缴纳企业所得税。

2. 合伙企业生产经营所得和其他所得采取"先分后税"的原则。具体应纳税所得额的计算按照《财政部 国家税务总局关于个人独资企业和合伙企业投资者征收个人所得税的规定》(财税〔2000〕91号)及《财政部 国家税务总局关于调整个体工商户个人独资企业和合伙企业个人所得税税前扣除标准有关问题的通知》(财税〔2008〕65号)的有关规定执行。

上述生产经营所得和其他所得，包括合伙企业分配给所有合伙人的所得和企业当年留存的所得(利润)。

3.合伙企业的合伙人按照下列原则确定应纳税所得额。

(1)合伙企业的合伙人以合伙企业的生产经营所得和其他所得，按照合伙协议约定的分配比例确定应纳税所得额。

(2)合伙协议未约定或者约定不明确的，以全部生产经营所得和其他所得，按照合伙人协商决定的分配比例确定应纳税所得额。

(3)协商不成的，以全部生产经营所得和其他所得，按照合伙人实缴出资比例确定应纳税所得额。

(4)无法确定出资比例的，以全部生产经营所得和其他所得，按照合伙人数量平均计算每个合伙人的应纳税所得额。

合伙协议不得约定将全部利润分配给部分合伙人。

4.合伙企业的合伙人是法人和其他组织的，合伙人在计算其缴纳企业所得税时，不得用合伙企业的亏损抵减其盈利。

六、境外注册中资控股居民企业所得税的征收管理

(一)境外中资控股居民企业的相关概念

根据《国家税务总局关于印发〈境外注册中资控股居民企业所得税管理办法(试行)〉的公告》(国家税务总局公告2011年第45号)为规范和加强对依据实际管理机构标准被认定为居民企业的境外注册中资控股企业的所得税管理，国家税务总局制定了《境外注册中资控股居民企业所得税管理办法(试行)》，自2011年9月1日起施行。

1.《境外注册中资控股居民企业所得税管理办法(试行)》所称境外注册中资控股企业(以下简称境外中资企业)是指由中国内地企业或者企业集团作为主要控股投资者，在中国内地以外国家或地区(含中国香港、澳门、台湾)注册成立的企业。

2.《境外注册中资控股居民企业所得税管理办法(试行)》所称境外注册中资控股居民企业(以下简称非境内注册居民企业)是指因实际管理机构在中国境内而被认定为中国居民企业的境外注册中资控股企业。

3.非境内注册居民企业应当按照《中华人民共和国企业所得税法》及其实施条例和相关管理规定的要求，履行居民企业所得税纳税义务，并在向非居民企业支付《中华人民共和国企业所得税法》第三条第三款规定的款项时，依法代扣代缴企业所得税。

4.非境内注册居民企业的实际管理机构所在地与境内主要控股投资者所在地一致的，其主管税务机关是指境内主要控股投资者的企业所得税主管税务机关。

(二)居民身份认定管理

1.境外中资企业居民身份的认定,采用企业自行判定提请税务机关认定和税务机关调查发现予以认定两种形式。

2.主管税务机关发现境外中资企业符合《国家税务总局关于境外注册中资控股企业依据实际管理机构标准认定为居民企业有关问题的通知》(国税发〔2009〕82 号)第二条规定但未申请成为中国居民企业的,可以对该境外中资企业的实际管理机构所在地情况进行调查,并要求境外中资企业提供《境外注册中资控股居民企业所得税管理办法(试行)》第七条规定的资料。调查过程中,主管税务机关有权要求该企业的境内投资者提供相关资料。

3.根据《国家税务总局关于依据实际管理机构标准实施居民企业认定有关问题的公告》(国家税务总局公告 2014 年第 9 号),符合国税发〔2009〕82 号文件第二条规定的居民企业认定条件的境外中资企业,须向其中国境内主要投资者登记注册地主管税务机关提出居民企业认定申请,主管税务机关对其居民企业身份进行初步判定后,层报省级税务机关确认。经省级税务机关确认后抄送其境内其他投资地相关省级税务机关,30 日内抄报国家税务总局,由国家税务总局网站统一对外公布。国家税务总局适时开展检查,对不符合条件的,责令纠正。

4.非境内注册居民企业的主管税务机关收到税务总局关于境外中资企业居民身份认定结果后,应当在 10 日内向该企业下达《境外注册中资控股企业居民身份认定书》,通知其从企业居民身份确认年度开始按照我国居民企业所得税管理规定及国家税务总局 2011 年第 45 号公告相关规定办理有关税收事项。

5.非境内注册居民企业发生下列重大变化情形之一的,应当自变化之日起 15 日内报告主管税务机关,主管税务机关应当按照《境外注册中资控股居民企业所得税管理办法(试行)》规定层报国家税务总局确定是否取消其身份。

(1)企业实际管理机构所在地变更为中国境外的。

(2)中方控股投资者转让企业股权,导致中资控股地位发生变化的。

6.税务总局认定终止非境内注册居民企业居民身份的,应当将相关认定结果同时书面告知境内投资者、境内被投资者的主管税务机关。企业应当自主管税务机关书面报告之日起停止履行中国居民企业的所得税纳税义务与扣缴义务,同时停止享受中国居民企业税收待遇。上述主管税务机关应当依法做好减免税款追缴等后续管理工作。

(三)税务登记管理

1.非境内注册居民企业应当自收到居民身份认定书之日起 30 日内向主管税务机关提供以下资料申报办理税务登记,主管税务机关核发临时税务登记证及副本。

(1)居民身份认定书。

(2)境外注册登记证件。

(3)税务机关要求提供的其他资料。

2.非境内注册居民企业经国家税务总局确认终止居民身份的,应当自收到主管税务机关书面通知之日起15日内向主管税务机关申报办理注销税务登记。

3.发生《境外注册中资控股居民企业所得税管理办法(试行)》第四条扣缴义务的非境内注册居民企业应当自扣缴义务发生之日起30日内,向主管税务机关申报办理扣缴税款登记。

(四)账簿凭证管理

1.非境内注册居民企业应当按照中国有关法律、法规和国务院财政、税务主管部门的规定,编制财务、会计报表,并在领取税务登记证件之日起15日内将企业的财务、会计制度或者财务会计、处理办法及有关资料报送主管税务机关备案。

2.非境内注册居民企业存放在中国境内的会计账簿和境内税务机关要求提供的报表资料,应当使用中文。

3.发生扣缴义务的非境内注册居民企业应当设立代扣代缴税款账簿和合同资料档案,准确记录扣缴企业所得税情况。

4.非境内注册居民企业与境内单位或者个人发生交易的,应当按照发票管理办法规定使用发票,发票存根应当保存在中国境内,以备税务机关查验。

(五)申报征收管理

1.非境内注册居民企业按照分季预缴,年度汇算清缴方法申报缴纳所得税。

2.非境内注册居民企业发生终止生产经营或者居民身份变化情形的,应当自停止生产经营之日或者国家税务总局取消其居民企业之日起60日内,向其主管税务机关办理当期企业所得税汇算清缴。

非境内注册居民企业需要申报办理注销税务登记的,应在注销税务登记前,就其清算所得向主管税务机关申报缴纳企业所得税。

3.非境内注册居民企业应当以人民币计算缴纳企业所得税;所得以人民币以外的货币计算的,应当按照《中华人民共和国企业所得税法》及其实施条例有关规定折合成人民币计算并缴纳企业所得税。

4.对非境内注册居民企业未依法履行居民企业所得税纳税义务的,主管税务机关应依据《中华人民共和国税收征收管理法》及其实施细则的有关规定追缴税款、加收滞纳金,并处罚款。

主管税务机关应当在非境内注册居民企业年度申报和汇算清缴结束后两个月内,判定其构成居民身份的条件是否发生实质性变化。对实际管理机构转移至境外或者企业中资控股地位发生变化的,主管税务机关应层报税务总局终止其居民身份。

对于境外中资企业频繁转换企业身份,又无正当理由的,主管税务机关应层报国家税务总局核准后追回其已按居民企业享受的股息免税待遇。

5.主管税务机关应按季度核查非境内注册居民企业向非居民企业支付股息、利息、租金、特许权使用费、转让财产收入及其他收入依法扣缴企业所得税的情况,发现该企业未依法履行相关扣缴义务的,应按照《中华人民共和国税收征收管理法》及其实施细则和《中华人民共和国企业所得税法》及其实施条例等有关规定对其进行处罚,并向非居民企业追缴税款。

（六）特定事项管理

1.非境内注册居民企业取得来源于中国境内的股息、红利等权益性投资收益和利息、租金、特许权使用费所得、转让财产所得以及其他所得，应当向相关支付方出具本企业的《境外注册中资控股企业居民身份认定书》复印件。

相关支付方凭上述复印件不予履行该所得的税款扣缴义务，并在对外支付上述外汇资金时凭该复印件向主管税务机关申请开具相关税务证明。其中涉及个人所得税等其他税种纳税事项的，仍按对外支付税务证明开具的有关规定办理。

根据《国家税务总局关于依据实际管理机构标准实施居民企业认定有关问题的公告》（国家税务总局公告2014年第9号）的规定，境外注册中资控股企业自其被认定为居民企业的年度起，从中国境内其他居民企业取得以前年度（限于2008年1月1日以后）的股息、红利等权益性投资收益，应按照《中华人民共和国企业所得税法》第二十六条及《中华人民共和国企业所得税法实施条例》第十七条、第八十三条的规定处理。

2.非居民企业转让非境内注册居民企业股权所得，属于来源于中国境内所得，被转让的非境内注册居民企业应当自股权转让协议签订之日起30日内，向其主管税务机关报告并提供股权转让合同及相关资料。

3.非境内注册居民企业应当按照《中华人民共和国企业所得税法》及其实施条例以及《国家税务总局关于印发〈特别纳税调整实施办法（试行）〉的通知》（国税发〔2009〕2号）的相关规定，履行关联申报及同期资料准备等义务。

4.境外税务当局拒绝给予非境内注册居民企业税收协定待遇，或者将其认定为所在国家（地区）税收居民的，该企业可按有关规定书面申请启动税务相互协商程序。

主管税务机关受理企业提请协商的申请后，应当及时将申请及有关资料层报税务总局。由税务总局与有关国家（地区）税务当局进行协商。

境外注册中资控股企业居民身份认定书

××税局告（　　）号

____________：

根据《国家税务总局关于确认××公司为境外注册中资控股居民企业的函》（国税函〔　〕号），你公司属于《中华人民共和国企业所得税法》第二条规定的居民企业，应当从____________年度开始，按照我国居民企业所得税管理规定及《境外注册中资控股居民企业所得税管理办法（试行）》的规定办理有关税收事项。

你公司的主管税务机关是____________税务局。

如你公司居民身份认定条件发生变化，应当按照有关规定自变化之日起15日内报告主管税务机关。

联系人：　　　　　　　　　　联系电话：

税务机关（签章）

年　月　日

注：本认定书一式两份，一份送达纳税人，一份由税务机关留存。

七、企业政策性搬迁所得税征收管理

《国家税务总局关于发布〈企业政策性搬迁所得税管理办法〉的公告》(国家税务总局公告2012年第40号)对企业政策性搬迁所得税征收管理作出了如下规定。

(一)企业政策性搬迁

1. 企业政策性搬迁,是指由于社会公共利益的需要,在政府主导下企业进行整体搬迁或部分搬迁。企业由于下列需要之一,提供相关文件证明资料的,属于政策性搬迁。

(1)国防和外交的需要。

(2)由政府组织实施的能源、交通、水利等基础设施的需要。

(3)由政府组织实施的科技、教育、文化、卫生、体育、环境和资源保护、防灾减灾、文物保护、社会福利、市政公用等公共事业的需要。

(4)由政府组织实施的保障性安居工程建设的需要。

(5)由政府依照《中华人民共和国城乡规划法》有关规定组织实施的对危房集中、基础设施落后等地段进行旧城区改建的需要。

(6)法律、行政法规规定的其他公共利益的需要。

2. 企业应按《企业政策性搬迁所得税管理办法》的要求,就政策性搬迁过程中涉及的搬迁收入、搬迁支出,搬迁资产税务处理、搬迁所得等所得税征收管理事项,单独进行税务管理和核算。不能单独进行税务管理和核算的,应视为企业自行搬迁或商业性搬迁等非政策性搬迁进行所得税处理,不得执行《企业政策性搬迁所得税管理办法》规定。

(二)搬迁收入

1. 企业的搬迁收入,包括搬迁过程中从本企业以外(包括政府或其他单位)取得的搬迁补偿收入,以及本企业搬迁资产处置收入等。

2. 企业取得的搬迁补偿收入,是指企业由于搬迁取得的货币性和非货币性补偿收入。具体包括:

(1)对被征用资产价值的补偿。

(2)因搬迁、安置而给予的补偿。

(3)对停产停业形成的损失而给予的补偿。

(4)资产搬迁过程中遭到毁损而取得的保险赔款。

(5)其他补偿收入。

3. 企业搬迁资产处置收入,是指企业由于搬迁而处置企业各类资产所取得的收入。企业由于搬迁处置存货而取得的收入,应按正常经营活动取得的收入进行所得税处理,不作为企业搬迁收入。

(三)搬迁支出

1. 企业的搬迁支出,包括搬迁费用支出以及由于搬迁所发生的企业资产处置支出。

2. 搬迁费用支出,是指企业搬迁期间所发生的各项费用,包括安置职工实际发生的费用、停工期间支付给职工的工资及福利费、临时存放搬迁资产而发生的费用、各类资产搬迁安装费用以及其他与搬迁相关的费用。

3. 资产处置支出，是指企业由于搬迁而处置各类资产所发生的支出，包括变卖及处置各类资产的净值、处置过程中所发生的税费等支出。

企业由于搬迁而报废的资产，如无转让价值，其净值作为企业的资产处置支出。

(四)搬迁资产税务处理

1. 企业搬迁的资产，简单安装或不需要安装即可继续使用的，在该项资产重新投入使用后，就其净值按《中华人民共和国企业所得税法》及其实施条例规定的该资产尚未折旧或摊销的年限，继续计提折旧或摊销。

2. 企业搬迁的资产，需要进行大修理后才能重新使用的，应就该资产的净值，加上大修理过程所发生的支出，为该资产的计税成本。在该项资产重新投入使用后，按该资产尚可使用的年限，计提折旧或摊销。

3. 企业搬迁中被征用的土地，采取土地置换的，换入土地的计税成本按被征用土地的净值，以及该换入土地投入使用前所发生的各项费用支出，为该换入土地的计税成本，在该换入土地投入使用后，按《中华人民共和国企业所得税法》及其实施条例规定年限摊销。

4. 企业搬迁期间新购置的各类资产，应按《中华人民共和国企业所得税法》及其实施条例等有关规定，计算确定资产的计税成本及折旧或摊销年限。企业发生的购置资产支出，不得从搬迁收入中扣除。

(五)应税所得

1. 企业在搬迁期间发生的搬迁收入和搬迁支出，可以暂不计入当期应纳税所得额，而在完成搬迁的年度，对搬迁收入和支出进行汇总清算。

2. 企业的搬迁收入，扣除搬迁支出后的余额，为企业的搬迁所得。

企业应在搬迁完成年度，将搬迁所得计入当年度企业应纳税所得额计算纳税。

3. 下列情形之一的，为搬迁完成年度，企业应进行搬迁清算，计算搬迁所得。

(1)从搬迁开始，5 年内(包括搬迁当年度)任何一年完成搬迁的。

(2)从搬迁开始，搬迁时间满 5 年(包括搬迁当年度)的年度。

4. 企业搬迁收入扣除搬迁支出后为负数的，应为搬迁损失。搬迁损失可在下列方法中选择其一进行税务处理。

(1)在搬迁完成年度，一次性作为损失进行扣除。

(2)自搬迁完成年度起分 3 个年度，均匀在税前扣除。

上述方法由企业自行选择，但一经选定，不得改变。

5. 企业同时符合下列条件的，视为已经完成搬迁。

(1)搬迁规划已基本完成。

(2)当年生产经营收入占规划搬迁前年度生产经营收入 50%以上。

6. 企业边搬迁、边生产的，搬迁年度应从实际开始搬迁的年度计算。

7.企业以前年度发生尚未弥补的亏损的，凡企业由于搬迁停止生产经营无所得的，从搬迁年度次年起，至搬迁完成年度前一年度止，可作为停止生产经营活动年度，从法定亏损结转弥补年限中减除；企业边搬迁、边生产的，其亏损结转年度应连续计算。

（六）征收管理

1.企业应当自搬迁开始年度，至次年5月31日前，向主管税务机关（包括迁出地和迁入地）报送政策性搬迁依据、搬迁规划等相关材料。逾期未报的，除特殊原因并经主管税务机关认可外，按非政策性搬迁处理，不得执行《企业政策性搬迁所得税管理办法》的规定。

2.企业应向主管税务机关报送的政策性搬迁依据、搬迁规划等相关材料，包括：

（1）政府搬迁文件或公告。

（2）搬迁重置总体规划。

（3）拆迁补偿协议。

（4）资产处置计划。

（5）其他与搬迁相关的事项。

3.企业迁出地和迁入地主管税务机关发生变化的，由迁入地主管税务机关负责企业搬迁清算。

4.根据《国家税务总局关于企业所得税年度纳税申报有关事项的公告》（国家税务总局公告2022年第27号），企业搬迁完成当年，向主管税务机关报送企业所得税年度纳税申报表时，不再报送《中华人民共和国企业政策性搬迁清算损益表》。

八、居民企业报告境外投资和所得信息的管理

《国家税务总局关于居民企业报告境外投资和所得信息有关问题的公告》（国家税务总局公告2014年第38号）规定，为规范居民企业境外投资和所得信息报告的内容和方式，根据《中华人民共和国税收征收管理法》及其实施细则、《中华人民共和国企业所得税法》及其实施条例等有关规定，对居民企业报告境外投资和所得信息有关问题作出了如下规定。

1.居民企业成立或参股外国企业，或者处置已持有的外国企业股份或有表决权股份，符合以下情形之一，且按照中国会计制度可确认的，应当在办理企业所得税预缴申报时向主管税务机关填报《居民企业参股外国企业信息报告表》。

（1）在本公告施行之日，居民企业直接或间接持有外国企业股份或有表决权股份达到10%（含）以上。

（2）在本公告施行之日后，居民企业在被投资外国企业中直接或间接持有的股份或有表决权股份自不足10%的状态改变为达到或超过10%的状态。

（3）在本公告施行之日后，居民企业在被投资外国企业中直接或间接持有的股份或有表决权股份自达到或超过10%的状态改变为不足10%的状态。

2. 居民企业在办理企业所得税年度申报时，还应附报以下与境外所得相关的资料信息。

(1)有适用《中华人民共和国企业所得税法》第四十五条情形或者需要适用《特别纳税调整实施办法(试行)》(国税发〔2009〕2 号文件印发)第八十四条规定的居民企业填报《受控外国企业信息报告表》。

(2)纳入《中华人民共和国企业所得税法》第二十四条规定抵免范围的外国企业或符合《中华人民共和国企业所得税法》第四十五条规定的受控外国企业按照中国会计制度编报的年度独立财务报表。

3. 在税务检查(包括纳税评估、税务审计及特别纳税调整调查等)时，主管税务机关可以要求居民企业限期报告与其境外所得相关的必要信息。

4. 居民企业能够提供合理理由，证明确实不能按照规定期限报告境外投资和所得信息的，可以依法向主管税务机关提出延期要求。限制提供相关信息的境外法律规定、商业合同或协议，不构成合理理由。

5. 主管税务机关应当为纳税人报告境外投资和所得信息提供便利，及时受理纳税人报告的各类信息，并依法保密。

6. 居民企业未按照规定报告境外投资和所得信息，经主管税务机关责令限期改正，逾期仍不改正的，主管税务机关可根据《中华人民共和国税收征收管理法》及其实施细则以及其他有关法律法规的规定，按已有信息合理认定相关事实，并据以计算或调整应纳税款。

7. 非居民企业在境内设立机构、场所，取得发生在境外但与其所设机构、场所有实际联系的所得的，参照本公告规定报告相关信息。

8. 本公告自 2014 年 9 月 1 日起施行。在施行之日以前发生，但与施行之日以后应报告信息相关或者属于施行之日以后纳税年度的应报告信息，仍适用本公告。

★习题精练及答案解析

一、单项选择题

1. 下列关于企业所得税纳税地点的表述中，错误的是(　　)。

A. 居民企业在中国境内设立不具有法人资格的营业机构的，应当汇总计算缴纳企业所得税

B. 非居民企业在中国境内设立两个或两个以上机构、场所的，经税务机关审核批准，可以选择由其主要机构、场所汇总缴纳企业所得税

C. 非居民企业在中国境内未设立机构、场所的，以扣缴义务人所在地为纳税地点

D. 非居民企业在中国境内设立机构、场所，但发生在境外与所设机构、场所有实际联系的所得，以扣缴义务人所在地为纳税地点

【参考答案】 D

【答案解析】 选项D，非居民企业在中国境内设立机构、场所，但发生在境外与所设机构、场所有实际联系的所得，以机构、场所所在地为纳税地点。

2. 分支机构注销税务登记后（　　）日内，总机构应将分支机构注销情况报所在地主管税务机关备案，并办理变更税务登记。

A. 10　　B. 15　　C. 20　　D. 30

【参考答案】 B

【答案解析】 根据《国家税务总局关于印发〈跨地区经营汇总纳税企业所得税征收管理办法〉的公告》（国家税务总局公告2012年第57号）第二十二条，分支机构注销税务登记后15日内，总机构应将分支机构注销情况报所在地主管税务机关备案，并办理变更税务登记。

3. 2023年8月，某商贸公司和张某、李某成立合伙企业。根据企业所得税法和个人所得税法的相关规定，下列关于该合伙企业所得税征收管理的说法，错误的是（　　）。

A. 商贸公司需要就合伙所得缴纳企业所得税

B. 商贸公司可使用合伙企业的亏损抵减其盈利

C. 张某、李某需要就合伙所得缴纳个人所得税

D. 合伙企业生产经营所得采取“先分后税”的原则

【参考答案】 B

【答案解析】 合伙企业的合伙人是法人和其他组织的，合伙人在计算缴纳其企业所得税时，不得用合伙企业的亏损抵减其盈利。

4. 根据企业所得税法的相关规定，下列各项收入，不属于搬迁收入的是（　　）。

A. 因搬迁、安置而给予的补偿收入

B. 由于搬迁处置存货而取得的收入

C. 因搬迁停产停业形成的损失而给予的补偿收入

D. 资产搬迁过程中遭到毁损而取得的保险赔款收入

【参考答案】 B

【答案解析】 企业搬迁收入，包括搬迁过程中从本企业以外（包括政府或其他单位）取得的搬迁补偿收入，以及本企业搬迁资产处置收入等。企业取得的搬迁补偿收入，是指企业由于搬迁取得的货币性和非货币性补偿收入。具体包括：①对被征用资产价值的补偿；②因搬迁、安置而给予的补偿；③对停产停业形成的损失而给予的补偿；④资产搬迁过程中遭到毁损而取得的保险赔款；⑤其他补偿收入。企业搬迁资产处置收入，是指企业由于搬迁而处置企业各类资产取得的收入。企业由于搬迁处置存货而取得的收入，应按正常经营活动取得的收入进行所得税处理，不作为企业搬迁收入。

5. 搬迁企业发生的下列各项支出，属于资产处置支出的是（　　）。

A. 临时存放搬迁资产发生的费用

B. 安置职工实际发生的费用

C. 变卖各类资产过程中发生的税费支出

D. 资产搬迁发生的安装费用

【参考答案】 C

【答案解析】 企业的搬迁支出，包括搬迁费用支出以及由于搬迁所发生的企业资产处置支出。资产处置支出，是指企业由于搬迁而处置各类资产所发生的支出，包括变卖及处置各类资产的净值、处置过程中发生的税费等支出。选项 ABD 属于搬迁费用支出。

6. 某居民企业于 2016 年度发生经营亏损，尚未弥补完毕就按照政府的要求在 2021 年 6 月起停产进行政策性搬迁，2021 年 5 月底完成搬迁，则其 2016 年的亏损的最后一个弥补年度是(　　)年。

A. 2020　　B. 2021　　C. 2022　　D. 2023

【参考答案】 C

【答案解析】 企业 2016 年的亏损的 5 年抵亏的期限本应在 2021 年，但是由于企业搬迁停止生产经营无所得，从搬迁的次年即 2020 年起，至搬迁完成年度前一年度(仍为 2020 年)止，可作为停止生产经营活动年度，从法定亏损结转弥补年限中减除。该企业亏损弥补年度为：2017 年、2018 年、2019 年、2021 年、2022 年，故其 2016 年的亏损的最后一个弥补年度是 2022 年。

7. 下列关于企业所得税源泉扣缴的说法，符合税法规定的是(　　)。

A. 扣缴义务人每次代扣的税款应当自代扣之日起 3 日内缴入国库

B. 在境内未设立机构的非居民企业应缴纳的所得税实行源泉扣缴，支付人为扣缴人

C. 在中国从事工程作业的非居民企业应缴纳的所得税实行源泉扣缴，支付人在实际支付款项时扣缴企业所得税

D. 非居民企业拒绝代扣税款的，扣缴义务人应暂停支付全部款项并及时向税务机关报告

【参考答案】 B

【答案解析】 选项 A，扣缴义务人每次代扣的税款，应当自代扣之日起 7 日内缴入国库。选项 C，对非居民企业在中国境内取得工程作业和劳务所得应缴纳的所得税，税务机关可以指定工程价款或者劳务费的支付人为扣缴义务人；税款由扣缴义务人在每次支付或者到期应支付时，从支付或者到期应支付的款项中扣缴，其中到期应支付的款项，是指支付人按照权责发生制原则应当计入相关成本、费用的应付款项。选项 D，非居民企业拒绝代扣税款的，扣缴义务人应当暂停支付相当于非居民企业应纳税额的款项，并在 1 日内向其主管税务机关报告，并报送书面情况说明。

8. 根据企业所得税征收管理的相关规定，非居民企业拒绝代扣税款的，扣缴义务人应当暂停支付相当于非居民企业应纳税款的款项，并在(　　)日之内向其主管税务机关报告，并报送书面情况说明。

A. 1　　B. 3　　C. 5　　D. 10

【参考答案】 A

【答案解析】 非居民企业拒绝代扣税款的，扣缴义务人应当暂停支付相当于非居民企业应纳税款的款项，并在 1 日之内向其主管税务机关报告，并报送书面情况说明。

9. 根据企业所得税法的规定，下列说法不正确的是（　　）。

A. 对非居民企业在中国境内取得工程作业和劳务所得应缴纳的所得税，税务机关可以指定工程价款或劳务费支付人为扣缴义务人

B. 对非居民企业在中国境内未设立机构、场所而有来源于中国境内所得的，以支付人为扣缴义务人

C. 应当扣缴的所得税，扣缴义务人未依法扣缴或无法履行扣缴义务的，由企业在所得发生地缴纳

D. 扣缴义务人每次代扣代缴的税款，应当自代扣之日起 15 日内缴入国库

【参考答案】 D

【答案解析】 扣缴义务人每次代扣代缴的税款，应当自代扣之日起 7 日内缴入国库。

10. 企业所得税扣缴义务人应当自扣缴义务发生之日起（　　）日内向扣缴义务人所在地主管税务机关申报和解缴代扣税款。

A. 5　　B. 7　　C. 10　　D. 15

【参考答案】 B

【答案解析】 扣缴义务人应当自扣缴义务发生之日起 7 日内向扣缴义务人所在地主管税务机关申报和解缴代扣税款。

11. 下列关于企业所得税非居民纳税人的税收政策陈述，正确的是（　　）。

A. 外国企业常驻代表机构的核定利润率不应低于 30%

B. 采取核定征收方式的代表机构，如能建立健全会计账簿，准确计算其应税收入和应纳税所得额，报主管税务机关审批，可调整为据实申报方式

C. 代表机构在季度终了之日起 15 日内向主管税务机关据实申报缴纳企业所得税

D. 非居民企业在境内未设立机构、场所但有来自境内所得，由非居民企业自行申报缴纳企业所得税

【参考答案】 C

【答案解析】 选项 A，外国企业常驻代表机构的核定利润率不应低于 15%；选项 B，采取核定征收方式的代表机构，如能建立健全会计账簿，准确计算其应税收入和应纳税所得额，报主管税务机关备案而非审批，可调整为据实申报方式；选项 D，非居民企业在境内未设立机构、场所但有来自境内所得，以支付所得的一方为扣缴义务人。

二、多项选择题

1. 下列关于企业所得税纳税期限的表述中，正确的有（　　）。

A. 企业清算时，应当以清算期间作为 1 个纳税年度

B. 自年度终了之日起 5 个月内，汇算清缴，结清应缴应退税款

C. 企业所得税的纳税年度，自公历 1 月 1 日起至 12 月 31 日止

D. 企业在一个纳税年度的中间开业，或者由于合并、关闭等原因终止经营活动，使该纳税年度的实际经营期不足 12 个月的，应当以其实际经营期为 1 个纳税年度

E. 自年度终了之日起 4 个月内，汇算清缴，结清应缴应退税款

【参考答案】 ABCD

【答案解析】 选项 E，根据企业所得税法的规定，自年度终了之日起 5 个月内，汇算清缴，结清应缴应退税款。

2. 下列关于非居民企业所得税纳税地点的表述，正确的有（　　）。

A. 非居民企业在中国境内未设立机构、场所的，以扣缴义务人所在地为纳税地点

B. 非居民企业在中国境内设立机构、场所，但取得的所得与其所设机构、场所没有实际联系的，以机构、场所所在地为纳税地点

C. 非居民企业在中国境内设立机构、场所的，其所设机构、场所取得的来源于中国境内的所得，以机构、场所所在地为纳税地点

D. 非居民企业在中国境内设立两个机构、场所，其所设机构、场所取得的来源于中国境内的所得，经税务机关审核批准可以选择由其主要机构、场所汇总缴纳企业所得税

E. 非居民企业在中国境内设立机构、场所的，其发生在中国境外但与其所设机构、场所有实际联系的所得，以机构、场所所在地为纳税地点

【参考答案】 ACDE

【答案解析】 选项 B，非居民企业在中国境内设立机构、场所，但取得的所得与其所设机构、场所没有实际联系的，以扣缴义务人所在地为纳税地点。

3. 根据企业所得税法的有关规定，下列表述正确的有（　　）。

A. 除另有规定外，居民企业以企业登记注册地为纳税地点

B. 居民企业在中国境内设立不具有法人资格的营业机构的，应当汇总计算并缴纳企业所得税

C. 企业清算时，应当以清算期间为一个纳税年度

D. 企业清算的，应当自清算结束之日起 60 日内，向主管税务机关报送企业所得税纳税申报表并结清税款

E. 企业在年度中间终止经营活动的，应当自实际经营终止之日起 60 日内，向税务机关办理当期企业所得税汇算清缴

【参考答案】 ABCE

【答案解析】 选项D,企业清算的,应当自清算结束之日起15日内,向主管税务机关报送企业所得税纳税申报表并结清税款。

4. 跨地区经营汇总纳税企业实行(　　)的企业所得税征收管理办法。

A. 统一计算

B. 分级管理

C. 就地预缴

D. 汇总清算

E. 财政调库

【参考答案】 ABCDE

【答案解析】 根据《国家税务总局关于印发〈跨地区经营汇总纳税企业所得税征收管理办法〉的公告》(国家税务总局公告2012年第57号)第三条的规定,汇总纳税企业实行"统一计算、分级管理,就地预缴、汇总清算、财政调库"的企业所得税征收管理办法。

5. 关于二级分支机构就地分摊缴纳企业所得税,下列表述正确的有(　　)。

A. 上年度认定为小型微利企业的,其二级分支机构不就地分摊缴纳企业所得税

B. 新设立的二级分支机构,设立当年不就地分摊缴纳企业所得税

C. 当年撤销的二级分支机构,自办理注销税务登记之日所属企业所得税预缴期间起不就地分摊缴纳企业所得税

D. 汇总纳税企业在中国境外设立的不具有法人资格的二级分支机构,不就地分摊缴纳企业所得税

E. 不具有主体生产经营职能,且在当地不缴纳增值税、营业税的产品售后服务、内部研发、仓储等汇总纳税企业内部辅助性的二级分支机构,不就地分摊缴纳企业所得税

【参考答案】 ABCDE

【答案解析】 根据《国家税务总局关于印发〈跨地区经营汇总纳税企业所得税征收管理办法〉的公告》(国家税务总局公告2012年第57号)第五条的规定,以下二级分支机构不就地分摊缴纳企业所得税:(1)不具有主体生产经营职能,且在当地不缴纳增值税、营业税的产品售后服务、内部研发、仓储等汇总纳税企业内部辅助性的二级分支机构,不就地分摊缴纳企业所得税。(2)上年度认定为小型微利企业的,其二级分支机构不就地分摊缴纳企业所得税。(3)新设立的二级分支机构,设立当年不就地分摊缴纳企业所得税。(4)当年撤销的二级分支机构,自办理注销税务登记之日所属企业所得税预缴期间起,不就地分摊缴纳企业所得税。(5)汇总纳税企业在中国境外设立的不具有法人资格的二级分支机构,不就地分摊缴纳企业所得税。

6. 关于跨地区经营汇总纳税企业总、分支机构分摊税款的计算,下列表述正确的有(　　)。

A. 总机构分摊税款＝汇总纳税企业当期应纳所得税额×50%

B. 所有分支机构分摊税款总额＝汇总纳税企业当期应纳所得税额×50%

C. 某分支机构分摊税款＝所有分支机构分摊税款总额×该分支机构分摊比例

D. 总机构分摊税款＝汇总纳税企业当期应纳所得税额×25%

E. 所有分支机构分摊税款总额＝汇总纳税企业当期应纳所得税额×25%

【参考答案】 ABC

【答案解析】 根据《国家税务总局关于印发〈跨地区经营汇总纳税企业所得税征收管理办法〉的公告》(国家税务总局公告 2012 年第 57 号)第十三条的规定，总机构按以下公式计算分摊税款：总机构分摊税款＝汇总纳税企业当期应纳税所得税额×50%。第十四条规定，分支机构按以下公式计算分摊税款：所有分支机构分摊税款总额＝汇总纳税企业当期应纳税所得税额×50%。某分支机构分摊税款＝所有分支机构分摊税款总额×该分支机构分摊比例。

7. 根据《跨地区经营汇总纳税企业所得税征收管理办法》的规定，计算各分支机构企业所得税分摊比例，需要考虑的因素有(　　)。

A. 职工薪酬

B. 期间费用

C. 营业收入

D. 资产总额

E. 利润总额

【参考答案】 ACD

【答案解析】 根据《跨地区经营汇总纳税企业所得税征收管理办法》的规定，总机构应按照上年度分支机构的营业收入、职工薪酬和资产总额三个因素计算各分支机构分摊所得税款的比例。

8. 根据企业所得税法的有关规定，下列关于跨地区经营汇总纳税企业的税务处理中，表述正确的有(　　)。

A. 不具有主体生产经营职能且在当地不缴纳增值税的产品售后服务、内部研发、仓储等汇总纳税企业内部辅助性的二级分支机构，不就地分摊缴纳企业所得税

B. 新设立的二级分支机构，自设立当年起就地分摊缴纳企业所得税

C. 当年撤销的二级分支机构，自向工商行政管理机关办理注销登记之日起不就地分摊缴纳企业所得税

D. 上年度认定为小型微利企业的，其二级分支机构不就地分摊缴纳企业所得税

E. 汇总纳税企业在境外设立的不具有法人资格的二级分支机构，不就地分摊缴纳企业所得税

【参考答案】 ADE

【答案解析】 选项 B，新设立的二级分支机构，设立当年不就地分摊缴纳企业所得税。选项 C，当年撤销的二级分支机构，自办理注销税务登记之日所属企业所得税预缴

期间起，不就地分摊缴纳企业所得税。

9. 下列关于合伙企业所得税征收管理的说法，正确的有（　　）。

A. 合伙企业的合伙人以合伙企业的生产经营所得和其他所得，按照合伙协议约定的分配比例确定应纳税所得额

B. 合伙协议未约定或者约定不明确的，以全部生产经营所得和其他所得，按照合伙人协商决定的分配比例确定应纳税所得额

C. 合伙协议可以约定将全部利润分配给部分合伙人

D. 合伙企业的合伙人是法人和其他组织的，合伙人在计算其缴纳企业所得税时，可以用合伙企业的亏损抵减其盈利

E. 合伙企业的合伙人是自然人的，缴纳个人所得税；合伙人是法人和其他组织的，缴纳企业所得税

【参考答案】 ABE

【答案解析】 选项 C，合伙协议不得约定将全部利润分配给部分合伙人；选项 D，合伙企业的合伙人是法人和其他组织的，合伙人在计算其缴纳企业所得税时，不得用合伙企业的亏损抵减其盈利。

10. 下列表述中符合企业政策性搬迁所得税管理办法的有（　　）。

A. 企业在搬迁期间发生的搬迁收入和搬迁支出，可以暂不计入当期应纳税所得额

B. 从搬迁开始，搬迁时间满 5 年的，企业应当进行搬迁清算，计算搬迁所得

C. 企业搬迁期间新购置的各类资产支出，可以直接在搬迁收入中扣除

D. 企业由于搬迁而报废的资产，如无转让价值，其净值作为企业的资产处置支出

E. 企业应当自搬迁开始年度，至次年 6 月 31 日前，向主管税务机关报送搬迁相关资料

【参考答案】 ABD

【答案解析】 选项 C，企业搬迁期间新购置的各类资产，应计算确定资产的计税成本及折旧或摊销年限。企业发生的购置资产支出，不得从搬迁收入中扣除。选项 E，企业应当自搬迁开始年度，至次年 5 月 31 日前，向主管税务机关报送政策性搬迁依据、搬迁规划等相关资料。

11. 根据企业所得税法的相关规定，下列关于企业政策性搬迁所得税的相关处理，说法正确的有（　　）。

A. 企业由于搬迁处置存货而取得的收入，应按正常经营活动取得的收入进行所得税处理，不作为企业搬迁收入

B. 企业在搬迁期间发生的购置资产支出，可以从搬迁收入中扣除

C. 企业在搬迁期间发生的搬迁收入和搬迁支出，可以暂不计入当期应纳税所得额，而在完成搬迁的年度，对搬迁收入和支出进行汇总清算

D. 企业以前年度发生尚未弥补的亏损的，凡企业由于搬迁停止生产经营无所得的，从搬迁年度当年起，至搬迁完成年度前一年度止，可作为停止生产经营活动年

度，从法定亏损结转弥补年限中减除

E. 企业发生政策性搬迁的，迁出地和迁入地主管税务机关发生变化的，由迁入地主管税务机关负责企业搬迁清算

【参考答案】 ACE

【答案解析】 选项 B，企业在搬迁期间发生的购置资产支出，不得从搬迁收入中扣除；选项 D，企业以前年度发生尚未弥补的亏损的，凡企业由于搬迁停止生产经营无所得的，从搬迁年度次年起，至搬迁完成年度前一年度止，可作为停止生产经营活动年度，从法定亏损结转弥补年限中减除。

12. 企业搬迁收入扣除搬迁支出后为负数的，应为搬迁损失。下列属于搬迁损失进行税务处理的方法有（　　）。

A. 在搬迁完成年度，一次性作为损失进行扣除

B. 自搬迁完成年度起分 3 个年度，均匀在税前扣除

C. 自搬迁年度次年起分 3 个年度，均匀在税前扣除

D. 在搬迁完成年度的次年，一次性作为损失进行扣除

E. 搬迁损失不得在税前扣除

【参考答案】 AB

【答案解析】 企业搬迁收入扣除搬迁支出后为负数的，应为搬迁损失。搬迁损失可在下列方法中选择其一进行税务处理：(1)在搬迁完成年度，一次性作为损失进行扣除。(2)自搬迁完成年度起分 3 个年度，均匀在税前扣除。

13. 根据企业所得税法的规定，下列关于政策性搬迁收入的确认表述正确的有（　　）。

A. 对停产停业形成的损失而给予的补偿，应确认为搬迁收入

B. 资产搬迁过程中遭到毁损而取得的保险赔款，应确认为搬迁收入

C. 企业由于搬迁处置存货而取得的收入，应确认为搬迁收入

D. 对被征用资产价值的补偿，应确认为搬迁收入

E. 搬迁收入就是指搬迁过程中从本企业以外取得的搬迁补偿收入，不包括本企业搬迁资产处置收入

【参考答案】 ABD

【答案解析】 选项 C，企业由于搬迁处置存货而取得的收入，应按正常经营活动取得的收入进行所得税处理，不作为企业搬迁收入；选项 E，企业的搬迁收入，包括搬迁过程中从本企业以外(包括政府或其他单位)取得的搬迁补偿收入，以及本企业搬迁资产处置收入等。

14. 下列各项中符合企业所得税源泉扣缴相关规定的有（　　）。

A. 对非居民企业在中国境内虽设立机构、场所但取得的所得与其所设机构、场所没有实际联系的，应缴纳的所得税，实行源泉扣缴，以支付人为扣缴义务人

B. 企业未依法缴纳的，税务机关可以从该企业在中国境内其他收入项目的支付人

应付的款项中，追缴该企业的应纳税款

C. 税务机关在追缴该企业应纳税款时，应当将追缴理由、追缴数额、缴纳期限和缴纳方式等告知该企业

D. 扣缴义务人每次代扣的税款，应当自代扣之日起 7 日内缴入国库，并向所在地的税务机关报送扣缴企业所得税报告表

E. 应当扣缴的所得税，扣缴义务人未依法扣缴或者无法履行扣缴义务的，由企业在扣缴义务人机构所在地缴纳

【参考答案】 ABCD

【答案解析】 选项 E，应当扣缴的所得税，扣缴义务人未依法扣缴或者无法履行扣缴义务的，由企业在所得发生地缴纳。

15. 根据企业所得税法的规定，下列说法不正确的有（　　）。

A. 企业自年度终了之日起 5 个月内，向税务机关报送年度企业所得税纳税申报表，并汇算清缴，结清应缴应退税款

B. 企业在年度中间终止经营活动的，应当自实际经营终止之日起 30 日内，向税务机关办理当期企业所得税汇算清缴

C. 按月或按季预缴的，应当自月份或者季度终了之日起 7 日内，向税务机关报送预缴企业所得税纳税申报表，预缴税款

D. 非居民企业在中国境内未设立机构、场所的，以扣缴义务人所在地为纳税地点

【参考答案】 BC

【答案解析】 选项 B，企业在年度中间终止经营活动的，应当自实际经营终止之日起 60 日内，向税务机关办理当期企业所得税汇算清缴；选项 C，按月或按季预缴的应当自月份或者季度终了之日起 15 日内，向税务机关报送预缴企业所得税纳税申报表，预缴税款。

三、综合实务题

1. 某制造企业为增值税一般纳税人，2023 年度的生产经营情况如下。

（1）当年销售货物实现销售收入 8 000 万元，对应的成本为 5 100 万元。

（2）12 月购入新设备，取得增值税普通发票上注明的金额为 600 万元，当月投入使用。

（3）通过其他业务收入核算转让 5 年以上非独占许可使用权取得收入 700 万元，与之相应的成本及税费为 100 万元。

（4）当年发生管理费用 800 万元，其中含新产品研究开发费用 300 万元（已独立核算管理且未形成无形资产）、业务招待费 80 万元。

（5）当年发生销售费用 1 800 万元，其中含广告费 1 500 万元。

（6）当年发生财务费用 200 万元。

(7)取得国债利息收入150万元,企业债券利息收入280万元。

(8)全年计入成本、费用的实发合理工资总额400万元(含残疾职工工资50万元),实际发生职工福利费120万元,职工教育经费33万元,拨缴工会经费18万元。

(9)当年发生营业外支出共计130万元,其中违约金5万元,税收滞纳金7万元,替高管承担个人所得税15万元。

(10)当年税金及附加科目共列支200万元。

(其他相关资料:各扣除项目均已取得有效凭证,相关优惠已办理必要手续)

要求:根据上述资料,回答下列问题,如有计算需计算出合计数。

(1)判断12月购进新设备的成本能否一次性税前列支,并说明理由。

(2)计算当年的会计利润。

(3)计算业务(3)中转让非独占许可使用权应纳税所得额调整金额。

(4)计算业务(4)中研究开发费及业务招待费应纳税所得额调整金额。

(5)计算业务(5)中广告费应纳税所得额调整金额。

(6)计算业务(7)涉及的应纳税所得额调整金额。

(7)计算业务(8)中工资、职工福利费、工会经费、职工教育经费应纳税所得额调整金额。

(8)计算业务(9)涉及的应纳税所得额调整金额。

(9)计算当年该企业的企业所得税应纳税所得额。

(10)计算当年该企业应缴纳的企业所得税。

【参考答案及解析】

(1)12月购进新设备的成本不能一次性税前列支。理由:根据税法相关规定,企业在2018年1月1日至2023年12月31日期间新购进的设备、器具(除房屋、建筑物以外的固定资产),单位价值不超过500万元的,允许一次性计入当期成本费用在计算应纳税所得额时扣除,不再分年度计算折旧;固定资产在投入使用月份的次月所属年度一次性税前扣除。

(2)当年的会计利润=8 000－5 100＋700－100－800－1 800－200＋150＋280－130－200=800(万元)。

(3)转让非独占许可使用权应调减应纳税所得额=500＋(700－100－500)×50%=550(万元)。

(4)研究开发费用应调减应纳税所得额=300×100%=300(万元),业务招待费扣除限额1=(8 000＋700)×0.5%=43.5(万元),业务招待费扣除限额2=80×60%=48(万元),业务招待费应调增应纳税所得额=80－43.5=36.5(万元),研究开发费及业务招待费共计调减应纳税所得额=300－36.5=263.5(万元)。

(5)广告费扣除限额=(8 000＋700)×15%=1 305(万元),广告费应调增应纳税所得额=1 500－1 305=195(万元)。

(6)业务(7)应调减应纳税所得额150万元。

(7)残疾职工工资应调减应纳税所得额 50 万元。工会经费扣除限额＝400×2%＝8(万元),应调增应纳税所得额＝18－8＝10(万元)。职工福利费扣除限额＝400×14%＝56(万元),应调增应纳税所得额＝120－56＝64(万元)。职工教育经费扣除限额＝400×8%＝32(万元),应调增应纳税所得额＝33－32＝1(万元)。合计应调增应纳税所得额＝－50＋10＋64＋1＝25(万元)。

(8)业务(9)应调增应纳税所得额＝7＋15＝22(万元)。

(9)企业所得税的应纳税所得额＝800－550－300＋36.5＋195－150＋25＋22＝78.5(万元)。

(10)应缴纳的企业所得税＝78.5×25%＝19.63(万元)。

2.某上市公司主要提供信息技术服务,自 2016 年起被认定为高新技术企业。2023 年度取得主营业务收入 48 000 万元、其他业务收入 2 000 万元、营业外收入 1 000 万元、投资收益 500 万元,发生主营业务成本 25 000 万元、其他业务成本 1 000 万元、营业外支出 1 500 万元、税金及附加 4 000 万元、管理费用 3 000 万元、销售费用 10 000 万元、财务费用 1 000 万元,实现年度利润总额 6 000 万元。当年发生的相关具体业务如下。

(1)广告费支出 8 000 万元。

(2)业务招待费支出 350 万元。

(3)实发工资 4 000 万元。

(4)拨缴职工工会经费 150 万元,发生职工福利费 900 万元、职工教育经费 160 万元。

(5)专门用于新产品研发的费用 2 000 万元,独立核算管理(未形成无形资产)。

(6)计提资产减值损失准备金 1 500 万元,该资产减值损失准备金未经税务机关核定。

(7)公司取得的投资收益中包括国债利息收入 200 万元,购买某上市公司股票分得 300 万元,该股票持有 8 个月后卖出。

(8)获得当地政府财政部门补助的具有专项用途的财政资金 500 万元,已取得财政部门正式文件,支出 400 万元。

(9)通过市民政部门捐赠 800 万元用于建造希望小学。

(其他相关资料:各扣除项目均已取得有效凭证,相关优惠已办理必要手续)

要求:根据上述资料,回答下列问题,如有计算需计算出合计数。

(1)计算广告费支出应调整的应纳税所得额。

(2)计算业务招待费支出应调整的应纳税所得额。

(3)计算应计入成本、费用的工资总额。

(4)计算工会经费、职工福利费和职工教育经费应调整的应纳税所得额。

(5)计算研发费用应调整的应纳税所得额。

(6)计算资产减值损失准备金应调整的应纳税所得额,并说明理由。

(7)计算投资收益应调整的应纳税所得额。

(8)计算财政补助资金应调整的应纳税所得额,并说明理由。

(9)计算通过市民政部门捐赠应调整的应纳税所得额。

(10)计算该公司 2023 年应缴纳企业所得税税额。

【参考答案及解析】

(1)广告费支出扣除限额的计算基数=48 000+2 000=50 000(万元),广告费扣除限额=50 000×15%=7 500(万元),广告费应调增应纳税所得额=8 000-7 500=500(万元)。

(2)业务招待费扣除限额 1=50 000×5‰=250(万元),业务招待费扣除限额 2=350×60%=210(万元),业务招待费应调增应纳税所得额=350-210=140(万元)。

(3)计入成本、费用的工资总额=4 000+500×(10-6)=6 000(万元)。

(4)工会经费扣除限额=6 000×2%=120(万元),应调增应纳税所得额=150-120=30(万元)。

职工福利费扣除限额=6 000×14%=840(万元),应调增应纳税所得额=900-840=60(万元)。

职工教育经费扣除限额=6 000×8%=480(万元),无须调整应纳税所得额。

应调增应纳税所得额合计=30+60=90(万元)。

(5)研发费用可加计 100%扣除,应调减应纳税所得额=2 000×100%=2 000(万元)。

(6)资产减值损失准备金应调增应纳税所得额 1 500 万元。理由:企业所得税法规定,未经核定的准备金支出不得扣除。

(7)投资收益应调减应纳税所得额 200 万元。

(8)财政补助应调减应纳税所得额=500-400=100(万元)。

理由:具有专项用途的财政资金属于不征税收入,其形成的支出也不得在税前列支。符合规定的不征税收入要在收入总额中剔除。

(9)捐赠的扣除限额=6 000×12%=720(万元),捐赠应调增应纳税所得额=800-720=80(万元)。

(10)应缴纳企业所得税=(6 000+500+140-2 000+90-2 000+1 500-200-100+80)×15%=601.50(万元)。

下篇

模拟试卷及答案解析

模拟试卷（一）

一、单项选择题（下列各题的备选答案中，只有一个正确选项，请将正确选项的字母填写在括号中，多选、错选、不选均不得分。每小题 1 分，共计 20 分）

1. 根据企业所得税法的规定，以下纳税人适用 25%税率的是（　　）。

A. 在境内未设立机构、场所的非居民企业

B. 在中国境内设立机构、场所且取得所得与其机构、场所有实际联系的非居民企业

C. 在境内虽设立机构、场所但取得所得与其机构、场所没有实际联系的非居民企业

D. 所有的非居民企业

2. 下列关于企业所得税应税收入的确认时间，正确的是（　　）。

A. 销售商品采用托收承付方式的，在办妥托收手续时确认收入的实现

B. 销售货物采用预收款方式的，以收到预收款的时间确认收入的实现

C. 销售商品采用支付手续费方式委托代销的，发出货物 180 天后确认收入的实现

D. 宣传媒介的收费，应根据制作广告的完工进度确认收入的实现

3. 下列关于企业所得税特殊收入的确认，说法不正确的是（　　）。

A. 以分期收款方式销售货物的，按照合同约定的收款日期确认收入的实现

B. 企业受托加工制造大型机械设备，持续时间超过 12 个月的，按照纳税年度内完工进度或者完成的工作量确认收入的实现

C. 采取产品分成方式取得收入的，按照企业分得产品的日期确认收入的实现，其收入额按照产品的公允价值确定

D. 企业发生非货币性资产交换，以及将货物用于在建工程，应当视同销售处理

4. 在计算企业所得税应纳税所得额时，在发生当期准予从收入总额中扣除的是（　　）。

A. 未经核定的准备金支出

B. 税收滞纳金支出

C. 非广告性质的赞助支出

D. 研究开发费用中未形成资产的部分

5. 经认定的某动漫企业，2023 年发放的合理工资总额为 300 万元，实际发放的职工

福利费 45 万元、工会经费 5 万元，已经取得工会拨缴收据，职工教育经费 5 万元。2023 年企业申报所得税时就上述费用应调整应纳税所得额（　　）万元。

A. 3　　B. 10.5　　C. 7.5　　D. 8

6. 某饮料制造企业为增值税一般纳税人。2023 年取得不含税销售收入 20 000 万元，出租闲置的包装物取得不含税租金收入 10 万元，处置废弃的厂房取得处置收入 8 万元。假设该企业 2023 年实际发生广告费 7 000 万元，则 2023 年该企业在计算应纳税所得额时准予扣除的广告费为（　　）万元。

A. 3 000　　B. 3 044.5　　C. 7 000　　D. 6 003

7. 某饮料生产企业 2023 年取得全年产品销售收入 16 700 万元，出租机器设备取得不含税租金收入 330 万元，接受一辆小汽车捐赠，不含税市价 20 万元，从联营企业分回投资收益 300 万元；当年实际发生业务招待费 100 万元。该企业当年准予在企业所得税税前扣除的业务招待费金额是（　　）万元。

A. 85.15　　B. 100　　C. 60　　D. 40

8. 某居民企业 2023 年实现会计利润总额 200 万元，在当年生产经营活动中发生了符合规定的公益性捐赠支出 30 万元。假设当年无其他纳税调整项目，2023 年该企业应缴纳企业所得税（　　）万元。

A. 50.00　　B. 51.50　　C. 57.50　　D. 56.00

9. 甲企业 2023 年 3 月 1 日向乙公司借入经营性资金 500 万元，借款期 1 年，当年支付利息费用 28 万元。假定当年银行同期同类贷款年利息率为 6%，不考虑其他纳税调整事项，则甲企业在计算 2023 年应纳税所得额时，纳税调整金额为（　　）万元。

A. 25　　B. 5　　C. 10　　D. 3

10. 下列无形资产中，可以在企业所得税税前摊销扣除的是（　　）。

A. 自创商誉

B. 与经营活动无关的无形资产

C. 购买用于生产经营的无形资产

D. 自行开发的支出已在计算应纳税所得额时扣除的无形资产

11. 根据企业所得税法的规定，下列选项中，不属于企业股权投资损失确认的相关证据材料的是（　　）。

A. 股权投资计税基础证明材料

B. 被投资企业破产公告、破产清偿文件

C. 市场监督管理部门注销、吊销被投资单位营业执照文件

D. 政府有关部门对投资单位的行政处理决定文件

12. A 公司 2023 年发生财务困难，短期内不能支付已经到期的应付 B 公司账款 700 万元。经双方协商，B 公司同意 A 公司以其生产的产品偿还债务。该产品不含税公允价值为 400 万元，实际成本为 240 万元。A 公司、B 公司均为居民企业且是增值税一般纳税人。按照企业重组的一般性税务处理方法，A 公司该业务应缴纳的企业所得税为

(　　)万元。

A. 107.2　　B. 115　　C. 75　　D. 102

13. 2023 年甲房地产公司采用银行按揭方式销售商品房，为购房者的按揭贷款提供价值 1 500 万元担保。下列关于该担保金税务处理的说法，正确的是(　　)。

A. 可从销售收入中减除　　B. 作为销售费用在税前列支

C. 作为财务费用在税前列支　　D. 实际发生损失时可据实扣除

14. 下列选项中，属于减按 90%计入收入总额计算企业所得税应纳税所得额的是(　　)。

A. 金融机构从保险公司取得的贷款利息收入

B. 金融机构为航空运输业提供保险业务的保费收入

C. 金融机构为远洋运输业提供保险业务的保费收入

D. 企业综合利用资源，生产符合规定的产品所取得的收入

15. 下列关于企业所得税税收优惠的表述，不正确的是(　　)。

A. 坚果的种植享受免征企业所得税的优惠

B. 农产品初加工享受免征企业所得税的优惠

C. 海水养殖享受免征企业所得税的优惠

D. 花卉的种植享受减半征收企业所得税的优惠

16. 某服装生产企业，属于小型微利企业，因无法准确核算成本支出，被税务机关确定为核定征收企业所得税。该企业 2023 年收入总额 300 万元，其中 7 月取得股票转让收入 50 万元，转让成本 30 万元，核定的所得率为 15%。该企业当年应缴纳企业所得税(　　)万元。

A. 9　　B. 4.5　　C. 2.25　　D. 1.125

17. 某企业从事国家非限制和禁止行业，2022 年第一季度资产总额、从业人数符合小型微利企业条件，应纳税所得额为 320 万元。假设该企业不享受其他优惠政策，该企业实际应纳所得税额和减免税额分别为(　　)万元、(　　)万元。

A. 16.5;63.5　　B. 20;50　　C. 87.5;0　　D. 87.5;20

18. 2023 年某居民企业收入总额为 3 000 万元(其中不征税收入 400 万元，符合条件的技术转让收入 900 万元)，各项成本、费用和税金等扣除金额合计 1 800 万元(其中含技术转让准予扣除的金额 200 万元)。2023 年该企业应缴纳企业所得税(　　)万元。

A. 25　　B. 50　　C. 75　　D. 100

19. 甲企业为创业投资企业，2020 年 7 月以股权投资方式向境内未上市的乙企业(中小高新技术企业)投资 2 000 万元。甲企业 2022 年度利润总额为 1 000 万元，2023 年度利润总额为 3 000 万元。假定不考虑其他纳税调整事项，甲企业 2023 年应缴纳的企业所得税为(　　)万元。

A. 0　　B. 350　　C. 650　　D. 750

20. 2023 年 3 月，某公司向一非居民企业(在境内无机构场所)支付利息 26 万元、特

许权使用费 40 万元、不动产价款 120 万元(该不动产的账面净值为 50 万元,位于我国境内),该公司应代扣代缴企业所得税(　　)万元。

A. 13.6　　B. 20.6　　C. 27.2　　D. 41.2

二、多项选择题(下列各题的备选答案中,至少有两个正确选项,请将正确选项的字母填写在括号中,多选、少选、错选、不选均不得分。每小题 2 分,共计 30 分)

1. 根据企业所得税法的相关规定,下列对所得来源地的确定,正确的有(　　)。

A. 销售货物所得,按照机构所在地确定

B. 提供劳务所得,按照劳务发生地确定

C. 不动产转让所得,按照不动产所在地确定

D. 动产转让所得,按照转让动产的企业或者机构、场所所在地确定

E. 股息、红利等权益性投资所得,按照分配所得的企业所在地确定

2. 下列关于企业所得税收入确认的表述,不正确的有(　　)。

A. 宣传媒介的收费,应在相关的广告或商业行为出现于公众面前时确认收入

B. 采用售后回购方式销售商品,以销售商品方式进行融资的,销售的商品按售价确认收入

C. 销售商品涉及现金折扣的,应当按照扣除现金折扣后的金额确认收入

D. 销售商品涉及商业折扣的,应当按照扣除折扣前的金额确认收入,折扣额作为财务费用扣除

E. 销售商品以旧换新的,应当按取得的差价款确认销售商品收入

3. 企业发生的下列资产处置行为应按税法规定视同销售计征企业所得税的有(　　)。

A. 将资产用于对外捐赠

B. 将资产用于交际应酬

C. 将资产用于职工奖励

D. 改变资产性能

E. 改变资产形状

4. 对 100% 直接控制的居民企业之间按照账面净值划转资产,符合特殊性税务处理条件的下列税务处理,正确的有(　　)。

A. 划入方企业取得的被划转资产,应按其账面原值计算折旧扣除

B. 划入方企业取得被划转资产的计税基础以账面原值确定

C. 划入方企业不确认所得

D. 划入方企业取得的被划转资产,应按其账面净值计算折旧扣除

E. 划出方企业不确认所得

5. 根据企业所得税法的规定,税务机关在对工资、薪金进行合理确认时,采用的原则有(　　)。

A. 有关工资、薪金的安排,不以减少或逃避税款为目的

B. 企业制定了较为规范的员工工资、薪金制度

C. 企业在一定时期发放的工资、薪金是相对固定的

D. 企业所制定的工资、薪金低于行业及地区水平

E. 国有性质的企业，超过政府给予的限定数额，超过的部分，不能计入工资薪金总额，但可以在企业所得税前扣除

6. 下列关于保险扣除政策的表述中，正确的有(　　)。

A. 企业职工因公出差发生的人身意外保险费支出，准予企业在计算应纳税所得额时扣除

B. 因公出差发生的人身意外保险费支出不准予企业在计算应纳税所得额时扣除

C. 为本企业特种加工支付的人身安全险及相关保险准予在计算应纳税所得额时扣除

D. “五险一金”准予在计算应纳税所得额时扣除

E. 企业参加财产保险，按照规定缴纳的保险费，准予扣除

7. 下列某机械企业 2023 年 1 月 1 日后购进资产的税务处理，正确的有(　　)。

A. 购进用于生产经营的价值 620 万元的固定资产允许一次性税前扣除

B. 购进用于研发的价值 480 万元的固定资产允许一次性税前扣除

C. 固定资产缩短折旧年限的不能低于规定折旧年限的 60%

D. 购进的固定资产允许采用加速折旧方法

E. 购进的固定资产允许缩短折旧年限

8. 根据企业所得税法的规定，下列选项中，说法不正确的有(　　)。

A. 企业从事国家重点扶持的公共基础设施项目投资经营的所得，自项目取得第一笔生产经营收入所属纳税年度起，实行“三免三减半”政策

B. 企业承包经营、承包建设国家重点扶持的公共基础设施项目的所得，自项目取得第一笔生产经营收入所属纳税年度起，实行“三免三减半”政策

C. 环境保护、节能节水项目的所得，自项目取得第一笔生产经营收入所属纳税年度起，实行“三免三减半”政策

D. 对经济特区和上海浦东新区内在 2012 年完成登记注册的国家重点扶持的高新技术企业，在经济特区和上海浦东新区内取得的所得，自取得第一笔生产经营收入所属纳税年度起，实行“三免三减半”政策

E. 我国境内新办的符合规定的软件生产企业经认定后，在 2017 年 12 月 31 日前自获利年度起，实行“两免三减半”政策

9. 下列利息所得中，免征企业所得税的有(　　)。

A. 外国政府向中国政府提供贷款取得的利息所得

B. 国际金融组织向中国政府提供优惠贷款取得的利息所得

C. 国际金融组织向中国居民企业提供优惠贷款取得的利息所得

D. 外国银行的中国分行向中国居民企业提供贷款取得的利息所得

E. 外国企业向中国政府提供贷款取得的利息所得

10. 国家需要重点扶持的高新技术企业，减按15%税率征收企业所得税。高新技术企业除拥有核心自主知识产权外，还应同时符合的条件有（　　）。

A. 科技人员占企业职工总数的比例不低于规定比例

B. 研究开发费用占销售收入的比例不低于规定比例

C. 来源于境外的所得税占企业应纳税所得总额的一定比例

D. 高新技术产品（服务）收入占企业总收入的比例不低于规定比例

E. 产品（服务）属于《国家重点支持的高新技术领域》规定的范围

11. 根据企业所得税法的规定，下列各项中，说法正确的有（　　）。

A. 对证券投资基金从证券市场中取得买卖股票、债券的差价收入，暂不征收企业所得税

B. 对证券投资基金从证券市场中取得股权的股息、红利等收入，征收企业所得税

C. 对证券投资基金从证券市场中取得债券的利息收入，暂不征收企业所得税

D. 对投资者从证券投资基金分配中取得的收入，减半征收企业所得税

E. 对证券投资基金管理人运用基金买卖股票、债券的差价收入，减半征收企业所得税

12. 企业享受研发费用加计扣除优惠政策采取"（　　）"的办理方式。

A. 真实发生

B. 自行判别

C. 事后备案

D. 申报享受

E. 相关资料留存备查

13. 企业发生下列情形，适用居民企业核定征收企业所得税的有（　　）。

A. 擅自销毁账簿或者拒不提供纳税资料的

B. 依照法律、行政法规的规定可以不设置账簿的

C. 发生纳税义务，未按照规定的期限办理纳税申报的

D. 依照法律、行政法规的规定应当设置但未设置账簿的

E. 虽设置账簿，但成本资料、收入凭证、费用凭证残缺不全，难以查账的

14. 下列属于国际税收合作形式的有（　　）。

A. 情报交换

B. 税务工作人员国际交流与培训

C. 征管互助

D. 对跨国纳税人提供纳税服务

E. 税收网络信息

15. 非居民企业间接转让财产企业所得税处理中，判断合理商业目的，应整体考虑与间接转让中国应税财产交易相关的所有安排，结合实际情况综合分析相关因素。下

列属于应综合分析的相关因素的有(　　)。

A. 境外企业股权次要价值是否直接或间接来自中国应税财产

B. 境外企业资产是否主要由直接或间接在中国境内的投资构成，或其取得的收入是否主要直接或间接来源于中国境内

C. 境外企业及直接或间接持有中国应税财产的下属企业实际履行的功能和承担的风险是否能够证实企业架构具有经济实质

D. 境外企业股东、业务模式及相关组织架构的存续时间

E. 间接转让中国应税财产交易在境外应缴纳所得税情况

三、综合实务题(共5小题，每小题10分，共计50分)

1. 位于北京市区的居民企业甲2023年核算的会计利润为1 600万元。税务师事务所在对甲企业进行纳税审查时发现下列涉税事项：

(1)营业外收入中有技术转让收入800万元，与技术转让有关的成本费用为100万元。

(2)投资收益中含从A国取得税后收益折合人民币(下同)70万元，已按照A国的相关规定缴纳了企业所得税。另从B国取得税后投资收益60万元，已在B国缴纳企业所得税税款。(不考虑预提所得税且该企业采用分国不分项的抵免方法)

(3)甲企业在"十一"黄金周为打折促销，将一批市场不含税价为100万元的商品按八折对外销售，开具发票时将折扣额与销售额在同一张发票"金额"栏上分别注明，已知该商品的成本为20万元。甲企业的账务处理为：

借:主营业务成本　　200 000

　贷:库存商品　　200 000

(4)当年通过当地省级人民政府向贫困地区捐款250万元。

已知:甲企业适用的企业所得税税率为25%，A国的企业所得税税率为30%，B国的企业所得税税率为20%。

要求:根据上述资料，回答下列问题。

(1)甲企业2023年技术转让收入应调减的企业所得税应纳税所得额为多少万元?

(2)甲企业2023年境外所得应在我国补缴企业所得税多少万元?

(3)甲企业2023年应补缴的增值税、城建税和教育费附加合计为多少万元?(不考虑其他税费)

(4)甲企业2023年对外捐赠应调整的企业所得税应纳税所得额为多少万元?(不考虑地方教育附加)

2. 某公司总机构设在我国甲省某大城市，除在该大城市设立具有主体生产经营职能的二级分支机构外，还分别在我国A、B两省省会设有从事具有主体生产经营职能的二级分支机构。该公司实行以实际利润额按季预缴分摊企业所得税的办法，根据2023年第一季度报表得知，公司第一季度取得收入共计36 000万元，发生的税前可扣除的成本费用共计26 020万元，缴纳增值税共计1 800万元。此外，从该公司以前年度报表中

得知甲省分支机构和A、B两省的二级分支机构2023年度有关资料如下：

单位：万元

	营业收入	职工薪酬	资产总额
甲省分支机构	25 600	306	11 600
A省分支机构	38 400	459	19 720
B省分支机构	64 000	765	26 680
合计金额	128 000	1 530	58 000

假设只需考虑城建税和教育费附加，不考虑其他相关税费。

要求：根据上述资料，回答下列问题。

(1)该公司2023年第一季度共计应预缴企业所得税多少万元？

(2)甲省分支机构2023年第一季度应预缴企业所得税多少万元？

(3)A省分支机构2023年第一季度应预缴企业所得税多少万元？

(4)B省分支机构2023年第一季度应预缴企业所得税多少万元？

3.某企业为商业企业，2023年全年经营情况如下。

(1)取得销售收入700万元。

(2)发生销售成本319万元。

(3)发生销售费用170万元(其中广告费100万元)、管理费用200万元(其中业务招待费15万元)、财务费用40万元。

(4)销售相关的税费160万元(含增值税120万元)。

(5)营业外收入50万元，营业外支出20万元(含通过公益性社会团体向生活困难山区捐款10万元，支付税收滞纳金6万元)。

(6)计入成本、费用中的实发工资总额100万元、拨缴职工工会经费3万元、支出职工福利费20万元和职工教育经费9万元，经确认实发工资符合合理性工资规定。

要求：根据上述资料，回答下列问题，如有计算需计算出合计数。

(1)该企业销售费用和管理费用共应调增的应纳税所得额为多少万元？

(2)该企业营业外支出需要调整的数额为多少万元？

(3)该企业"三项经费"应调增的应纳税所得额为多少万元？

(4)该企业应缴纳的企业所得税为多少万元。

4.某家电生产企业为增值税一般纳税人，2021年起被认定为高新技术企业。2023年实现营业收入18 000万元、投资收益1 600万元、其他收益200万元，发生营业成本9 000万元、税金及附加420万元、管理费用1 800万元、销售费用3 000万元、财务费用300万元、营业外支出900万元。2023年度该企业自行计算的会计利润为4 380万元，已预缴企业所得税240万元。2024年4月该企业进行2023年企业所得税汇算清缴时，聘请了某会计师事务所进行审核，发现如下事项。

(1)6月购买新建的地下商铺作为顾客体验空间，取得增值税专用发票注明价款

800 万元、增值税 72 万元。当月交付使用,7 月办理权属登记。该商铺预计使用年限为 20 年,预计净残值为 0,该企业当年未对该商铺计提累计折旧。

(2)为了提高产品的性能与安全度,12 月从国内购入《安全生产专用设备企业所得税优惠目录》中规定的专用设备并投入使用,取得增值税专用发票注明价款 600 万元,增值税 78 万元。

(3)投资收益中含企业从证券投资基金分配中取得的收入 900 万元。

(4)全年计入成本、费用中的实发合理工资总额为 4 000 万元,实际发生职工福利费 600 万元,职工教育经费 340 万元,拨缴工会经费 80 万元。

(5)财务费用中含向境内某企业按约定的金融企业同期同类贷款利率支付混合性投资利息支出 100 万元。

(6)营业外支出中含通过非营利社会团体向贫困山区捐赠的一批产品。该批产品成本价为 290 万元,不含增值税公允价值为 400 万元。该企业的会计处理为:

借:营业外支出　　3 420 000

　贷:库存商品　　2 900 000

　　应交税费——应交增值税(销项税额)　　520 000

(7)销售费用中含广告费 2 800 万元。

(8)管理费用中含新工艺规程制定费 1 500 万元。

(其他相关资料:当地契税税率 5%,房产税计税余值的扣除比例为 20%,商业用途地下建筑房产以原价的 70%作为应税房产原值,各扣除项目均在汇算清缴期取得有效凭证)

要求:根据上述资料,回答下列问题,如有计算需计算出合计数。

(1)计算业务(1)应缴纳的房产税和契税。

(2)简述业务(2)企业购进的安全生产专用设备可享受的税收优惠。

(3)计算业务(3)应调整的应纳税所得额。

(4)计算业务(4)职工福利费、职工教育经费、工会经费应调整的应纳税所得额。

(5)简述业务(5)企业将混合性投资支付的利息确认为利息支出应满足的条件。

(6)计算企业 2023 年度的利润总额以及业务(6)应调整的应纳税所得额。

(7)计算业务(7)广告费应调整的应纳税所得额。

(8)计算业务(8)新工艺规程制定费应调整的应纳税所得额。

(9)计算该企业 2023 年度应补缴的企业所得税。

5. 某信息技术服务企业为增值税一般纳税人,自 2022 年起被认定为技术先进型服务企业。2023 年实现营业收入 17 000 万元、投资收益 180 万元、其他收益 2 800 万元、资产处置收益 600 万元,发生营业成本 3 600 万元、税金及附加 440 万元、管理费用 5 800 万元、销售费用 4 900 万元、财务费用 200 万元、营业外支出 800 万元。2023 年度该企业自行计算的会计利润为 4 840 万元,企业已预缴企业所得税 450 万元。2024 年 4 月该企业进行 2023 年企业所得税汇算清缴时,聘请了某会计师事务所进行审核,发现如下事项。

(1)1月1日租入一间办公室,双方签订的合同中注明:租期三年,不含增值税年租金10万元。当月一次性支付三年租金30万元,全额计入管理费用。该合同未计算缴纳印花税。

(2)5月3日依照法院裁定将其代员工持有的面值200万元的限售股,通过证券登记结算公司变更到实际持有人名下,企业未就该事项确认收入。

(3)12月20日购置门面房作为顾客体验店,取得增值税专用发票注明价款1 000万元、增值税90万元,尚未办理房屋权属登记,未缴纳契税。

(4)其他收益中含增值税进项税额加计抵减额800万元,企业将其计入不征税收入。

(5)"资产处置收益"中含专利技术转让所得480万元,经审核符合技术转让所得优惠条件。

(6)成本费用中含实际发放的合理工资总额2 500万元、发生职工福利费400万元、职工教育经费300万元、拨缴的工会经费40万元,工会经费取得合法票据。

(7)全年投入900万元用于研发新产品,其中600万元形成无形资产,于7月1日取得专利证书并投入使用,该无形资产摊销期限为10年,当年未计提累计摊销。其余300万元支出计入了管理费用。

(8)期间费用中含广告费和业务宣传费2 000万元,业务招待费100万元。

(9)结转上年度未扣除的广告费和业务宣传费500万元。

(其他相关资料:当地契税税率为5%,租赁合同印花税税率为1‰,各扣除项目均在汇算清缴期取得有效凭证)

要求:根据上述资料,回答下列问题,如有计算需计算出合计数。

(1)计算业务(1)应缴纳的印花税及应调整的企业所得税应纳税所得额,租赁费应调整的企业所得税应纳税所得额。

(2)判断业务(2)企业未确认收入的处理是否正确,并说明理由。

(3)计算业务(3)应缴纳的契税,并计算该门面房作为固定资产进行税务处理时应确定的计税基础。

(4)判断业务(4)企业将其作为不征税收入是否正确,并说明理由。

(5)简述技术转让享受减免企业所得税优惠的条件;计算业务(5)应调整的企业所得税应纳税所得额。

(6)计算职工福利费、职工教育经费、工会经费应调整的企业所得税应纳税所得额。

(7)计算业务(7)应调整的企业所得税应纳税所得额。

(8)计算业务招待费应调整的企业所得税应纳税所得额。

(9)计算广告费和业务宣传费应调整的企业所得税应纳税所得额。

(10)计算该企业2023年度应补缴的企业所得税。

模拟试卷（一）答案及解析

一、单项选择题（下列各题的备选答案中，只有一个正确选项，请将正确选项的字母填写在括号中，多选、错选、不选均不得分。每小题1分，共计20分）

1.**【参考答案】** B

【答案解析】 在中国境内设立机构、场所且取得所得与其机构、场所有实际联系的非居民企业适用25%税率。

2.**【参考答案】** A

【答案解析】 选项B，销售货物采用预收款方式的，以发出货物的时间确认收入的实现；选项C，销售商品采用支付手续费方式委托代销的，以收到代销清单的时间确认收入的实现；选项D，宣传媒介的收费，应在相关广告出现于公众面前时确认收入的实现。

3.**【参考答案】** D

【答案解析】 将货物用于在建工程，属于内部移送，不确认收入。

4.**【参考答案】** D

【答案解析】 未经核定的准备金支出，是指不符合国务院财政、税务主管部门规定的各项资产减值准备、风险准备等准备金支出，不得税前扣除；税收滞纳金支出、非广告性质的赞助支出，均不得税前扣除。

5.**【参考答案】** A

【答案解析】 企业发生的职工教育经费支出，不超过工资薪金总额8%的部分，准予在计算企业所得税应纳税所得额时扣除；超过部分，准予在以后纳税年度结转扣除。职工福利费限额＝300×14%＝42(万元)，实际发生了45万元，应调增应纳税所得额3万元。工会经费限额＝300×2%＝6(万元)，实际发生了5万元，不需要调整应纳税所得额。职工教育经费限额＝300×8%＝24(万元)，实际发生了5万元，不需要调整应纳税所得额。

6.**【参考答案】** D

【答案解析】 饮料制造企业，不超过当年销售(营业)收入30%的广告费和业务宣传费支出可以在所得税前扣除。包装物出租收入也是销售(营业)收入的一部分。固定资产处置收入不属于销售(营业)收入。因此,该企业当年可在税前扣除的广告费限额=(20 000+10)×30%=6 003(万元),实际支付的7 000万元大于限额,所以只能扣除6 003万元。

7.**【参考答案】** C

【答案解析】 根据企业所得税法的规定,计算业务招待费扣除限额的基数为销售(营业)收入,包括主营业务收入、其他业务收入和视同销售收入。接受捐赠收入、投资收益不作为计算扣除限额的基数。业务招待费扣除限额=(16 700+330)×5‰=85.15(万元)>100×60%=60(万元),所以税前允许扣除的业务招待费为60万元。

8.**【参考答案】** B

【答案解析】 公益性捐赠支出当年税前扣除限额=200×12%=24(万元),所以捐赠支出纳税调增额=30−24=6(万元)。应缴纳企业所得税=(200+6)×25%=51.50(万元)。

9.**【参考答案】** D

【答案解析】 可以扣除的利息费用=500×6%×10÷12=25(万元)。利息费用调增应纳税所得额=28−25=3(万元)。

10.**【参考答案】** C

【答案解析】 在计算应纳税所得额时,企业按照规定计算的无形资产摊销费用,准予扣除。下列无形资产不得计算摊销费用扣除:(1)自行开发的支出已在计算应纳税所得额时扣除的无形资产;(2)自创商誉;(3)与经营活动无关的无形资产;(4)其他不得计算摊销费用扣除的无形资产。

11.**【参考答案】** D

【答案解析】 选项D,应该是政府有关部门对被投资单位的行政处理决定文件。选项ABC属于企业股权投资损失确认的相关证据材料。

12.**【参考答案】** D

【答案解析】 A公司视同销售货物所得=400−240=160(万元);债务重组利得=700−400−400×13%=248(万元);A公司该业务应缴纳的企业所得税=(160+248)×25%=102(万元)。

13.**【参考答案】** D

【答案解析】 企业采取银行按揭方式销售开发产品,凡约定企业为购买方的按揭贷款提供担保的,其销售开发产品时向银行提供的保证金(担保金)不得从销售收入中减除,也不得作为费用在当期税前扣除,但实际发生损失时可以据实扣除。

14.**【参考答案】** D

【答案解析】 选项D,属于减按90%计入收入总额计算企业所得税应纳税所得额的情形,其他选项没有此优惠规定。

15.**【参考答案】** C

【答案解析】 选项C,海水养殖享受减半征收企业所得税的优惠。

16.【参考答案】 C

【答案解析】 应缴纳企业所得税＝300×15%×25%×20%＝2.25(万元)。

17.【参考答案】 C

【答案解析】 根据《财政部 税务总局关于小微企业和个体工商户所得税优惠政策的公告》(财政部 税务总局公告2023年第6号)的规定，小型微利企业是指从事国家非限制和禁止行业，且同时符合年度应纳税额不超过300万元、从业人数不超过300人、资产总额不超过5 000万元等三个条件的企业。同时，根据《国家税务总局关于落实小型微利企业所得税优惠政策征管问题的公告》(国家税务总局公告2023年第6号)规定，小型微利企业预缴企业所得税时，资产总额、从业人数、年度应纳税所得额指标，暂按当年度截至本期预缴申报所属期末的情况进行判断。该企业第一季度应纳税所得额为350万元，超过300万元，不符合小型微利企业的条件，因此，该企业不可享受小型微利企业所得税优惠政策。同时，该企业又不享受其他优惠政策，实际应纳所得税额＝350×25%＝87.5(万元)，减免税额为0万元。

18.【参考答案】 B

【答案解析】 符合条件的居民企业技术转让所得不超过500万元的部分，免征企业所得税；超过500万元的部分，减半征收企业所得税。应缴纳企业所得税＝[3 000－400－900－(1 800－200)＋(900－200－500)÷2]×25%＝50(万元)。

19.【参考答案】 C

【答案解析】 创业投资企业采取股权投资方式投资于未上市的中小高新技术企业2年以上的，可以按照其投资额的70%在股权持有满2年的当年抵扣该创业投资企业的应纳税所得额；当年不足抵扣的，可以在以后纳税年度结转抵扣。股权投资额的70%＝2 000×70%＝1400(万元)，抵扣2022年度应纳税所得额以后，还有400万元(1 400－1 000)未抵扣完，可以结转到2023年抵扣。甲企业2023年应缴纳的企业所得税＝(3 000－400)×25%＝650(万元)。

20.【参考答案】 A

【答案解析】 非居民企业来源于境内的所得(在境内未设立机构场所或取得的所得与所设的机构场所无实际联系)，实际适用税率10%，该公司应代扣代缴企业所得税＝26×10%＋40×10%＋(120－50)×10%＝13.6(万元)。

二、多项选择题(下列各题的备选答案中，至少有两个正确选项，请将正确选项的字母填写在括号中，多选、少选、错选、不选均不得分。每小题2分，共计30分)

1.【参考答案】 BCDE

【答案解析】 选项A，销售货物所得，按照交易活动发生地确定。

2.【参考答案】 BCDE

【答案解析】 选项B，采用售后回购方式销售商品的，销售的商品按售价确认收入，回购的商品作为购进商品处理。有证据表明不符合销售收入确认条件的，如以销售商品方式进行融资，收到的款项应确认为负债，回购价格大于原售价的，差额应在回购期间确认为利息费用。选项 C，销售商品涉及现金折扣的，应当按扣除现金折扣前的金额确定销售商品收入金额，现金折扣在实际发生时作为财务费用扣除。选项 D，商品销售涉及商业折扣的，应当按照扣除商业折扣后的金额确定销售商品收入金额。选项 E，销售商品以旧换新的，销售商品应当按照销售商品收入确认条件确认收入，回收的商品作为购进商品处理。

3.**【参考答案】** ABC

【答案解析】 根据《国家税务总局关于企业处置资产所得税处理问题的通知》（国税函〔2008〕828）的规定，企业将资产移送他人的下列情形，因资产所有权属已发生改变而不属于内部处置资产，应按规定视同销售确定收入：(1)用于市场推广或销售；(2)用于交际应酬；(3)用于职工奖励或福利；(4)用于股息分配；(5)用于对外捐赠；(6)其他改变资产所有权属的用途。

4.**【参考答案】** CDE

【答案解析】 对 100%直接控制的居民企业之间按照账面净值划转股权或资产，可以选择按以下规定进行特殊性税务处理：(1)划出方企业和划入方企业均不确认所得；(2)划入方企业取得被划转股权或资产的计税基础，以被划转股权或资产的原账面净值确定；(3)划入方企业取得的被划转资产，应按其原账面净值计算折旧扣除。

5.**【参考答案】** ABC

【答案解析】 选项 D，企业所制定的工资、薪金制度符合行业及地区水平。选项 E，属于国有性质的企业，其工资、薪金，不得超过政府有关部门给予的限定数额；超过部分，不得计入企业工资、薪金总额，也不得在计算企业应纳税所得额时扣除。

6.**【参考答案】** ACDE

【答案解析】 选项 B，自 2016 年 1 月 1 日起，企业职工因公出差乘坐交通工具发生的人身意外保险费支出，准予企业在计算应纳税所得额时扣除。

7.**【参考答案】** BCDE

【答案解析】 选项 A，企业在 2018 年 1 月 1 日至 2023 年 12 月 31 日期间新购进的设备、器具，单位价值不超过 500 万元的，允许一次性计入当期成本费用在计算应纳税所得额时扣除，不再分年度计算折旧；单位价值超过 500 万元的，仍按《中华人民共和国企业所得税法实施条例》、《财政部 国家税务总局关于完善固定资产加速折旧企业所得税政策的通知》（财税〔2014〕75 号）、《财政部 国家税务总局关于进一步完善固定资产加速折旧企业所得税政策的通知》（财税〔2015〕106 号）等相关规定执行。上述所称设备、器具，是指除房屋、建筑物以外的固定资产。

8.**【参考答案】** BD

【答案解析】 选项 B，企业承包经营、承包建设和内部自建自用国家重点扶持的公共基础设施项目，不得享受“三免三减半”政策；选项 D，对经济特区和上海浦东新区内在 2008 年 1 月 1 日（含）之后完成登记注册的国家重点扶持的高新技术企业，在经济特区和上海浦东新区内取得的所得，自取得第一笔生产经营收入所属纳税年度起，实行

“两免三减半”政策。

9.**【参考答案】** ABC

【答案解析】 非居民企业取得下列所得免征企业所得税:(1)外国政府向中国政府提供贷款取得的利息所得;(2)国际金融组织向中国政府和居民企业提供优惠贷款取得的利息所得;(3)经国务院批准的其他所得。

10.**【参考答案】** ABDE

【答案解析】 国家重点扶持的高新技术企业,减按15%的税率征收企业所得税;高新技术企业需同时符合以下六个方面的条件:(1)拥有核心自主知识产权;(2)产品(服务)属于《国家重点支持的高新技术领域》规定的范围;(3)研究开发费用占销售收入的比例不低于规定比例;(4)高新技术产品(服务)收入占企业总收入的比例不低于规定比例;(5)科研人员占企业职工总数的比例不低于规定比例;(6)高新技术企业认定管理办法规定的其他条件。

11.**【参考答案】** AC

【答案解析】 选项ABC,对证券投资基金从证券市场中取得买卖股票、债券的差价收入,股权的股息、红利收入,债券的利息收入及其他收入,暂不征收企业所得税;选项D,对投资者从证券投资基金分配中取得的收入,暂不征收企业所得税;选项E,对证券投资基金管理人运用基金买卖股票、债券的差价收入,暂不征收企业所得税。

12.**【参考答案】** ABDE

【答案解析】 根据《国家税务总局 财政部关于优化预缴申报享受研发费用加计扣除政策有关事项的公告》(国家税务总局 财政部公告2023年第11号)第三条,企业享受研发费用加计扣除优惠政策采取“真实发生、自行判别、申报享受、相关资料留存备查”的办理方式,由企业依据实际发生的研发费用支出,自行计算加计扣除金额,填报《中华人民共和国企业所得税月(季)度预缴纳税申报表(A类)》享受税收优惠,并根据享受加计扣除优惠的研发费用情况(上半年或前三季度)填写《研发费用加计扣除优惠明细表》(A107012)。《研发费用加计扣除优惠明细表》(A107012)与规定的其他资料一并留存备查。

13.**【参考答案】** ABDE

【答案解析】 居民企业纳税人具有下列情形之一的,核定征收企业所得税:(1)依照法律、行政法规的规定可以不设置账簿的;(2)依照法律、行政法规的规定应当设置但未设置账簿的;(3)擅自销毁账簿或者拒不提供纳税资料的;(4)虽设置账簿,但账目混乱或者成本资料、收入凭证、费用凭证残缺不全,难以查账的;(5)发生纳税义务,未按规定期限办理纳税申报,税务机关责令限期申报,逾期不申报的;(6)申报计税依据明显偏低,又无正当理由的。

14.**【参考答案】** AC

【答案解析】 国际税收合作的形式主要有情报交换和征管互助。

15.**【参考答案】** BCDE

【答案解析】 选项A,应为境外企业股权主要价值是否直接或间接来自中国应税财产。

三、综合实务题(共5小题,每小题10分,共计50分)

1.【参考答案及解析】

(1)一个纳税年度内,居民企业技术转让所得不超过500万元的部分,免征企业所得税;超过500万元的部分,减半征收企业所得税。技术转让所得=800－100=700(万元),其中500万元免征企业所得税,剩余的200万元减半征收企业所得税,所以应纳税调减=500＋200×50％=600(万元)。

(2)在A国取得的所得抵免限额=70÷(1－30％)×25％=25(万元),已经在A国缴纳企业所得税=70÷(1－30％)×30％=30(万元),超过了抵免限额,所以不需要在我国补税;从B国取得所得的抵免限额=60÷(1－20％)×25％=18.75(万元),在B国缴纳企业所得税=60÷(1－20％)×20％=15(万元),小于抵免限额,所以需要在我国补缴企业所得税=18.75－15=3.75(万元)。

(3)纳税人采取商业折扣方式销售货物,如果销售额和折扣额在同一张发票"金额"栏上分别注明的,可按折扣后的销售额计算缴纳增值税。应补缴增值税=100×80％×13％=10.4(万元),应补缴的城建税和教育费附加=10.4×(7％＋3％)=1.04(万元),应补缴的增值税、城建税和教育费附加合计=10.4＋1.04=11.44(万元)。

(4)该企业"十一"促销没有确认收入,应调整会计利润,确认收入80万元,所以调整后的会计利润=1 600＋80－1.04=1 678.96(万元),捐赠扣除限额=1 678.96×12％=201.48(万元),实际对外捐赠250万元超出扣除限额,应纳税调增=250－201.48=48.52(万元)。

2.【参考答案及解析】

(1)该公司2023年第一季度共计应缴纳城建税和教育费附加=1800×(7％＋3％)=180(万元)。该公司2023年第一季度共计应预缴企业所得税=(36 000－26 020－180)×25％=2 450(万元)。

(2)某分支机构分摊比例=(该分支机构营业收入÷各分支机构营业收入之和)×0.35＋(该分支机构职工薪酬÷各分支机构职工薪酬之和)×0.35＋(该分支机构资产总额÷各分支机构资产总额之和)×0.30。

甲省分支机构2023年第一季度应预缴企业所得税的分摊比例=(25 600÷128 000)×0.35＋(306÷1 530)×0.35＋(11 600÷58 000)×0.30=20％

甲省分支机构2023年第一季度应预缴企业所得税=2 450×50％×20％=245(万元)。

(3)A省分支机构2023年第一季度预缴企业所得税的分摊比例=(38 400÷128 000)×0.35＋(459÷1 530)×0.35＋(19 720÷58 000)×0.30=31.2％

A省分支机构2023年第一季度应预缴企业所得税=2 450×50％×31.2％=382.2(万元)。

(4)B省分支机构2023年第一季度预缴企业所得税的分摊比例=(64 000÷128 000)×0.35+(765÷1 530)×0.35+(26 680÷58 000)×0.3=48.8%

B省分支机构2017年第一季度应预缴企业所得税=2 450×50%×48.8%=597.8(万元)。

3.【参考答案及解析】

(1)该企业广告费和业务宣传费限额=700×15%=105(万元),实际发生了100万元,可以据实扣除。业务招待费扣除限额=700×5‰=3.5(万元)<15×60%=9(万元),业务招待费调增所得额=15-3.5=11.5(万元)。合计调增数额=11.5(万元)。

(2)会计利润总额=700-319-170-200-40-(160-120)+50-20=-39(万元)。因为会计利润是负数,捐赠支出是不可以在税前扣除的,所以需要调整捐赠支出10万元,税收滞纳金不可以税前扣除,因此营业外支出调整额=10+6=16(万元)。

(3)职工工会经费扣除限额=100×2%=2(万元),实际发生3万元,因此应调整的数额为1万元;职工福利费扣除限额=100×14%=14(万元),实际发生20万元,因此应调整的数额为6万元;职工教育经费扣除限额=100×8%=8(万元),实际发生9万元,因此应调整的数额为1万元。合计应调增的应纳税所得的数额=(3-2)+(20-14)+(9-8)=8(万元)。

(4)应纳税所得额=-39+11.5+16+8=-3.5(万元),应缴纳的企业所得税为0元。

4.【参考答案及解析】

(1)应缴纳的房产税=800×(1+5%)×70%×(1-20%)×1.2%×6÷12=2.82(万元)。应缴纳的契税=800×5%=40(万元)。合计=2.82+40=42.82(万元)。

(2)企业购置并实际使用规定的环境保护、节能节水、安全生产等专用设备的,该专用设备的投资额的10%可以从企业当年的应纳税额中抵免;当年不足抵免的,可以在以后5个纳税年度结转抵免。

(3)对投资者从证券投资基金分配中取得的收入暂不征收企业所得税,纳税调减900万元。

(4)①职工福利费扣除限额=4 000×14%=560(万元)<实际发生的600万元,纳税调增=600-560=40(万元)。

②职工教育经费扣除限额=4 000×8%=320(万元)<实际发生的340万元,纳税调增=340-320=20(万元)。

③工会经费扣除限额=4 000×2%=80(万元)=实际拨缴的80万元,无须纳税调整。合计纳税调增=40+20=60(万元)。

(5)混合性投资支付的利息确认为利息支出应满足以下条件。

①被投资企业接受投资后,需要按投资合同或协议约定的利率定期支付利息(或定期支付保底利息、固定利润、固定股息)。

②有明确的投资期限或特定的投资条件,并在投资期满或者满足特定投资条件后,

被投资企业需要赎回投资或偿还本金。

③投资企业对被投资企业净资产不拥有所有权。

④投资企业不具有选举权和被选举权。

⑤投资企业不参与被投资企业日常生产经营活动。

(6)①业务(1)应计提折旧＝(800＋40)÷20×6÷12＝21(万元),利润总额＝4 380－21＝4 359(万元)。

②企业所得税视同销售确认收入400万元、成本290万元,纳税调增＝400－290＝110(万元);企业所得税确认公益性捐赠支出金额＝400＋52＝452(万元),会计上确认的捐赠支出金额为342万元,纳税调减＝452－342＝110(万元);公益性捐赠扣除限额＝4359×12%＝523.08(万元)＞452万元,无须纳税调整。合计纳税调整＝110－110＝0。

(7)广告费扣除限额＝(18 000＋400)×15%＝2 760(万元)＜实际发生的2 800万元,纳税调增＝2 800－2 760＝40(万元)。

(8)新工艺规程制定费应纳税调减＝1 500×100%＝1 500(万元)。

(9)该企业应纳税所得额＝4 359－900＋60－1 500＋40＝2 059(万元)。

被认定为高新技术企业期间,企业所得税执行优惠税率15%。

该企业应补缴的企业所得税＝2 059×15%－600×10%－240＝8.85(万元)。

5.**【参考答案及解析】**

(1)①租赁合同印花税的计税依据为租金总额,应缴纳印花税＝10×3×1‰＝0.03(万元),应调减应纳税所得额0.03万元。②经营性租赁发生的租入固定资产的租赁费支出,根据租赁期限均匀扣除,租赁费应调增应纳税所得额＝30－10＝20(万元)。合计调增应纳税所得额＝20－0.03＝19.97(万元)。

(2)该处理正确。理由:依法院判决、裁定等原因,通过证券登记结算公司,企业将其代持的个人限售股直接变更到实际所有人名下的,不视同转让限售股。

(3)①应缴纳契税＝1 000×5%＝50(万元)。②企业外购的固定资产,以购买价款和支付的相关税费以及直接归属于使该资产达到预定用途发生的其他支出为计税基础。一般纳税人外购不动产作为固定资产且取得增值税专用发票,其进项税额可以抵扣,90万元进项税不计入固定资产计税基础。

该门面房作为固定资产的计税基础＝1 000＋50＝1 050(万元)。

(4)该处理不正确。理由:凡同时符合以下条件的财政性资金,可以作为不征税收入,在计算应纳税所得额时从收入总额中减除:①企业能够提供规定资金专项用途的资金拨付文件;②财政部门或其他拨付资金的政府部门对该资金有专门的资金管理办法或具体管理要求;③企业对该资金以及以该资金发生的支出单独进行核算。因此,增值税加计抵减优惠部分不符合不征税收入的条件,应按规定缴纳企业所得税。

(5)享受减免企业所得税优惠的技术转让应符合以下条件:①享受优惠的技术转让主体是企业所得税法规定的居民企业;②技术转让属于财政部、国家税务总局规定的范围;③境内技术转让经省级以上科技部门认定;④向境外转让技术经省级以上商务部门认定;⑤国务院税务主管部门规定的其他条件。

该企业转让专利技术取得所得480万元,不超过500万元,可全部免征企业所得税。应调减应纳税所得额480万元。

(6)①职工福利费扣除限额=2 500×14%=350(万元)<实际发生额400万元,调增应纳税所得额=400-350=50(万元)。

②职工教育经费扣除限额=2 500×8%=200(万元)<实际发生额300万元,调增应纳税所得额=300-200=100(万元)。

③工会经费扣除限额=2500×2%=50(万元)>实际发生额40万元,无须纳税调整。合计调增应纳税所得额=50+100=150(万元)。

(7)600万元形成无形资产,7月1日投入使用,应从当月起计提摊销费用。当年应补提6个月的摊销费用=600×200%÷10×6÷12=60(万元)。300万元研发费计入管理费用,应调减应纳税所得额=300×100%=300(万元)。合计调减应纳税所得额=60+300=360(万元)。

(8)企业发生的与生产经营活动有关的业务招待费支出,按照实际发生额的60%扣除,但最高不得超过当年销售(营业)收入的5‰。业务招待费支出扣除限额1=100×60%=60(万元)<业务招待费支出扣除限额2=17 000×5‰=85(万元),应调增应纳税所得额=100-60=40(万元)。

(9)企业发生的符合条件的广告费和业务宣传费支出,除另有规定外,不超过当年销售(营业)收入15%的部分,准予扣除;超过部分,准予结转以后纳税年度扣除。广告费和业务宣传费扣除限额=17 000×15%=2 550(万元)>待扣除金额=2 000+500=2 500(万元),可以将当年和上年结存的广告费和业务宣传费全部扣除。应调减应纳税所得额500万元。

(10)该企业当年应纳税所得额=4 840+19.97-480+150-360+40-500=3 709.97(万元)。对经认定的技术先进型服务企业,减按15%的税率征收企业所得税。当年应补缴企业所得税=3 792.47×15%-450=106.5(万元)。

模拟试卷（二）

一、单项选择题（下列各题的备选答案中，只有一个正确选项，请将正确选项的字母填写在括号中，多选、错选、不选均不得分。每小题1分，共计20分）

1. 根据企业所得税法的规定，下列各项中，不属于企业所得税纳税义务人的是（　　）。

A. 国有企业　　　　B. 股份有限公司

C. 个人独资企业　　　　D. 外商投资企业

2. 根据企业所得税法的相关规定，下列有关确定所得来源地的表述中，不正确的是（　　）。

A. 权益性投资资产转让所得，按照投资企业所在地确定

B. 提供劳务所得，按照劳务发生地确定

C. 股息、红利等权益性投资所得，按照分配所得的企业所在地确定

D. 不动产转让所得按照不动产所在地确定

3. 下列关于企业所得税收入确认的表述，不符合规定的是（　　）。

A. 销售商品采用支付手续费方式委托代销的，在收到代销清单时确认收入

B. 为特定客户开发软件的收费，应根据开发的完工进度确认收入

C. 属于提供初始及后续服务的特许权费，在提供服务时确认收入

D. 申请入会收取的会员费，均在取得该会员费时确认收入

4. 某船舶制造企业2023年年初承接大型船舶制造业务，合同约定制造工期为36个月。2023年全年按照完成工作量确认的收入是5 800万元，船东确认的工作量为5 000万元，合同约定船东按照确认工作量的90%支付进度款，实际收到价款4 000万元。该企业该制造业务应确认所得税收入（　　）万元。

A. 4 500　　B. 5 000　　C. 4 000　　D. 5 800

5. 某商场采用买一赠一的方式销售商品，规定以1 500元（不含增值税，下同）购买手机的客户可获赠一个价值200元的电饭锅。2023年该商场一共销售了100部手机，取得收入150 000元。则该商场在计算2023年企业所得税时，应确认手机的销售收入为（　　）元。

A. 132 352.94　　B. 150 000　　C. 170 000　　D. 17 647.06

6. 下列行为中,属于企业所得税法规定的视同销售的是(　　)。

A. 房地产企业将开发的房产用于本企业办公

B. 钢铁企业将自产的钢材用于修建本企业厂房

C. 白酒企业将自产的基酒用于连续生产白酒

D. 化妆品生产企业将自产的化妆品用于广告宣传

7. 县级人民政府将国有非货币性资产明确以股权投资方式投入企业,企业应作为资本公积处理。该非货币性资产的计税基础为(　　)。

A. 该资产的公允价值　　B. 双方协商价值

C. 政府确定的接收价值　　D. 该资产的账面净值

8. 根据企业所得税法的相关规定,下列各项中,在计算应纳税所得额时可以税前扣除的项目是(　　)。

A. 非广告性质的赞助支出　　B. 被司法机关处以的罚金

C. 向投资者支付的股息　　D. 银行企业内营业机构之间支付的利息

9. 某电路生产企业 2023 年发放正式工工资 230 万元,季节工工资 20 万元,临时工工资 10 元,实发的职工培训费为 5 万元,其他职工教育费用 7 万元。该企业所得税税前可扣除的职工教育经费总额是(　　)万元。

A. 20.8　　B. 25.25　　C. 25.8　　D. 12

10. 某企业 2023 年支付如下费用:合同工工资 105 万元,实习生工资 20 万元,返聘离休人员工资 30 万元,劳务派遣公司用工费 40 万元。2023 年该企业计算企业所得税时允许扣除的职工工会经费限额是(　　)万元。

A. 3.9　　B. 3.1　　C. 2.5　　D. 2.1

11. 某白酒制造企业 2023 年取得收入 4 000 万元,向广告公司支出广告费用 500 万元,广告已经制作且取得广告公司发票;2021 年、2022 年企业结转至本年扣除的广告费用分别为 55 万元和 105 万元。该企业计算 2023 年企业所得税时可以扣除广告费用(　　)万元。

A. 500　　B. 605　　C. 660　　D. 600

12. 根据企业所得税法的相关规定,一般情况下无形资产摊销年限不得低于(　　)年。

A. 3　　B. 5　　C. 7　　D. 10

13. 下列应收账款损失,如已说明情况出具专项报告并在会计上已作为损失处理的,可以在企业所得税税前扣除的是(　　)。

A. 逾期 3 年的 20 万元应收账款损失

B. 相当于企业年度收入千分之一的应收账款损失

C. 逾期 2 年的 10 万元应收账款损失

D. 逾期 1 年的 10 万元应收账款损失

14. 2023 年 8 月甲企业以吸收方式合并乙企业，合并业务符合特殊性税务处理条件。合并时乙企业净资产账面价值 1 100 万元，市场公允价值 1 300 万元，弥补期限内的亏损 70 万元，当年年末国家发行的最长期限的国债利率为 4.5%。2023 年由甲企业弥补的乙企业的亏损额为（　　）万元。

A. 3.15　　B. 49.50　　C. 58.50　　D. 70.00

15. 下列企业适用 15%的企业所得税税率的是（　　）。

A. 位于北京从事服装批发的居民企业甲

B. 位于上海从事家具制造业的小型微利企业乙

C. 位于深圳从事食品制造业的居民企业丙

D. 位于西部地区从事国家规定的鼓励类产业的企业丁

16. 某企业选择在当年 7 月预缴申报第二季度或 6 月企业所得税时，应当就当年（　　）研发费用享受加计扣除优惠政策。

A. 第三季度　　B. 第一季度　　C. 上半年　　D. 前三季度

17. 根据企业所得税法的规定，下列关于居民企业核定征收的说法错误的是（　　）。

A. 专门从事股权投资业务的企业，不得核定征收企业所得税

B. 纳税人的生产经营范围发生重大变化或者应纳税所得额增减变化达到 10%的，应及时向税务机关申报调整已确定的应纳税额或应税所得率

C. 依法按核定应税所得率方式核定征收企业所得税的企业，取得的转让股权收入，应全额计入应税收入

D. 税务机关应在每年 6 月底前对上年度实行核定征收企业所得税的纳税人进行重新鉴定

18. 某小型微利企业 2023 年取得销售收入 90 万元，成本、费用合计 34 万元，已计入相关成本费用的合理的工资薪金支出 10 万元，其中支付残疾职工工资 3.5 万元。如不考虑其他纳税调整项目，则该小型微利企业 2023 年应缴纳企业所得税（　　）万元。

A. 5.25　　B. 2.625　　C. 2.8　　D. 5.6

19. 甲企业和乙企业是关联企业，甲企业是医药制造企业，乙企业是医药销售企业。甲企业、乙企业签订广告费和业务宣传费分摊协议，协议约定乙企业在 2023 年发生的广告费和业务宣传费的 60%归集到甲企业扣除。已知：乙企业 2023 年销售（营业）收入为 4 500 万元，当年实际发生的广告费和业务宣传费为 900 万元；甲企业 2023 年销售（营业）收入为 5 000 万元，2023 年实际发生广告费和业务宣传费为 1 600 万元，甲企业 2023 年应纳税所得额为 1 500 万元（未考虑广告费和业务宣传费调整额）。则 2023 年甲企业应缴纳的企业所得税为（　　）万元。

A. 298.75　　B. 300.25　　C. 295.75　　D. 325.55

20. 下列关于企业所得税扣缴义务人和扣缴方法的说法，错误的是（　　）。

A. 对非居民企业在中国境内未设立机构、场所，或者虽设立机构、场所但取得的所

得与其所设机构、场所没有实际联系的，应缴纳的所得税，实行源泉扣缴，以支付人为扣缴义务人

B. 税款由扣缴义务人在每次支付或者到期应支付时，从支付或者到期应支付的款项中扣缴

C. 应当扣缴的所得税，扣缴义务人未依法扣缴或者无法履行扣缴义务的，由企业在扣缴义务人机构所在地缴纳

D. 对非居民企业在中国境内取得工程作业和劳务所得应缴纳的所得税，税务机关可以指定工程价款或者劳务费的支付人为扣缴义务人

二、多项选择题（下列各题的备选答案中，至少有两个正确选项，请将正确选项的字母填写在括号中，多选、少选、错选、不选均不得分。每小题 2 分，共计 30 分）

1. 下列关于企业所得税中所得来源地的确定，表述正确的有（　　）。

A. 销售货物所得按照销售企业机构、场所所在地确定

B. 动产转让所得按照转让动产的企业或者机构、场所所在地确定

C. 提供劳务所得按照劳务发生地确定

D. 利息所得按照分配所得的企业所在地确定

E. 权益性投资资产转让所得，按照被投资企业所在地确定

2. 根据企业所得税法相关规定，企业销售商品时确认收入应满足的条件有（　　）。

A. 已发生或将发生的销售方的成本能够可靠地核算

B. 收入的金额能够可靠地计量

C. 商品销售合同已经签订，企业已将商品所有权相关的主要风险和报酬转移给购货方

D. 企业对已售出的商品既没有保留通常与所有权相联系的继续管理权，也没有实施有效控制

3. 根据企业所得税法的相关规定，下列有关不征税收入的表述，正确的有（　　）。

A. 企业依法收取的政府性基金和行政事业性收费，未上缴财政的部分，准予作为不征税收入

B. 企业取得的由国务院财政、税务主管部门规定专项用途并经国务院批准的财政性资金，准予作为不征税收入

C. 企业将符合规定条件的财政性资金作不征税收入处理后，在 2 年内未发生支出的部分，应计入取得资金第 3 年的应税收入总额

D. 企业的不征税收入用于支出所形成的费用，不得在计算应纳税所得额时扣除

E. 企业的不征税收入用于支出所形成的资产，其计算的折旧、摊销不得在计算应纳税所得额时扣除

4. 下列选项计入应纳税所得额的有（　　）。

A. 非金融企业让渡资金使用权的收入

B. 因债权人原因确定无法支付的应付款项

C. 企业资产溢余收入

D. 将外购货物用于职工福利

E. 将外购应税消费品用于生产非应税消费品

5. 在计算企业所得税时，下列支出允许在税前扣除的是(　　)。

A. 企业向银行支付的罚息

B. 企业发生的诉讼费用

C. 企业支付的合同违约金

D. 企业缴纳的企业所得税税款

E. 企业向投资者支付的股息、红利

6. 下列关于手续费及佣金支出的企业所得税税务处理，正确的有(　　)。

A. 电信企业按照企业当年收入总额5%计算可扣除手续费及佣金限额

B. 企业计入固定资产的手续费及佣金支出应通过折旧方式分期扣除

C. 人身保险企业按照当年全部保费收入的15%计算可扣除佣金限额

D. 财产保险企业按照当年全部保费收入的15%计算可扣除佣金限额

E. 以现金方式支付给具有合法经营资格个人的佣金可以扣除

7. 在计算应纳税所得额时，企业发生的下列支出，应作为长期待摊费用的有(　　)。

A. 固定资产的大修理支出

B. 租入固定资产的改建支出

C. 固定资产的日常管理支出

D. 外购的生产性生物资产支出

E. 已足额提取折旧的固定资产的改建支出

8. 下列选项中，属于企业所得税法规定的生物资产种类的有(　　)。

A. 消耗性生物资产

B. 收益性生物资产

C. 生产性生物资产

D. 公益性生物资产

E. 消费性生物资产

9. 根据企业所得税法的有关规定，下列各项中，说法正确的有(　　)。

A. 专门从事股权(股票)投资业务的企业，可以按核定征收的办法征收企业所得税

B. 我国境内新办的集成电路设计企业和符合条件的软件企业，经认定后，在2017年12月31日前自获利年度起计算优惠期，第一年至第三年免征企业所得税，第四年至第六年减半征收企业所得税

C. 国家规划布局内的重点软件企业和集成电路设计企业，当年未享受免税优惠的，可减按10%的税率征收企业所得税

D. 企业外购的软件，凡符合固定资产或无形资产确认条件的，可以按照固定资产或

无形资产进行核算,其折旧或摊销年限可以适当缩短,最短可为 5 年

E. 软件、集成电路企业应从企业的获利年度起计算定期减免税优惠期。如获利年度不符合优惠条件的,应自首次符合软件、集成电路企业条件的年度起,在优惠期的剩余年限内享受相应的减免税优惠

10. (　　)企业不能享受小型微利企业所得税优惠政策。

A. 个人独资企业

B. 合伙企业

C. 国有企业

D. 公司制企业

E. 股份制企业

11. 关于企业所得税优惠事项办理,下列说法正确的有(　　)。

A. 企业享受优惠事项采取“自行判别、申报享受、相关资料留存备查”的办理方式

B. 企业自行判断是否符合优惠事项规定的条件,符合条件的通过填报企业所得税优惠备案表享受税收优惠

C. 企业应当不迟于年度汇算清缴纳税申报时备案

D. 企业同时享受多项优惠事项或者享受的优惠事项按照规定分项目进行核算的,应当按照优惠事项或者项目分别归集留存备查资料

E. 企业享受优惠事项后发现其不符合优惠事项规定条件的,应当依法及时自行调整并补缴税款及滞纳金

12. 根据企业所得税法的规定,下列关于企业转让限售股的说法中,不正确的有(　　)。

A. 企业转让限售股取得的收入,应作为企业应税收入计算纳税

B. 限售股转让收入扣除限售股原值和合理税费后的余额为该限售股转让所得

C. 企业未能提供完整、真实的限售股原值凭证,不能准确计算该限售股原值的,主管税务机关一律按该限售股转让收入的 10%,核定为该限售股原值和合理税费

D. 依照规定完成纳税义务后的限售股转让收入余额转付给实际所有人时不再纳税

E. 因股权分置改革造成原由个人出资而企业代持有的限售股,转让时企业不缴纳所得税,由个人缴纳所得税

13. 下列选项中,属于搬迁完成年度,企业应进行搬迁清算,计算搬迁所得的有(　　)。

A. 从搬迁开始,5 年内(包括搬迁当年度)任何一年完成搬迁的

B. 从搬迁开始,搬迁时间满 5 年(包括搬迁当年度)的年度

C. 从搬迁的次年开始,5 年内(包括搬迁当年度)任何一年完成搬迁的

D. 从搬迁的次年开始,搬迁时间满 5 年(包括搬迁当年度)的年度

E. 从搬迁开始,6 年内(包括搬迁当年度)任何一年完成搬迁的

14. 根据国际税收的规定,一般采用(　　)确定不同投资所得的来源地。

A. 权利提供地标准

B. 权利使用地标准

C. 双方分享征税权力

D. 停留期间标准

E. 所得支付者标准

15. 下列关于非居民企业在我国境内承包工程作业和提供劳务的税收管理规定中，表述正确的有（　　）。

A. 非居民企业应当自项目合同或协议签订之日起 30 日内，向项目所在地主管税务机关办理税务登记手续

B. 企业所得税按纳税年度计算、分季预缴，年终汇算清缴，并在工程项目完工或劳务合同履行完毕后结清税款

C. 扣缴义务人未依法履行扣缴义务或无法履行扣缴义务的，由非居民企业在项目所在地申报缴纳

D. 非居民企业应当在项目完工后 30 日内，按有关规定向项目所在地主管税务机关申报办理注销税务登记

E. 负有税款扣缴义务的境内机构和个人，应当自扣缴义务发生之日起 30 日内，向所在地主管税务机关办理扣缴税款登记手续

三、综合实务题（共 5 小题，每小题 10 分，共计 50 分）

1. 某非居民企业，未在我国境内设立机构场所，2023 年发生的与我国境内相关的业务如下。

（1）以经营租赁的方式出租一批设备给我国境内 A 企业，取得不含税租金收入 100 万元。

（2）为我国境内 B 企业提供担保服务，取得担保费收入 20 万元。

（3）转让以前年度购进的我国境内土地使用权给境内 C 企业，取得收入 1 000 万元，转让时该土地的账面价值为 800 万元，计税基础为 700 万元。

（4）以融资租赁的方式，出租一套设备给我国境内 D 企业，共收取租金 200 万元。2023 年 12 月租赁到期，D 企业另支付 10 万元取得了设备的所有权。已知该套设备的价款为 120 万元。

要求：根据上述资料，回答下列问题。

（1）A 企业应代扣代缴该非居民企业的企业所得税为多少万元？

（2）B 企业应代扣代缴该非居民企业的企业所得税为多少万元？

（3）C 企业应代扣代缴该非居民企业的企业所得税为多少万元？

（4）D 企业应代扣代缴该非居民企业的企业所得税为多少万元？

2. 某企业为工业企业，2023 年资产总额是 2 800 万元，在职职工人数 80 人，全年经营业务如下。

（1）取得销售收入 2 500 万元。

(2)销售成本 1 343 万元。

(3)发生销售费用 670 万元(其中广告费 450 万元)、管理费用 400 万元(其中业务招待费 15 万元)、财务费用 60 万元。

(4)销售税金 160 万元(含增值税 120 万元)。

(5)营业外收入 70 万元,营业外支出 50 万元(含通过公益性社会团体向生活困难山区捐款 10 万元,支付税收滞纳金 6 万元)。

(6)计入成本、费用中的实发工资总额 150 万元、拨缴职工工会经费 3 万元、支出职工福利费和职工教育经费 29 万元,经核定职工福利费和职工教育经费均超过扣除限额。

要求:根据上述资料,回答下列问题。

(1)企业销售费用和管理费用应调增的应纳税所得额为多少万元?

(2)企业营业外支出需要调增的应纳税所得额为多少万元?

(3)企业“三项经费”应调增的应纳税所得额为多少万元?

(4)企业应缴纳的企业所得税为多少万元?

3. 某工业企业,职工共 30 人,企业的资产总额为 1 500 万元,2022 年亏损 100 万元,2023 年企业有关生产、经营资料如下。

(1)取得产品销售收入 300 万元,其他业务收入 50 万元,金融债券利息收入 21 万元,地方政府债券 10 万元,视同销售收入 100 万元。

(2)发生产品销售成本 100 万元,发生产品销售税金及附加 5.6 万元。

(3)发生销售费用 80 万元,全部为广告费。

(4)发生财务费用 40 万元,其中:1 月 1 日以集资方式筹集生产性资金 300 万元,期限 1 年,支付利息费用 30 万元(同期银行贷款年利率 6%)。

(5)发生管理费用 26 万元,其中含业务招待费 20 万元,为股东支付的商业保险费 5 万元。

(6)“营业外支出”账户记录金额 33.52 万元。其中:合同违约金 4 万元,通过民政局对灾区捐赠现金 29.52 万元。

要求:根据上述资料,回答下列问题。

(1)该企业 2023 年销售费用需要纳税调整的金额是多少万元?

(2)该企业 2023 年税前准予扣除的财务费用为多少万元?

(3)该企业 2023 年税前准予扣除的管理费用是多少万元。

(4)2023 年该企业应缴纳的所得税是多少万元?

4. 某鲜奶生产企业甲为增值税一般纳税人,注册资本 1 000 万元,适用企业所得税税率 25%。2023 年度实现营业收入 65 000 万元,自行核算的 2023 年度会计利润为 5 400 万元。2024 年 4 月经聘请的会计师事务所审核后,发现如下事项。

(1)市政府为支持乳制品行业发展,每户定额拨付财政激励资金 300 万元。甲企业 2 月收到相关资金,将其全额计入营业外收入并作为企业所得税不征税收入,经审核符合税法相关规定。

(2)3 月取得 A 股股票分红 20 万元,5 月将该 A 股股票转让,取得转让收入 300 万元。该股票为 2022 年 1 月以 260 万元购买。

(3)7 月将一台设备按照账面净值无偿划转给 100%直接控制的子公司。该设备原值 800 万元,已按税法规定计提折旧 200 万元,其市场公允价值 500 万元。该业务符合特殊性重组条件,甲企业选择采用特殊性税务处理。

(4)6 月购置一台生产设备支付不含税价格 1 600 万元并于当月投入使用,会计核算按照使用期限 10 年、预计净残值率 5%计提了折旧。由于技术进步原因,甲企业采用缩短折旧年限法(最低标准)在企业所得税前扣除。

(5)从位于境内的母公司借款 2 200 万元,按照同期同类金融企业贷款利率支付利息 132 万元。母公司 2023 年为盈利年度,适用企业所得税税率 25%。

(6)成本费用中含实际发放的合理职工工资 4 000 万元,发生的职工福利费 600 万元、职工教育经费 400 万元,拨缴的工会经费 80 万元,已取得合规收据。

(7)发生业务招待费 400 万元。

(8)通过县级民政局进行公益性捐赠 700 万元,其中 100 万元用于目标脱贫地区的扶贫捐赠支出。

(9)企业从 2017 年以来经税务机关审核后未弥补亏损前的应纳税所得额数据如下表所示:

年份	2017	2018	2019	2020	2021	2022
应纳税所得额(万元)	−5 000	−1 500	−400	1 000	1 500	2 000

要求:根据上述资料,回答下列问题,如有计算需计算出合计数。

(1)判断业务(1)是否需要缴纳增值税,并说明理由。

(2)计算业务(1)应调整的企业所得税应纳税所得额。

(3)判断业务(2)取得的股息收入是否需要缴纳企业所得税,并说明理由。

(4)计算业务(3)子公司接受无偿划转设备的计税基础。

(5)简述企业重组特殊性税务处理的备案要求及不履行备案手续的相关后果。

(6)计算业务(4)应调整的企业所得税应纳税所得额。

(7)计算业务(5)是否需要调整企业所得税应纳税所得额,并说明理由。

(8)计算业务(6)应调整的企业所得税应纳税所得额。

(9)计算业务(7)应调整的企业所得税应纳税所得额。

(10)计算业务(8)应调整的企业所得税应纳税所得额。

(11)计算甲企业当年可弥补的以前年度亏损额。

(12)计算甲企业 2023 年应缴纳的企业所得税。

5.位于县城的中药生产企业甲为上市公司(以下简称甲企业),是增值税一般纳税人。2023 年甲企业实现营业收入 86 000 万元、投资收益 4 000 万元,发生营业成本 43 000 万元、税金及附加 2 200 万元、管理费用 4 600 万元、销售费用 28 000 万元、财务费用 1 200 万元、营业外支出 800 万元。甲企业自行计算当年实现利润 10 200 万元。2024 年 4 月甲企业进行 2023 年所得税汇算清缴时聘请了某会计师事务所进行审核,发现如下事项。

(1)6 月将一批自产药品分配给股东,该药品的成本为 300 万元,市场不含税销售价格为 450 万元,企业未做任何账务处理。

(2)11 月采用预收款方式销售药品,该药品成本 1 000 万元,市场不含税销售价格 1 300 万元。协议约定的发货时间为 2023 年 1 月,截至 2023 年年底未发货。甲企业收到预收款即确认销售收入并结转成本,未开具增值税发票,未缴纳增值税。

(3)2023 年年初持有乙公司 10%股权,11 月底全部转让,转让收入 2 000 万元。该股权取得成本为 1 200 万元,截至 11 月底乙公司账面累计未分配利润 300 万元,甲企业以 770 万元计入投资收益。

(4)1 月对 120 名高管授予股票期权,约定 2023 年年末业绩增长达到 20%后每人可以 8.5 元/股价格购买 2 000 股公司股票,授予日股票公允价格为 17.5 元/股,12 月 31 日甲企业按照企业会计准则进行如下会计处理:

借:管理费用　　1 080 000

　贷:资本公积——其他资本公积　　1 080 000

(5)成本费用中含实际发放职工工资 15 000 万元,按照合同约定直接给接受派遣的生产车间员工工资 800 万元。

(6)成本费用中含发生职工福利费 1 000 万元、职工教育经费 1 280 万元,拨缴工会经费 320 万元,已经取得相关收据。

(7)自行研发产生费用 1 800 万元,受关联方委托进行研发,收取研发费用 1 000 万元。

(8)发生广告费和业务宣传费 25 000 万元,业务招待费 500 万元。

(其他相关资料:2023 年各月月末“应交税费——应交增值税”科目均无借方余额)

要求:根据上述资料,回答下列问题,如有计算需计算出合计数。

(1)计算业务(1)应缴纳的增值税税额、城市维护建设税税额、教育费附加及地方教育附加。

(2)计算业务(1)应调整的会计利润。

(3)判断业务(2)处理是否正确。如错误,计算应调整的会计利润。

(4)判断业务(3)处理是否正确。如错误,计算应调整的会计利润。

(5)业务(4)应调整的企业所得税应纳税所得额。

(6)判断支付给劳务派遣人员的工资能否计入企业的工资薪金总额基数,并说明理由。

(7)计算职工福利费、职工教育经费、工会经费应调整的企业所得税应纳税所得额。

(8)简述收取受托研发的研发费用能否税前扣除,并计算研发费用应调整的企业所得税应纳税所得额。

(9)计算广告费和业务宣传费应调整的企业所得税应纳税所得额。

(10)计算业务招待费应调整的企业所得税应纳税所得额。

(11)计算调整后的会计利润(不考虑税收滞纳金)。

(12)计算应缴纳的企业所得税。

模拟试卷（二）答案及解析

一、单项选择题（下列各题的备选答案中，只有一个正确选项，请将正确选项的字母填写在括号中，多选、错选、不选均不得分。每小题1分，共计20分）

1.**【参考答案】** C

【答案解析】 根据《中华人民共和国企业所得税法》的规定，除个人独资企业、合伙企业不适用企业所得税法外，在我国境内，企业和其他取得收入的组织为企业所得税的纳税人，依照企业所得税法的规定缴纳企业所得税。

2.**【参考答案】** A

【答案解析】 选项A，权益性投资资产转让所得，按照被投资企业所在地确定。

3.**【参考答案】** D

【答案解析】 选项D，申请入会或加入会员，只允许取得会籍，所有其他服务或商品都要另行收费的，在取得该会员费时确认收入。申请入会或者加入会员后，会员在会员期内不再付费就可得到各种服务或商品，或者以低于非会员的价格销售商品或提供服务的，该会员费应在整个受益期内分期确认收入。

4.**【参考答案】** D

【答案解析】 企业受托加工制造大型机械设备等，以及从事建筑、安装劳务等，持续时间超过12个月的，按照纳税年度内完工进度或者完成的工作量确认收入。这与船东确认的工作量无关，所以2023年度该企业按完成的工作量应确认所得税收入5 800万元。

5.**【参考答案】** A

【答案解析】 企业以买一赠一方式组合销售本企业商品的，应将总的销售金额按各项商品的公允价值的比例来分摊确认销售收入。商场应确认手机的销售收入＝150 000×1 500÷(1 500＋200)＝132 352.94(元)。

6.**【参考答案】** D

【答案解析】 企业发生处置资产，由于资产所有权属在形式和实质上均不发生改变，可作为内部处置资产，不视同销售。企业将资产移送他人，因资产所有权属已发生改变而不属于内部处置，视同销售。选项ABC属于内部处置，不视同销售；选项D属于外部处置，视同销售。

7.【参考答案】 C

【答案解析】 县级以上人民政府（包括政府有关部门）将国有资产明确以股权投资方式投入企业，企业应作为国家资本金（包括资本公积）处理。该项资产如为非货币性资产，应按政府确定的接收价值确定计税基础。

8.【参考答案】 D

【答案解析】 选项 ABC，不得税前扣除。选项 D，非银行企业内营业机构之间支付的利息，不得税前扣除；银行企业内营业机构之间支付的利息，可以税前扣除。

9.【参考答案】 C

【答案解析】 实发的职工培训费可以全额扣除；职工教育经费扣除限额＝（230＋20＋10）×8％＝20.8（万元），所以一共可以扣除的职工教育经费＝20.8＋5＝25.8（万元）。

10.【参考答案】 B

【答案解析】 直接支付给劳务派遣公司的属于劳务费用不计入工资薪金总额，不作为三项经费的扣除基数；直接支付给劳务派遣人员的费用属于工资支出，计入工资总额，作为三项经费的扣除基数。企业所得税税前实际发生的合理的工资薪金支出＝105＋20＋30＝155（万元），允许扣除工会经费限额＝155×2％＝3.1（万元）。

11.【参考答案】 D

【答案解析】 广告费扣除限额＝4 000×15％＝600（万元），广告费可以扣除金额为600 万元。

12.【参考答案】 D

【答案解析】 根据企业所得税法的相关规定，一般情况下无形资产摊销年限不得低于 10 年。

13.【参考答案】 A

【答案解析】 企业逾期 3 年以上的应收账款在会计上已作为损失处理的，可以作为坏账损失，但应说明情况，并出具专项报告。

14.【参考答案】 C

【答案解析】 可由合并企业弥补的被合并企业亏损的限额＝被合并企业净资产公允价值×截至合并业务发生当年年末国家发行的最长期限的国债利率。2023 年甲企业弥补乙企业的亏损额＝1300×4.5％＝58.50（万元）。

15.【参考答案】 D

【答案解析】 选项 D，对设在西部地区的鼓励类产业企业减按 15％的税率征收企业所得税；选项 AC，居民企业适用 25％的企业所得税税率；选项 B，小型微利企业适用 20％的优惠企业所得税税率。

16.【参考答案】 C

【答案解析】 根据国家税务总局 财政部公告 2023 年第 11 号文件的规定，企业 7 月份预缴申报第二季度（按季预缴）或 6 月份（按月预缴）企业所得税时，能准确归集核算研发费用的,可以结合自身生产经营实际情况,自主选择就当年上半年研发费用享受加计扣除优惠政策。

17.**【参考答案】** B

【答案解析】 纳税人的生产经营范围和主营业务发生重大变化,或者应纳税所得额或应纳税额增减变化达到20%的,应及时向税务机关申报调整已确定的应纳税额或应税所得率。

18.**【参考答案】** B

【答案解析】 企业安置残疾人员的,在按照支付给残疾职工工资据实扣除的基础上,按照支付给残疾职工工资的100%加计扣除。该小型微利企业2023年应纳税所得额=90-34-3.5=52.5(万元)。

自2023年1月1日至2024年12月31日,对小型微利企业年应纳税所得额不超过100万元的部分,减按25%计入应纳税所得额,按20%的税率缴纳企业所得税。应缴纳企业所得税=52.5×25%×20%=2.625(万元)。

19.**【参考答案】** A

【答案解析】 乙企业广告费和业务宣传费的扣除限额为销售(营业)收入的15%,则2023年乙企业广告费和业务宣传费的税前扣除限额=4 500×15%=675(万元),则乙企业转移到甲企业扣除的广告费和业务宣传费=675×60%=405(万元),在乙企业税前扣除的广告费和业务宣传费=675-405=270(万元),甲企业税前扣除广告费和业务宣传费的限额=5 000×30%=1 500(万元),实际发生额1 600万元,只能扣除限额。同时甲企业接受扣除的广告费和业务宣传费不占用甲企业的扣除限额,也就是说甲企业在扣除限额的同时还可以将从乙企业归集来的广告费和业务宣传费扣除。2023年甲企业准予税前扣除的广告费和业务宣传费=1 500+405=1 905(万元),甲企业税前扣除限额是1 500万元,但是实际发生1 600万元,应纳税调增100万元;因为从乙企业归集来的广告费和业务宣传费是可以据实税前扣除的,所以应纳税调减405万元,所以甲企业应纳税所得额=1 500+100-405=1 195(万元)。甲企业2023年应缴纳企业所得税=1 195×25%=298.75(万元)。

20.**【参考答案】** C

【答案解析】 选项C,应当扣缴的所得税,扣缴义务人未依法扣缴或者无法履行扣缴义务的,由企业在所得发生地缴纳。

二、多项选择题(下列各题的备选答案中,至少有两个正确选项,请将正确选项的字母填写在括号中,多选、少选、错选、不选均不得分。每小题2分,共计30分)

1.**【参考答案】** BCE

【答案解析】 选项A,销售货物所得按照交易活动发生地确定;选项D,利息所得、租金所得、特许权使用费所得,按照负担、支付所得的企业或者机构、场所所在地确定,或者按照负担、支付所得的个人的住所地确定。

2.**【参考答案】** ABCD

【答案解析】 企业销售商品同时满足下列条件的，应确认收入的实现：商品销售合同已经签订，企业已将商品所有权相关的主要风险和报酬转移给购货方；企业对已售出的商品既没有保留通常与所有权相联系的继续管理权，也没有实施有效控制；收入的金额能够可靠地计量；已发生或将发生的销售方的成本能够可靠地核算。

3.【参考答案】 BDE

【答案解析】 选项A，对企业依照法律法规及国务院有关规定收取并上缴财政的政府性基金和行政事业性收费，准予作为不征税收入，于上缴财政的当年在计算应纳税所得额时从收入总额中减除；未上缴财政的部分，不得从收入总额中减除。选项C，企业将符合规定条件的财政性资金作不征税收入处理后，在5年(60个月)内未发生支出且未缴回财政部门或其他拨付资金的政府部门的部分，应计入取得资金第6年的应税收入总额。

4.【参考答案】 ABCD

【答案解析】 选项A，非金融企业让渡资金使用权的收入，相当于利息收入，应作收入处理；选项B，因债权人原因确定无法支付的应付款项，属于其他收入；选项C，企业资产溢余收入，也属于其他收入；选项D，将外购货物用于职工福利，属于视同销售货物；选项E，将外购应税消费品用于生产非应税消费品属于将资产用于生产、制造、加工另一产品，不缴纳企业所得税。

5.【参考答案】 ABC

【答案解析】 选项A，企业向银行支付的罚息，不属于行政性罚款，可以税前扣除；选项BC，诉讼费用、合同违约金都可以税前扣除。

选项DE，在计算应纳税所得额时，下列支出不得扣除：(1)向投资者支付的股息、红利等权益性投资收益款项；(2)企业所得税税款；(3)税收滞纳金；(4)罚金、罚款和被没收财物的损失；(5)超过规定标准的捐赠支出；(6)与生产经营活动无关的各种非广告性质支出；(7)未经核定的准备金支出；(8)企业之间支付的管理费、企业内营业机构之间支付的租金和特许权使用费，以及非银行企业内营业机构之间支付的利息；(9)与取得收入无关的其他支出。

6.【参考答案】 ABE

【答案解析】 选项C，人身保险企业按照当年全部保费收入扣除退保金等后的余额的10%计算可扣除佣金限额；选项D，财产保险企业按照当年全部保费收入扣除退保金等后的余额的15%计算可扣除佣金限额。

7.【参考答案】 ABE

【答案解析】 在计算应纳税所得额时，企业发生的下列支出作为长期待摊费用，按照规定摊销的，准予扣除：(1)已足额提取折旧的固定资产的改建支出；(2)租入固定资产的改建支出；(3)固定资产的大修理支出；(4)其他应当作为长期待摊费用的支出。

8.【参考答案】 ACD

【答案解析】 生物资产分为消耗性生物资产、生产性生物资产和公益性生物资产。

生产性生物资产包括经济林、薪炭林、产畜和役畜等。消耗性生物资产包括生长中的大田作物、蔬菜、用材林以及存栏待售的牲畜等。公益性生物资产包括防风固沙林、水土保持林和水源涵养林等。

9.【参考答案】 CE

【答案解析】 选项A,专门从事股权(股票)投资业务的企业,不得核定征收企业所得税;选项B,我国境内新办的集成电路设计企业和符合条件的软件企业,经认定后,在2017年12月31日前自获利年度起计算优惠期,第一年至第二年免征企业所得税,第三年至第五年减半征收企业所得税;选项D,企业外购的软件,凡符合固定资产或无形资产确认条件的,可以按照固定资产或无形资产进行核算,其折旧或摊销年限可以适当缩短,最短可为2年。

10.【参考答案】 AB

【答案解析】 根据《中华人民共和国企业所得税法》的规定,个人独资企业、合伙企业不适用本法。

11.【参考答案】 ADE

【答案解析】 根据《国家税务总局关于发布修订后的〈企业所得税优惠政策事项办理办法〉的公告》(国家税务总局公告2018年第23号)的规定,企业享受优惠事项采取"自行判别、申报享受、相关资料留存备查"的办理方式,企业应当根据经营情况以及相关税收规定自行判断是否符合优惠事项规定的条件,符合条件的可以按照《企业所得税优惠事项管理目录(2017年版)》列示的时间自行计算减免税额,并通过填报企业所得税纳税申报表享受税收优惠。同时,按照《企业所得税优惠政策事项办理办法》的规定归集和留存相关资料备查。企业享受优惠事项后发现其不符合优惠事项规定条件的,应当依法及时自行调整并补缴税款及滞纳金。

12.【参考答案】 CE

【答案解析】 选项C,企业未能提供完整、真实的限售股原值凭证,不能准确计算该限售股原值的,主管税务机关一律按该限售股转让收入的15%,核定为该限售股原值和合理税费;选项E,因股权分置改革造成原由个人出资而企业代持有的限售股,转让该限售股的收入应作为企业应税收入计算纳税。

13.【参考答案】 AB

【答案解析】 下列情形之一的,为搬迁完成年度,企业应进行搬迁清算,计算搬迁所得:(1)从搬迁开始,5年内(包括搬迁当年度)任何一年完成搬迁的;(2)从搬迁开始,搬迁时间满5年(包括搬迁当年度)的年度。

14.【参考答案】 ABC

【答案解析】 投资所得具有支付人相对稳定,受益人比较零散的特征。当各种权利的提供者和使用者不在同一国家时,一般采用以下三种标准确定不同投资所得的来源地:(1)权利提供地标准;(2)权利使用地标准;(3)双方分享征税权力。

15.【参考答案】 ABCE

【答案解析】 非居民企业在中国境内承包工程作业或提供劳务的，应当在项目完工后15日内，向项目所在地主管税务机关报送项目完工证明、验收证明等相关文件复印件，并依据《税务登记管理办法》的有关规定申报办理注销税务登记。

三、综合实务题(共5小题，每小题10分，共计50分)

1.【参考答案及解析】

(1)A企业应代扣代缴企业所得税＝100×10％＝10(万元)。

(2)B企业应代扣代缴企业所得税＝20×10％＝2(万元)。

(3)C企业应代扣代缴企业所得税＝(1000－700)×10％＝30(万元)。

(4)D企业应代扣代缴企业所得税＝(200＋10－120)×10％＝9(万元)。

2.【参考答案及解析】

(1)广告费调增所得额＝450－2500×15％＝450－375＝75(万元)。

业务招待费限额2500×5‰＝12.5(万元)＞15×60％＝9(万元)。

业务招待费调增应纳税所得额＝15－15×60％＝15－9＝6(万元)。

合计调增应纳税所得额＝75＋6＝81(万元)。

(2)会计利润总额＝2 500＋70－1 343－670－400－60－(160－120)－50＝7(万元)。

捐赠支出扣除的限额＝7×12％＝0.84(万元)。

税收滞纳金不可以税前扣除，因此营业外支出应调增应纳税所得额＝10－0.84＋6＝15.16(万元)。

(3)职工工会经费扣除限额＝150×2％＝3(万元)，实际发生3万元，因此不用纳税调整；职工福利费和职工教育经费扣除标准分别为14％和8％，限额为150×22％＝33(万元)，实际支付29万元，不用调整。因此，此题答案为0元。

(4)应纳税所得额＝7＋81＋15.16＝103.16(万元)，应纳税所得额小于300万元，资产总额和在职职工人数均符合小型微利企业的标准，因此享受小微企业所得税优惠。应缴纳企业所得税＝103.16×25％×25％＝5.158(万元)。

3.【参考答案及解析】

(1)广告费用的扣除限额是当年销售收入的15％的部分，准予扣除；企业的销售收入含主营业务收入、其他业务收入以及视同销售的收入，不含投资收益和营业外收入。可以扣除的销售费用＝(300＋50＋100)×15％＝67.5(万元)，实际发生额为80万元，准予扣除67.5万元，需要纳税调增12.5万元。

(2)非金融企业向非居民企业借款的利息支出，不超过按照金融企业同期同类贷款利息支出，不超过按照金融企业同期同类利率计算的数额的部分可据实扣除，超过部分不允许扣除。2023年企业所得税税前准予扣除的财务费用＝40－(30－300×6％)＝28(万元)。

(3)业务招待费支出按照发生额的60％扣除，但是最高不超过当年销售(营业)收入的5‰。业务招待费扣除限额＝20×60％＝12(万元)，扣除的最高限额＝(300＋50＋

100)×5‰=2.25(万元),因此,业务招待费的扣除金额为2.25万元。

为股东支付的商业保险费5万元不准予扣除。

税前准予扣除的管理费用=2.25+(26−20−5)=3.25(万元)。

(4)本年利润=300+50+21+10−100−5.6−80−40−26−33.52=95.88(万元)。

捐赠支出的扣除限额=95.88×12%=11.51(万元),实际发生29.52万元,按照限额扣除11.51万元。

可以扣除的营业外支出=33.52−29.52+11.51=15.51(万元)。

2023年的应纳税所得额=95.88+100+12.5+(40−28)+(26−3.25)+(33.52−15.51)−10−100=151.14(万元)。

该企业满足小型微利企业的标准享受税收优惠,因此,应缴纳的所得税=151.14×25%×20%=7.56(万元)。

4.**【参考答案及解析】**

(1)业务(1)不需要缴纳增值税。理由:纳税人取得的财政补贴收入,与其销售货物、劳务、服务、无形资产、不动产的收入或者数量不直接挂钩的,不属于增值税应税收入,不征收增值税。

(2)业务(1)应调减应纳税所得额300万元。

(3)业务(2)取得的股息收入不需要缴纳企业所得税。理由:居民企业直接投资于上市居民企业取得的股息、红利等投资收益,持股时间超过12个月的,免征企业所得税。

(4)业务(3)子公司接受无偿划转设备的计税基础=800−200=600(万元)。

对100%直接控制的居民企业之间按账面净值划转股权或资产,符合规定进行特殊性税务处理的,划入方企业取得被划转股权或资产的计税基础,以被划转股权或资产的原账面净值确定。

(5)①企业重组特殊性税务处理的备案要求:企业发生符合规定的特殊性重组条件并选择特殊性税务处理的,当事各方应在该重组业务完成当年企业所得税年度申报时,向主管税务机关提交书面备案资料,证明其符合各类特殊性重组规定的条件。②不履行备案手续的相关后果:企业未按规定书面备案的,一律不得按特殊重组业务进行税务处理。

(6)按照企业所得税法的相关规定,企业的固定资产由于技术进步等原因,确需加速折旧的,可以缩短折旧年限或者采取加速折旧的方法。采取缩短折旧年限方法的,最低折旧年限不得低于规定折旧年限的60%,故甲企业购置设备的计提折旧年限=10×60%=6(年),税法2023年计提的折旧额=1600×(1−5%)÷6÷12×6=126.67(万元),而会计2023年计提的折旧额=1 600×(1−5%)÷10÷12×6=76(万元)。因此,业务(4)应调减应纳税所得额=126.67−76=50.67(万元)。

(7)业务(5)不需要调整应纳税所得额。理由:甲企业的实际税负不高于境内关联方，且按照同期同类金融企业贷款利率支付的利息支出，在计算应纳税所得额时准予据实扣除。

(8)①职工福利费扣除限额＝4 000×14％＝560(万元)＜实际发生额 600 万元，应调增应纳税所得额＝600－560＝40(万元)。

②职工教育经费扣除限额＝4 000×8％＝320(万元)＜实际发生额 400 万元，应调增应纳税所得额＝400－320＝80(万元)。

③工会经费扣除限额＝4 000×2％＝80(万元)＝实际发生额 80 万元，无须纳税调整。综上，业务(6)应调增应纳税所得额＝40＋80＝120(万元)。

(9)业务招待费扣除限额 1＝400×60％＝240(万元)，业务招待费扣除限额 2＝65 000×5‰＝325(万元)，业务(7)应调增应纳税所得额＝400－240＝160(万元)。

(10)用于目标脱贫地区的扶贫捐赠支出，准予在税前据实扣除。剩余捐赠支出＝700－100＝600(万元)＜捐赠支出扣除限额＝5400×12％＝648(万元)，无须纳税调整。

(11)甲企业弥补亏损前的应纳税所得额＝5 400－300－20－50.67＋120＋160＝5 309.33(万元)，可以弥补的以前年度亏损额＝1 500＋400＝1 900(万元)。

(12)甲企业 2023 年应缴纳的企业所得税＝(5 309.33－1 900)×25％＝852.33(万元)。

5.**【参考答案及解析】**

(1)应缴纳的增值税＝450×13％＝58.5(万元)，应缴纳的城建税、教育费附加和地方教育附加＝58.5×(5％＋3％＋2％)＝5.85(万元)，应缴纳的增值税、城建税、教育费附加和地方教育附加合计＝58.5＋5.85＝64.35(万元)。

(2)业务(1)应确认收入 450 万元，结转成本 300 万元。缴纳的城建税、教育费附加和地方教育附加 5.85 万元，准予在计算会计利润时扣除。

业务(1)应调增的会计利润＝450－300－5.85＝144.15(万元)。

(3)业务(2)处理不正确。2023 年药品未发出，不应确认收入，不应结转成本。业务(2)应调减的会计利润＝1 300－1 000＝300(万元)。

(4)业务(3)处理不正确。股权转让不得扣除被投资企业未分配利润等股东留存收益中按该项股权所能分配的金额。业务(3)应调增会计利润＝2 000－1 200－770＝30(万元)。

(5)上市公司在等待期内会计上计算确认的相关成本费用，不得在对应年度计算缴纳企业所得税时扣除。业务(4)应调增企业所得税应纳税所得额 108 万元。

(6)支付给生产车间劳务派遣人员的工资可以计入企业的工资薪金总额基数。理由：企业接受外部劳务派遣用工所实际发生的费用，应分两种情况按规定在税前扣除。按照协议(合同)约定直接支付给劳务派遣公司的费用，应作为劳务费支出；直接支付给员工个人的费用，应作为工资薪金支出和职工福利费支出。其中属于工资薪金支出的费用，准予计入企业工资薪金总额的基数，作为计算其他各项相关费用扣除的依据。

(7)职工福利费扣除限额＝(15 000＋800)×14％＝2 212(万元)＞实际发生额

1 000 万元,无须纳税调整。

职工教育经费扣除限额=(15 000+800)×8%=1 264(万元)<实际发生额 1 280 万元,应纳税调增=1 280-1 264=16(万元)。

工会经费扣除限额=(15 000+800)×2%=316(万元)<实际发生额 320 万元,应纳税调增=320-316=4(万元)。

职工福利费、职工教育经费、工会经费合计应调增企业所得税应纳税所得额=16+4=20(万元)。

(8)收取受托研发费用,对于受托方而言是收入,不涉及在税前扣除的问题。对于委托方,支付委托研发费用,在税前据实扣除的基础上还可以享受加计扣除。企业自行研发发生的研发费用应加计扣除=1 800×100%=1 800(万元),所以应调减应纳税所得额 1 800 万元。

(9)广告费和业务宣传费税前扣除限额=(86 000+450-1 300)×30%=25 545(万元)>实际发生额 25 000 万元,无须调整应纳税所得额。

(10)业务招待费扣除限额 1=500×60%=300(万元)<业务招待费扣除限额 2=(86 000+450-1 300)×0.5%=425.75(万元),应调增应纳税所得额=500-300=200(万元)。

(11)调整后的会计利润=10 200+144.15-300+30=10 074.15(万元)。

(12)应纳税所得额=10 074.15+108+20-1 800+200=8 602.15(万元),应缴纳企业所得税税额=8 602.15×25%=2 150.54(万元)。

模拟试卷（三）

一、单项选择题（下列各题的备选答案中，只有一个正确选项，请将正确选项的字母填写在括号中，多选、错选、不选均不得分。每小题1分，共计20分）

1. 下列关于租金收入确认实现的表述，正确的是（　　）。

A. 租金收入，按照合同约定的承租人应付租金的日期确认收入的实现

B. 租金收入，按照承租人实付租金的日期确认收入的实现

C. 租金收入，按照租赁合同签订的日期确认收入的实现

D. 租金收入，按照实际发生租赁行为的日期确认收入的实现

2. 某经认定的技术先进型服务企业2023年实际发生的合理的工资、薪金支出1 100万元；"三费"支出合计230万元，分别为职工福利费支出160万元，职工教育经费40万元，工会经费30万元。2023年该企业计算企业所得税应纳税所得额时准予扣除的"三费"为（　　）万元。

A. 200　　B. 205　　C. 216　　D. 270

3. 2023年某软件生产企业列支合理的职工薪酬300万元，实际发放240万元，当年实际发生的福利费支出是40万元，职工教育经费20万元（其中包括职工培训费5万元）。假设不考虑期初余额，则2023年福利费及职工教育经费对应的应纳税所得额（　　）。

A. 调增6.4万元　　B. 调增15.4万元

C. 调增20.4万元　　D. 不需要调整

4. 下列各项支出，允许在计算企业所得税应纳税所得额时扣除的是（　　）。

A. 关联企业租赁设备支付的合理租金

B. 企业内营业机构之间支付的租金

C. 超过规定标准的捐赠支出（结转时间已超过3年）

D. 工商部门罚款

5. 2021年年底，甲公司对使用了15年的一所厂房推倒重置，原厂房购入时的入账价值为200万元，已经计提折旧150万元。2023年9月，厂房建造完工并投入使用，为新建厂房，支付了300万元。税法规定的折旧年限为20年。2023年该公司可以在所得

税前扣除的折旧额为(　　)万元。

A. 3.75　　B. 2.5　　C. 4.38　　D. 5.83

6. 基础设施 REITs 设立阶段，原始权益人向基础设施 REITs 转让项目公司股权实现的资产转让评估增值，当期可暂不缴纳企业所得税，允许递延至(　　)缴纳。其中，对原始权益人按照战略配售要求自持的基础设施 REITs 份额对应的资产转让评估增值，允许递延至(　　)缴纳企业所得税。

A. 实际转让后；基础设施 REITs 完成募资并支付股权转让价款后

B. 实际转让时；基础设施 REITs 完成募资并支付股权转让价款后

C. 基础设施 REITs 完成募资并支付股权转让价款后；实际转让时

D. 基础设施 REITs 完成募资并支付股权转让价款后；实际转让后

7. 2023 年 1 月 1 日至 2024 年 12 月 31 日，小型微利企业所得税的实际税负是(　　)。

A. 2.5%　　B. 5%　　C. 10%　　D. 25%

8. 企业开展研发活动中实际发生的研发费用，未形成无形资产计入当期损益的，在按规定据实扣除的基础上，自 2023 年 1 月 1 日起，再按照实际发生额的(　　)在税前加计扣除；形成无形资产的，自 2023 年 1 月 1 日起，按照无形资产成本的(　　)在税前摊销。

A. 100%；200%　　B. 150%；200%　　C. 100%；250%　　D. 150%；250%

9. 某国有企业 2023 年度未弥补亏损前的应纳税所得额为 42 万元，经主管税务机关核定的 2021 年度和 2022 年度应予弥补的亏损额共计 30 万元。2023 年度该企业应缴纳企业所得税(　　)万元。(该企业符合小型微利企业的条件)

A. 3　　B. 0.6　　C. 2.1　　D. 1.05

10. 中国某投资公司在甲国设立一子公司，2023 年从子公司取得红利所得 90 万元。甲国企业所得税税率为 30%，预提所得税税率 10%。该投资公司取得的红利所得应确认的应纳税所得额是(　　)万元。

A. 90　　B. 142.86　　C. 150　　D. 100

11. 李先生 2012 年以 100 万元交付给 A 公司用于购买非流通股，A 公司属于代持股公司。2017 年该非流通股通过股权分置改革，成为限售股。2023 年 10 月，A 公司将限售股转让，取得 1 000 万元收入，但是不能准确计算限售股原值。根据企业所得税法的相关规定，下列表述正确的是(　　)。

A. A 公司转让该限售股应缴纳企业所得税 212.5 万元

B. A 公司转让该限售股应缴纳企业所得税 225 万元

C. A 公司转让该限售股应缴纳企业所得税 37.5 万元

D. A 公司将完成纳税义务后的限售股转让收入余额转付给李先生时，李先生应缴纳个人所得税 157.5 万元

12. 境外甲公司在中国境内未设立机构、场所，2023 年取得境内乙公司分回的股息、

红利性质的投资收益 200 万元，取得境内丙公司支付的设备转让收入 120 万元。该项设备的原值为 80 万元，已经按税法规定计提折旧 20 万元。2023 年甲公司在我国应缴纳的企业所得税为（　　）万元。

A. 20　　B. 24　　C. 26　　D. 32

13. 某企业 2020 年年初开业，由于经营不善，2022 年 3 月 31 日终止经营活动。2021 年度纳税调整后所得为－80 万元，2022 年 1 月至 3 月纳税调整后所得为－50 万元。2022 年 4 月 30 日清算完毕，全部资产的计税基础为 1 000 万元、可变现价值为 1 200 万元，清偿全部债务 100 万元，清算过程中发生相关税费 50 万元、清算费用 10 万元。该企业清算所得应缴纳企业所得税（　　）万元。（不考虑小型微利企业优惠）

A. 2. 5　　B. 10　　C. 35　　D. 50

14. 某居民企业向主管税务机关申报 2023 年度收入总额 3 000 万元，成本费用支出总额 2 000 万元。经税务机关检查，成本费用支出核算准确，但收入总额不能确定。税务机关对该企业采取核定征税办法，应税所得率为 15%。则该企业 2023 年度应缴纳企业所得税（　　）万元。

A. 250　　B. 352. 9　　C. 88. 2　　D. 112. 5

15. 某商业企业 2022 年有职工 70 人，资产总额 800 万元，取得生产经营收入共计 860 万元，税前扣除项目金额共计 857. 2 万元。2022 年度该企业应缴纳企业所得税（　　）万元。

A. 0. 07　　B. 0. 35　　C. 0. 14　　D. 0. 28

16. 企业所得税纳税人的完善关联申报和同期资料管理，应当自税务机关要求的准备完毕之日起保存（　　）年。

A. 3　　B. 5　　C. 7　　D. 10

17. 下列关于外国企业常驻代表机构经费支出的税务处理方法，符合企业所得税相关规定的是（　　）。

A. 以货币形式用于我国境内的公益救济性捐赠，发生的当期一次性作为经费支出

B. 代表机构搬迁发生的装修费用，在冲抵搬迁处置收入后分年抵减应纳税所得额

C. 代表机构设立时发生的装修费用，在发生的当期一次性作为经费支出

D. 购置固定资产的支出，通过计提折旧分别计入相应各期经费支出

18. 2022 年甲公司在境外设立不具有独立纳税地位的分支机构，该分支机构 2023 年产生利润 200 万元。下列关于该境外利润确认收入时间的说法，正确的是（　　）。

A. 按照利润所属年度确认收入的实现

B. 按照利润实际汇回的日期确认收入的实现

C. 按照双方约定汇回利润的日期确认收入的实现

D. 按照境外分支机构作出利润汇回的决定日期确认收入的实现

19. 下列关于非居民纳税人的应纳税所得额的确定，说法不正确的是（　　）。

A. 转让财产所得，以收入全额减除财产净值后的余额为应纳税所得额

B. 股息、红利等权益性投资收益,以收入全额为应纳税所得额

C. 特许权使用费所得,以收入全额为应纳税所得额

D. 租金,以收入减去出租过程中发生的合理费用后的余额为应纳税所得额

20. 根据企业所得税法的有关规定,下列关于源泉扣缴的表述中,不正确的是(　　)。

A. 非居民企业应缴纳的企业所得税,实行源泉扣缴,以支付人为扣缴义务人

B. 对实行源泉扣缴的非居民企业在中国境内取得工程作业和劳务所得应缴纳的所得税,税务机关可以指定工程价款或者劳务费的支付人为扣缴义务人

C. 应当扣缴的所得税,扣缴义务人未依法扣缴或者无法履行扣缴义务的,由企业在所得发生地缴纳

D. 扣缴义务人每次代扣的税款,应当自代扣之日起 7 日内缴入国库

二、多项选择题(下列各题的备选答案中,至少有两个正确选项,请将正确选项的字母填写在括号中,多选、少选、错选、不选均不得分。每小题 2 分,共计 30 分)

1. 下列关于企业所得税的表述中,正确的有(　　)。

A. 企业所得税通常以净所得为征税对象

B. 企业所得税的纳税人和实际负担人通常是一致的

C. 各国所得税优惠的一个共同特点是淡化区域优惠,突出行业优惠和产业优惠

D. 企业所得税的计税依据是应纳税所得额,而非收入

E. 各国所得税优惠的共同特点是淡化行业优惠,突出地区优惠

2. 下列属于企业所得税征税范围的有(　　)。

A. 在中国境内未设立机构、场所的非居民企业来源于中国境内的所得

B. 在中国境内设立机构、场所的非居民企业,其机构、场所有来源于中国境内的所得

C. 在中国境内未设立机构、场所的非居民企业来源于中国境外的所得

D. 居民企业来源于中国境内的所得

E. 在中国境内设立机构、场所的非居民企业,从境外取得的与机构、场所没有实际联系的所得

3. 下列关于企业所得税收入确定的表述中,正确的有(　　)。

A. 以分期收款方式销售货物的,按实际收到货款的日期确认收入的实现

B. 租金收入按照合同约定的承租人应付租金的日期确认收入的实现

C. 企业转让股权收入,应于转让协议生效或完成股权变更手续时,确认收入的实现

D. 被投资企业将股权溢价所形成的资本公积转为股本的,不作为投资方企业的股息、红利收入

E. 托收承付方式销售商品的,在办妥托收手续时确认收入的实现

4. 根据企业所得税法的相关规定,企业将资产移送用于下列情形,应视同销售确定收入的有(　　)。

A. 用于对外捐赠

B. 用于市场推广或销售

C. 用于股息分配

D. 用于职工奖励或福利

E. 从总机构转移到其境内分支机构

5. 符合条件的企业混合性投资业务，对于被投资企业支付的利息，投资双方应分别按被投资企业应付利息的日期确认收入的实现以及利息支出，并按“非金融企业之间借款利息支出”的规定进行税前扣除，对于被投资企业赎回的投资，投资双方应于赎回时将赎价与投资成本之间的差额确认为债务重组损益，分别计入当期应纳税所得额。则下列各项中，属于应同时符合的条件的有（　　）。

A. 被投资企业接受投资后，需要按投资合同或协议约定的利率定期支付利息

B. 有明确的投资期限或特定的投资条件，并在投资期满或者满足特定投资条件后，被投资企业需要赎回投资或者偿还本金

C. 投资企业对被投资企业净资产拥有所有权

D. 投资企业不具有选举权和被选举权

E. 投资企业不参与被投资企业日常生产经营活动

6. 根据企业所得税法的相关规定，下列选项属于免税收入的有（　　）。

A. 国债利息收入

B. 存款利息收入

C. 财政补贴

D. 财政拨款

E. 符合条件的居民企业之间的股息、红利等权益性收益

7. 下列有关企业所得税税前扣除的表述中，正确的有（　　）。

A. 与向所有者进行利润分配相关的汇兑损失准予据实扣除

B. 烟草企业的烟草广告费和业务宣传费支出，一律不得扣除

C. 企业依照有关规定提取的用于环境保护的专项资金准予扣除

D. 企业发生的合理的劳动保护支出准予扣除

E. 企业对外投资期间，投资资产的成本准予扣除

8. 下列关于企业所得税前亏损弥补的表述中，不正确的有（　　）。

A. 企业在汇总计算缴纳企业所得税时，其境外营业机构的亏损可以抵减境内营业机构的盈利

B. 企业以前年度发生的资产损失未能在当年税前扣除的，可以向税务机关说明并进行专项申报扣除

C. 属于法定资产损失，应在申报年度扣除

D. 企业因以前年度实际资产损失未在税前扣除而多缴的企业所得税税款，可在追补确认年度企业所得税应纳税款中予以抵扣

E. 企业某一纳税年度发生的亏损,可以逐年延续弥补,但最长不得超过 6 年

9. 下列关于资产的企业所得税税务处理的说法,正确的有(　　)。

A. 外购的固定资产,以购买价款和支付的增值税作为计税基础

B. 企业持有至到期投资成本按照预计持有期限分期摊销扣除

C. 固定资产的大修理支出按照尚可使用年限分期摊销扣除

D. 租入资产的改建支出应作为长期待摊费用摊销扣除

E. 外购商誉的支出在企业整体转让时准予扣除

10. 根据企业所得税法的相关规定,下列支出可作为长期待摊费用进行税务处理的有(　　)。

A. 已提足折旧的固定资产的改建支出

B. 未提足折旧的固定资产购建支出

C. 融资租入固定资产的租赁费支出

D. 经营租入固定资产的改建支出

E. 固定资产的大修理支出

11. 下列资产损失,应以清单申报的方式向税务机关申报扣除的有(　　)。

A. 企业因自然灾害发生的存货损失

B. 企业清查出的现金短缺损失

C. 企业在正常经营管理活动中,按照公允价格转让土地使用权发生的损失

D. 企业按照市场公平交易原则,通过各种交易场所、市场等买卖期货发生的损失

E. 企业固定资产达到使用年限而正常报废清理的损失

12. 某房地产公司的各项预提费用在进行所得税汇算清缴时,可以列为当期计税成本的有(　　)。

A. 应向政府上缴但尚未上缴的报批报建费用

B. 应向政府上缴但尚未上缴的物业管理基金

C. 承包工程未最终办理结算而未取得全额发票的,按照合同总金额 15% 预提的费用

D. 尚未建造或尚未完工的公共配套设施,按预算造价合理预提的建造费用

E. 对尚未出售但已完工的开发产品,合理预提进行日常维护、保养或维修等费用

13. 企业从事下列项目的所得,免征企业所得税的有(　　)。

A. 农技推广

B. 农产品初加工

C. 远洋捕捞

D. 海水养殖

E. 购买农产品后直接销售

14. 企业与关联方签署成本分摊协议,发生特殊情形会导致其自行分配的成本不得于税前扣除,这些情况包括(　　)。

A. 不具有合理商业目的和经济实质

B. 自签署成本分摊协议之日起经营期限为 25 年

C. 没有遵循成本与收益配比原则

D. 未按照有关规定备案或准备有关成本分摊协议的同期资料

E. 不符合独立交易原则

15. 根据企业所得税法的规定，下列关于合伙企业所得税的相关处理，说法正确的有（　　）。

A. 合伙人是自然人的，缴纳个人所得税

B. 合伙人是法人和其他组织的，缴纳企业所得税

C. 合伙企业生产经营所得和其他所得采取“先税后分”原则

D. 合伙企业无法确定出资比例的，以全部生产经营所得和其他所得，按照合伙人数量平均计算每个合伙人的应纳税所得额

E. 合伙企业的合伙人是法人和其他组织的，合伙人在计算其缴纳企业所得税时，可以用合伙企业的亏损弥补其盈利

三、综合实务题（共 5 小题，每小题 10 分，共计 50 分）

1. 甲公司为中国居民企业，适用的企业所得税税率为 25%，2023 年度其境内外所得如下。

（1）取得境内所得的应纳税所得额为 1 000 万元。

（2）在 A 国设有一不具备独立法人地位的分公司。2023 年度，该分公司实现税前所得 100 万元，分公司适用 20%的企业所得税税率，但因处在 A 国税收减半优惠期而向 A 国政府实际缴纳所得税 10 万元，当年该分公司所得未汇回我国。

（3）在 B 国设有一全资子公司。2023 年度从该子公司分回所得 315 万元，B 国适用的企业所得税税率为 30%，B 国预提所得税的税率为 10%。

（其他相关资料：A 国、B 国和我国应纳税所得额的计算规定一致；我国与 A 国和 B 国签订的国际税收协定中有饶让条款；甲公司选择“分国不分项”抵免方法。）

要求：根据上述资料，回答下列问题，如有计算需计算出合计数。

（1）判断 A 国分公司所得是否计入甲公司 2023 年度的应纳税所得总额，并说明理由。

（2）计算甲公司来自 A 国分公司所得的抵免限额。

（3）计算甲公司来自 B 国子公司所得的抵免限额。

（4）不考虑影响税额计算的其他因素，计算甲公司当年在我国实际缴纳的企业所得税。

2. 我国某生产企业于 2021 年 1 月注册成立进行生产经营。2023 年度生产经营情况如下。

（1）销售产品取得不含税收入 9 000 万元。

（2）产品销售成本 3 300 万元。

(3)销售税金 200 万元。

(4)销售费用 1 000 万元(其中广告费 350 万元);财务费用 200 万元。

(5)管理费用 1 200 万元(其中业务招待费 85 万元;新产品研究开发费 30 万元)。

(6)营业外支出 800 万元(其中通过政府部门向贫困地区捐款 150 万元,存货盘亏损失 60 万元,赞助支出 50 万元)。

(7)全年提取并实际支付工资是 1 000 万元,职工工会经费、职工教育经费、职工福利费,分别按工资总额的 2%、8%、14%的比例提取,并且均实际支出。

(8)经过税务机关的核定,该企业当年合理的工资支出标准是 800 万元。已知:成本、费用中未包含工资和三项经费。

要求:根据所给资料,回答下列问题,如有计算需计算出合计数。

(1)该企业准予扣除的工资和三项经费为多少万元?

(2)该企业所得税前可以扣除的期间费用为多少万元?

(3)该企业准予扣除的营业外支出为多少万元?

(4)该企业应缴纳的企业所得税为多少万元?

3.某工业企业从业人员有 80 人,资产总额为 2 500 万元。2023 年度相关生产经营业务如下。

(1)当年销售产品收入 700 万元,对外提供培训收入 120 万元。国债利息收入 250 万元,取得对境内非上市居民企业的投资收益 100 万元。

(2)全年产品销售成本为 550 万元。

(3)全年发生财务费用 50 万元,其中 10 万元为资本化的利息。

(4)管理费用共计 98 万元,销售费用共计 50 万元,其中列支广告费、业务宣传费 30 万元。

(5)营业外支出中,通过政府部门向生活困难地区捐款 40 万元,税收罚款支出 5 万元,滞纳金 2.73 万元。

(6)税金及附加 20 万元 。

(7)上年广告宣传费超支 20 万元。

要求:根据上述资料,回答下列问题,如有计算需计算出合计数。

(1)该企业当年的应税收入为多少万元?

(2)该企业税前可扣除的财务费用和销售费用合计为多少万元?

(3)该企业税前可扣除的营业外支出为多少万元?

(4)该企业应缴纳的企业所得税为多少万元?

4.某设备生产企业为增值税一般纳税人,持有 2019—2021 年高新技术企业资质证书,2022 年不再符合高新技术企业的认定条件。2022 年会计利润 160 000 万元。该企业占地面积 120 000 平方米(均拥有土地使用权),经营用房的房产原值 24 000 万元。2022 年发生的业务如下。

(1)全年销售设备 34 000 套,销售合同记载取得不含增值税销售收入 680 000

万元。

(2)全年外购的原材料均取得增值税专用发票,购货合同记载支付不含增值税价款共计 440 000 万元,增值税进项税额 57 200 万元。原材料运输合同记载支付不含增值税运输费用 19 600 万元,取得运输公司开具的增值税专用发票注明增值税 1 764 万元。

(3)全年发生销售费用 20 000 万元,财务费用 8 000 万元,管理费用 26 000 万元。管理费用中包含业务招待费 1 800 万元、新技术研究开发费 10 000 万元(其中含委托境外机构开展研发活动所发生的研发费用 4 000 万元)。

(4)全年发生营业外支出 6 000 万元,其中通过公益性社会团体捐赠 1 800 万元并取得合规票据。

(5)于 2021 年购置一台符合抵免条件的安全生产专用设备,投资额为 1 600 万元,已于 2021 年抵免企业所得税应纳税额 120 万元。

(6)2022 年度会计上对甲公司的应收账款 2 400 万元以及乙公司的预付账款 2 800 万元进行核销。其中,对甲公司的应收账款账龄为 3 年,债务人已被依法吊销营业执照且其清算财产不足清偿;对乙公司的预付账款账龄为 2 年,该公司的自然人股东行踪不明,但公司仍在艰难维持经营。2021 年,企业已对上述两笔账款全额计提坏账准备,并已于 2021 年进行了纳税调增。

(其他相关资料:城镇土地使用税年税额为 10 元/平方米,计征房产税时计算房产余值的扣除比例为 30%。)

要求:根据上述资料,回答下列问题,如有计算需计算出合计数。

(1)计算该企业 2022 年应缴纳的城镇土地使用税。

(2)计算该企业 2022 年应缴纳的房产税。

(3)计算该企业 2022 年应缴纳的增值税。

(4)计算业务招待费应调整的应纳税所得额。

(5)计算研发费用应调整的应纳税所得额。

(6)计算捐赠支出应调整的应纳税所得额。

(7)计算该企业当年可以确认为资产损失税前扣除的金额,以及应调整的应纳税所得额,并说明理由。

(8)计算 2021 年购置的安全生产专用设备可在 2022 年度抵免的企业所得税应纳税额。

(9)计算该企业 2022 年应缴纳的企业所得税。

5. 符合国家鼓励条件的甲集成电路生产企业(集成电路线宽小于 130 纳米)为我国居民企业,于 2019 年 4 月成立,经营期限为 15 年,属于增值税一般纳税人,该企业设立的当年获利。2022 年甲企业自行核算主营业务收入 8 800 万元,其他业务收入 1 200 万元,账面实现利润总额 1 000 万元。进行 2022 年企业所得税汇算清缴时,注册会计师发现下列情况。

(1)接受某非关联公司捐赠的原材料一批,取得增值税专用发票,注明价款 30 万元、增值税额 3.9 万元,该项业务未反映在账务中,但相关进项税已抵扣。

(2)甲企业拥有居民企业 M 公司 80%的股权,当年 12 月已将该股权全部转让给居民企业 B。该股权投资成本 1 200 万元,转让价格 2 000 万元。转让业务发生时,M 公司累计未分配利润 600 万元。该项股权转让业务未反映在账务中(会计上采用成本法核算)。

(3)符合规定的境内自行研发费用 540 万元和委托境外单位研发实际发生的费用 300 万元,单独记账且均未纳入损益计算(均未形成无形资产)。

(4)成本 500 万元的自产产品被盗,外购比例 50%,适用 13%的增值税税率,获得保险公司赔偿 80 万元。该业务未反映在账务中。

(5)该企业账面体现业务招待费 110 万元,支付给母公司的管理费 600 万元。

(6)该企业账面体现在 2022 年 6 月 1 日向非金融企业(非关联方)借入资金 800 万元用于经营,借款期限为 7 个月,当年支付利息 80 万元,同期同类银行贷款年利率为 7%。

(7)该企业账面体现对外捐赠 300 万元(通过县级政府向自然灾害地区捐赠 200 万元,直接向某技术学校捐赠 100 万元);被市场监管部门处以罚款 30 万元。

(8)该企业账面体现有国债利息收入 40 万元,从境内居民企业 A 公司(未上市)分回股息 200 万元。

[其他相关资料:不考虑业务(4)中除增值税以外的税费。]

要求:根据上述资料,回答下列问题,如有计算需计算出合计数。

(1)业务(1)应调整的会计利润。

(2)业务(2)应调整的会计利润。

(3)分别计算业务(3)境内研发费用应调整的会计利润和应纳税所得额。

(4)分别计算业务(3)委托境外研发费用应调整的会计利润和应纳税所得额。

(5)业务(4)应调整的会计利润。

(6)当年该企业符合规定的会计利润。

(7)业务(5)应调整的应纳税所得额。

(8)业务(6)应调整的应纳税所得额。

(9)业务(7)应调整的应纳税所得额。

(10)业务(8)应调整的应纳税所得额。

(11)当年该企业实际应缴纳的企业所得税。

模拟试卷（三）答案及解析

一、单项选择题（下列各题的备选答案中，只有一个正确选项，请将正确选项的字母填写在括号中，多选、错选、不选均不得分。每小题1分，共计20分）

1.**【参考答案】** A

【答案解析】 租金收入，按照合同约定的承租人应付租金的日期确认收入的实现。

2.**【参考答案】** C

【答案解析】 职工福利费扣除限额＝1 100×14％＝154（万元）＜实际发生160万元，准予扣除的金额为154万元。

职工教育经费扣除限额＝1 100×8％＝88（万元）＞实际发生40万元，准予扣除的金额为40万元。

工会经费扣除限额＝1 100×2％＝22（万元）＜实际发生30万元，准予扣除的金额为22万元。

该企业准予扣除的“三费”金额＝154＋40＋22＝216（万元）。

3.**【参考答案】** B

【答案解析】 职工福利费扣除限额＝240×14％＝33.6（万元），所以职工福利费应纳税调增＝40－33.6＝6.4（万元）。

软件生产企业发生的职工教育经费中的职工培训费用，可以全额在企业所得税前扣除，所以该企业列支的5万元职工培训费可以全额扣除。

职工教育经费扣除限额＝240×2.5％＝6（万元），所以职工教育经费应纳税调增＝20－5－6＝9（万元）。

2023年福利费及职工教育经费应纳税调增＝6.4＋9＝15.4（万元）。

4.**【参考答案】** A

【答案解析】 企业所得税前不得扣除的项目包括：（1）向投资者支付的股息、红利等权益性投资收益款项；（2）企业所得税税款；（3）税收滞纳金；（4）罚金、罚款和被没收财物的损失；（5）超过年度利润总额12％部分的公益性捐赠支出；（6）企业发生与生产经营活动无关的各种非广告性质的赞助支出；（7）未经核定的准备金支出；（8）企业之间支付的管理费、企业内营业机构之间支付的租金和特许权使用费，以及非银行企业内营业机构之间支付的利息,不得扣除;(9)与取得收入无关的其他支出。

企业慈善捐赠支出超过法律规定的准予在计算企业所得税应纳税所得额时当年扣除的部分,允许结转以后三年内计算应纳税所得额时扣除。

5.**【参考答案】** C

【答案解析】 企业对房屋、建筑物固定资产在未足额提取折旧前进行改扩建的,如属于推倒重置的,该资产原值减除提取折旧后的净值,应并入重置后的固定资产计税成本,并在该固定资产投入使用后的次月起,按照税法规定的折旧年限,一并计提折旧。2023 年的折旧额=(300+50)÷20÷12×3=4.38(万元)。

6.**【参考答案】** C

【答案解析】 根据《财政部 税务总局关于基础设施领域不动产投资信托基金(REITs)试点税收政策的公告》(财政部 税务总局公告 2022 年第 3 号),基础设施 REITs 设立阶段,原始权益人向基础设施 REITs 转让项目公司股权实现的资产转让评估增值,当期可暂不缴纳企业所得税,允许递延至基础设施 REITs 完成募资并支付股权转让价款后缴纳。其中,对原始权益人按照战略配售要求自持的基础设施 REITs 份额对应的资产转让评估增值,允许递延至实际转让时缴纳企业所得税。

7.**【参考答案】** B

【答案解析】 根据《财政部 税务总局关于小微企业和个体工商户所得税优惠政策的公告》(财政部 税务总局公告 2023 年第 6 号)第一条的规定,对小型微利企业年应纳税所得额不超过 100 万元的部分,减按 25%计入应纳税所得额,按 20%的税率缴纳企业所得税。根据《财政部 税务总局关于进一步实施小微企业所得税优惠政策的公告》(财政部 税务总局公告 2022 年第 13 号),第一条的规定、对小型微利企业年应纳税所得额超过 100 万元但不超过 300 万元的部分,减按 25%计入应纳税所得额,按 20%的税率缴纳企业所得税。根据第二条小型微利企业,是指从事国家非限制和禁止行业,且同时符合年度应纳税所得额不超过 300 万元、从业人数不超过 300 人、资产总额不超过 5 000 万元等三个条件的企业。因此,小型微利企业 2023 年 1 月 1 日至 2024 年 12 月 31 日实际税负为 5%。

8.**【参考答案】** A

【答案解析】 根据《财政部 税务总局关于进一步完善研发费用税前加计扣除政策的公告》(财政部 税务总局公告 2023 年第 7 号)第一条的规定,企业开展研发活动中实际发生的研发费用,未形成无形资产计入当期损益的,在按规定据实扣除的基础上,自 2023 年 1 月 1 日起,再按照实际发生额的 100%在税前加计扣除;形成无形资产的,自 2023 年 1 月 1 日起,按照无形资产成本的 200%在税前摊销。

9.**【参考答案】** B

【答案解析】 税法规定,一般企业某一纳税年度发生的亏损可以用下一年度的所得弥补,下一年度的所得不足以弥补的,可以逐年延续弥补,但最长不得超过 5 年。2023 年该企业应缴纳企业所得税=(42-30)×25%×20%=0.6(万元)。

10.【参考答案】 B

【答案解析】 该投资公司在甲国的不含所得税的应纳税所得额＝90÷（1－10％）＝100（万元），还原成含税的应纳税所得额＝100÷（1－30％）＝142.86（万元）。

11.【参考答案】 A

【答案解析】 企业未能提供完整、真实的限售股原值凭证，不能准确计算该限售股原值的，主管税务机关一律按该限售股转让收入的15％，核定为该限售股原值和合理税费。A公司转让限售股应缴纳企业所得税＝1 000×（1－15％）×25％＝212.5（万元）。依照规定企业将完成纳税义务后的限售股转让收入余额转付给实际所有人时不再纳税。

12.【参考答案】 A

【答案解析】 动产转让所得按照转让动产的企业或机构、场所所在地确定所得来源地，所以取得境内丙公司支付的设备转让收入来源于境外，不在我国纳税；2023年甲公司在我国应缴纳的企业所得税＝200×10％＝20（万元）。

13.【参考答案】 A

【答案解析】 清算所得＝全部资产可变现价值或交易价格－资产的计税基础＋债务清偿损益－清算费用、相关税费等；清算所得应缴纳企业所得税＝（1 200－1 000－50－10－130）×25％＝2.5（万元）。

14.【参考答案】 C

【答案解析】 由于该居民企业申报的成本费用支出总额核算准确而收入总额不能准确核算，因此该企业应纳税所得额＝成本（费用）支出额÷（1－应税所得率）×应税所得率＝200÷（1－15％）×15％＝352.9（万元）；该企业2023年度应缴纳企业所得税＝352.9×25％＝88.2（万元）。

15.【参考答案】 A

【答案解析】 2022年对小型微利企业年应纳税所得额不超过100万元的部分，减按12.5％计入应纳税所得额，按20％的税率缴纳企业所得税。该商业企业从业人数不超过300人，资产总额不超过5 000万元，年度应纳税所得额＝860－857.2＝2.8（万元）＜100万元，所以该企业属于小型微利企业，享受上述优惠。该企业应缴纳企业所得税＝2.8×12.5％×20％＝0.07（万元）。

16.【参考答案】 D

【答案解析】《国家税务总局关于完善关联申报和同期资料管理有关事项的公告》（国家税务总局公告2016年第42号）规定：同期资料应当自税务机关要求的准备完毕之日起保存10年。

17.【参考答案】 C

【答案解析】 选项A，以货币形式用于我国境内的公益、救济性质的捐赠、滞纳金、罚款，以及为其总机构垫付的不属于其自身业务活动所发生的费用，不应作为代表机构的经费支出额；选项BD，购置固定资产所发生的支出，以及代表机构设立时或者搬迁等原因所发生的装修费支出，应在发生时一次性作为经费支出额换算收入计税。

18.**【参考答案】** A

【答案解析】 居民企业在境外设立不具有独立纳税地位的分支机构取得的各项境外所得，无论是否汇回中国境内，均应计入该企业所属纳税年度的境外应纳税所得额。

19.**【参考答案】** D

【答案解析】 股息、红利等权益性投资收益和利息、租金、特许权使用费所得，以收入金额为应纳税所得额。

20.**【参考答案】** A

【答案解析】 选项A，并非所有的非居民企业都实行源泉扣缴的办法，只有在中国境内未设立机构、场所，或者虽设立机构、场所但取得的所得与其所设机构、场所没有实际联系的非居民企业，其应缴纳的企业所得税，才能实行源泉扣缴，以支付人为扣缴义务人。

二、多项选择题(下列各题的备选答案中，至少有两个正确选项，请将正确选项的字母填写在括号中，多选、少选、错选、不选均不得分。每小题2分，共计30分)

1.**【参考答案】** ABCD

【答案解析】 选项E，各国所得税优惠的一个共同特点是淡化区域优惠，突出行业优惠和产业优惠。

2.**【参考答案】** ABD

【答案解析】 居民企业承担全面纳税义务，就其来源于我国境内外的全部所得纳税；非居民企业承担有限纳税义务，一般只就其来源于我国境内的所得纳税。选项E，设立机构、场所的非居民企业，从境外取得的所得，如果与所设机构、场所没有实际联系，则不是企业所得税的征税范围。

3.**【参考答案】** BDE

【答案解析】 选项A，分期收款方式销售货物的，按照合同约定的收款日期确认收入的实现；选项C，企业转让股权收入，应于转让协议生效且完成股权变更手续时，确认收入的实现。

4.**【参考答案】** ABCD

【答案解析】 选项E，属于企业内部的转移，不属于企业所得税视同销售情形。

5.**【参考答案】** ABDE

【答案解析】 选项C，投资企业对被投资企业净资产不拥有所有权。

6.**【参考答案】** AE

【答案解析】 选项B，在企业所得税中属于应税收入；选项CD，属于不征税收入。

7.**【参考答案】** BCD

【答案解析】 选项A，企业在货币交易中，以及纳税年度终了时将人民币以外的货币性资产、负债按照期末即期人民币汇率中间价折算为人民币时产生的汇兑损失，除已经计入有关资产成本以及与向所有者进行利润分配相关的部分外，准予扣除。选项E，企业对外投资期间，投资资产的成本在计算应纳税所得额时不得扣除，企业在转让或者处置投资资产时，投资资产的成本准予扣除。

8.【参考答案】 AE

【答案解析】 选项 A，企业在汇总计算缴纳企业所得税时，其境外营业机构的亏损不得抵减境内营业机构的盈利；选项 E，企业某一纳税年度发生的亏损，可以逐年延续弥补，但最长不得超过 5 年。

9.【参考答案】 CDE

【答案解析】 选项 A，外购的固定资产，以购买价款和支付的相关税费以及直接归属于使该资产达到预定用途发生的其他支出作为计税基础；选项 B，企业持有至到期投资成本在转让或处置时，一次性扣除。

10.【参考答案】 ADE

【答案解析】 企业发生的下列支出作为长期待摊费用，按照规定摊销的，准予扣除：(1)已足额提取折旧的固定资产的改建支出；(2)租入固定资产的改建支出；(3)固定资产的大修理支出；(4)其他应当作为长期待摊费用的支出。

11.【参考答案】 CDE

【答案解析】 选项 AB，应以专项申报的方式向税务机关申报扣除。根据《国家税务总局关于发布〈企业资产损失所得税税前扣除管理办法〉的公告》(国家税务总局公告 2011 年第 25 号)，下列资产损失，应以清单申报的方式向税务机关申报扣除：(1)企业在正常经营管理活动中，按照公允价格销售、转让、变卖非货币资产的损失；(2)企业各项存货发生的正常损耗；(3)企业固定资产达到或超过使用年限而正常报废清理的损失；(4)企业生产性生物资产达到或超过使用年限而正常死亡发生的资产损失；(5)企业按照市场公平交易原则，通过各种交易场所、市场等买卖债券、股票、期货、基金以及金融衍生产品等发生的损失。上述损失以外的资产损失，应以专项申报的方式向税务机关申报扣除。企业无法准确判别是否属于清单申报扣除的资产损失，可以采取专项申报的形式申报扣除。

12.【参考答案】 ABD

【答案解析】 选项 C，出包工程未最终办理结算而未取得全额发票的，在证明资料充分的前提下，其发票不足金额可以预提，但最高不得超过合同总金额的 10%；选项 E，按照实际发生的维修费用准予在当期据实扣除。

13.【参考答案】 ABC

【答案解析】 选项 D，企业从事海水养殖取得的所得，减半征收企业所得税；选项 E，企业购买农产品后直接进行销售的贸易活动产生的所得，不能享受农、林、牧、渔业项目的税收优惠政策。

14.【参考答案】 ACDE

【答案解析】 选项 B，应该是自签署成本分摊协议之日起经营期限少于 20 年。

15.【参考答案】 ABD

【答案解析】 选项C,合伙企业的生产经营所得和其他所得采取“先分后税”的原则;选项E,合伙企业的合伙人是法人和其他组织的,合伙人在计算其缴纳企业所得税时,不得用合伙企业的亏损抵减其盈利。

三、综合实务题(共5小题,每小题10分,共计50分)

1.**【参考答案及解析】**

(1)A国分公司取得的所得100万元,应计入甲公司2023年度的应纳税所得总额。理由:由于分支机构不具有利润分配职能,因此居民企业在境外设立不具有独立纳税地位的分支机构取得的各项境外所得,无论是否汇回中国境内,均应计入该企业所属纳税年度的境外应纳税所得额。

(2)甲公司来自A国分公司所得的抵免限额=100×25%=25(万元)。

(3)B国子公司税后所得还原成税前所得=315÷(1%-10%)÷(1%-30%)=500(万元),抵免限额=500×25%=125(万元)。

(4)A国优惠饶让视同纳税=100×20%=20(万元),A国视同已纳税额20万元<25万元的抵免限额,故可抵免20万元;在B国实际缴纳税款=500-315=185(万元),B国实际已纳税额185万元>125万元的抵免限额,故可抵免125万元。甲公司当年在我国实际缴纳的企业所得税=(1 000+100+500)×25%-20-125=255(万元)。

2.**【参考答案及解析】**

(1)税务机关核定的工资是800万元,准予扣除的工资和三项经费=800×(1+2%+8%+14%)=992(万元)。

(2)该企业年度销售收入=9 000(万元)。

广告费用扣除限额=9 000×15%=1 350(万元),实际发生350万元,准予据实扣除。

业务招待费限额=9 000×5‰=45(万元),实际发生额的60%=85×60%=51(万元),准予扣除45万元。

新产品研究开发费30万元,需100%加计扣除30万元。

可以扣除的销售费用、财务费用、管理费用合计=1 000+200+1 200-85+45+30=2 390(万元)。

(3)企业年利润总额=9 000-3 300-200-1 000-200-1 200-800-1 000-1 000×(2%+8%+14%)=1 060(万元)。

公益捐赠税前扣除限额=1 115×12%=127.2(万元),实际公益捐赠额为150万元;实际公益捐赠超过税法规定的扣除限额;非广告性赞助支出不可以税前扣除,存货的损失可以税前扣除。

准予扣除的营业外支出=800-150+127.2-50=727.2(万元)。

(4)应纳税所得额=9 000-3 300-200-2 390-727.2-992=1390.8(万元),应缴纳的企业所得税=1 390.8×25%=347.7(万元)。

3.**【参考答案及解析】**

(1)当年销售产品收入和对外提供培训收入属于应税收入,国债利息收入为免税收入，取得对境内非上市居民企业的投资收益为免税收入。

收入总额＝700＋120＝820(万元)。

(2)资本化的利息，进入资产通过摊销方式扣除，不直接在财务费用中反映。

可扣除的财务费用＝50－10＝40(万元)。

国债利息收入和投资收益不作为计算基数。

营业收入＝700＋120＝820(万元)。

广告宣传费扣除限额＝820×15%＝123(万元)，实际列支 30 万元，上年超支 20 万元可结转在本年企业所得税税前扣除。

税前可扣除的销售费用＝50＋20＝70(万元)。

税前可扣除的财务费用和销售费用合计＝40＋70＝110(万元)。

(3)会计利润总额＝1170－20－550－(50－10)－98－50－(40＋5＋2.73)＝364.27(万元)。

捐赠限额＝364.27×12%＝43.71(万元)，实际捐赠为 40 万元，可据实扣除。

可扣除的营业外支出＝40(万元)。

(4)应纳税所得额＝1 170－(250＋100)－20－550－40－98－70－40＝2(万元)。

该工业企业，从业人数不超过 100 人，资产总额不超过 3000 万元，应纳税所得额不超过 300 万元，符合小型微利企业标准。

该企业应缴纳企业所得税＝2×50%×20%＝0.2(万元)。

4.**【参考答案及解析】**

(1)该企业 2022 年应缴纳的城镇土地使用税＝120 000×10÷10 000＝120(万元)。

(2)该企业 2022 年应缴纳的房产税＝24 000×(1%－30%)×1.2%＝201.6(万元)。

(3)该企业 2022 年应缴纳的增值税＝680 000×13%－57 200－1764＝29 436(万元)。

(4)业务招待费扣除限额 1＝1 800×60%＝1 080(万元)＜扣除限额 2＝680 000×5‰＝3 400(万元)，因此业务招待费应调增的应纳税所得额＝1 800－1080＝720(万元)。

(5)委托境外研发费用的 80%＝4 000×80%＝3 200(万元)，低于境内研发费用的 2/3＝(10 000－4 000)×2/3＝4 000(万元)，则研发费用应调减的应纳税所得额＝(10 000－4 000＋3 200)×100%＝9 200(万元)。

(6)捐赠支出扣除限额＝160 000×12%＝19 200(万元)，实际发生的公益性捐赠支出 1 800 万元未超过限额，不需要调整应纳税所得额。

(7)可以确认为资产损失税前扣除的金额＝2 400(万元)。确认资产损失应调减的应纳税所得额＝2 400(万元)。理由：企业的应收、预付账款，债务人被依法注销、吊销营业执照，其清算财产不足清偿的，或债务人逾期 3 年以上未清偿的，且有确凿证据证明已无力清偿债务的，可以作为坏账损失在计算应纳税所得额时扣除。对甲公司的应收账款，符合资产损失确认条件；对乙公司的预付账款，因账龄仅为 2 年，且乙公司仍在维持经营，没有证据证明无力清偿债务，所以不符合资产损失确认条件。

(8)安全生产专用设备可在2022年度抵免的企业所得税应纳税额＝1 600×10%－120＝40(万元)。

(9)应纳税所得额＝160 000＋720－9 200－2 400＝149 120(万元)。2022年应缴纳的企业所得税＝149 120×25%－40＝37 240(万元)。

5.**【参考答案及解析】**

(1)受赠所得＝30＋3.9＝33.9(万元)。应调增33.9万元会计利润。

(2)股权转让所得＝2 000－1 200＝800(万元)。应调增800万元会计利润。

(3)根据《国民经济行业分类》,集成电路生产企业属于制造业企业,享受研发费用加计扣除的比例是100%。税法规定加计扣除＝540×100%＝540(万元)。应调减540万元会计利润,在此基础上再纳税调减540万元应纳税所得额。

(4)委托境外进行研发活动所产生的费用,按照费用实际发生额的80%计入委托方境外研发费用,300×80%＝240(万元)＜540×2/3＝360(万元),加计扣除＝240×100%＝240(万元)。应调减300万元会计利润,在此基础上再纳税调减240万元应纳税所得额。

(5)进项税额转出＝500×50%×13%＝32.5(万元)。财产损失金额＝500＋32.5－80＝452.5(万元)。应调减452.5万元的会计利润。

(6)当年度该企业符合规定的会计利润＝1 000＋33.9＋800－540－300－452.5＝541.4(万元)。

(7)业务招待费扣除限额1＝(8 800＋1 200)×5‰＝50(万元),业务招待费扣除限额2＝110×60%＝66(万元)。扣除限额1＜扣除限额2,税前可扣除50万元。业务招待费纳税调增＝110－50＝60(万元)。支付给母公司的600万元管理费不得在所得税前扣除。业务(5)应调增的应纳税所得额＝60＋600＝660(万元)。

(8)允许税前扣除的利息费用＝800×7%×7÷12＝32.67(万元),纳税调增＝80－32.67＝47.33(万元)。

(9)公益性捐赠支出扣除限额＝541.4×12%＝64.97(万元)。向自然灾害地区捐赠支出纳税调增＝200－64.97＝135.03(万元)。直接捐赠的100万元和行政罚款30万元不得扣除。业务(7)共计调增应纳税所得额＝135.03＋100＋30＝265.03(万元)。

(10)国债利息收入40万元免税;从未上市居民企业分回股息200万元免税。

业务(8)应调减应纳税所得额240万元。

(11)国家鼓励的集成电路线宽小于130纳米(含),且经营期在10年以上的集成电路生产企业,自获利年度起享受“两免三减半”税收优惠政策,企业按25%的税率减半征收企业所得税。当年该企业应缴纳企业所得税＝(541.4－540－240＋660＋47.33＋265.03－240)×25%×50%＝61.72(万元)。